朱德纪事 1886-1976

下

李新芝 谭晓萍 ◎ 主编

中央文献出版社

※ 1962年4月,朱德在中南海住地。

※ 1952年7月8日，朱德在中南海摄影。

※ 1959年7月10日，朱德在庐山观赏黄龙寺收藏的古字画。

※ 1963年，朱德在北京。

※ 1964年11月28日，朱德在办公室。

※ 1975年1月13日,朱德主持第四届全国人大第一次会议。

CONTENTS / 目 录

下 册

第五编 05
坚持斗争　走向胜利

针锋相对的斗争 / 432

抗战胜利了，蒋介石国民党在美国政府的支持下，采取一切措施抢夺抗日战争的胜利果实。朱德同中共中央其他领导人一道与他们进行针锋相对的斗争。

提出向东北发展的战略 / 438

朱德说："我们要积极向东北发展，东北大有文章可做。蒋介石的部队大部分在南方，到东北要走半年。即使他到了东北，顶多是他占城市，我占乡村，像日本占领东北那样。"

与张澜的师生情 / 441

张澜是朱德的老师。毛泽东在重庆谈判期间，亲自去张澜寄居的特园拜访。毛泽东转告张澜："你的学生朱德同志向你致以亲切的问候！"毛泽东还赞扬张澜，"曾经教育过朱总司令这样的抗日报国的当代英雄"！

祝寿 / 444

在朱德60寿辰前夕，《解放日报》发表祝词和《朱德将军年谱1886—1946》。祝词说："人民庆祝你的60年生活，因为你是中国人民60年伟大奋斗的化身"，"你的60大寿是中国共产党的佳节，是中国人民解放军的佳节，是全解放区和全国人民的佳节。"

与陈毅的诗交 / 450

朱德和陈毅是自南昌起义后并肩战斗的有着几十年革命情谊的知交，他们既是战友，又是诗友。

"志坚如铁" / 454

朱德60寿辰之际，刘伯承对记者说，朱总司令"志坚如铁，从无失败情绪"。

美国制造的卡宾枪 / 457

朱德说："蒋介石这个'运输大队长'还真行，前次在上党战役中，不但给我们送来好多枪，还把美国的山炮、榴弹炮也给运来了，连张收据都不要。"

"我就要这个小土布的" / 458

被服厂给朱德做衣服，问他要什么布料，他指着厂长的衣服说："我就要这个小土布的。"

关注军工生产 / 458

在1947年春，朱德就着手抓军工生产，并给予具体指导和帮助。朱德说："我们就要开始战略大反攻，前线需要炮兵，需要炮弹，兵工生产要抓紧，多生产一些炮弹，越多越好！"

确定"打大歼灭战"的战略思想 / 462

1947年3月31日，朱德到达晋察冀军区所在地，河北省阜平县城南庄。很快就确立了"打大歼灭战"的战略思想。朱德说："打歼灭仗，是红军传统战略思想。我们历来是靠歼灭仗来壮大自己，你们一定要贯彻打歼灭仗的思想。"

亲临前线指导石家庄战役 / 468

清风店战役消灭敌第三军主力后，驻守石家庄的敌人减去了一半。晋察冀野战军在分析敌情我情基础之上，认为攻打石家庄的条件已经成熟，提出攻打石家庄的建议，并得到了朱德总司令和聂荣臻司令员的支持。为了保证战役的胜利，朱德亲临前线指导。

与敌同行 / 473

朱德要到濮阳视察和动员，路上前后都有敌人，随行人员问朱德：是否避一避？朱德说："前后的敌人都不要去管它，我们继续前进就是了！"

下决心钓一两条大鱼 / 477

1948年5月，朱德向华东野战军生动地讲述重要的战术原则，针对中原地区的国民党几个主力部队，他形象地说："我替你们想了一个办法，就是用钓鱼的办法。"

可亲的解放军"老战士" / 483

朱德在濮阳期间，有时候到集市上调查，有时候到田间、地头帮助农民干活，老乡看着这位慈祥、可亲的解放军"老战士"都非常感动。

提出攻打长春的建议 / 485

林彪认为夺取长春，条件尚不成熟，准备暂时放弃。朱德经过周密思考，认为夺取长春还是有取胜的可能。他提笔给毛泽东写了封信。

分析战局发展趋势 / 487

当淮海战役第一阶段胜利结束，平津战役即将开始的时候，朱德兴奋地指出：我们正以全力与敌人进行决战。20年来的革命战争，向来是敌人找我们决战，今天形势变了，是我们集中主力找敌人决战。

赔鸭子 / 491

朱德误伤老百姓的两只鸭子，他忙给老百姓赔礼道歉："老人家，实在对不起！我以为是野鸭子呢。我们赔你钱，赔你钱！"

"我就在这里吃面条" / 492

朱德下去视察机关工作，大家要留他吃饭，想把最好的东西拿出来，让他吃得好一点。朱德说："今天我就在这里吃面条，但不许炒菜，不搞特殊招待。"

对儿子的教诲 / 494

朱德告诫儿子朱琦和儿媳赵力平说："全国要解放了，要依靠你们去建设。要听党的话，重要的是学好政治理论，弄懂马列主义，学好毛主席著作，这可是终生受用的啊！"

鞋的故事 / 499

1949年，党中央决定迁往北平，供给部门给朱德补发了一双棉军鞋，被他拒绝了。朱德就是穿着那双补过的旧棉鞋走进了北京城。

与陈明仁的交情 / 500

1949年9月，朱德宴请陈明仁将军，他亲手做了一大盘热气腾腾、辣味冲鼻的炒菜。陈明仁激动异常，他满怀感慨地说："谢谢总司令，我陈明仁今天吃了总司令亲手炒的辣子，定将革命进行到底！"

第六编 06
艰苦奋斗　开国创业

第一任纪委书记 / 506

早在1950年5月，朱德就说："如果党内没有纪律，或者不坚持执行党内纪律，那我们的党就会成为一盘散沙，也就无法率领千百万群众去进行胜利的斗争，取得像今天这样巨大规模的胜利。"

"要时刻警惕和约束自己" / 510

朱德与一位领导干部谈话，发觉这个同志有个人名位思想，便严肃地告诫他："你这个同志不要想做大官，要时刻警惕和约束自己。要当心呐，弄得不好将来会砍脑壳的哟！"

为军队建设指明方向 / 513

朱德总是利用一切机会发号召、做指示，为中国人民解放军的正规化、现代化建设指明方向。

多军兵种建设 / 517

朱德提建议、出主意、抓落实，为不断加快多军兵种建设的步伐，立下了汗马功劳。

"朝鲜人民在等着你们" / 523

朱德到兖州慰问赴朝作战的十九兵团。他说：同志们，朝鲜人民在等着你们，等着和你们一起消灭美国侵略者；祖国人民也在等着你们，等着你们和朝鲜人民并肩作战胜利的消息！

一张借据 / 530

解放初期，在地主出身的傅德辉家里查

出一叠借据，其中有一张借得傅德辉名下大洋100元的借条，署名朱德！这件事上报党中央，朱德很快回了信。

处处以身作则 / 532

朱德身为中央纪律检查委员会书记，处处以身作则，始终保持着共产党人的优良传统，为全党做出了表率。

踏遍钢城情未了 / 536

在北京西隅石景山脚下的十里钢城，每当人们提起朱德关心首钢生产建设的事，都会津津乐道。老人家生前先后莅临首钢视察多达二十次。在那热火朝天的工地上，铁水奔流的高炉前，金花飞舞的炼钢炉旁，火龙穿梭的轧机边……都曾经留下朱德的足迹。

不留情面 / 542

对于党员干部违犯党的纪律问题的处理，朱德始终坚持严肃慎重。但在重大原则问题上，他同样是不留情面。1952年2月，朱德惩治了一起"利用职权压制民主、诬陷好人、侵犯人权的严重事件"。

"植树节"的倡导者 / 545

1952年3月5日，朱德致函周恩来，建议在清明节，动员全国党政军民都种一天树，特别是种果树。这既可增加财富，换取外汇，又可美化环境，防风防旱。

军中两老帅 / 547

朱德和彭德怀是军中两老帅。他们下棋有自己的特定方式，他们互相欣赏对方的耿直和痛快，在生活中也相互理解。

强调发展手工业 / 549

朱德指出："手工业是地方工业的一个重要组成部分，发展大工业的同时，对手工业必须予以足够的重视。"

"钢铁工业是一切工业的骨干" / 551

辽宁，是新中国成立后最早建立起来的重工业基地，它在我国国防工业、能源和原材料工业的社会主义现代化建设中占有举足轻重的地位。朱德多次到辽宁视察，深入工厂、矿山，与干部、工人亲切交谈，叮嘱大家要努力发展钢铁、能源等重要的基础工业。

重视武器装备现代化 / 556

新中国成立初期，朱德分管军工生产，他想办法、解难题、探新路，为军队武器装备现代化建设作出了重要贡献。

鼓励女儿到农村锻炼 / 562

在50年代的一天，朱德对女儿说："你对农业上的事情知道得太少，应该拜农民为师。中国现在工业还不发达，百分之八十的人口是农民。不了解农村，不了解农民，就不了解中国。"

大风大浪练意志 / 564

生命不息，奋斗不止。朱德说："一个人只要不运动也就不能工作了。"他把早年养成的游泳爱好，一直坚持到晚年的最后岁月。

精心指导手工业生产 / 567

朱德说："要树立起信心，把手工业工作做好，要把广大的个体手工业者组织起来，这样才会有力量，才能克服各种困难，才能发展生产，更好地为农业生产和人民群众服务。"

不吃对虾 / 575

朱德最爱吃鲜鱼虾。一次，厨师邓林给他做了一盘对虾，朱德却不愿意吃。

工资·开支·积蓄 / 576

朱德的秘书郭仁回忆说："1955年我国实行军衔制以来，委员长从来没有拿过元帅的工资，委员长逝世后大家才知道这件事。"

出访东欧五国 / 580

1955年12月至1956年4月，朱德出访东欧五国和苏联、蒙古，历时四个月。不负使命。

崇尚简朴 / 590

朱德的保健医生顾英奇回忆说："朱德同志的美德之一是崇尚简朴。他一生和旧势力、旧观念作斗争，为受剥削、受压迫的人民大众谋解放，一生中过的都是普普通通的百姓生活。"

与董必武的诗交 / 594

朱德与董必武的诗交始于抗日战争时期。解放以后，朱德、董必武两人都已年近古稀，但来往颇为密切，时而也有酬唱之作。

"你要有信心，努力争取进步" / 599

朱德与李云鹄是同窗，两人曾结为金兰之交，感情很深。建国后，朱德对李云鹄的儿子李师弼十分关心。

情系兰花 / 600

这里讲述朱德为什么酷爱兰花，酷爱到什么程度，为发展兰艺作过什么努力，他如何采兰集兰，如何养兰护兰，他的兰艺、兰品，他所结交的兰友，以及围绕着兰花所发生的故事。

"差一分也是不及格" / 625

朱德的小孙子算术考了59分，老师给朱德写了一封信。朱德批评小孙子，小孙子不服气。朱德说："不及格就是不及格，差一分也是不及格。"

"不要搞特殊化！" / 628

"不要搞特殊化！"这是朱德教育子孙的一句名言。他说到做到，言传身教。

革命到老，学习到老 / 631

解放以后，朱德已届老年，但他始终保持旺盛的革命斗志。孜孜不倦地学习。经常用"革命到老，学习到老"激励自己。

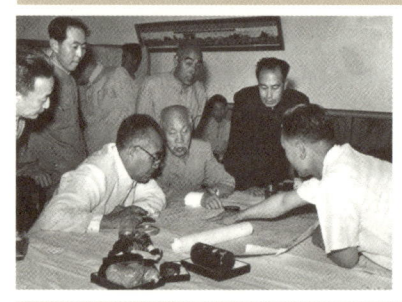

第七编 07
调查研究　曲折探索

关心北京工艺美术业 / 634
朱德十分关心工艺美术事业。他曾先后七次亲临北京工艺美术行业视察指导，帮助解决实际困难。

邕城的偶遇 / 641
朱德亲临广西视察，在南宁偶遇当年的警卫员潘少洲。潘少洲在南宁园艺场任场长。短暂叙旧，两人都非常高兴。

"要积极开发海南岛" / 644
朱德说："海南岛的地上和地下资源十分丰富，许多物资都便于出口，极有发展价值和发展前途……这样好的地方，我认为只要财力所及，即应积极组织力量从速进行开发工作。"

重返故地昆明城 / 651
1957年2月，朱德重返故地昆明。他去拜望了老师李鸿祥，并宴请当年参加过辛亥革命的40多位老人。

在四川游览 / 655
朱德在西山寻访蒋琬墓，北山凭吊宋哲元。他一路欣赏碑铭，一路夸书法。在三苏祠，朱德说："苏家三父子真是了不得，唐宋八大家，他们一家就占去三把交椅，难怪后人那么敬仰他们。"

"粗茶淡饭最相宜" / 660
朱德到云南昆明视察工作，坚决不让超出自己的伙食标准，提出吃野菜。他幽默地说："几十年不吃了，别有风味啊！还是粗茶淡饭最相宜。"

真情依旧 / 662
李根源是朱德的老师，他们的交往长达几十年。1960年，李根源病重，朱德和周恩来曾先后到北京医院看望。1965年7月，李根源逝世，朱德亲临嘉兴寺主持追悼会。

与王葆真的往来 / 666
王葆真是朱德的老朋友，他思想进步，热爱祖国，与朱德共事多年。1957年，王葆真被错划为右派，蒙冤20多年。在王葆真遇到困难时，朱德总是尽力相助。

深入实际，调查研究 / 671
朱德对四川的经济建设十分关心。解放后，他多次到四川视察工作，调查研究。从一个厂矿到又一个厂矿，深入到生产现场，亲切地与工人、农民交谈，细心地听取各方面的汇报，掌握第一手材料。

站得高，看得远 / 677

朱德到兰州视察，他攀登到千佛阁，无限感慨地说："还是站得高，看得远！王安石不是有一首《登飞来峰》的诗吗？他说'不畏浮云遮望眼，只缘身在最高层'。这话也是很有道理的。"

情系新中国石油工业 / 679

自1950年起至1966年"文革"前夕的16年里，朱德视察石油工业的足迹遍及全国。就发展新中国的石油工业，向中央提出了一系列意见和建议。

视察东北三省 / 683

1959年，朱德和董必武、林枫赴东北三省视察。沿途了解到"大跃进"和人民公社化运动中出现了许多"左"的错误。他们对当地领导反复强调要纠正错误，并向党中央和毛泽东写报告反映。

在庐山会议上 / 687

在庐山会议期间，为了纠正"大跃进"中"左"的错误，朱德不断地同各地负责人谈话，了解情况，并发表了很多意见。这些意见，大多是针对"大跃进"和人民公社化运动"左"的错误提出来的。

名重不骄，待人平等 / 693

总司令以普通一兵、一般公民身份生活，是贯彻始终的，他名重而不骄，一贯平等待人。

师生情谊重如山 / 695

刘寿川是朱德的老师，朱德对他关爱有加。1959年9月，刘寿川的儿子刘长征从北京调回成都工作。临行前，朱德叮嘱他好好工作，照顾好老人。

保健医生的规定 / 697

保健医生根据朱德的健康状况，作出了一个规定：只吃鸡蛋清，不能吃鸡蛋黄。可是他下去视察工作时，蛋清蛋黄都要吃。

"高山不可怕" / 700

朱德终生酷爱爬山运动。他说："高山不可怕，怕的是停滞不前。"

普通的伙食标准 / 700

朱德每顿饭都是一小碗米饭，三小盘菜，一个汤。三小盘菜中，一盘是带点鱼和肉的荤菜，其余两盘都是普通的素菜，汤就是普通的鸡蛋或青菜汤。

"我们的责任" / 703

朱德把培养接班人看做是自己的责任。他对孙子们说："要尽到我们的责任，把你们培养成为无产阶级革命事业的接班人！"

"内行的菜农" / 707

朱德到外地视察，每到一地，只要是有时间，他都会去寻野菜，去看看当地生长什么样的野菜，尤其是别的地方所没有的野菜。由于长期的积累，他关于野菜的知识相当丰富。

给后人留下一片绿荫 / 710

朱德说："俗话说'靠山吃山，靠水吃水'，山区要从实际出发，想山区的办法。在山区就要发展林木，多种树……这是条富裕之路。"

视察三明市 / 711

朱德在视察途中，看到昔日关押革命者的集中营，变成了规模宏伟的工业基地时，触景生情，诗兴大发，当场挥毫写下了一首感情深厚的诗篇《三明新市》。

在宝鸡军工厂 / 715

朱德在宝鸡视察了宝成仪表厂,他听完厂领导的汇报后说:"古有'家贫出孝子,国难见忠臣'的说法,这话有道理哟!你们当领导的一定要和工人同志同甘共苦,为国分忧"。

"我回家看看" / 719

朱德来到阔别33年的"第二故乡"——井冈山考察访问。他来到井冈山宾馆,与前来欢迎的井冈山党政军负责人握手,并动情地说:"井冈山是我第二故乡,今天我回家看看。"

视察武夷山 / 725

朱德兴致勃勃地欣赏武夷山风景。看山时,他说千古奇峰,神话传说;看水时,他说天落玉带,人间仙境;看茶时,他说武夷岩茶,名满天下……然而,他最关心的还是当地的生产、当地的老百姓。

"元帅柏"巧遇元帅 / 732

朱德看到一棵帅大的树,非常高兴地叫它"元帅柏",并再三叮咛:"要好生保护这株树中的元帅!"从此,"元帅柏"与元帅的故事传为佳话。

登峨眉山 / 733

朱德到四川乐山市视察时去登峨眉山,陪同人员考虑到朱德年岁很大,为了安全,特意请当地百姓准备了一副滑竿。朱德说:"共产党员是不应该坐滑竿的。"

再赴海南岛 / 735

朱德说:"海南岛是我们祖国的一块宝地,要抓紧开发,并优先发展热带经济作物。从战略上和长远规划上来看,海南岛必须做到粮食自给,但从目前开发阶段来看,国家必须在粮食、人力、物力等方面予以支援。"

读诗谈诗 / 738

朱德和臧克家谈诗歌创作,朱德说,诗要表现战斗生活,为革命服务。不要写得太深奥,叫一般人看不懂。那样,就会失掉它的作用。

三个"勤俭" / 742

1963年12月26日,朱德给女儿亲笔题词:"努力学习马列主义毛泽东思想,坚决反对修正主义,发愤图强,自力更生,勤俭建国,勤俭持家,勤俭办一切事业,做一个又红又专的接班人。"这里面的三个"勤俭"体现了朱德自己的生活态度和对儿女们的要求。

"学习日"和"劳动日" / 745

节假日是家庭团聚的好日子。而在朱德家里,节假日却被赋予了另外一种新的含义——"学习日"和"劳动日"。每逢节假日,孩子们从四面八方回来,朱德都要求他们学习、劳动。

第八编 08
革命到底　忠贞不渝

突然袭来的惊涛骇浪 / 752
朱德的秘书回忆说："1966年冬的一天，我去给朱总送文件时，看到他仰靠在沙发上，紧闭双目。直到我走近前，他才睁开眼睛，好像是在对我说，又像是在自言自语地说：'看来这次要打倒一大批人了，连老的也保不住了。'"

同甘共苦的伴侣 / 757
"文化大革命"掀起的造反狂潮，使康克清忧虑万分。她回忆起三十多年来与朱德共同走过的坎坷道路。康克清谈到和朱德的关系时说："我们相互间的真正了解、相互体贴和爱情是在结婚以后逐渐发展起来的。"

"打倒朱德"的黑风 / 763
1967年1月，朱德在中南海的住所，被铺天盖地贴满了"打倒朱德"、"朱德滚出中南海"等内容的大字报，地上也有用石灰刷的"炮轰朱德"、"朱德是黑司令"等大标语。朱德看了这些大字报后说："是我的，我承认；不是我的，谁写的谁负责。"

忧虑与困惑 / 766
"文革"中的一系列事件，使朱德陷入了深深的困惑和不解之中。面对这纷乱的世界，他的心更加忧虑。他不理解，为什么党内斗争非要用"打倒"这个偏激的词？他多次反映过自己的不理解。

"历史就是历史" / 770
"文革"时期，井冈山革命纪念馆陈列物的说明中，把朱德挑粮的扁担说成是林彪的。萧华私下向朱德说起这件事，朱德淡淡地说："历史就是历史，他们胡闹是不行的！"

留江渭清吃饭 / 772
"文革"期间，江渭清到北京朱德家中看望他。谈话后，已近午饭时间。江渭清怕留下吃饭会给朱德带来麻烦。朱德哈哈大笑，说："吃顿饭就会牵连到吗？"

下放从化 / 776
1969年10月，朱德被疏散到广东从化软禁起来。朱德不在意地笑着对康克清说："平常我们工作忙，难得有机会休息一下，将来回去可以更好地工作。在这里不也很好吗？不进城，也是一样生活。"对这段经历，康克清有如下回忆。

一把椅子 / 778

朱德办公室的椅子，坐着不方便，工作人员要给他买新的。朱德不同意，他说："修理一下花钱少，要买新的花钱太多。"这把椅子一直用到朱德去世。

除夕相聚 / 780

王震约了王稼祥、廖承志等去看望朱德。朱德看到劫后余生的老同志，心里十分高兴。

陈毅来访 / 781

陈毅受周恩来之托到北戴河看望朱德。朱德对陈毅说："我们这些人为革命干了一辈子，现在为了顾全大局，作出这样的容忍和个人的牺牲，在国际共产主义运动史上也是少有的。将来许多问题都会清楚的。"

"历史是公正的" / 783

"九一三"事件以后，谈起林彪，朱德说："恶有恶报，天理难容。"

接见延安的劳动模范 / 786

1971年底，85岁高龄的朱德在接见延安的劳动模范杨步浩时，深有感触地说："我很想念延安的父老乡亲们，明年你再来，来看看我。"

"你是红司令啊！" / 788

毛泽东对朱德说："老总啊！你好吗？你是红司令啊！人家讲你是黑司令，我总是批评他们，我说你是红司令……"朱德听了心情激动，眼圈都红了。

对晚辈严格要求 / 789

朱德对子女们说："干什么都是为人民服务。不管干什么，都要安心自己的工作，干哪一行，就要把哪一行搞好。"

退回贝雕画 / 792

朱德到秦皇岛工艺美术厂视察。工人们为了感谢朱德对他们劳动的赞扬与关怀，送他一幅《山峡夜航》贝雕画。朱德知道了这件事，安排退了回去。

"为啥子不让我去看彭老总？" / 794

彭德怀临终前请求见朱德一面，可谁也不告诉朱德。彭德怀逝世后，朱德才知道彭德怀的临终心愿，他顿时老泪纵横，泣不成声。

"革命到底" / 796

"革命到底"4个大字，表达了朱德为共产主义事业奋斗终生的坚强意志和决心，这是他一生的光辉写照。1975年3月，他又重新写下了这4个大字，与大家共勉。

天伦之乐 / 800

和所有的老人一样，晚年的朱德对儿孙们有一种依恋的心情。和孙子们在一起生活，成了他十年闲居生活中的慰藉和乐趣。

做操、散步 / 806

做操，是朱德晚年主要的体育活动。他说：做完早操，我就感到浑身舒畅，工作起来精力充沛。朱德还坚持每天散步。早上和晚饭后，总要到外面去走，在住所周围走上几里路，即使刮风、下雨、落雪，也不例外。

老骥伏枥，壮心不已 / 809

1976年元旦，毛泽东的两首词公开发表。朱德怀着对毛泽东深厚的感情，挥毫写下诗二首，抒发自己内心的感情。

最后一个军礼 / 812

周恩来逝世，90岁高龄的朱德参加了全部吊唁活动。在撕心裂肺的哀乐声中，朱德左手扶着手杖，举起颤抖的右手，努力站得笔直，向静卧在鲜花和翠柏丛中的周恩来，行了一个庄严的最后告别的军礼。

看望成仿吾 / 815

朱德看了成仿吾新近翻译的《共产党宣言》，不顾年老体弱，专程去看望成仿吾。对他说："这是根本性的工作，做好这一工作有世界意义。"

"他的德行与日月同辉" / 816

在朱德百年诞辰纪念大会上，党中央高度评价了朱德的一生，称："他功盖千秋，更令人怀念的是，朱德同志既是伟大的统帅，又是普通士兵，堪称楷模，他的德行与日月同辉。"

附录 / 833

后记 / 839

风采 / 841

★★★ 第五编 ★★★

坚持斗争 走向胜利

第五编 05
坚持斗争 走向胜利

针锋相对的斗争

> 抗战胜利了，蒋介石国民党在美国政府的支持下，采取一切措施抢夺抗日战争的胜利果实。朱德同中共中央其他领导人一道与他们进行针锋相对的斗争。

中国人民在经历了长达8年的艰苦抗战后，终于迎来了胜利，日本天皇于1945年8月15日宣布无条件投降。全中国人民都沉浸在胜利的喜悦中，特别是根据地的人们，奔走相告，载歌载舞欢庆这来之不易的胜利。

在人们为胜利歌舞的时候，朱德同中央其他领导人没有陶醉在喜悦之中，他们清醒地认识到，蒋介石集团不会将胜利果实拱手相让，抗战虽然胜利了，但如何保卫中国人民抗战胜利果实，成为摆在中国共产党面前义不容辞的千钧重担。朱德做好了一切准备，决心按照党中央的决策，与抢夺中国人民抗战胜利果实的蒋介石国民党进行针锋相对的斗争。

果然，蒋介石国民党在美国政府的支持下，相互勾结，采取一切措施来与中国人民抢夺抗日战争的胜利果实。8月10日，日本政府向同盟国发出乞降照会，蒋介石觉得抢夺胜利果实的时机成熟，立即于8月10日至11日发布三道命令。一个命令是发给各地伪军的，

※ 1945年，日本帝国主义投降后，朱德在延安研究战局形势图。

命令他们"应就现驻地点负责维持地方治安"，"趁机赎罪"；一个命令是发给国民党军各战区的，命令其"以主力挺进解除敌军武装"，"勿稍松懈"；还有一个命令是发给第十八集团军总司令朱德的，命令第十八集团军即八路军所属部队"应就原地驻防待命，勿再擅自移动"。为了使各解放区人民抗日武装不受蒋介石命令的束缚，朱德也在蒋介石发

布命令的当日24时向各解放区所有武装部队发布了第一号命令,明确指出:

一、各解放区任何抗日武装部队均得依据《波茨坦宣言》规定,向其附近各城镇交通要道之敌人军队及其指挥机关送出通牒,限其于一定时间向我作战部队缴出全部武装,在缴械后,我军当依优待俘虏条例给以生命安全之保护。

二、各解放区任何抗日武装部队均得向其附近之一切伪军、伪政权送出通牒,限其于敌寇投降签字前,率队反正,听候编遣,过期即须全部缴出武装。

三、各解放区所有抗日武装部队,如遇敌伪武装部队拒绝投降缴械,即应予以坚决消灭。

四、我军对任何敌伪所占城镇交通要道,都有全权派兵接受,进入占领,实行军事管制,维持秩序,并委任专员负责管理该地区之一切行政事宜,如有任何破坏或反抗事件发生,均须以汉奸论罪。

第一号命令发出后的第二天,朱德又先后发出第二号至第七号命令,令各解放区部队向本区一切敌占交通要道城镇发动进攻,迫使日伪军无条件投降;令晋察冀、晋绥和山东军区以及在华北之朝鲜义勇队,各派出一部兵力,向察哈尔、热河、辽宁、吉林等地进军,以配合苏联红军作战,消灭抗拒的日伪军。

就在解放区所有人民抗日武装部队,坚决执行上述命令,向被包围的日伪军据点发动进攻,保卫和发展人民的胜利果实过程中,朱德于8月13日以延安总部总司令与延安总部副总司令彭德怀名义致电蒋介石,就蒋介石给第十八集团军和给自己的嫡系军队发出两个"互相矛盾"的命令提出质问:为什么命令我第十八集团军"驻防待命","不要打了",但又命令你的嫡系军队"加紧作战","积极推进"呢?因此电文明确表示:第十八集团军"坚决的拒绝这个命令。因为你给我们的这个命令,不但不公道,而且违背中华民族的民族利益,仅仅有利于日本侵略者和背叛祖国的汉奸们"。8月16日,朱德又以第十八集团军总司令名义致电蒋介石,要他正视解放区军民在八年抗战中从日伪军手中夺回大片国土和解放许多人民的事实,收回11日发出的已导致"内战危险空前严重"的错误命令,并向他提出目前制止内战的办法是:"凡被解放区军队所包围的敌伪军由解放区军队接受其投降,你的军队则接受被你的军队所包围的敌伪军的投降。"朱德还郑重地告诉蒋介石:"这不但是一切战争的通例,尤其是为了避免内战,必须如此。如果你不这样做,势必引起不良后果。关于这一点,我现在向你提出严重警告,请你不要等闲视之。"

这时，美国政府站在中国共产党的对立面帮助蒋介石。在日本政府于8月15日宣布投降的当天，美国总统杜鲁门发布第一号通令，竟指定惟有蒋介石国民党政府才享有中国受降权。蒋介石亦当即电告日本中国派遣军总司令冈村宁次，要他命令在华日军停止一切军事行动，保持现有态势并维持所在地之秩序及交通，"听候中国陆军总司令何应钦之命令"。对于美国这种态度，中国共产党与之进行了针锋相对的斗争。8月15日，朱德以中国解放区抗日军总司令的名义，发出致美、英、苏三国政府"说帖"，在告诉其目前解放区抗日军至今犹抗击和包围着侵华日军百分之六十九（东北四省不在内）和伪军的百分之九十五这一事实的基础上，明确表示："中国解放区、中国沦陷区一切抗日的人民武装力量，在延安总部指挥下，有权根据《波茨坦宣言》条款及同盟国规定之受降办法，接受被我军所包围之日伪军队的投降，收缴其武器资材，并负责实施同盟国在受降后之一切规定。"说帖还正告美国要"站在中美两国人民的共同的利益上"，"如果国民党政府发动反对中国人民的全国规模的内战（此种内战危险，现已极其严重），请勿予国民党政府以

※ 1945年7月1日，朱德和毛泽东等到机场迎接来延安访问的国民参政会参政员黄炎培等一行六人。右起：毛泽东、黄炎培、褚辅成、章伯钧、冷遹、傅斯年、左舜生、朱德、周恩来、王若飞。

援助"。朱德还电令冈村宁次:"应下令你所指挥的一切部队,停止一切军事行动,听候中国解放区八路军、新四军及华南抗日纵队的命令,向我方投降,除被国民党政府的军队所包围的部队外。"并具体告诉冈村宁次有关投降事宜:在华北的日军,应由他命令日军华北方面军司令官下村定派出代表至八路军阜平地区,接受晋察冀军区司令员聂荣臻的命令;在华东的日军,应由他直接派出代表至新四军军部所在地天长地区,接受新四军代军长陈毅的命令;在鄂豫两省的日军,应由他命令在武汉的代表至新四军第五师大悟山地区,接受新四军第五师师长李先念的命令;在广东的日军,应由他指定在广州的代表至华南抗日纵队东莞地区,接受华南抗日纵队东江纵队司令员曾生的命令。朱德还警告冈村宁次"对执行上述命令应负绝对的责任"。

蒋介石不顾朱德对他的警告,仍然按既定方针即为用战争手段消灭中国共产党领导的人民武装力量做准备。然而,蒋介石的如意算盘打错了。站在中国共产党对立面的美国,面对中国共产党的坚定立场和解放区军民力量的强大这一现实,从自己的利益和战略目标出发,害怕中国打内战。英国和苏联从各自的利益和战略目标出发,也不赞成中国打内战。另外,蒋介石还发现他的数百万军队有一半以上还在远离内战前线的西南、西北地区,调动兵力还需要一定的时间。蒋介石感到发动全面内战的时机还不成熟,只好暂时做出和平谈判的姿态。8月中旬,他以国民政府主席的名义,连续三次致电延安,邀请毛泽东赴重庆"共同商讨,事关国家大计"。蒋介石的这一招是够狠的,无论毛泽东是否来重庆谈判,都对他有利。如果毛泽东不来,他就借此蒙骗舆论,说要和平的是国民党,不要和平的是共产党,进而把内战责任推向共产党;如果毛泽东来了,他就可以在谈判桌上施加压力,诱逼共产党将自己领导的人民武装力量交出来,并以谈判来拖延时间,加紧运兵并做好一切内战部署。

(庹平)

※ 1945年4月25日，朱德在中共七大上作题为《论解放区战场》的军事报告。

提出向东北发展的战略

朱德说:"我们要积极向东北发展,东北大有文章可做。蒋介石的部队大部分在南方,到东北要走半年。即使他到了东北,顶多是他占城市,我占乡村,像日本占领东北那样。"

中国共产党对于蒋介石既定的内战政策和谈判的险恶用心,是非常清楚的。但是,为了尽一切可能争取和平民主,团结和教育全国人民,中共中央政治局经过审慎研究后,决定派遣毛泽东、周恩来等赴重庆谈判,同蒋介石作面对面的斗争。在作出这一决定的中共中央政治局扩大会议上,朱德以其敏锐的战略眼光,提出要派干部去东北开展工作和派干部到国民党的大后方去工作的重要建议。也是在这次会议上,决定毛泽东为中央军委主席,朱德、周恩来、刘少奇、彭德怀为中央军委副主席,还决定朱德继续兼任中共中央海外工作委员会主任。

这以后,朱德开始从战略方针的角度继续思考向东北发展势力的问题。8月28日,毛

※ 1945年4月23日至6月11日,中共七大在延安举行。

泽东、周恩来等离开延安的当天下午，朱德在中央党校大礼堂给将要出发去东北工作的干部作报告时，着重阐述了自己主张积极向东北发展的思想。他说：

> 我们要积极向东北发展，东北大有文章可做。蒋介石的部队大部分在南方，到东北要走半年。即使他到了东北，顶多是他占城市，我占乡村，像日本占领东北那样。打日本我们有办法，对他我们就没有办法吗？不怕！

这时，有些人因近几天苏联和蒋介石订了条约而有些灰心，看不到向东北发展的重要前途。为了让他们了解发展东北的战略意义，并树立其工作信心，朱德结合东北的实际，详细阐述了发展东北的极大可能性。他说：过去以为苏联会大大帮我们一手，现在失望了，这是因为过去希望过奢。但是要知道虽然有个条约，东北的工作还大得很。苏联三个月撤兵，中国要归中国人自己管，东北要归东北人管，我们当然可以管，条约上没有规定不要我们去，不要我们管。东北工业发达，又挨着苏联，不受夹击，就是打退却，也应该向东北退，退华北还不够。现在要派5万队伍插过去，再派万把干部，将来还要去，这是很长远、很巩固的路，是长期艰苦的群众工作，是争取3千万群众和我们在一起。"我们到东北去是做事，不是去做官。蒋介石派人去做官的，国民党在那里没有底子，东北必须是民主的东北，我们大有希望。"

朱德之所以把目光紧紧地盯在东北，极力主张向东北发展势力，一个最主要的原因，就是因为东北的战略地位非常重要。东北地区面积辽阔，有3400余万人口。日本投降后，国民党政府将原东北三省即辽宁、吉林、黑龙江划分为辽宁、辽北、安东、吉林、松江、合江、黑龙江、嫩江和兴安九省。这里不仅交通便利、资源丰富、工业发达，而且还因南与冀热辽、晋察冀和山东各解放区相邻，东、西、北与朝鲜、蒙古、苏联接壤，战略地位非常重要。如果向东北发展，就可以依靠这里已有的工业资源，建成一个重要的战略基地，以支援关内各解放区的斗争。

朱德提出积极向东北发展的主张，得到了中共中央的重视，很快就决定派冀热辽军区第十六军分区司令员曾克林担任东北人民自治军沈阳市卫戍司令，并率部由现地向东北挺进。冀热辽区党委、军区接到朱德的命令后，立即召开紧急会议，决定全力以赴执行党中央交给的任务，先抽调1.3万余人，即三分之二部队、4个军分区司令员、4个地委书记兼政委和2500名地方干部，组成"东进工作委员会"和指挥部，率领挺进东北，于8月中旬分三路，北出长城各口，迅速进入东北、热河。冀热辽出关部队攻克山海关，迅速进驻锦州、沈阳，提高了我军地位，扩大了党在群众中的影响，争取了先机之利，接管了城市，给日伪汉奸和国民党反动派以严厉的打击。

向东北发展的军事行动，得到了出兵中国东北与日军作战后尚未退出的苏联红军的配合。苏联红军主动向朱德表示，他们不久即将撤退，他们不干涉中国内政，届时中国军队如何进入东北应由中国自行解决。为争取主动，朱德立即向苏军表示，热河、辽宁各一部，在中日战争爆发时即有八路军活动并创有根据地，请允许该地区八路军仍留原地。他还与苏军代表达成一个协议，根据这个协议，苏军同意将原属冀热辽抗日根据地范围内的锦州（伪"满洲国"曾设辖辽西14个县的"锦州省"）、热河两省完全交给八路军接管。本来，蒋介石也特别看中东北的战略地位，并企图从苏联红军手中和平接收东北。现在，他的企图泡汤了。

9月14日，由东北飞抵延安的曾克林，向中共中央政治局汇报东北工作。十分重视向东北发展的朱德，在会议召开前，与曾克林谈话，向他提出了厚望，他说："东北人民受了日本侵略者十几年的压迫，要使他们感到我们党的温暖，感到党和人民的军队是他们的靠山，使党的影响深入人心。你们是第一批进入东北的部队，责任更是重大。"在听曾克林汇报完东北工作后，朱德认为还必须加强东北的力量。他于当晚召开的中共中央政治局会议上，又建议"中央要迅速派人到东北去，要准备40万至60万军队"。结果，这次会议决定把战略重点放在东北，并决定建立以彭真为书记的中共中央东北局，以加强对东北工作的领导，还决定把原来准备南下的10万部队和2万干部转而挺进东北。

9月17日，刘少奇、朱德致电在重庆谈判的毛泽东和周恩来，报告这个决定，正式提出"向北推进，向南防御"的战略方针，主张力争东北，控制热河、察哈尔。除派部队去东北外，必须立即调集10万到15万部队到冀东、热河一带。江南新四军主力须转移到江北，调到冀东或山东，由山东调出部队去冀东、热河。

载着这个重要决定的电波越过长空，传到重庆，传给了毛泽东和周恩来。毛泽东、周恩来看了电报后，觉得刘少奇、朱德在电报中提出的战略方针是高明的一着棋，立即复电表示完全同意。于是，中共中央电示各中央局："全国战略方针是向北发展，向南防御。只要我能控制东北及热、察两省，并有全国各解放区及全国人民配合斗争，即能保障中国人民的胜利。"朱德还在中央政治局会议上进一步阐述了这个战略方针，指出："蒋介石对我们的办法是能打就打，不能打就暂时避免打，他们设法把各地联系起来，甚至与日本人合伙来打我们。3个月打不起来，要打至少得6个月，我们要争取主动，争取时间。""只要北方行，南方不巩固甚至丢失一些地方也是需要的，苏北、皖中、长江流域，准备做交换条件，我们要来个主动的行动，形成北面归我们的形势。"

在局势发生变化的转折关头，朱德与刘少奇共同为中共中央提出的"向北发展，向南防御"的战略方针，为今后加速解放战争的进程奠定了坚实的基础。

（庹平）

与张澜的师生情

张澜是朱德的老师。毛泽东在重庆谈判期间，亲自去张澜寄居的特园拜访。毛泽东转告张澜："你的学生朱德同志向你致以亲切的问候！"毛泽东还赞扬张澜，"曾经教育过朱总司令这样的抗日报国的当代英雄"！

张澜先生早年曾任四川顺庆府（今南充市）官立中学堂监督（校长）。他在任期间，锐意整顿学校，一洗迂儒们传播的封建、保守、萎靡、颓废的学风，主张办"洋"学堂，吸纳西方先进思想。张澜思想开放，他将西方的民主思想和科学精神引进了该校，开民主、自由之新风尚，致使该校名声大噪，一时成为进步青年向往的地方。

按理，朱德应该到与仪陇县毗邻的保宁府中学堂就读。可是，青年朱德却舍近求远，到顺庆府中学堂就读。这是为什么呢？原来，求知欲旺盛的朱德，久慕张澜大名和他所倡导的新学风，所以决意进入顺庆府官立中学堂，学习新式思想。

张澜亲自给学生们讲授"格致"课，这门课程包括生物、物理等内容。他将留学日本时所学得的自然科学知识，结合他从日本带回国的标本、挂图、仪器、资料等，深入浅出地详细阐述，引起了学生们的极大兴趣。他经常对学生们讲："人生在世，做人、做事。做事难，做人尤难。学生求学，旨在学好做人、做事的本领。要做好事，造福于国家和人民，就要安心向学，勤奋不懈，以便经世致用。要做好人，成为志士仁人，就要正心修身，行端表正，以便担负天将降的大任。这两者互为表里，相得益彰。"为使学生具备做人的基础，他将教"修身"课的守旧的教师换掉，自己亲自兼授"修身"课，课程内容也改为爱国爱民、勤政亲民的古圣先贤的嘉言懿行，以及中华民族志士仁人的丰功伟业。由于张澜的循循善诱，青年朱德的品德和学业都大为长进。更为重要的是，朱德从这里学到了许多做人的道理。

张澜将学生真正当做自己的弟子，经常同学生打成一片，没有一点旧式封建教育所谓

※ 张澜与朱德、罗瑞卿师生合影。

"师道尊严"的架子。当时学校虽不兴"家访",可他对学生们的家庭情况,了然于胸,这就有利于他对学生因材施教。他知道朱德家境贫寒,对他勉励有加。朱德爱好体育课,张澜对此尤为高兴。每当课余朱德奔驰于篮球场上时,张澜便鼓励在场外围观的学生向朱德学习,加强锻炼。张澜还给朱德讲述东晋大将军陶侃朝夕运砖,以习劳励志的故事,要朱德立志洗雪"东亚病夫"的奇耻大辱。

当时清廷腐败,帝国主义列强大肆侵略。张澜联系当时的形势,严肃地提醒学生们:"要亡国灭种了,现在什么都不管,就是牺牲身家性命,去救国家!"张澜的谆谆教诲,像阳光一样沐浴着朱德的心灵。朱德吸收着这些忧国忧民的思想。

朱德虽然在顺庆府中学堂只学习了一年时间，但张澜的言传身教，却给他留下了终生难忘的印象。据朱德后来回忆，他那时把张澜当做从事推翻封建王朝的革命党人，曾长期认为张澜"是同盟会的秘密会员"。从某种意义上说，朱德的认识是非常深刻的：张澜固然在组织上不曾参加同盟会，可他的思想意识和活动，已经革命化了。以致不久，就有他领导四川保路运动的全川人民大起义，成为辛亥革命的导火线。孙中山先生对此肯定地说："若没有四川保路同志会的起义，武昌革命或者要迟一年半载的。"

1906年暑假，已经受到民主思想启蒙教育的朱德，为进一步探索救国救民之道，来到成都投考四川高等师范学校，不久又远走昆明，考进了云南讲武堂。后来朱德担任人民军队的总司令，尽管地位变了，身份不同了，但他并没有忘记早年的恩师。凡是有机会向张澜致意之时，他总是要托人代致问候。1937年10月，四川的军政首脑刘湘赴南京出席国防最高会议，朱德在会后亲去刘湘下榻处拜访，托刘湘向张澜问好。1938年春，在山西前线抗日的邓锡侯，返回四川任川康绥靖主任去八路军总部辞行时，朱德又托邓锡侯带信慰问张澜。后来，朱德还经常托董必武、林伯渠两老问候张澜。1944年9月，林伯渠由延安去重庆参加国共谈判。此时的张澜，已是国统区致力民主革命的领导人。朱德又特地托林老代致张澜一封信，信中写道："你的事业，我坚决支持。"朱德还将延安大生产运动中生产的一床蓝色方格呢毯带给张澜，表达对尊师的敬意。

1945年8月30日下午，毛泽东主席飞抵重庆参加国共谈判的第三天，亲自去张澜居住的特园拜访。毛泽东首先转告张澜："你的学生朱德同志向你致以亲切的问候！"毛泽东还赞扬张澜，"曾经教育过朱总司令这样的抗日报国的当代英雄"！

1949年5月，张澜在上海被国民党特务劫持。经中共地下组织营救才得以脱险。其后，张澜应毛泽东主席、朱德总司令、周恩来副主席等电邀北上，参加新政协的筹备工作。6月14日下午，在北平前门火车站，张澜和朱德在阔别多年再次重逢。屈指一算，师生之间已有44年没见面了！朱德见到老师，立即举手敬礼，表示崇高的敬意。过了几天，朱德设宴招待张澜，并邀请张澜的另一位学生罗瑞卿作陪。席间，朱德详细地询问了张澜的健康情况，说他将派保健医生给老师彻底检查身体。他又指着罗瑞卿对张澜说："老师，瑞卿同志可是一位好同志啊！难得的是他早年也受到你的教育，你对他的影响很深，勉励很大！"罗瑞卿连连点头，感谢张澜对他的教育。宴后，朱德、罗瑞卿又陪同张澜泛舟中南海，畅游叙谈。

不久，周恩来安排张澜去颐和园听鹂馆附近休养。朱德多次前往看望张澜。每当张澜因病住进医院时，朱德总是第一个去探视。张澜病情较轻时，朱德多叙谈求学时的敬业乐群、军旅中的赏心乐事，以博得张澜掀髯一粲；张澜病情较重的时候，朱德则叙述扶病长征、抱病抗日的同志们与疾病作斗争的故事，以鼓舞张澜精神一振。有一次，朱德还将自己珍贵的保健药物针剂，分赠一些给张澜。经注射后，张澜的健康情况颇有起色。

1951年4月2日，张澜过了80岁生日。远在南方休养的朱德，早在3月27日便驰函祝寿："张副主席：兹值你八秩大寿之辰，我以欣慰的心情，庆祝你的健康长寿。适在休养，未能面祝，特致贺忱。"

1955年2月9日，张澜病逝。朱德担任治丧委员会主任。朱德对张澜作了"生事之以礼，死葬之以礼，祭之以礼"的评价。自始到终，朱德都体现了学生对老师的崇高感情。

一曲张澜与朱德的弦歌，长奏出师生间山高水长的清韵。

（王亚丽）

祝　寿

在朱德60寿辰前夕，《解放日报》发表祝词和《朱德将军年谱1886—1946》。祝词说："人民庆祝你的60年生活，因为你是中国人民60年伟大奋斗的化身"，"你的60大寿是中国共产党的佳节，是中国人民解放军的佳节，是全解放区和全国人民的佳节。"

1946年秋冬之交，人民解放战争正处在一个重要时刻：解放区的自卫作战已取得了可喜的进展，尽管中国人民解放军在军事力量上处于劣势，却在7月到11月间消灭了进攻解放区的国民党军队39个旅。然而，蒋介石却仍然过高地估计自己的力量，不顾中国共产党一再发出的警告，一意孤行，向陕甘宁边区发动进攻。延安正处于紧张的备战气氛中。

这一年的12月1日，是朱德60寿辰。人们在这个严峻的历史时刻为自己的总司令祝寿，有着一种特殊的心情，自然地把朱德的名字同中国人民的命运联系在一起，形成热烈的、真挚的感人情景。

祝寿前夕，《解放日报》在11月27日发表了中共中央祝贺朱德60寿辰的祝词和《朱德将军年谱1886—1946》。中共中央的祝词说："人民庆祝你的60年生活，因为你是中国人民60年伟大奋斗的化身"，"你对民族利益和人民利益的无限忠诚，你的不怕艰难危险，

※ 1946年11月30日，中共中央在延安庆祝朱德60寿辰。

※ 1946年11月30日，毛泽东等祝贺朱德60寿辰。图为庆寿会上。

※ 朱德在祝寿大会上致答谢词。

不求个人名利的牺牲精神,你的联系群众、信任群众、视民如伤、爱民如子的群众观点,正在鼓舞着全党全军为独立和平民主而奋斗到底。""你的60大寿是中国共产党的佳节,是中国人民解放军的佳节,是全解放区和全国人民的佳节。""你的寿辰正是战斗的号召,胜利的号召!全解放区军民,一定要用胜利的自卫战打退和粉碎反动派的进攻,作为替你祝寿的纪念品!"从11月29日起,延安全城悬旗3天,党、政、军,农、工、商、学各界纷纷举行庆祝活动。11月30日,中共中央在延安为朱德总司令60寿辰举行庆祝大会。

这天的延安热闹非凡,到处洋溢着节日的气氛,大街小巷插满了大大小小的红旗。庆祝会的主会场设在中央大礼堂。在礼堂的门口悬挂着一块红布,上边用黄纸贴成一个斗大的"寿"字。寿堂正中的墙上悬挂着毛泽东亲笔题写的几个苍劲有力的大字"人民的光荣"。中共中央送的贺幛上写着"万年长青"四个大字。贺幛的下面,摆着一盆郁郁葱葱的凤尾菜,菜心正中放着一个用金色纸剪成的"寿"字,金光四射,满堂生辉。寿堂两侧的长桌上，摆满了各地群众送来的鲜花、果品和寿桃，五颜六色，散布着扑鼻的芳香。

下午1时，朱德在一片锣鼓声和欢呼声中，乘车来到了寿堂门前。他穿着一身普通的灰布军服，外面罩了件斗篷。看到敬爱的总司令，人们激动万分，高呼："毛主席万岁！""朱总司令万岁！"朱德亲切地对大家说："你们不要祝贺我，我要祝贺你们，祝贺党，祝贺人民。"

人群中走出几个孩子，把一束束鲜花献到总司令的手中。总司令弯下腰，亲了亲这些可爱的孩子。

晚上，中央大礼堂举行庆祝大会。党和军队的领导们及群众代表频频向朱总司令举杯敬酒。陕甘宁边区政府主席林伯渠首先致词。接着，刘少奇代表党中央致贺词，他称赞"朱总司令六十年来为中国人民所做的事业，是中国共产党和中国人民最优秀的结晶，给予党和人民极大的光荣。"

周恩来在晚会上宣读了他的祝词。他满怀激情地说："我愿代表在反动统治区千千万万见不到你的同志、朋友、人民，向你祝寿……亲爱的总司令！你60年的奋斗，已使举世人民公认，你是中华民族的救星，劳动群众的先驱，人民军队的创造者和领导者。你为党为人民，真是忠贞不贰。你在革命过程中，经历了艰难曲折，千辛万苦，但你永远高举着革命的火炬，照耀着光明的前途，使千千万万的人民能够跟随着你，充满了信心向前迈进。你的革命历史，已成为20世纪中国革命的里程碑。你的强健身体，你的快乐精神，象征着中国人民的必然兴旺。人民祝你长寿！全党祝你永康！"

周恩来的讲话，高度地概括了朱德近半个世纪以来的奋斗历程，也代表了所有劳动人民的心声。会场上响起了经久不息的掌声。面对着这样热烈的场面，面对着自己亲爱的战友和同志们，朱德十分激动。他从座位上站起来，向讲台走去，用饱含深情的语调说：

"我衷心感谢党和同志们对我的热情祝贺。中国人民很早就干革命，前仆后继，但屡次遇见伙伴，就往往不大靠得住。那些伪装革命而以升官发财为目的的人，在获得革命果实后却反转来镇压革命，致革命屡次失败，人民屡次上当。我是一个农民的儿子，所有农民的儿子都是要革命的。那时不成功是摸不到路，后来找到了，加入了中国共产党。我虽然已60岁了，但帝国主义的年纪都比我大得多哩。他们还能活多久？反动派一定失败，中国人民一定胜利。我自信可以亲自看到中国革命获得成功。"

这表达了朱德的心声，表现了对革命必胜的坚定信念，使在场的许多人联想起了6年前在华北敌后的一次祝寿会上，那是为庆祝朱总司令54岁寿辰举行的集会。那次庆祝会的规模远比这次小得多。当时正是抗日战争处于最艰苦的阶段，蒋介石集团掀起了第二次反

※ 1946年，《解放日报》刊登庆贺朱德六十寿辰特刊。

共高潮。在这种艰难困苦的形势下，中国共产党和八路军表现出坚强的革命斗志，克服了种种困难，与一切反动派斗争到底，不断地取得胜利，一次次地粉碎了国民党反动派的反共高潮，挫败国民党的阴谋诡计。而在前线，英勇的八路军战士浴血奋战，保家卫国。在那次祝寿会上，朱德以高昂的声调说："我认为今天开会并不是简单地庆祝我个人，而是你们在庆祝中表现出你们对中国共产党和八路军的拥护。对于同志们这种庆祝的热情，我个人实在不敢当。我只有更加努力为国家民族、为人民、为无产阶级事业奋斗到底，尽自己的一切力量，和大家共同努力，争取革命的胜利，来回答同志们。"朱德的这一番讲话，是与同志们共勉，要大家坚定地把握革命真理，依靠党，依靠人民群众，为全人类的解放奋斗到底。

时隔6年，情形又是多么的相似。总司令的革命精神依然是那样的令人鼓舞，他依然是那么乐观。

1946年底，在美帝国主义支持下的国民党反动派，认为他们已经在"和平谈判"的掩护下完成了发动全面内战的部署，居然胆敢冒天下之大不韪，悍然撕毁"停战协定"和"政协决议"，向解放区发动全面的军事进攻。国民党政府过高估计了自己的力量，对他们发动的这场战争得意忘形，以为可以速战速决，一举消灭共产党领导的人民军队。蒋介石甚至声称，他倚仗国民党的军事优势，"如果配合得法，运用灵活……就一定能速战速决。"

国民党敢于发动全面内战，很重要的因素是依恃美国政府的支持，而当时美国看起来似乎是很强大，不可战胜。从1945年9月到1946年6月这段时间内，美国出动飞机和军舰，将国民党军队约54万多人，运送到华北、华东、东北、华南各地。国民党军队在短时间内接受了100多万日本军队和几十万伪军的武器装备，还收编了大量伪军，使其军事力量大大加强。

面对着严峻的形势，中国共产党采取坚定的立场。这年10月，中共中央详细地总结了全国规模内战爆发以后3个月的战争的胜利和经验，指出，在战争的头3个月，国民党反动派进攻解放区的全部正规军190多个旅已被我军歼灭了25个旅。"今后一个时期内的任务是再歼灭敌军约25个旅。这个任务完成了，即可能停止蒋军的进攻。那时的任务，是歼灭敌军第3个25个旅。果能如此，就可以收复大部至全部失地，并可以扩大解放区。"

根据当前的形势和任务，中央向全党、全军发出号召，向朱总司令学习，用实际行动去反击国民党军队的进攻。给总司令祝寿，就如同向全军发出动员令。正如中央的祝词中所说的："今天反动派还在进攻，反动派的进攻还没有被打退，但是这个时间是不远了，你的寿辰正是战斗的号召,胜利的号召!"

解放区军民为朱德祝寿的热烈情景,正是表现着高涨的士气与民心所向。

人们用各自的方式来表达对总司令的尊敬。这些天来,延安的人们互相见面时,除了打听前线的胜利消息外,都要加问一句:"总司令60大寿,你做了些什么?"回答是:"我准备做个大寿桃去。""我准备送一束最香最美的鲜花去。""我准备送一面锦旗。"

电波传来了各解放区战场的贺电,前线的干部战士们从硝烟弥漫的战壕里写来贺信,表示要发扬革命精神打胜仗。

解放区的军民们通过这次给朱总司令做寿,进一步鼓起了必胜的信心。大家表示要更好地学习朱总司令忠心耿耿、全心全意为人民服务的革命精神,用胜利的自卫战来打退和粉碎国民党反动派的讲攻。

(王亚丽)

与陈毅的诗交

朱德和陈毅是自南昌起义后并肩战斗的有着几十年革命情谊的知交,他们既是战友,又是诗友。

南昌起义后,部队南下途中遭到围攻,损失惨重。有的人悲观失望,动摇叛变了;有的人经受不住艰苦的战斗生活,中途悄悄地逃跑了。部队军心动摇,这支革命的火种随时都有熄灭的危险。当此危难之际,朱德挺身而出,组织余部辗转湖南。陈毅作为副手,在协助朱德整编队伍、实现与毛泽东会师井冈的艰难历程中亲身体会到朱德的伟大。事隔多年,陈毅回忆起这段难忘的经历时,清清楚楚地记得朱德当时的登高一呼:"革命的跟我走,不革命的可以回家。"

"只要保持实力,革命就有办法,革命就能成功。"陈毅深情地说:"朱德司令在最黑暗的日子里,在群众情绪低到零度,灰心丧气的时候,指出光明的前途,增加群众的革命信念,这是总司令的伟大,没有马列主义的远见是不可能的……总司令之所以能够成为人民军队的领袖,是自然的,绝不是偶然的,是在革命斗争中考验出来的。"

红军初创时期,朱德任红四军军长,陈毅任政治部主任。在创建中央苏区的斗争中,

※ 1948年5月，朱德和陈毅、粟裕在河北濮阳县（现属河南省）同华东野战军各纵队负责人合影。

他们二人三下闽西，转战赣南；在粉碎敌人的五次"围剿"中，朱德任总司令统率三军，陈毅则常以地方武装配合主力部队作战。1934年，朱德率主力红军长征，陈毅奉命坚持南方游击战争。抗战爆发，陈毅出山。1940年10月，陈毅和粟裕指挥黄桥战役取得巨大胜利。消息传到延安，在总部参加领导全国抗战的朱德为战友的重大胜利感到由衷的喜悦。1941年，"皖南事变"后，陈毅被任命为新四军代军长。不久，即果敢地指挥了讨逆（李长江）之役和陈道口之役，为创建和巩固华中根据地作出了重大贡献。捷报传到延安，朱德喜不自胜，欣然吟成七律一首《我为陈毅将军而作》：

江南转战又江东，大将年年建大功

> 家国危亡看子弟,河山欲碎见英雄。
> 尽收勇士归麾下,压倒倭儿入笼中。
> 救世奇勋谁与识,鸿沟再划古今同。

朱德将此诗抄示于"怀安诗社"同仁,让延安的战友们共享胜利的喜悦。这真是"一片深情,尽见于辞"了。

1946年11月,朱德同志60大寿,中共中央举行庆祝会。陈毅当时在山东解放区指挥作战。在连续后撤集中兵力捕捉战机以改变战局的紧张繁忙之中,陈毅同志挥毫写下了《祝朱总司令六旬大庆》一诗:

> 高峰泰岱万山从,大海盛德在能容。
> 服务人民三十载,七旬会见九州同。

这首诗既是陈毅对朱德由衷的称赞,又不啻是一曲人民革命的胜利之歌。陈毅自己也比较喜欢为朱德贺寿的这首诗。1949年8月,在人民解放军向南方胜利大进军的凯歌声中,陈毅将此诗赠徐平羽同志。

1947年9月,陈毅在指挥沙土集战役后不久即赴平山向刘少奇、朱德主持的中央工委汇报工作。一别二年,一朝重逢,朱德和陈毅彻夜长谈。陈毅同志诗兴勃发,写成《平山呈朱德同志》诗一首:

> 滹沱河畔与君晤,指点江山气象殊。
> 南指中原传屡捷,石门北望庆新都。

1948年5月,朱德代表党中央赴濮阳指导华东野战军整训,作了"耍龙灯"、"钓大鱼"等一系列重要指示。陈毅则在欢迎大会上发表了《向朱总司令学习》的演说,号召指战员们学习总司令的伟大人格。陈毅意犹未尽,兴致淋漓地赋诗四首,"呈朱总司令以志亲临南线之快":

> 读罢新诗兴不残,又将远举付深谈。
> 总戎令下风扫雪,立马吴山更图南。

首夏清和花事残，为讨不庭向江南。
郭郎妙笔留春在，总座新诗气如磐。
战局几回抵掌谈，反复指点计艰难。
北线迩来传屡捷，逐鹿自古在中原。
耻杀无辜得天下，东征西怨万方从。
温温不作惊人语，大度自然是真雄。

十年动乱中，朱德被诬蔑为"大军阀"，陈毅则被扣上"二月逆流黑干将"的罪名而屡遭迫害。在这样的非常时期，老帅们的心贴得更近了。陈毅怒斥林彪之流对朱德的诬蔑："朱德同志怎么成了大军阀？这不是给我们党脸上抹黑？一揪就是祖宗三代，人家会说，你们共产党怎么连80岁的老人都容不下！"

几十年的情谊，几十年的诗交。在行将告别人世的最后年头，陈毅对朱德及其诗作的真挚情感是十分动人的。1971年夏，陈毅身患绝症，与朱德在一起度过了最后一个酷暑。

※ 1948年5月，朱德和陈毅在河北濮阳县研究作战方案。

陈毅在给长子讲解杜甫的《秋兴》时，兴致勃勃地讲起总司令曾用《秋兴》原韵，写过一组解放战争的战场即景诗。他要长子找来读读，满怀深情地说："这组诗出自战场总司令的手笔，是历史研究的珍品。"

1972年1月6日，71岁的陈毅与世长辞了。朱德十分悲痛，不顾86岁的高龄和正发着高烧的病体，执意要人搀扶着向陈毅遗体告别。意志坚如钢的总司令凝望着年轻自己15岁的战友、诗友，老泪纵横，呜咽出声，颤抖着行了一个庄严的军礼，向这位自南昌起义后并肩前行的有着45年情谊的知交告别。失去这样一位豪爽耿直、才华横溢的战友，朱德感到哀恸难禁。回到病房，朱德仍然泪流不已，极其沉痛地叹息道："陈毅同志好啊，他死得太早了！"朱德已多年没有写诗了，这一次，在大恸之中，心声凝为诗句：

一生为革命，盖棺方论定。
重道又亲师，路线根端正。

这首诗，既是对亡友的至深至切的追念，也是对鬼蜮螽贼的挞伐。

（王亚丽）

"志坚如铁"

朱德60寿辰之际，刘伯承对记者说，朱总司令"志坚如铁，从无失败情绪"。

在十大元帅中，数朱德和刘伯承的年龄最大，又数他俩相识最早，关系颇为密切。

抗日战争时期，作为战地摄影记者的徐肖冰曾经遇到过这样一个场面：那是在一次军事会议召开之前，八路军将领站在屋前，三个一群，五个一伙地围在一起聊天。徐肖冰手提摄影机正忙着选取镜头。他看到朱德和刘伯承正谈得热烈，笑得是那么开心，急忙过去拍摄。

"你拍我们两个，你可知道我们两个是对头，是交过手的。"刘伯承扭过头，指着镜头说。

"是下棋还是打球？"徐肖冰随口问道。

"下的啥子棋哟，我们是真枪实弹地交过手哩。"刘伯承认真地回答着。

徐肖冰惊讶极了，到底是怎么回事？

原来，早在1916年，朱德和刘伯承就参加了反对袁世凯复辟帝制的护国战争。当时，朱德在入川参战的滇军中任团长，刘伯承则在川军中任职。四川逐渐形成了军阀割据的局面，战事不断。1917年末，军阀熊克武为了消除另一军阀刘存厚的势力，派遣刘伯承作为代表赴川南泸州与云南军阀唐继尧的部队谈判，意欲联合驱逐刘存厚。在这次谈判中，刘伯承结识了朱德。然而，到了1920年，唐继尧图谋夺取四川的统治大权，企图联合其他川军驱逐熊克武。结果，熊克武得用"川人治川，驱逐客军"的口号，与四川军阀联合起来，将驻川滇军逐出四川。在这次战争中，刘伯承率部与滇军作战，连连取得胜利，而朱德所在的滇军接连失利，一直从成都溃退到贵州境内。

徐肖冰心中释然，终于明白了朱德和刘伯承曾经是对头的来历。

那么，原先的对头又是如何走到一起直至成为今天亲密无间的战友呢？

※ 1938年，朱德在一二九师和刘伯承（中）、邓小平（左）研究作战计划。

※ 1952年4月13日,朱德和刘伯承在北京香山。

1917年,俄国十月革命和1919年"五四运动"爆发后,许多探索中国革命的仁人志士开始从马列主义那里找寻拯救中国的正确道路。朱德和刘伯承都加入了中国共产党,正如朱德所言:"人们走着不同的道路,有的人做了军阀而不思悔改,有的人随军阀陷入泥潭,但最终找到了新的革命道路;也有的人看到了新的道路,却因为过去中毒太深而不能自拔。许多国民党军人变成了新军阀。而刘伯承和我两个人则找到并走上了新的革命的道路。"

在后来的年代里,刘伯承和朱德患难与共,为中国人民的解放事业立下了卓越的功勋。特别值得一提的是,在红军长征途中,朱德和刘伯承为了党和红军的团结,不顾个人安危,同制造分裂的张国焘进行了不懈的斗争。

为了使朱德和刘伯承就范,张国焘煽动一些人斗争他们。在一次会议上,一些人无理谩骂,坐在朱德身旁的刘伯承忍无可忍,拍案而起,厉声怒斥道:"你们是在开党的会议,还是审案子!"一下子,那些人又把斗争的矛头对准了刘伯承。

这时，留在左路军中的一方面军干部战士对此感到十分气愤，他们利用各种方法向朱德和刘伯承传递信息，请示该如何做。朱德和刘伯承自然明白这些请示的意思。但是，他们从整个红军的大局出发，置个人荣辱于度外，告诫部队要搞好团结，避免分裂；少讲空话，多做工作，切不可草率从事。

在艰难和危险的处境中，朱德和刘伯承始终没有屈服于张国焘的淫威，坚持对四方面军广大干部战士进行说服教育，使他们认清北上抗日的意义。

南下部队在经历了近10个月的磨难之后，广大指战员终于从残酷的现实中认识到，只有北上才是真正的出路。张国焘南下计划破产，被迫命令部队重新北上。

1946年，当朱德60寿辰之际，尚在前线的刘伯承怀着喜悦的心情对来访的记者说，朱总司令"志坚如铁，从无失败情绪。总司令参加革命以前，生活优裕，即不升官发财，亦足以度其舒适之一生，然当其一旦认识革命，即弃如敝屣，义无反顾。以在任何国难之前，坦然如坐春风，尤足使人深深感动。"

（王亚丽）

美国制造的卡宾枪

> 朱德说："蒋介石这个'运输大队长'还真行，前次在上党战役中，不但给我们送来好多枪，还把美国的山炮、榴弹炮也给运来了，连张收据都不要。"

1947年3月，延安保卫战迫在眉睫。在南泥湾附近的一条公路上，朱德和两位苏联医生被一群战士围住了，大家亲切地交谈着。有一位战士看见了朱德的警卫员背着一支小巧的步枪，便问朱德："这是什么枪？"

朱德回答说："这是卡宾枪，美国制造的。"

战士又问："管打不管打？"

朱德笑着说："当然管打！这比咱们老套筒、汉阳造轻便多了。不过这枪拿到反动派手里，就不管打了。"

看见大家对这支枪很感兴趣，朱德风趣地说："这种枪就这么一支，不能奉送给你们。你们如果想要的话，'运输大队长'会给你们送来的。"

战士们一下子就听明白了，朱德所说的"运输大队长"指的是蒋介石。大家都会意地笑了。朱德继续说:"蒋介石这个'运输大队长'还真行,前次在上党战役中,不但给我们送来好多枪,还把美国的山炮、榴弹炮也给运来了,连张收据都不要。"

朱德的话,逗得大家嘴都合不拢了,连两位苏联医生也忍不住笑了起来。

是啊,幽默有时也是一种战斗的武器,这种"软"武器能发挥许多"硬"武器所不能发挥的作用。大战之前,大家的心情都集中在准备打仗上去了。朱德的这一席话,说得那么幽默,使大家的精神得到了放松。一方面,揶揄了蒋介石,另一方面,也激发了大家的斗志。战士们摩拳擦掌,恨不得多打几个胜仗,让蒋介石这个"运输大队长"再多送点东西来。

(王亚丽)

"我就要这个小土布的"

> 被服厂给朱德做衣服,问他要什么布料,他指着厂长的衣服说:"我就要这个小土布的。"

1947年,被服厂来给朱德同志做衣服,老总问有什么衣料?厂长说有洋布和毛料的。老总又问:你穿的是什么布?厂长答:小土布,这是干部战士穿的。朱德同志说:我就要这个小土布的。结果做了套土布制服。建国以后老总穿戴仍十分朴素,他的一双旧拖鞋已不知哪年买的了,帮、底都破了还舍不得丢,一直穿到老人家逝世。

(董志英)

关注军工生产

> 在1947年春,朱德就着手抓军工生产,并给予具体指导和帮助。朱德说:"我们就要开始战略大反攻,前线需要炮兵,需要炮弹,兵工生产要抓紧,多生产一些炮弹,越多越好!"

要攻破国民党军坚固设防的大城市,要歼灭国民党军的重兵集团,要打大规模的阵地

※ 1940年10月，朱德总司令参加了在延安王家坪召开的军工生产会议。自左至右：李涛、叶剑英、朱德、叶季壮、李强。

战和大规模的运动战，都必须有足够的炮弹、炸药等军火物资源源不断地供应前线。

朱德早就开始关注这个问题。还在1947年春，朱德随中央工委到达晋察冀解放区时，就着手抓军工生产，并给予具体指导和帮助。据当时担任晋察冀军区兵工部副部长的刘鼎回忆说，朱德找他到西柏坡，对他说："我们就要开始战略大反攻，前线需要炮兵，需要炮弹，兵工生产要抓紧，多生产一些炮弹，越多越好！"当技术人员研制出一种爆炸力强的新型炮弹，进行试验射击时，朱德亲自赶到靶场，参观试射，当他看到试射的各种科目准确无误时，十分高兴，要求尽快投入大量生产。

当时，晋察冀地区的军事工业分散在各地，管理也不统一，远远不能适应战争发展的需要。朱德经过调查研究，于7月11日、20日两次致电毛泽东，提出要把分散的军工生产统一起来，要大规模发展炸药和炮弹的生产，要搞好运输线，保证军工产品及时送到前线。并建议召开军工会议，交通运输会议等，以加强统一领导和部署。

经中央同意，1947年12月20日至1948年1月12日，中央工委在西柏坡召开了华北各解放区军工会议、交通会议，晋察冀、晋冀鲁豫、晋绥、山东和大别山刘邓部队的代表出席了会议。朱德在会上讲话，指出：我们是以战争来结束战争。军工生产对我们胜利的快慢有重要意义。要提早结束战争，要拔掉大的点，就要有大量的炮弹、炸药、手榴弹。要搞好交通运输业，把军工产品很快运到前线去，把我们需要的物资运进来。他还着重谈了军事工厂的管理问题，认为军事工厂应该实行企业化的管理方法。企业化管理的提出，是一个新的问题，也是一个重大的转变。

这次会议期间，朱德还写信给晋绥、冀中军区领导人，要求抓紧军工生产和交通运输工作。1948年1月8日，他在写给贺龙、李井泉的信中说："炸药、炮弹、手榴弹成为决定战争的重要因素。你处因经济及原料不足，不能大量生产，仍希望将炸药一项多出一部。运输线组织对你区供给弹药是十分需要的。望秋夏季在交通线上设粮草站，以便由各地转运弹药及其他物资帮助你们。"

由于朱德对军火保证这个重要问题想得早，抓得紧，抓得具体，使晋察冀和其他解放区的军工生产在1947、1948年有了突飞猛进的发展，大批武器弹药源源不断地送往前线，保障了大规模攻坚战的物资需要。如攻打石家庄、临汾、济南、太原这些设防坚固的城市，使用了大量炸药和炮弹，都是华北解放区的兵工厂供应的。规模巨大的淮海战役，由华北和东北军工送往前线的弹药在1640万吨，远远超过了国民党方面的军火供应。

根据攻坚战的需要，兵工厂还研制出大口径掷弹筒（也叫炸药抛射器）和粗膛迫击炮发射炸药包，在战场上大显威力。凌空爆炸，使方圆几十米内的敌军聋瞎丧生。战士们高兴地把这种武器赞喻为"土飞机"（像轰炸机从空中投炸弹），国民党军队甚至惊呼"共军有了原子弹"。正如毛泽东在《敦促杜聿明等投降书》中所说："我们的飞机、坦克比你们多，这就是大炮和炸药，人们把这些叫做土飞机、土坦克，难道不是比你们的洋飞机、洋坦克要厉害十倍吗？"

的确，在战略决战阶段，解放军的炮弹和炸药所形成的火力，已大大胜过了国民党军队，这就为解放军突破攻坚大关奠定了坚实的物质基础。

※ 1947年，朱德和聂荣臻（右一）等在河北白洋淀。

在战略决战即将取得最后胜利，人民解放军即将向全国进军之际，为使全军军工生产有一个更大的发展，朱德于1948年底至1949年初主持召开了全军军工军械会议和后勤工作会议。1948年12月25日，在军工军械会议上作总结报告时，朱德指出：现在人民解放战争规模浩大，部队数百万，有正规化的装备，这些装备今后还会增加。有了这些装备，就能战胜敌人，在战后也能建设国防。因此，必须重视军工军械工作，在军委的统一领导下，健全组织机构，建立统一的装配样式和各项规章制度，把军工军械工作做好。

由于朱德的努力，使这次会议开得非常成功，统一了思想，建立了统一的制度，制定了军工、军需、军械、运输等工作概则、条例。这对于我军军工军械工作和后勤工作走向正规化，起了重要的促进作用。

朱德还十分关心炮兵、工兵等特种兵建设。早在1946年7月，朱德就强调："炮兵为建军骨干"。1947年10月又号召："炮兵、工兵要努力在实践中学习"。到战略决战之前，解放军炮兵已发展到三十五个团，拥有重炮1100余门。工兵也发展到一定规模。这就使我军打大规模攻坚战有了一支坚强的突击力量。毛泽东高兴地说："自从人民解放军形成了超过国民党军的炮兵和工兵以后，国民党的防御体系，连同他的飞机和坦克就显得渺小了。"

（姜铁军）

确定"打大歼灭战"的战略思想

1947年3月31日，朱德到达晋察冀军区所在地，河北省阜平县城南庄。很快就确立了"打大歼灭战"的战略思想。朱德说："打歼灭仗，是红军传统战略思想。我们历来是靠歼灭仗来壮大自己，你们一定要贯彻打歼灭仗的思想。"

1946年6月26日，国民党军以30万兵力向中原解放区大举进攻，揭开了全面内战的序幕。

直到1947年初，蒋介石的全面进攻遭到失败，并损失正规军高达71万余人后，又改为对山东和陕甘宁解放区的重点进攻。2月底，蒋介石亲抵西安，部署对延安的进攻，并调动一个伞兵旅，准备偷袭延安。3月，胡宗南调集15个旅，20万之众兵力，准备分左右两路进攻延安，妄图消灭西北人民解放军及中共中央领导机关。此时的陕甘宁边区，处在敌人的包围之中。3月12日，国民党空军近百架飞机轰炸延安，使延安顷刻间陷入一片火海。

在严重的局势面前，中共中央书记处召开紧急扩大会议，讨论党中央是继续留在陕北，还是东渡黄河进入山西。大家都为毛泽东留在陕北的安全担心，会上展开了热烈的争论。为了稳定人心，拖住一部分国民党军主力，以减轻山东和华东战场的压力，最后达成了一致的决定，中央书记处五个人分成两路，一路由毛泽东、周恩来、任弼时率领留在陕北，坚持中共中央和中央军委的工作；一路由刘少奇、朱德等组成中央工作委员会，东渡黄河，前往华北，担负中央委托的三项重要任务，即将晋察冀军事问题解决好、将土地会议开好和将财经办事处建立起来。

※ 1947年3月,国民党军集中兵力重点进攻山东和陕北解放区。5月中旬,华东野战军在山东孟良崮地区全歼国民党五大主力之首的整编第七十四师3.2万余人,取得了挫败敌人重点进攻的重大胜利。图为华东野战军部队向孟良崮地区挺进。

3月31日晚,朱德一行东渡黄河。经过近一个月的长途跋涉,于4月26日到达晋察冀军区所在地河北省阜平县城南庄。

这时,西北野战兵团相继取得羊马河、蟠龙镇等战役的重大胜利。晋冀鲁豫军区主力在豫北发动反攻,太岳纵队在晋南发动反攻,晋察冀军区主力在正太路也展开反攻。朱德在晋察冀中央局干部举行的欢迎会上讲话时,把这种形势概括为:"解放区天天打胜仗,促进全国革命高潮的到来","这就是新高潮的前夜"。

作为中国人民解放军总司令的朱德,到晋察冀一项主要任务,就是要将晋察冀军事问题解决好。为解决这一问题,他从组建晋察冀野战军着手。

组建野战军有其历史的原因。抗日战争后期,日军在冀中平原一带的大"扫荡"十分残酷,部队过去底子不厚实,反"扫荡"中被迫分散作战,部队基本上散了,一下子收不拢来。随着抗战胜利的到来,以原有的骨干新组织的部队纷纷调往东北。而华北国民党傅作义部是个较难对付的对手,这一时期部队有些仗没有打好,干部战士都有意见,这给今后作战带来了不少困难。要扭转这个局面,就要加强训练,加强教育,思想上、组织上、作风上、战术上都需要强化。为了适应集中兵力打大仗的需要,组建晋察冀野战军是势在必行。朱德、刘少奇同聂荣臻等军区领导人共同研究晋察冀解放区的土改和军事工作,确定了进一步集中兵力,在运动中大量歼灭敌人的部署。

朱德在晋察冀中央局、冀中军区首先统一思想,提高认识。他在对干部们讲话时充分肯定了取得的胜利,同时指出:"你们最近打了一些胜仗,只是仗打得零碎了些。如何打大歼灭仗,你们还没有十分学会。从张家口退出来以后,没有很好地把兵力集中起来。河北这个地方很好,物产丰富,人口众多,民兵和地方武装也很多,如果你们学会了集中兵力,一定能够打大胜仗。""打歼灭仗,是红军传统战略思想。我们历来是靠歼灭仗来壮大自己,你们一定要贯彻打歼灭仗的思想。""党政军民一定要团结一致,军队纪律必须整顿好,要依靠人民群众,依靠民兵和地方武装,到处打敌人,把野战军腾出来专门打歼灭战,决不能叫主力到处去抵抗,分散兵力去保卫地方。相反,应该加强地方部队的建设,从地方部队挤出一部分人来充实野战军。现在是吃饭的人多,打仗的人少,这不行。要实行总力战,党政军民结合为一体,共同对敌作战。"

朱德在到达晋察冀解放区后很快就确定了"打大歼灭战"的战略思想,这是十分重要的,也是"向北发展"方针的具体实践。

为了把"打大歼灭战"的思想贯彻下去,朱德采取了一些措施:第一,统一干部的认识。朱德同军区领导人商定,由聂荣臻分别召开各纵队、旅、团级干部会议,总结晋察冀军区作战的经验教训。朱德亲自给军区高级干部作报告,多次出席晋察冀中央局会议,并同一些指战员座谈,反复讲解形势,阐述集中兵力打歼灭战的意义。他强调打歼灭战需要做到三点:一、集中兵力,主动作战;二、打敌人之侧背,包围歼灭敌人;三、利用有利的地形。并且分析在平原地区打大歼灭战的有利条件,以增强干部的信心。第二,在组织

※ 从1947年3月至8月，西北人民解放军先后在青化砭、羊马河、蟠龙、沙家店等战役中，歼敌2万余人，粉碎了国民党军对陕北的重点进攻。图为西北人民解放军司令员兼政委彭德怀（左二）、副政委习仲勋（左三）在青化砭前线。

上进行调整，组成强有力的野战军指挥机构，加强野战部队的实力。经过请示中央后，决定组建晋察冀野战军，以杨得志为司令员，罗瑞卿为政委，杨成武为第二政委。建立军区后勤部，统一领导供给、卫生、兵站、运输、补充新兵、训练俘虏等，使野战军脱离后方勤务，只管训练与打仗两件事。这样，野战军就可以轻快有力、灵活运动，从而适应打运动战与打大歼灭战的要求。

对野战军领导机构的组建，朱德抓得很细。当时任晋察冀军区第三纵队司令员的杨成武调任野战军第二政委后，朱德亲自找他谈话，交代任务。

5月的一天，担任晋察冀军区第三纵队司令员的杨成武接到了军区司令员兼政治委员聂荣臻的电报，要他立即赶到中央工委所在地。到了那里，首先见了聂司令员，见面后他说：朱总司令和少奇同志找你来，有事和你商量。

上午，杨成武来到朱德住宅前院。在朱德的秘书通报后不久，朱德从室内出来迎接，老远就伸出了手。

他向朱德敬礼，庄重地说："总司令，您好，好久没见总司令了。"

朱德笑哈哈地说："成武同志，你从阳泉前线回来了。"

"刚刚到。"他说着，跟随朱德进到屋里。

朱德指着靠墙的一张硬木靠背椅说："来，来，快坐下。"秘书紧接着给他倒上水。

朱德开宗明义地说："中央军委考虑当前斗争形势的需要，决定重新建立晋察冀野战军领导机构。"接着，朱德详细地分析当前形势，强调华北地区战略地位的重要性以及重建晋察冀野战军的重要意义。他说：

蒋介石撕毁"双十协定"，发动全国内战，召开伪国大，制定伪宪法，当了大总统。他派兵侵占延安，侵占张家口，下令逮捕和暗杀民主人士，起用日本战犯冈村宁次，叫这个双手沾满了中国人民鲜血的日军刽子手参加指挥作战。还在太原、大同、阳泉起用日本部队同我们作战，实行卖国政策、内战政策和独裁政策，造成了政治危机、军事危机和经济危机。蒋介石对解放区的进攻，不但没有消灭人民解放军，反而大大地锻炼和加强了人民解放军，使人民解放军日益强大。不到一年，蒋介石就被我们消灭了一大批正规部队，战略形势发生了很大变化。这个变化最重要的标志就是我们的解放战争转入了全国性的大反攻。我们的主力打到外线去了，正在展开全国规模的较量。眼下，敌人正在和我们抢占东北，正在向我们解放区进攻，重点是山东、延安。华北地区，中央非常重视。你们晋察冀部队的任务很重，不仅要牵制敌人在华北的部队和解放全华北，而且北面要支援东北，西面要支援西北，东面要支援华东。这是进行战略大反攻啊！

朱德稍稍停了一下，从椅子上站起来说：

在这种形势面前，需要加强战争机构。根据战局的发展，现在我们转入战略反攻阶段，晋察冀军区的野战部队还需要加强，需要组成一个更强有力的野战军指挥机构，野战军要完全适应打运动战和打大歼灭战的要求。目前军区指挥机构对野战军各纵队的作战指挥还不完全适应，后方庞大，战斗人员少，头重脚轻，不能适应战争形势发展的需要。为了改变这种状况，中央从战略上考虑，决定恢复晋察冀野战军，重新成立野战军的领导机构，以加强野战军建设，使之成为一个有力的"拳头"。

说着说着，朱德不自觉地把自己的拳头也握了起来，继续说：中央工委已向毛主席建议并得到批准，决定杨得志同志任野战军司令员，你任政治委员，耿飚同志任参谋长，潘自力同志任政治部主任，统一指挥晋察冀野战军。

杨成武领命之后，很快就投入晋察冀野战军组建工作。

晋察冀野战军领导机关成立后的头一仗，是大清河北战役。为了保证这次战斗打好，战斗之前，朱德和刘少奇致电野战军军政主要领导，就具体的战略战术指示说："你们应该寻求在运动中消灭敌人。敌地堡坚固应研究对策，筹备技术与材料后再设法攻破。""部队行军宿营都要紧缩、灵敏，避免笨重累赘，善于利用群众掩护和地形熟悉的条件，即能寻求在运动中突然袭击或打埋伏的好机会，去消灭敌人。如多次布置无效亦不必灰心，下级亦不宜说怪话，能长此灵活使用，一年内能一二次收效亦可算成功，或可大量歼灭敌人。"

然而，战斗打响后，由于求胜心切，战役之初围敌过多，口子张得过大，结果把歼灭战打成了消耗战，虽然消灭国民党军队5000多人，但未能达到全歼敌人的目的。这一仗打得不理想，部队的情绪受到一定影响，干部战士中间出现一些怪话，有人说"肉没吃着，倒把门牙顶掉了"。

朱德了解到这个情况后非常重视，为了鼓舞晋察冀野战军士气，他考虑亲自随同部队指导打一两仗。经与刘少奇研究后，致电中央军委："大清河北战役因围敌过多，不能最后解决。""但此次士气旺盛，干部之有牺牲精神，较以前不同。……未获大胜，后方干部难免浮言。朱拟去野战军整理一时期，随同杨、杨等打一两个好仗，将野战军树立起来。"毛泽东接到这个电报后，以中央军委名义致电朱德、刘少奇和晋察冀野战军司令部，肯定大清河北战役虽然未获大胜，但指战员战斗精神很好，"只要有胜利，不论大小，都是好的。"电报中特别提及朱德的安全，"朱总是否亲临前线，请加慎重"。

党中央和毛主席的信任，极大地鼓舞了指战员们的斗志，更加坚定了打大歼灭战的决心。

9月，蒋介石从北平、天津、保定地区调兵增援华北，晋察冀野战军抓住这个战机，以求在运动中歼灭敌人。由此上演了清风店战役，打了一个漂亮的大歼灭战。

朱德对战役做了非常具体的指导。为了使指战员适应打大歼灭战的要求，他根据党中央和毛泽东的决定，指示野战军成立了前线指挥机构。他鼓励大家一定要树立打大歼灭战的信心和决心，并且明确指出：善于调动敌人，集中兵力，是夺取战役胜利的关键。朱德从战略指导原则、战役指导思想和具体指挥方法等方面给予具体指导。这个战役是实践朱德关于学会调动敌人的指示的一个成功尝试。

清风店战役将北进之国民党第三军主力及第十六军一个团全歼，活捉国民党中将军长罗历戎。连同保北阻击战，共歼灭国民党军17000多人，从根本上扭转了华北战局。捷报传来，朱德即兴赋诗祝贺：

> 南合村中晓日斜，频呼救命望京华。
> 为援保定三军灭，错渡滹沱九月槎。
> 卸甲咸云归故里，离营从此不闻笳。
> 请看塞上深秋月，朗照边区胜利花。

（庹平）

亲临前线指导石家庄战役

清风店战役消灭敌第三军主力后，驻守石家庄的敌人减去了一半。晋察冀野战军在分析敌情我情基础之上，认为攻打石家庄的条件已经成熟，提出攻打石家庄的建议，并得到了朱德总司令和聂荣臻司令员的支持。为了保证战役的胜利，朱德亲临前线指导。

石家庄当时叫石门市。1925年，因石家庄和休门等村合并，各取首尾一字定名为"石门市"。它是华北平原上的一个重镇，平汉、正太、石德铁路交会于此。因为它地处平原，无险可守，敌人便在石家庄建起了坚固的城防，筑有三道防御体系：以7米深、8米高、长约40公里的外市沟，作为第一道环形防线；以深宽各8米，沟外设有铁丝网的内市沟，作为第二道防线；在市中心以大石桥、火车站等坚固建筑物为核心工事，并筑有大小壕沟，作为第三道防线。总计敌军在石家庄修筑的大小堡垒达6000个之多。因此敌军扬言："石门城下有城，固若金汤"，"凭石家庄的工事，国军可坐守三年"。

在敌我装备悬殊的情况下，拿下石家庄的确是不容易的。

河北安国一间普普通通的农舍中，晋察冀野战军的四方虎将聚集在一起。墙上挂着一张从敌人手里缴获来的石家庄地图，上面标明了敌人的防御工事、兵力部署及火力配置。

会议开始后，各位将领把敌我双方实力做了对比，分析了双方的有利因素和不利因素，会议开得热气腾腾。最后做结论的是朱德。

他穿着那套褪色的军装，操着浓重的四川口音说：

※ 1947年,朱德在石家庄战役前,视察晋察冀野战军炮兵旅。

我这次到晋察冀来,主要是抓两件事:土改和打仗。前一段,一直忙着开土改会议。现在土改会开完了,就轮到打仗这一坨了。这些天,我召集炮兵、工兵的同志开过会,主要是研究步炮协同、土工作业问题。也找了一些俘虏进行了调查。敌第三军里有不少人是滇军的老底子,从根上说,他们都还是我的部下呢!当然了,几天前,他们是绝对不会听我这个总司令的招呼喽!

朱德的话,引起了一片欢快的笑声。

说起打石门,我是赞同的。今年春天,聂荣臻同志就跟我谈起过打石门的设想和准备。蒋介石看不起我们，说我们是土八路，只配钻山沟沟、打游击。前一时期，国民党的新闻局长还说，共产党的'全面反攻'喊了很久，到现在还没有打下一个大城市。你们也许会说，我们打下过张家口。可是，人家不认账，说那是苏联红军帮助打下的。就冲这一点，我们也要打下石门，给他们看看。我们晋察冀的同志有没有信心创造夺取大城市的先例？让党中央和毛主席看看，也给南京的蒋介石看看！

"有！"到会的同志们异口同声地答道。

朱德会心地笑了。"从这声音里，我已经看到了你们的决心。但光有决心不行，还要讲究战术。今天，我就给你们提一个口号，也是一个要求，那就是'勇敢加技术'。"

"有人也许会说，我打了一辈子仗，什么技术也没有学过，还不照样打胜仗。持这种观点的人，迟早是要吃亏的。"

说着，他从挎包里取出了一本苏联伏龙芝军事学院编印的《苏军合同战术教程》，接着说：

"这里面的第四章是取得胜利的一般原则，你们看看，对你们是不是有点启示。"

他又将书翻到进攻战一章，说道："这里一共讲了八段，结合你们的经验，看看讲得有没有道理。"

他随手把书反扣在桌上，继续说："总之，战术是你们的'补药'。你们的作战经验很多，就像一大篓子钱，是散的，战术就是钱串子，可以把那些钱串起来。用的时候，要用哪个，就拿哪个。不要把经验老是散着装在篓子里背着，成了包袱。有些经验，一千年前就有了，成了战术，成了理论，你们有的人还不知道，反而骄傲地说战术是教条。"

"战术的道理很多，我今天只讲三点，一是土工作业。平原地区大部队攻坚，怎么接近敌人？没有隐蔽点就等于坐着挨打。敌人不是有壕沟吗？！那好，我们也沟对沟、壕对壕，把沟壕挖到敌人眼皮底下，尽可能缩短进攻距离。二是爆破作业。石门大大小小的碉堡加起来总共有6000多个，全靠炮兵去摧毁，是不可能的。壕沟之间，街巷之间的暗堡，主要靠炸药。清风店战役中我们缴获了一批威力很大的黑色炸药，要让战士们学会使用，提高爆破技术。三是步炮协同。过去我们没有炮，小米加步枪，现在我们晋察冀有了自己的炮兵旅。有了炮，就要充分发挥炮的作用，特别是步炮要协同好。"

朱德端起那只布满茶垢的搪瓷缸子，喝了一口水，接着说：

"下面，我讲最后一个问题，就是怎样利用俘虏。战争是残酷的，伤亡在所难免。我们解放区的人民已经尽了最大的努力，短时间内要补充相当数量的兵员已经不大可能。日

※ 1947年，朱德给指战员作报告。

后兵员来源，很大程度上将来自教育好的俘虏。俘虏也是有很多长处的，特别是在战术、技术方面如果引导和教育得好，很可能成为我们的骨干。凡愿意回家的俘虏，都放他们回去，这本身对石门守敌也是一种动摇和瓦解。"

……

战斗即将开始时，远在陕北的毛泽东得知朱德还在前线，很不放心，便致电刘少奇，要他劝朱德离开最前线，回到中央工作委员会驻地河北平山县西柏坡。但是，关心石家庄攻坚战斗的朱德，无论晋察冀野战军司令员杨得志怎么劝说，执意不肯离开最前线，并且说："你们不都在这里吗？未必飞机就专来找我朱德。"杨得志没有办法，只好变通一下，劝朱德退到冀中军区所在地河间，他说："你到河间，我们会随时向你报告的。"朱德总算同意了，因为他在那里还能及时掌握战斗中的情况。于是，他幽默地说："野战军司令向总司令下了逐客令，没得办法，我只好去找孙胡子（指冀中军区司令员孙毅）了。"

1947年11月6日，大炮划开了石家庄上空的宁静，总攻开始了。

战斗在顺利发展，指战员们大胆地把大部分火炮集中使用到关系战役全局的关键地段，还把配属步兵的山炮、迫击炮也集中起来，和野炮、榴弹炮组成了强大的火力队。这样，把装备处于劣势的炮兵变成了优势，有力地支援步兵突破了敌人前沿。

在战斗向纵深发展的时候，指战员们根据朱德关于"勇敢加技术"的指示，在火线上发扬军事民主，大搞近迫作业，改造地形，挖掘地道和交通壕。以这些工事做掩护，从四面八方插向敌人核心工事下面，使用炸药爆破敌人火力点，对粉碎敌人的顽抗，扩大战果，减少我军伤亡起了很大的作用。

7日，朱德在冀中军区打电话给在前线指挥的杨得志，询问了战役进行情况，指示他按原定计划打下去，说："告诉大家，后面的同志们可是都在望着你们啊！"

9日，朱德又打电话指示杨得志：

"（一）突破内市沟后，一定要猛推、深插、狠打，不让敌人有半分钟喘息；（二）充分做好打巷战的准备；（三）全歼一切敌人，包括还乡团在内。"

经过六天激战，日军与蒋介石苦心经营十多年的石家庄的坚固城防，全部土崩瓦解，石门洞开。被敌人称之为"不可攻破的石家庄"的神话被彻底戳穿。

为此，党中央特电嘉奖晋察冀野战军，朱德专门作诗庆贺：

石门封锁太行山，勇士掀开指顾间。
尽灭全师收重镇，不教胡马返秦关。
攻坚战术开新面，久困人民动笑颜。
我党英雄真辈出，从兹不虑鬓毛斑。

石家庄战役的胜利，标志着人民解放军这支从山沟里走出来的队伍完成了历史性的转折，创造了一套城市攻坚战的战术，为加速解放战争的进程开创了新局面。正如战斗结束后不久，朱德对晋察冀野战军团以上干部所做的长篇讲话中所说：

打下石家庄的意义很大。过去人家说我们打不下大城市，你们晋察冀部队曾经打下张

家口，人家不承认，说是苏联红军帮助打下的。前一时期国民党的新闻局长董显光还说，共产党说'全面反攻'已有好久了，但还没有打下一个大城市。不久，我们就打下了石家庄。因此敌人动摇了防守大城市的信心。保定、北平的敌人怕得很厉害。我们自己却更有了打大城市的信心。以后可以打下第二个、第三个以及许多像石家庄这样的城市。

（庹平）

与敌同行

> 朱德要到濮阳视察和动员，路上前后都有敌人，随行人员问朱德：是否避一避？朱德说："前后的敌人都不要去管它，我们继续前进就是了！"

1948年5月初。

夏天，已急促地来到华北平原。小麦、油菜长势喜人，丰收在望。

中共中央在河北阜平城南庄召开的书记处会议一结束，就下达了中原战场的近期作战任务，要求华东野战军和中原野战军的主力部队，全部在中原地区集结，歼灭国民党号称王牌部队的整编第五师，以加速解放战争的胜利进程。

朱德总司令代表党中央和中央军委，亲临华东野战军前线司令部驻地濮阳视察和动员。陪同前往的有刚参加完城南庄会议的华东野战军司令员兼政委陈毅和副司令员粟裕。

濮阳，为古代名城，地处黄河北岸冀、鲁、豫三省交界的三角地带，历来为兵家必争之要地。春秋战国时期是各国诸侯七次会盟的名城。

朱总司令一行上路了，他们分别乘坐着三辆汽车向南行驶。第一辆吉普车上坐着陈毅、粟裕，在前面开路；第二辆吉普车上坐着朱总司令；后面大卡车上坐着荷枪实弹的警卫人员，都是跟随朱总司令多年的南征北战的老战士。

这是条直通南北的京汉大道，但年久失修，再加上战争的破坏，早已千疮百孔，坎坷不平。偏偏老天不作美，又刚刚下了一场雨，满路泥泞，走走停停，还得边修路边前进，一路颠簸，行进速度很慢。

一过邯郸，就算进入了敌占区。为了安全起见，陈毅建议车队由白天行驶改为夜间行驶，在敌人不知不觉中通过封锁线。

朱总司令说："要得，这是个好主意！"

一天晚上，汽车刚启动，还未上路，当地的同志就急如星火地跑来报告说：

"前面约三十里处，发现有敌人的散兵。公路离敌人的据点也只有一两里路。"

走，还是不走？是绕开敌人，还是照直前进？几个参谋犹豫了。警卫参谋去请示朱总司令：

"前面发现敌人的散兵，走不走？"

"几个散兵怕啥子？走！"朱总司令斩钉截铁地回答。

汽车开动了，大家都睁大眼睛，注视着前后左右的动静。

为了隐蔽，汽车没有开灯，借着朦胧的月光，向前急驶着。

赶了约三十里路，第一辆吉普车突然停下来，陈毅和粟裕跳下车，快步走上一个土岗，警惕地观察着前方，后面的车一到，陈毅向朱总司令报告说：

"前面的确发现有敌人，大约二百人左右。"

"朝什么方向运动？"朱总司令问。

"正沿着公路向东南方向步行。我们是不是稍停一下？等敌人过去了再走？"

还没等朱总司令回答，后面乘坐大卡车的警卫人员来报告说：

"后面发现敌人，有多少，还未搞清。几辆汽车正朝我方开来。我们是不是先向旁边避一避？"

朱总司令思考片刻后，果断地说：

"前后的敌人都不要去管它，我们继续前进就是了！"

大家还在大惑不解，有些提心吊胆。朱总司令说：

"你们知道三十六计中，有一计叫'浑水摸鱼'嘛！我看今晚月黑天暗，倒是个浑水摸鱼的大好机会。继续前进，提高警惕，随时准备投入战斗。注意！没有命令，任何人不准开枪！"

汽车又启动了。朱总司令端坐在前排座上，对司机说：

"把大灯打开，放心大胆地开吧！"

司机老于是个老同志，一直是为中央领导开车。当年在重庆八路军办事处时，为周恩来开车，后来回到延安为朱总司令开车。他不仅会开车，还会修车，技术熟练，什么样的车，他都开得动。

大灯打开了，两束利剑般的白光，把路面照得通明雪亮。汽车快速行驶着，隐隐约约看到有人影在公路上晃动，渐渐清晰了，确实是敌人的散兵，稀稀拉拉，倒背着枪，歪戴着帽,横不成伍,竖不成行,像是刚刚败下阵来。在汽车大灯的照射下,他们闪到路边,站在草丛里,愣头愣脑地傻看着驶过来的车队。有几个还在那里用手比比画画乱指一气。

车队离敌人越来越近,警卫战士们站着的坐着的都端起枪,手指扣紧在扳机上,密切注视着敌人的动静。

突然,敌人的一个小头目一声令下,大路中间让出一条通道,二百来人齐刷刷地站在路边。当车队将要从他们面前经过时,传出一声口令:

"敬礼!——"散兵们为之一震,瞪大双眼,目送着车队通过。

像是捉迷藏一样。这是玩的什么把戏?

※ 1948年5月,朱德和聂荣臻等在河北建屏县西柏坡(现属平山县)。右起:聂荣臻、陈毅、朱德、彭真、粟裕、李先念、蔡树藩、薄一波。

※ 1948年，朱德在河北晋县观看晋察冀野战军武器操作训练。

原来，敌人发现车队时，也有个估计：起初，他们以为是碰上了解放军，吓得都躲在草丛里，以防万一。后来，一看只有三辆车，而且是两辆吉普，一辆大卡车，汽车都是美国造，车上还有国民党军车的标志，认定上面一定坐的是大官，所以就赶快列队迎送，免得惹出麻烦来。

说也凑巧，没有多久，后面敌人的那几辆车也渐渐赶上来了。看着前面部队这种迎送的架势，认定车上的长官准是个"大官"。所以，总是保持一段五六百米的距离，不敢超越前面的车队。就这样，天亮之前，朱总司令的车队顺利通过了敌占区。

一进入解放区，车队飞速前进，直奔华东野战军前线指挥部所在地——濮阳孙王庄。

朱总司令硬是带着两员大将陈毅、粟裕，乘着汽车，深夜与敌人同行百里，在敌人的鼻子底下通过了封锁线，于5月13日安全抵达濮阳。

大家都觉得这次跟随朱总司令驱车南下濮阳，真是终生难忘的一部历险记。朱总司令却非常风趣地说：

"这就叫大路朝天，各走一边。黑暗中同行一条道，天亮时就分道扬镳了！"

（刘学民）

下决心钓一两条大鱼

> 1948年5月，朱德向华东野战军生动地讲述重要的战术原则，针对中原地区的国民党几个主力部队，他形象地说："我替你们想了一个办法，就是用钓鱼的办法。"

随着各个解放区战场的捷报频传，党中央决定加快全国解放战争的步伐。1948年4月下旬，毛泽东率中共中央东渡黄河到达河北省西柏坡，同中共中央工委会合。在以后的日子里，朱德作为中央书记处和中央军委主要领导成员，协同毛泽东、周恩来指挥全国的解放战争。

4月30日到5月7日，中共中央书记处召开会议，研究如何发展战略进攻，加强华北、中原解放区的领导及夺取全国胜利的各项准备工作；同时还听取了华东野战军负责人陈毅、粟裕的汇报。会议经过分析研究，果断地决定，采纳粟裕提出的华野三个纵队暂不渡江南下，集中兵力在中原黄淮地区大量歼敌的建议。这个决定不仅关系到刘邓、陈粟、陈谢三路大军南下中原胜利战果的巩固和发展，而且关系着全国解放大业的进程。会后，党中央决定派朱德代表中央亲赴河北濮阳，对华东野战军进行慰问并作战前动员。

朱德一行于1948年5月13日黎明赶到了目的地——濮阳孙王庄。他不顾千里跋涉的劳累，简单地用水擦了一把脸，便开始听取华野第一纵队司令员兼政委叶飞的汇报。接着，又参加了华野第一兵团直属队召开的欢迎会。会上，他首先代表党中央、中央军委和毛主席向大家致以亲切的慰问，并对这支光荣的队伍作了充分肯定。然后他针对解放军的任务、政策、纪律、民主集中制等重要问题做了讲话。他说：

> 我们的任务是消灭蒋介石，消灭封建势力，消灭官僚资本，使中国人民获得彻底的解放。为了完成这一任务，中央经过反复讨论，已制定了各种政策，我们全体党员、解放军全体指战员都要很好地去执行。我们不但要拿枪去消灭敌人，还要用政策去消灭敌人，使敌人很快地瓦解和投降。要保证政策的执行，就要有良好的纪律。纪律是我们的命脉，纪律遵守得好，胜利可以更快地到来。

朱德讲这短短一席话，顿使大家心里透亮，他们对中国革命取得最后胜利的信心更加增强了。

14日，朱德听取了第六纵队司令员王必成关于军事情况的汇报，晚上在华东野战军第一兵团召开的团以上干部会上，他代表党中央向到会干部赠送一本毛泽东著作，并在封皮上亲笔写了"你们要学毛主席"的题词，鼓励大家要好好学习马列主义、毛泽东著作，运用毛泽东的军事思想，指导战术实践。接着，朱德作了题为《目前形势和军队建设问题》的著名报告。他首先分析了国内外时局，分析了蒋介石在政治上、经济上所遇到的难以克服的危机，而我们虽然有不小的困难，但是可以克服的。然后，着重阐述了部队建设和战术问题。

在部队建设方面，他强调说，只要加强党的领导，加强政治各项工作，就会所向无敌。中央最近公布了许多政策和纪律文件，大家要好好研究。现在人多队伍大，特别要强调统一，部队要既会打仗，又会执行政策，对违反政策、纪律的现象必须认真追究，军事工作与政治工作是部队建设的两个重要方面，只能都搞好，不能只搞一个。在部队建设中要提倡革命英雄主义，反对个人英雄主义。

在作战战术方面，他分析了国内外形势，动员部队在中原作战，并特别强调说：既要总结自己的战术，还要研究敌人的战术，特别是变化了的战术。对于不同的敌人要有不同的打法。打小敌弱敌，可用比较简单而直接的办法；打大敌强敌，必须制定出系统的作战方针。

针对中原地区的国民党主力第五军、十一师、七师等，朱德提出："要想一些办法把敌人的这几个主力部队彻底搞光。"他还十分形象地说：

我替你们想了一个办法，就是用钓大鱼的办法。钓了一条大鱼你不要性急，不要一下就扯上来，因为你性急往上扯，大鱼初上钩，尚未疲困，拼命扯往往会把钩索弄断。可以慢慢同它摆，在水里摆来摆去，搅上几个钟头，把它弄疲劳了再扯上来，就把这条大鱼钓到手了。对第五军就要用这个办法，要用"引"的办法。它来攻，我就退，有条件就阻击，把它拖得很疲劳，弹药也消耗得差不多时，再用大部队去奔袭歼灭它。你们一定要下决心钓一两条这样的大鱼。

但是，在战场上没有一成不变的战法，因此，朱德进一步强调在战斗中要学会对不同的敌人采取不同的打法。他指出：

对不同的敌人要有不同的打法。打小敌、弱敌，可以用比较简单直接的办法，可以来

※ 1948年5月20日,朱德在山东观城县十王庙村(现属莘县)和冀鲁豫区党委、军区领导人合影。左起:陈越平、甘渭汉、张承先、朱德、潘复生、申云浦、刘致远、陆风翔、谢良。

一个猛冲;打大敌、强敌,必须定出系统的斗争方针,必须懂得摆布它,懂得用迂回曲折的战术。打仗要看清对象。对什么敌人打什么仗,看什么天候打什么仗,在什么地形条件下打什么仗,等等,都是重要的战术原则。

朱德这一席深入浅出、形象生动的讲话,使大家受到很大的启发和教益,都觉得这实际上既是一堂政治军事培训课,也是中原逐鹿大战的动员会。

5月15日,在孙王庄西北角的柏树林里,华野第一兵团召开了由连排班干部、战斗英雄、士兵代表参加的千人大会。会议由粟裕主持,朱德在会上发表了精彩的讲话。他分析了国内外形势,讲解了战略战术、"钓大鱼"等问题。他的讲话生动、有趣、绘声绘色,尤其是当他讲"钓大鱼"时,还用手比画着拿钓竿模样,引得会场上不时响起阵阵掌声。

中午,朱德和大家一起吃饭,并利用吃饭时间,来到战士中间。他听到一位战士是南方口音，便问吃玉米面窝头习惯不习惯，这位战士说"习惯"，朱德满意地笑了，鼓励他说："努力打几个大仗，江南一解放，就能吃上大米饭了。"

华野有不少从国民党军投诚过来的新战士，负责朱德警卫的人员较担心他的安全，便以注意身体健康为由，劝他回去休息。朱德知道保卫人员是出于好意，便说："不要怕嘛！不敢和自己的战士见见面，就不配当司令员！"指战员们看见朱德和蔼可亲，毫无架子，便无拘无束地围着他问这问那。朱德笑着说："慢慢来，你们可以写条子提问题，我在会上回答。"不大一会儿，他的兜里便装满了各种问题的条子。

下午，会议继续进行。朱德从口袋里掏出条子，念一张回答一个问题：

"毛主席身体好吗？很好！"

"我们有飞机吗？我们有，但不多！"

"我们几时可以渡江？要靠大家的努力。"

"长春、沈阳何时可打下？今年有望，东北解放军有十多个纵队，有大炮、坦克、飞机。飞机可以撒传单，铁道可以运部队，队伍坚强，能攻坚。"

……朱德这种有问必答的发言，解开了广大指战员心中一个个疑问。

朱德在濮阳期间，与华野第一兵团师以上干部逐个谈了话，听取了他们的意见和建议。又与陈毅、粟裕等一起，按照中央的战略意图，结合中原战场的实际，制定了华野第一兵团渡河南下、中原逐鹿的作战方针：首先以第三、第八纵队由许昌地区向淮阴方向挺进，吸引邱清泉兵团等自鲁西南地区南下；第一、第四、第六、两广、特种兵纵队等立即乘机南渡黄河，会同中原野战军第十一纵队在鲁西南展开，吸引邱兵团主力再回头北上；然后以第三、第八纵队尾敌北进，协同渡河各纵队夹击歼灭该敌于运动之中。这样将中央的部署落到了实处，为实现中央的意图奠定了基础。

在朱德视察华野期间和离开华野以后，华野总部将他的讲话编印成册，发给广大指战员学习，华野总部和所属各兵团高级将领根据朱德的讲话，结合实际开展批评和自我批评，大大提高了部队的政治素质与军事素质，认识到这个军队是自己的军队，我们的军队是人民的军队，就是说是群众自己的军队。为即将到来的大决战做了政治上、思想上的重

※ 1946年，朱德在延安。

※ 1946年3月4日，朱德和毛泽东、周恩来在延安机场。

要准备。

朱德离开不久，华东野战军在粟裕的率领下，审时度势创造战机，从6月中旬到7月初，在中原野战军一部的配合下，发起豫东战役（包括开封战役和睢杞战役），一度攻克河南省会开封，再寻歼援军，共歼灭国民党军队9.3万余人，创造了在一次战役中歼敌数量的新纪录。这次战役的胜利，改变了中原和华东战场敌我力量对比，也是全国军事形势发生巨大变化的开始。到了1948年秋，人民解放军不仅在质量上早已占有优势，数量上也比国民党军队占有优势。战略决战的时机已经成熟，夺取全国胜利已经近在眼前。

9月中旬，中共中央在西柏坡召开政治局会议，这是从延安撤出后的第一次中央政治局会议。后来，有人称这次会议为"九月会议"。毛泽东在会议上做主题报告。他指出，我们的战略方针是打倒国民党，我们的战略任务是军队向前进，生产长一寸，加强纪律性，由游击战争过渡到正规战争，建军500万，歼敌正规军500个旅，五年左右从根本上打倒国民党反动统治。

朱德在会议上也做了重要发言，表示要争取在五年时间内从根本上打倒国民党反动统治，并强调说：一年来我们的部队大有进步，战斗力大大提高了，但是不能满足于现状。要经常整训，要不断提高部队的技术装备，加强人员和物资的补充，搞好军工生产，统一兵站运输，统一医疗卫生工作，使部队能够连续作战。

会议根据1948年上半年的作战经验，又根据国民党军总兵力的80%在长江以北第一线的情况，作出了"人民解放军第三年仍然全部在长江以北和华北、东北作战"的战略决策。在讨论这一决策时，毛泽东指出：我们一时打不到江南去，不能很快向珠江流域进攻，也不要紧，如果在长江以北歼灭敌人兵力达80%，则五年左右还是一样能够根本打倒国民党。朱德赞成这一决策，并指出：在江北容易消灭敌人，只要在江北大量消灭敌人，在江南时即容易作战。

9月中旬，华东野战军取得了济南战役的胜利，拨快了战略决战的时间表。同时，辽沈战役第一阶段正在激烈地进行，东北野战军已经接连攻克了绥中、兴城、义县，威逼锦州，截断北宁线，堵住了在东北的国民党军队向华北撤退的退路。

（庹平）

可亲的解放军"老战士"

朱德在濮阳期间，有时候到集市上调查，有时候到田间、地头帮助农民干活，老乡看着这位慈祥、可亲的解放军"老战士"都非常感动。

朱总司令在濮阳期间除了忙于政治军事大事之外，还抽时间调查党的政策执行的状况，了解、关心群众的疾苦。

一天上午，朱总司令来到濮阳城的集市上。当他走到集市四排楼西北角的小摊跟前时，停了下来，和蔼地问摊主赵老三："老乡，你的生意怎么样？"赵老三看这位身材魁梧、浓眉大眼，面带笑容的解放军"老战士"，以为还是常来购物的炊事班长，旁边跟着

※ 1948年7月1日，朱德在华北军政大学开学典礼上阅兵。

的警卫员是帮他拿东西的，便让出半边凳子，招呼说："老班长，请坐吧！"

朱总司令坐下来，两人便拉起家常来，不大工夫，朱总司令便知道了赵老三的真姓大名、家庭情况、经济状况、解放军有无违纪现象等。两人越谈越投机，赵老三为这位"老班长"的朴实热情所感动，沏了茶，抓了瓜子来招待。朱总司令又进一步询问党的土改、工商等政策在当地的贯彻情况，当他了解到发生过侵犯工商业者利益的事情时，便当即在集市上进行核实。晋冀鲁豫区党委非常重视总司令发现的问题，很快采取措施，纠正偏差，维护了工商业者的利益，使生产和市场情况迅速得到改善，促进了解放区经济的发展。

朱总司令还挤时间到田间地头接触群众，了解情况。一次他从地头回来，走到井旁的水池边，准备洗手。这时一个十几岁的小男孩挑了一副大水桶来到井边，放下辘轳把水打满。已洗好手的朱总司令亲切地问他："小鬼，你挑得动吗？""你叫什么？""家里有什么人？"当他得知这是一个贫农子弟，名叫王爱堂，因家中缺少劳动力，十四岁就学会挑水等活计，便二话没说，拿起扁担把一担水稳稳地放到自己肩上，让小男孩与他边谈边走。远处有两位解放军战士看到朱总司令在挑水,忙跑了过来,连说:"怎么让总司令挑水!"小男孩一听愣住了。看着这位慈祥、可亲的解放军"老战士",半天说不出话来。

1948年5月18日晚,圆满完成濮阳行重任的朱总司令,离开濮阳北返西柏坡。分手之际,陈毅代表华东野战军赠送朱总司令一支勃朗宁手枪和一套铝合金折叠椅以作纪念。这是华东野战军不久前歼灭国民党整编七十四师时,缴获该师师长张灵甫的战利品。这套椅子朱总司令一直保存,直到他逝世的前二十天——1976年6月,才亲自批示捐赠给平山县西柏坡革命博物馆展出。

朱总司令离开濮阳后,华东野战军第一兵团于5月30日结束了历时三个多月的整训,按照朱总司令主持制定的作战方案,南渡黄河,与中原野战军等兄弟部队一起,全面展开了举世闻名的中原逐鹿的战斗。解放军相继夺取了宛东、开封、睢杞、襄樊等重大战役的胜利,实现了中央在中原地区大量歼敌的意图,加速了全国解放的进程。朱总司令的千里秘行,也永远地载入了中国革命史册,记在了中国人民的心中。

(陈随源)

提出攻打长春的建议

> 林彪认为夺取长春,条件尚不成熟,准备暂时放弃。朱德经过周密思考,认为夺取长春还是有取胜的可能。他提笔给毛泽东写了封信。

经过东北野战军的夏季攻势,东北国民党军已经被分割,压缩在长春、沈阳、锦州三个孤立城市及其周围的狭小地区。华北野战军主力按照军委部署已经在平绥线和冀东地区展开,从而切断了国民党军东北与华北的联系,造成了"封闭蒋军在东北加以各个歼灭"的态势。

1948年5月24日,东北野战军发起攻打长春的外围作战。由于缺乏攻打大城市的经验,加之长春之敌兵力约10万,防御体系十分坚固,激战数日,歼敌6000余人,解放军也伤亡了2000人。

东北野战军司令员林彪、政委罗荣桓、参谋长刘亚楼联名致电中央军委,认为目前夺取长春这样坚固设防的大城市,条件尚不成熟,准备暂时放弃。

此刻放弃打长春是否合适?朱德在自己的心中打了个问号。他在全面分析局势后,经

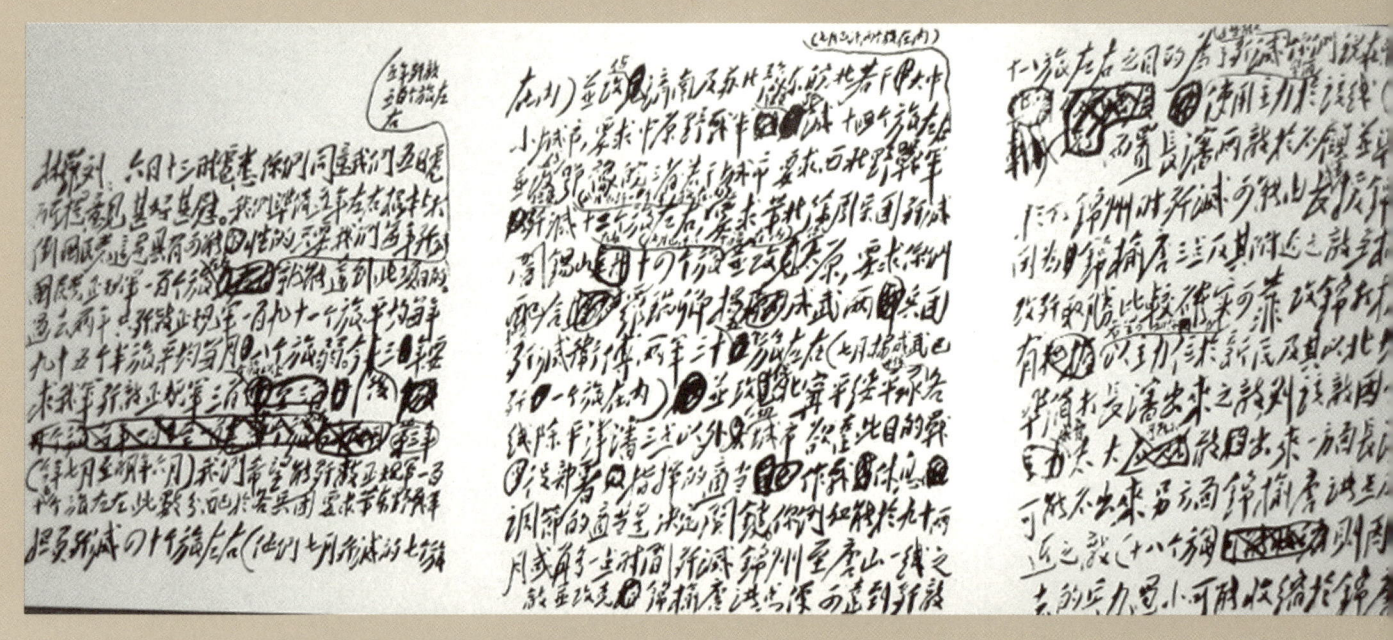

※ 毛泽东《关于辽沈战役作战方针》的电文手稿。

过周密思考，认为还是有取胜的可能。于是在6月3日提笔给毛泽东写信，提出如下建议：

> 长春可能攻下的条件很多：（一）敌人正规军不到6万，其中只有两个师比较坚强，其它部队军事上是混杂的，比较差的。（二）援军很远，我军可以打援，即围城打援亦有利。（三）敌军守孤城，粮、弹、人的补充均靠飞机不能持久。（四）我军兵力优势，后方接济便利，部队技术有相当的学习，有相当的攻坚经验。（五）攻坚即强攻，打城军不在多，两个纵队及几个独立师能攻能防敌人反攻即够，其余的可打增援队。打法是用坑道为第一，用技术、炸药、手榴弹，抵近射击以各种炮为主，以工事对工事，进一步巩固一步，做好工事再进。（六）李纵（指李天佑纵队，即东北人民解放军第一纵队）攻过四平，有经验，黄纵（指黄永胜纵队，即东北人民解放军第六纵队）估计可能打开，即损失代价须大。（七）攻城必须先有计划，收集各种专门炮工人才，组织指挥所，必须要用攻城战术，实事求是的，一步一步的进攻。（八）再一种攻法是长围，在一定的圈子内，围死他，使其粮弹俱困，人心动摇时再攻。（九）这两种攻城战术，强攻与长围，可采取第一种。打久了第二种也出现了。打长春要看家务大小来决定。

朱德的这封信，受到毛泽东的高度重视，毛泽东立即致电林彪等东北野战军领导，

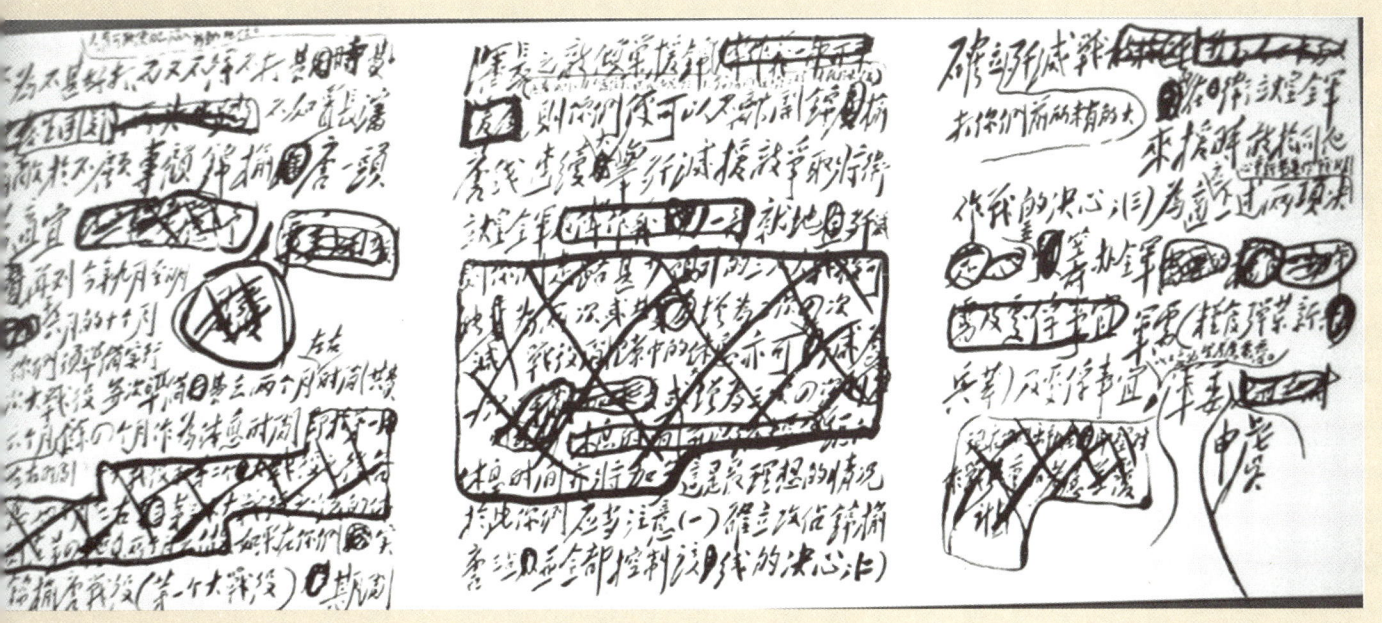

要他们对朱德所提意见中的几个问题予以回答:(一)以两个或三个纵队及几个独立师攻城,以七个至八个纵队准备打援,是否可能。(二)两种打法是否可能:甲、能强攻,则用强攻;乙、不能强攻,即攻占一半或三分之一以后,改用长围,构筑坚阵,以一部围困该敌,主力休整待机。(三)你们弹药方面是否经得一次大消耗。林彪等在反复权衡利弊后,决定采取朱德提出的第二种攻城方案,即对长春实行"久困长围",得到了中央军委的批准。

(庹平)

分析战局发展趋势

当淮海战役第一阶段胜利结束,平津战役即将开始的时候,朱德兴奋地指出:我们正以全力与敌人进行决战。20年来的革命战争,向来是敌人找我们决战,今天形势变了,是我们集中主力找敌人决战。

进入1948年8月份,局势发展更为有利。国民党在解放军强大的攻势下,已经由"全面防御"转为"重点防御"。在战术上采取"以集中对集中"的方针，将其长江以北兵力收缩为若干大的重兵集团，据守在大中城市，企图凭借城防工事做最后挣扎。在东北，卫立煌集团约55万人集中于长春、沈阳、锦州地区；在华北，傅作义集团约60万人集中于天津、北平、张家口一线；在华东和中原一带，刘峙集团约60万人和白崇禧集团约35万人集中于徐州和郑州至武汉一带；在西北，胡宗南集团约30万人集中于西安、宝鸡一带。8月中旬，国民党在南京召开了军事会议。会上，有人提出应该撤出东北，将卫立煌集团调入华北、华中，以利于两地的固守。蒋介石犹豫不决，一方面要坚守沈阳，以观时局变化，另一方面又让东北守军做好撤退的准备。

针对这一局势和敌人的动态，朱德又有新的考虑。

在东北野战军发起辽沈战役的同时，华东野战军发起的济南战役正在鏖战，经过八昼夜激战，于9月16日攻克山东首府济南，歼灭敌人10万余人。

战略决战全面展开。

9月中下旬，辽沈战役第一阶段进展顺利，东北野战军主力长驱南下，在北宁连克绥中、兴城、义县等地，切断了东北敌军与关内的陆上联系。

10月1日，朱德在战况汇报会上对东北和济南战场形势进行了总结。他说：

过去我们是怕东北的敌人进关，因为进关后，不管增加到哪里对我们都是不利的。现在敌人已经不可能进关，我们可以在东北将他们消灭……打下济南，对我们很有利，可以利用它原有的工业基础进行生产，山东交通也很便利，有铁路、运河，对今后支援大兵团作战，是一个重要的大后方。同时我们可以腾出10万余人，再加上补充几万俘虏，足以对付南面的敌人。

他又分析了今后战局发展的趋势："华北最后的问题是解决傅作义"，傅作义是不好打的，但是我们还是一定能够解决他……徐州方面，我们的力量可以消灭邱清泉、黄百韬、李弥三个兵团中的任何一个兵团。

他指出：今年是决定胜负的一年。中原是决战的战场。在中原地区决战，"我之有利条件为：第一，群众是我们的；第二，我们的力量比较大；第三，我们运输线较前顺利；第四，我们有自己的兵工厂，能生产大量的弹药"。

10月14日至15日，东北野战军主力经过31小时激战，攻克北宁线上的战略枢纽锦州，取得了辽沈战役决定性的胜利。捷报传到西柏坡，领袖们异常兴奋。

※ 东北野战军司令员林彪、政委罗荣桓、参谋长刘亚楼在锦州前线指挥作战。

当夜，朱德几乎一宿未睡，整理出东北战报。

第二天，朱德在战况汇报会上讲话，指出："打下锦州，我们更好地取得了攻坚战及攻取大城市的经验。目前主要作战在东北，形势对我们有利，可以打几个好仗，在今冬解决东北问题。东北解决了，我军可以入关，最后解决傅作义。""他的长蛇阵如果被我们一击，就可以切成几节。"山东现在已经抽出很大力量，粟裕和许世友、谭震林可以会合打大仗。"徐州敌人三个兵团靠在一起比较难打，如果能搞掉它一两个兵团就容易解决问题。""蒋介石近来也跟我们学，放弃城市，进行机动作战，也不要后方，也搞大队行进。但他没有群众，所以没有饭吃，而且这样做已经迟了。"今后要注意攻坚战术，人员补充问题是我们继续取胜的重要条件。另外要收集物质资材，加紧兵工生产，准备决战。

※ 淮海战役总前委邓小平、刘伯承、陈毅、粟裕、谭震林。

由于朱德对军需保障这个问题想得早，抓得紧，抓得具体，使晋察冀和其他解放区的军工生产在1947、1948年有了突飞猛进的发展，大批武器弹药源源不断地送往前线，保障了大规模攻坚战的物资需要。如攻打石家庄、临汾、济南、太原这些设防坚固的城市，使用了大量炸药和炮弹，都是华北解放区的兵工厂供应的。规模巨大的淮海战役，由华北和东北军工送往前线的弹药在1640万吨，远远超过了国民党方面的军火供应。华北军工厂生产的"土飞机"、"土坦克"在战场上大显神威。

11月2日，辽沈战役在中央军委和毛泽东、周恩来、朱德的共同指挥下，经过三个阶段的顺利发展，历时52天，终于胜利结束，共歼灭敌人55万人，东北全境宣告解放。

11月6日，华东、中原野战军在中原大地发起淮海战役。在淮海战役胜利发展之际，挥师入关的东北野战军和华北军区第二、三兵团，于11月29日又联合发起平津战役。

11月26日，当淮海战役第一阶段胜利结束，平津战役即将开始的时候，朱德在战况汇报会上兴奋地指出：我们正以全力与敌人进行决战。20年来的革命战争，向来是敌人找我们决战，今天形势变了，是我们集中主力找敌人决战。东北决战把敌人消灭了。现在，正在徐州地区进行决战，平津决战也即将开始。他说：我军在徐州集中的兵力，数量上比敌人多一点，质量上比敌人高得多，武器上比敌人也不差。敌人现在徐州集中3个兵团不易打。我主力已南下打黄维兵团。黄维兵团共11个师，兵力大，他估计我们不敢打他，实际上兵越多越容易乱，队伍一乱就很快可以把他解决。我以四五个纵队监视徐州敌人，决心连续作战，不怕伤亡，随时补充俘虏，这是取得胜利的关键，只有我们无产阶级队伍才能如此。傅作义比较聪明，但是他的家务只有这么大。他固守的可能性是存在的，但是其结果仍逃不出被歼的命运。朱德断言："我们的胜利已经肯定了，但是胜利中还有困难。要在新解放区把群众组织起来，恢复生产，以便支持大军继续前进，直到解放全中国。"

辽沈、淮海、平津三大战役，从1948年9月12日起到第二年1月31日结束，历时142天，共歼灭敌人154万人，使国民党的军事主力基本上被摧毁。这个战略决战的胜利，预示着蒋家王朝20多年来统治中国的历史即将告终。

（庹平）

赔鸭子

> 朱德误伤老百姓的两只鸭子，他忙给老百姓赔礼道歉："老人家，实在对不起！我以为是野鸭子呢。我们赔你钱，赔你钱！"

1948年夏的一天，朱总司令乘坐吉普车从西柏坡出发去汤汤水视察刚落成的水电站。车走到离河坊村不远的河边上，老总发现河里有两只鸭子在水草和芦苇丛中时隐时现。老总爱打猎，以为是只野鸭子，就停住车，从警卫员手中接过枪，一甩手，"叭、叭"两枪，两只鸭子应声毙命。警卫员乐呵呵地提着鸭子正要上车，一个老太婆哭喊着跑了过来："你们为什么打俺家的鸭子？！"

老总见状，说声："坏了，不是野鸭子！"忙从车上下来，向老太婆赔礼道歉："老人家，实在对不起！我以为是野鸭子呢。我们赔你钱，赔你钱！"

警卫员问："你要多少钱？"

"一只二十块，四十块！"老太婆不庸置辩。

朱老总马上付钱，并把鸭子也留给了她。老总走后，一个围上来看热闹的年轻人问老太婆说："二大娘，两只鸭子你就讹人家四十块钱？你知道那老头是谁？"

"管他谁哩，打死我的鸭子就得赔！"

"那是朱总司令！"年轻人说。

"啊？！是朱总司令？！你这浑小子怎么不早说？！"老太婆慌了。

下午，当总司令的车又来到河坊村边上时，司机看到一个老太婆挓挲着两只胳膊，一只手提着鸭子，一只手举着钱在路上拦车。

"总司令啊，我老太婆有眼不识泰山，两只鸭子算什么，不该让你赔呀！"说着老太婆把鸭子和钱往车上塞。

总司令赶紧下车说："损坏老百姓的东西要赔，这是我们的纪律。一定要赔。"

好说歹说，老总就是不肯收下鸭子，老太婆就是不让开车。

总司令看了看表，时间不早了，就说："好，好，我们收下。"

车一开，总司令打开车门把鸭子和钱又扔了下来，并说："老人家，我们有纪律，一定要赔！"

第二天，河坊村的村干部提着鸭子拿着钱，步行四十多华里来到西柏坡，来找老总还鸭子。老总热情地接待了他们，并留他们吃午饭。最后采取了个折中的办法，每只鸭子赔十元，让村干部带了回去。

（董志英）

"我就在这里吃面条"

> 朱德下去视察机关工作，大家要留他吃饭，想把最好的东西拿出来，让他吃得好一点。朱德说："今天我就在这里吃面条，但不许炒菜，不搞特殊招待。"

1948年11月的一天，朱德总司令和任弼时同志冒着刺骨的寒风，从中央所在地平山县西柏坡来到了中共中央直属机关所在地平山县郭苏镇，视察机关工作。

当时，中共中央直属机关，为了支援前方，响应党中央"前方打胜仗，后方大生产"、"自己动手，丰衣足食"的号召，在驻地办起了豆腐房、挂面厂、饼干厂、养鸡场、养鸭场、蔬菜园等，生产运动搞得热火朝天。

朱德总司令边参观，边和战士们亲切交谈，问天气冷了衣服足不足，伙食搞得好不好，文化生活活跃不活跃，新战士想家不想家，老战士家中有没有困难等等。听到朱德总司令这样关心干部战士，大家备受感动。参观完了，到了开饭的时间，大家要留朱德总司令吃饭。给朱德总司令准备什么饭呢？事先干部、战士早就商量好了，一定要让朱德总司令亲自尝尝他们自己种的蔬菜，自己饲养的鸡、鸭。一句话，一定要把最好的东西拿出来，让他吃得好一点。朱德总司令好像看出了大家的心情。笑着问："今天机关吃什么饭？"有人回答："吃面条。"朱德总司令高兴地说："好，今天我就在这里吃面条，但不许炒菜，不搞特殊招待。"大家听了很失望，只好按照朱德总司令的意见办，给他端来了面条和辣椒酱。朱德总司令非常高兴，边吃边说："吃面条放点辣椒酱是我最爱吃的喽，感谢你们想得周到。"看到朱德总司令朴实的作风，干部战士对他老人家更加崇敬。

（董志英）

※ 朱德和任弼时在延安。

对儿子的教诲

> 朱德告诫儿子朱琦和儿媳赵力平说:"全国要解放了,要依靠你们去建设。要听党的话,重要的是学好政治理论,弄懂马列主义,学好毛主席著作,这可是终生受用的啊!"

朱琦1937年才到延安,进入党校学习。不久,朱德就让他到基层部队去锻炼。1943年11月,时任晋绥军区八路军一二〇师司令部直属电讯队副队长的朱琦,在山西省方山县通过敌人封锁线时右腿负伤,变成残疾,伤愈后被分配到延安中国人民抗日军政大学七分校工作。当时抗大的条件很艰苦,一面生产,一面学习。朱德并不因为朱琦是自己的儿子而把他留在身边,更没有因为朱琦受过伤而安排他到一个舒适的地方工作。相反,他教育朱琦要服从党组织的需要,勉励他到基层与广大群众一起工作和生活。

有一次,毛泽东、朱德和其他一些中央领导同志去看戏,朱琦也跟着去了。当时,党中央只有一辆汽车,而且还是一辆救护车。戏演完后,朱琦走得快,先上了车。因为车小人多,朱德就走过来对朱琦说:"你下来,步行回去!"。可是回到杨家岭,大家一下车,朱琦也到了。原来他是站在驾驶室外面的踏板上回来的。本来汽车外面的踏板,是警卫员站的地方。朱琦站着回来了,警卫员只好走着回来。朱德知道后,非常生气,狠狠地批评了朱琦一通。朱琦起初还有点情绪,说:"这不是件小事吗?"朱德说:"这不是小事。警卫员和你一样,都是革命队伍里的战士。你不应该自以为比别人特殊。"朱琦说:"我只是站在汽车外面的踏板上回来,又没有影响你们。"朱德说:"你知道吗?那是卫士的岗位,他的责任是保卫党中央和毛主席。警卫人员没有跟着回来,万一路上出了事怎么办?"朱琦这才明白过来,马上承认了错误,保证今后不再搞特殊。

后来,组织上又安排朱琦到冀中工作。1947年4月的一天,朱德到冀中军区检查工作。在听完了第十一军分区司令员杜文达的汇报后,特意问道:"朱琦在你们那里,他最近的表现怎么样?你要如实地讲。"杜文达说:"朱琦同志工作积极,学习也好,责任心也很强。比如最近我带几个团去攻打赵县,朱琦同志负责的通讯联络工作就做得很出色。"朱德连忙制止说:"你不要光讲优点,难道他就没有缺点吗?"杜文达想了想说:"缺点当然有。他有时生活上散漫一些,说话随便些。"朱德沉思了一会儿,严肃地对杜文达说:

"朱琦生活上散漫,吊儿郎当,说话随便,这就是他认为自己是我朱德的儿子,有优

※ 1972年，朱德和儿子朱琦、儿媳赵力平在北京西郊住所。

越感嘛。这样发展下去，就会造成很不好的影响，是会脱离群众的。因此，我要求你对他严格管教，不能搞特殊，要把他的优越感克服掉。你回去要找他谈谈，告诉他这是我朱德交代给你的任务。要他今后一定要克服自己身上的毛病，加强组织纪律观念，尊重领导，爱护下级，平等待人。特别要注意尊重人民群众，说话要注意场合，注意影响，不利于团结的话不许说。他是个共产党员，是为人民服务的，是人民的勤务员，而不是当官做老爷，更不准有耍威风、摆官架子等旧军队的作风。"

1948年8月，朱琦和他的爱人赵力平在河北省阜平县参加土改，随着中央机关土改工作组去西柏坡，向党中央汇报工作。他们准备利用这个机会去看望爹爹和妈妈。这是赵力平和朱琦结婚后第一次同公婆见面。自己的公公是八路军的总司令，婆婆也是著名的妇女领袖，她心里既激动又紧张。朱琦告诉她说："不要紧张，爹妈早就想看看你，见到你会高兴的。"

见面时，赵力平看到总司令穿着一身褪了色的旧布军装，待人和蔼，慈祥的面孔上总是泛着笑容，言谈举止间一点架子也没有，她心里的紧张、拘束感消除了，一种亲近、亲切的感情油然而生。

朱德和康克清见他们来了非常高兴。康克清赶忙请他们坐下。按说父亲和儿子好久没见面了，儿媳又是第一次见面，应该先问问两人的生活情况。可是，刚一坐定，朱德开始的第一句话便问到了他们的工作情况："你们都参加了土改，收获一定不少吧？"赵力平回答道："我感到很有收获，可我确实没有做什么工作。"朱德微笑着说："你们的工作还是有成绩的，可有一条，成绩不能算在自己账上。你们这次土改取得成绩主要有三个原因：一是党的方针政策正确；二是你们的领导邓颖超、黄华同志很有水平；三是有当地干部和群众的帮助。今后你们要经常到基层中去，经受锻炼。"

开饭了，朱德在饭桌上谈笑风生。他专门谈到了学习问题，谆谆告诫朱琦和赵力平说："你们现在还很年轻，今后的路还很长，工作很多。全国要解放了，要依靠你们去建设。要听党的话，重要的是学好政治理论，弄懂马列主义，学好毛主席著作，这可是终生受用的啊！"

那时，正是人民解放军同国民党反动势力进行战略决战的前夕，辽沈、淮海、平津三大战役即将开始。为了适应革命形势迅猛发展的需要，一部分原在部队工作的同志，要转到地方去工作。朱琦对父亲说："这次回部队后，我们都可能要调到地方工作。"朱德关切地问道："去做什么工作？"朱琦回答说："可能到铁路部门。因为交通要迅速恢复，那里需要人。"朱德充满信心地说："是啊！现在革命形势很好，天津、北平就要解放了。你们都是共产党员，转到地方工作，一定要听从组织的安排。"朱琦和赵力平都点点头，表示一定服从组织的决定。

朱琦和赵力平要返回工作岗位了。临走的那天，朱德拿出一套新的《毛泽东选集》，郑重地交给儿媳："这是我们第一次见面，就把《毛泽东选集》当做礼品吧，你们把这部书学通了，工作就有了方向。"

全国快要解放了，大家的心里都很激动，对未来的生活充满了各种各样的遐想，有些同志不免会滋生出骄傲思想，享乐主义也有所抬头。一次，朱琦对朱德说："爸爸，全国就要解放了，咱们要进京享享福了！"听了这句话，朱德非常警觉，他觉得该对朱琦的思想进行教育了。于是对朱琦说："就到了吃午饭的时间了，来，今天跟我一块儿吃吧。"饭端上来，一盆小米粥，几个玉米面窝头，两盘素菜，还有两盘拌野菜。朱琦夹了

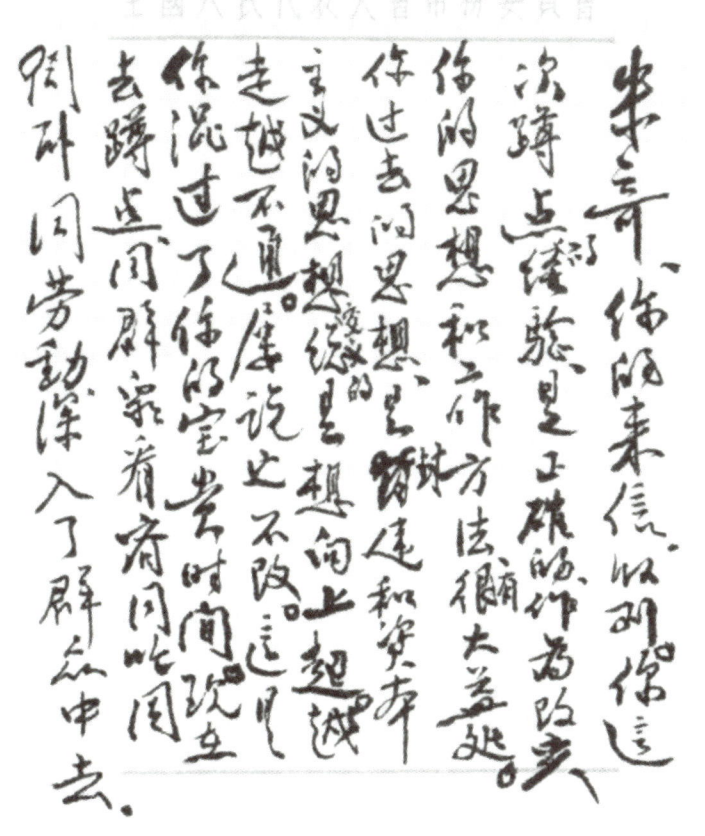

※ 朱德给朱琦信手迹。

点野菜问道:"爸爸,你怎么还吃这玩意儿呀?"朱德收起笑容,意味深长地说:"长征的时候,有些同志因为连这样的野菜也吃不上,饿死了!常吃着它,忘不了艰苦岁月。"朱琦听了,心里很不平静,看着爸爸身上的旧灰布军装,脚上的旧布鞋,不由得眼窝一阵发热,非常坚决地说:"爸爸,我不跟着进京了!"朱德赶忙问:"你到哪儿去?"朱琦说:"党需要我到哪里,我就到哪里去!"朱德的目光久久地注视着儿子,欣慰地笑了。

后来,朱琦转业到石家庄铁路局工作,赵力平转到人民银行工作。临行前,朱德语重心长地说:"你们在部队干了多年,对部队工作比较熟悉,到地方就不同了,一切都是生疏的。要先到基层去锻炼,从头学起,踏踏实实地干下去,掌握一门技术,学会管理工作的经验。"朱琦和赵力平都遵照朱德的教导,到基层从头学起。朱琦原先在部队工作时,都是在领导岗位上,转业到铁路机务段当练习生,学做司炉和火车司机。虽然很累,但他很高兴。有一次,朱琦高兴地对赵力平说:"我快会开火车了,在铁路系统不懂技术是不行的,要按爹爹教导,学技术学本领,才能适应新工作的要求。"

1953年夏的一天,领导让朱琦驾驶一辆火车,并说这是一项重大任务。朱琦把火车开得又快又稳,圆满地完成了任务。车到站后,领导走进驾驶室对他说:"朱琦同志,首长请你停车后立即到车厢去一趟。"朱琦心想:是谁的专列?他猜不出,但他知道这是不能问的机密。车停了，朱琦没来得及洗脸和换衣服，就急匆匆地向车厢奔去。他一看接见他的首长，竟是自己的父亲。原来自己开的是父亲的专列！朱德紧紧地握住朱琦的双手，看着满身油渍，双手汗污的儿子，高兴地说："学会开火车了，开的不错。这很好嘛，掌握一门技术就能更好地为人民服务了。"父子俩一同坐在沙发上，朱琦向父亲汇报了自己的思想和工作情况。朱德边听边插言说："很好，你是真正的工人阶级一分子了，我希望你除了钻研技术外，还要挤出更多的时间学习政治，要精益求精，政治上要不断进步，要谦虚谨慎踏踏实实地工作，创造出更好的成绩来报答党和人民对自己的培养。"列车又要启程了，朱琦站起来向父亲告别，回头一看洁白的沙发上，被自己坐了一大片黑印，父子俩不由得哈哈大笑。

朱德对儿子的要求近乎苛严。朱琦工作一直很努力，可朱德仍觉得不满意。1965年，朱琦到北京郊区铁路系统机车车辆厂去蹲点，写了一份调查报告，寄给了父亲。朱德很快给儿子写了回信，要求他深入群众。这封信的原文如下：

朱琦：

你的来信收到。你这次蹲点的经验是正确的，作为改变你的思想和工作方法有很大益处。你过去的思想是封建和资本主义的思想交叉的，总是想向上爬，越走越不通，屡说也不改。这使你混过了宝贵的时间，现在去蹲点，向群众看齐，同吃、同住、同劳动，深入到群众中去，就真正会了解社会主义如何建设，如何完成，就会想出很多办法，同群众一起创造出许多新的办法，推向前进。你们铁道部门是接管的企业，过去的旧框框没有打烂，又学苏联的新框框，就是迷失社会主义创造性的一条……三结合的方法，主要的还是群众。社会主义教育在全国均有很大进步，望你再去蹲点。今后工作要求在现场工作，使你更有进步，才不会掉队。

朱德
一九六五年四月九日

"毫不特殊，做一个普通劳动者！"朱琦把父亲的教导铭记在心里，他处处严格要求自己，许多同他在一起战斗和工作过的同志，多少年后还不知道他是朱德的儿子。

解放以后，儿媳赵力平的工作多次变动。朱德总是不断地给予她勉励和教诲，使她能愉快地服从组织安排。1955年，组织上决定把她从银行部门调到财贸部门。起初，赵力平害怕工作生疏，自己干不好，心里颇有顾虑，但最后还是服从了组织的决定。朱德知道后十分高兴地对儿媳说:"战争年代不论是干部还是战士,只要一个命令拔腿就走。现在是和平环境,随着形势的发展变化,今后调动工作也是经常会有的,共产党员做什么工作都要由党来决定。到一个新的单位就要从头学起嘛!时间长了就会做好了。"

(王亚丽)

鞋的故事

1949年,党中央决定迁往北平,供给部门给朱德补发了一双棉军鞋,被他拒绝了。朱德就是穿着那双补过的旧棉鞋走进了北京城。

朱德穿什么样的鞋?他穿鞋有什么特点?

很多红军老战士都有一个深刻的印象:朱德喜欢穿草鞋。

在那艰苦的年代,部队穿草鞋是很正常的。可是朱德穿草鞋却很不一般,他穿草鞋常常给见到的人留下终生难忘的印象。方志纯第一次看见朱德穿草鞋是在1927年,时隔多年,却能清楚地记得当时的情形。

那一年5、6月间,农民运动训练班请朱德来讲课。那天,方志纯屏住呼吸,睁大眼睛,从头到脚地打量着这位威名远扬的将军。当方志纯看到朱德的双脚时,不禁大吃一惊:天哪!当过滇军旅长,现在是北伐军名将的朱德同志,脚上穿的竟是草鞋。

这一发现给方志纯留下了强烈的印象。方志纯后来回忆说:"他那天讲了些什么,我已记不得了,只有他脚上的那双草鞋,至今还深深地印在我的脑海里。"

1933年,方志纯又看见朱德脚上穿着草鞋,便向总司令坦率地说:"开始,我觉得穿草鞋上街还有点不好意思呢,后来,看到您都穿草鞋,才觉得穿草鞋是我们农民的本色。自豪得很呢!"

朱德不仅爱穿草鞋,而且会打草鞋,手艺也很高超。

1949年,解放战争的形势越来越好,党中央决定迁往北平。那时北方的气候还相当冷。启程前,供给部门给一些同志补发了棉军鞋,给朱德也补发了一双。可是,总司令拒绝了。他说:"我的这双棉鞋虽说破了一点,可补一补仍然可以穿嘛!把这双鞋拿到前方去吧,前方的战士比我更需要。"

朱德就是穿着康克清同志缝补的那双棉鞋走进了北京城的!

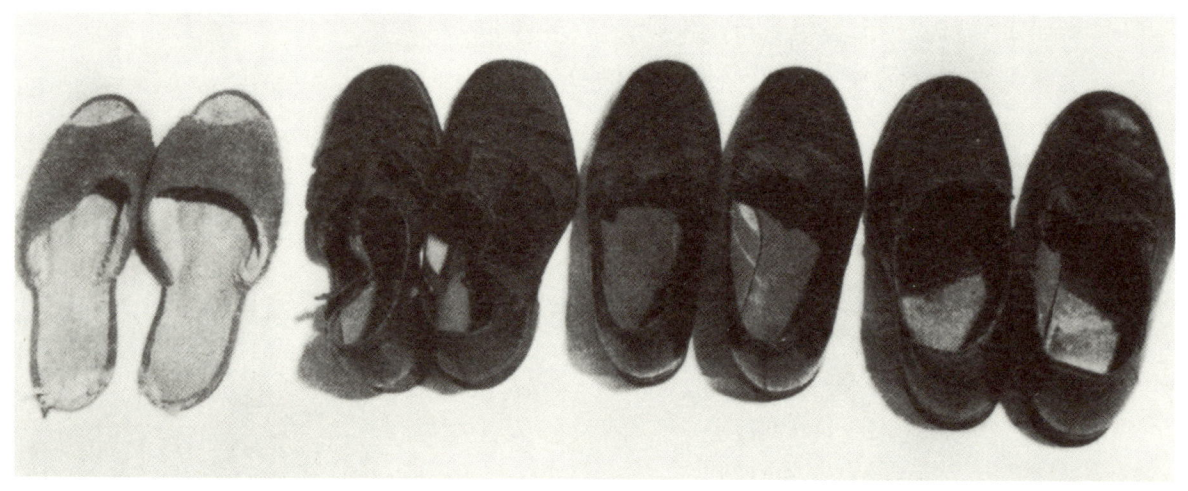

※ 朱德的鞋。

解放后，朱德仍然保持着艰苦朴素的传统。他的一双皮鞋，已经说不清是哪年买的了，帮、底都破了，但还舍不得丢，垫补一下继续穿，一直用到他老人家逝世。

朱德还有一双穿了多年的老式棕色皮凉鞋，颜色已经褪得斑驳不匀，失去光泽，但他总是不肯换新的。每年夏天，到了该穿凉鞋的时候，朱德便把这双凉鞋拿出来过夏。因为它又破又旧，很像草鞋，所以朱德有时还风趣地说"拿草鞋来"，大家都知道老总要的是这双凉鞋。

（王亚丽）

与陈明仁的交情

1949年9月，朱德宴请陈明仁将军，他亲手做了一大盘热气腾腾、辣味冲鼻的炒菜。陈明仁激动异常，他满怀感慨地说："谢谢总司令，我陈明仁今天吃了总司令亲手炒的辣子，定将革命进行到底！"

很多人都知道：1949年8月4日，程潜、陈明仁两将军在长沙宣布和平起义，这震惊中外的壮举备受毛泽东、朱德的赞赏；很多人都知道：毛泽东后来还与程潜同舟泛游中南海，留下一段佳话。然而，很少有人知道：发动长沙和平起义的另一位将领——陈明仁将军，与朱德还有着深厚的交谊。

早在长沙起义前，陈明仁就非常敬重朱德的军事才能和为国为民的思想。1920年，陈明仁在长沙兑泽中学读书时，和长沙讲武学校的学生张谷中等谈起未来的志向时，从护国军的总司令蔡锷，一直谈到指挥四川泸州纳溪战役的朱德。

学生时代的陈明仁，早就对这些能征惯战的护国英雄们钦佩不已，心向往之。

陈明仁当时怎么也想不到，自己后来会率军驻守朱德曾经战斗过的地方。1941年陈明仁任中将师长，驻守在泸州和叙永。当年，就是在叙永和纳溪一带，年仅30岁的朱德率护国军与曹锟号称十几万大军的北洋军猛烈激战了46天。朱德以少胜多，取得了决定性的胜利，这赢得了陈明仁深深的敬佩。

当时，朱德写了一首抒发理想和壮志的诗：

> 年年争斗逼人来，如此江山万姓哀。
> 冯妇知羞甘守节，徐娘无耻乱登台。
> 推开黑幕剑三尺，痛饮黄龙酒数杯。
> 西蜀偏安庸者据，中原逐鹿是雄材。

※ 陈明仁（1903—1974），号子良，湖南省醴陵市人。1924年升入广州市军政部讲武学校和黄埔军校学习。国民党起义将领、解放军上将。

朱德"逐鹿中原"的雄心壮志令陈明仁深受感动。

这一年的中秋节，陈明仁登上叙永城东北的红岩山，题写了"填海补天"四个大字和跋文。跋文写道："率编师频年与暴日相周旋，苦战恶斗，屡寒敌胆。……丑虏未歼，恨海难填；神州沦没，荒天谁补。何时鲁阳金戈，挥退残余酷日；一朝田单火力，收回七十齐城。此愿此心，斯必偿而后已，今夏旋师入川驻节永宁……渺渺予怀，不禁感慨系之，爰题四字，藉抒胸臆，且将证验来兹云。"

陈明仁报国救国的热情，促使他不安于在这川南后方享清福，再三要求到抗日前线杀敌卫国。1941年冬，陈明仁率部开往滇南边境战场，打败了犯我云南边境的日军，并于1944年攻克了日军的战略要地回龙山，收复畹町、芸市，与由印度打出来的中国远征军新一师会合，滇南国际交通线，夺取抗日战争的胜利，作出了贡献。

朱德对陈明仁在叙永的勒石明志和抗日卫国的英勇奋战十分赞赏。所以，陈明仁虽然在蒋介石发动的大战中，在东北四平与我军血战40多天，给我军造成很大的伤亡，但仍多方争取他站到人民方面来。陈明仁的弟弟陈明信，在四平被解放军俘虏后，不仅受到优待，送他到医院去治伤，朱德还要当时担任华北局敌工部长的李立三，亲自接见陈明信，要陈明信回南京做陈明仁的工作，争取回到人民方面来。

毛泽东主席和朱德总司令对陈明仁的关怀与争取，对陈明仁后来决心脱离反动阵营，参加人民革命，起了很大的促进作用。

1949年8月4日，陈明仁和程潜在长沙领衔起义，朱德和毛泽东致电给予高度评价："义声昭著，全国欢迎，南望湘云，敬致祝贺。"并同意由陈明仁任湖南省政府临时主席兼改组后的起义部队第一兵团司令。以后，就有关事宜，毛泽东和朱德多次致电程潜和陈明仁。8月下旬，又电邀陈明仁出席中国人民政治协商会议第一次会议。陈明仁于9月3日启程，10日到达北平。朱德让北平市长聂荣臻等领导亲临车站迎接，安排在六国饭店。随后，朱德即在交际处接待和宴请陈明仁将军。

这次宴会的规格很高，出席作陪的有刘伯承、陈毅、聂荣臻、粟裕、黄克诚等解放军的高级将领，地点是在接待处一间装饰华丽的餐厅。厅中间的一个大圆桌上，摆满了丰盛的西式酒菜。

朱德和陈明仁进入宴会厅，见是吃西餐，朱德兴致勃勃地对陈明仁说："今天吃西餐，我给你露一手，加个川菜来，你尝尝我们家乡菜的风味。"

朱德走进了厨房。厨师们一看敬爱的总司令进来了，都停下手中的活，赶过来向总司令问好。

朱德一指锅灶："今天我是来当大厨师的，你们给我准备配料好吗？"

厨师们一听乐了，马上拿来朱德要的原料，如辣椒、花椒等。

不一会儿，朱德就端来一大盘热气腾腾、辣味冲鼻的炒菜。

陈明仁大惊。他本以为朱德只是说说笑话，万万没有想到这样一个伟大的军事家、人民解放军的总司令，会亲自下厨为他炒菜。

朱德将热气腾腾、飘着香味的菜端到陈明仁面前，陈明仁激动异常地说："总司令，我陈明仁何德何能，让总司令亲自下厨房！"

朱德哈哈一笑道："啥子哟，你们湖南人也爱吃辣椒的嘛！西菜里没辣子。在我们部队里常听湖南老乡说'不辣不革命'，你看，把辣子和革命联系起来了。我们四川人不光吃辣，还要加胡椒面，叫做麻辣。子良将军，来，你尝尝是不是这个味道？"

陈明仁满怀感慨地说："谢谢总司令，我陈明仁今天吃了总司令亲手炒的辣子，定将革命进行到底！"

陈毅在一旁诙谐地说："这么说，在座的都是辣子将军喽，地地道道的土八路哇！"说得在座的人哈哈大笑。

朱德接着说："我们这些土八路可是不简单哪，连子良将军都到我们这个部队中来了。大家看，这间餐厅，在北洋政府时期，是日本驻华公使的会议室，丧权辱国的二十一条，就是袁世凯在这里同日本人签订的。"

刘伯承庄重地说："只要有我们这些'土八路'在，那样的历史在中国就不会再重演了。"

陈明仁的情绪受到感染，心悦诚服地点着头。他要求把他率领起义的部队，正式改编为中国人民解放军，并请求将他的部队调往前线作战，以报效国家和民族。

朱德对陈明仁这种爱国思想和行为十分赞赏，非常高兴地和他单独合影留念。不久，陈明仁所率的起义部队被正式改编为中国人民解放军第二十一兵团。陈明仁任司令员，率部开往广西剿匪。后来，陈明仁回到北京时，总要去晋见朱德。朱德每到陈明仁部队驻地时，都要接见陈明仁。

朱德的坦诚相待，使陈明仁终生难忘！

（王亚丽）

★★★ 第六编 ★★★

艰苦奋斗 开国创业

第六编 06
艰苦奋斗 开国创业

第一任纪委书记

> 早在1950年5月，朱德就说："如果党内没有纪律，或者不坚持执行党内纪律，那我们的党就会成为一盘散沙，也就无法率领千百万群众去进行胜利的斗争，取得像今天这样巨大规模的胜利。"

在中华人民共和国成立后的一个月时间，1949年11月9日，中共中央作出了成立中央及各级党的纪律检查委员会的决定，中央纪律检查委员会在中央政治局领导下工作，由朱德兼任中央纪律检查委员会书记。

成立党的纪律检查委员会，在中国共产党成立的28年里是第一次，它是在特定的条件下成立的。共和国诞生后，共产党的地位发生了根本的变化，成为政权在握的执政党。毛泽东对于中国共产党如何执掌国家大权深思熟虑，多次指示各级党组织要"更好地执行党的政治路线和各项具体政策，保守国家与党的机密，加强党的政治性与纪律性，密切联系群众，克服官僚主义，保证党的一切决议的正确实施"。成立纪律检查委员会，主要任务就是检查各级党的组织、党的干部和党员违犯党的纪律的行为，受理、审查并决定各级党的组织及党员违犯纪律的处分，加强党内纪律教育。

※ 建国之初，朱德出任党的第一任中央纪律检查委员会书记。图为朱德在批阅文件。

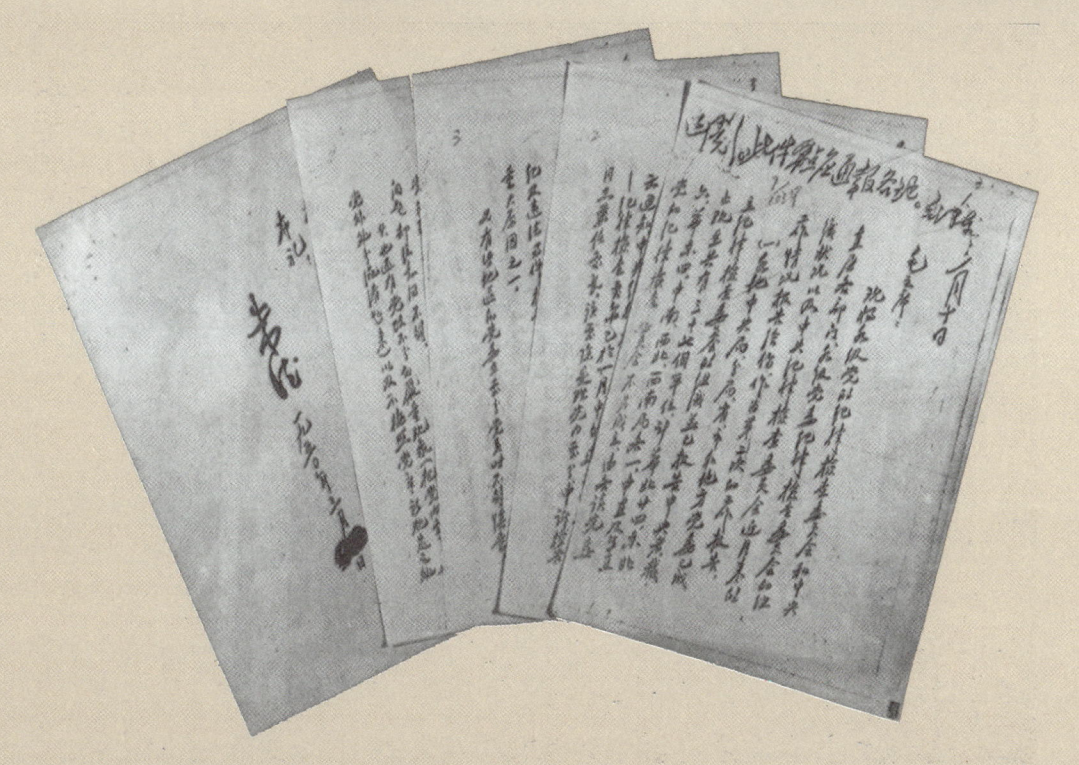

※ 1950年3月9日，朱德关于"各级党的纪律检查委员会的工作情况"给毛泽东的报告。

朱德对中央纪律检查委员会的工作极为重视，因为他认为坚持铁的纪律对党的事业有非常重要的意义。他在1950年5月，中央直属系统党、政、军、群各级党的纪律检查委员会联席会议上的发言中，对此进行过深刻的阐述。他说："我们的党已经有了28年的历史，28年来党的斗争经验，证明了在党内坚持铁的纪律是十分必要的……如果党内没有纪律，或者不坚持执行党内纪律，那我们的党就会成为一盘散沙，也就无法率领千百万群众去进行胜利的斗争，取得像今天这样巨大规模的胜利。"为了把党的纪律检查工作搞好，他亲自主持、创建办事机构，选调精兵强将，制定工作细则，并对党的纪律检查工作者提出严格的要求：

我们每个参加纪律检查工作的同志，要经常地检查了解：在党的组织中、党员中有没有违反党的政治路线和政策，违反党章、党纪和党的决议，有无违反国家法律和法令，有

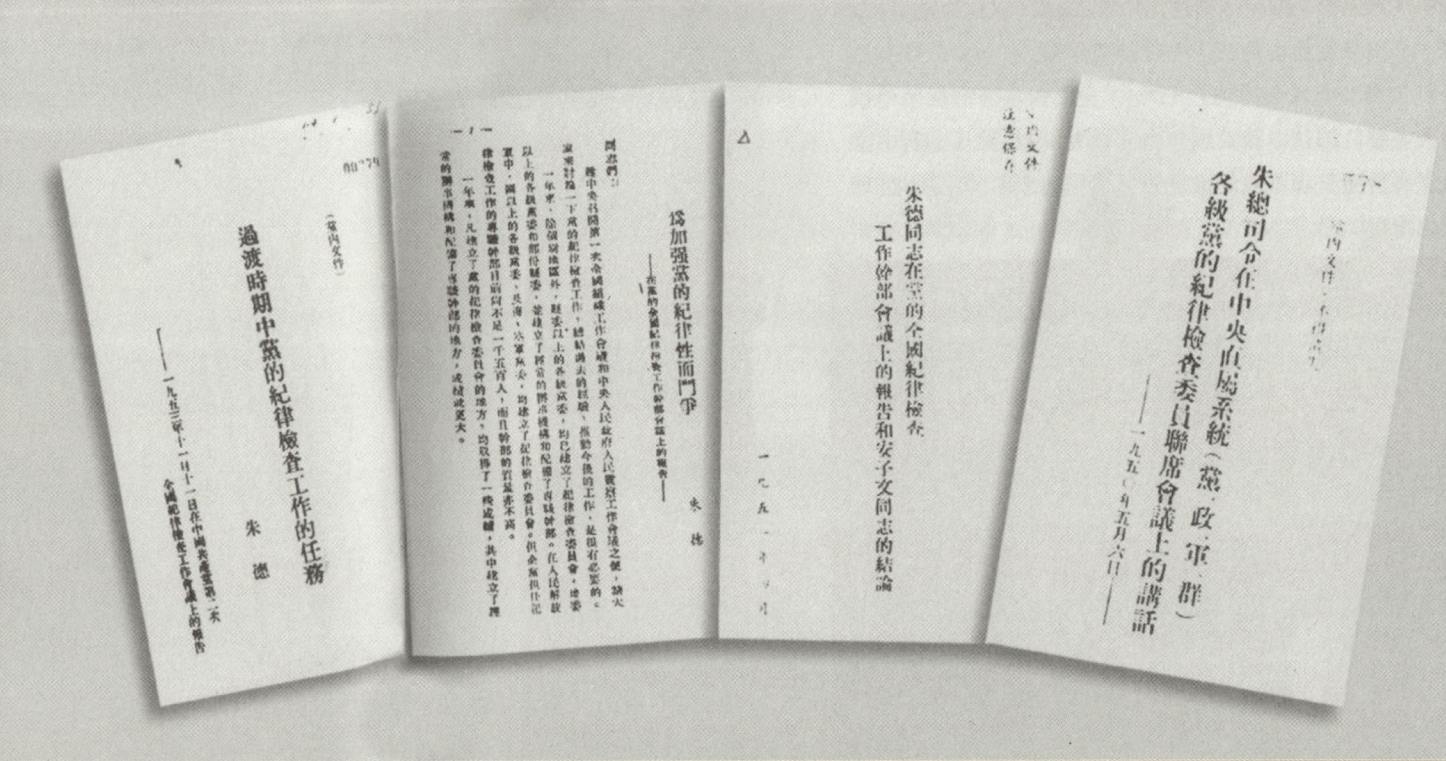

※ 朱德主持中央纪律检查委员会工作期间的部分重要报告。

无损害群众利益及脱离群众的官僚主义等行为和倾向？如果有，就应很好地制止，使之不能继续存在下去；如果没有，就应很好地预防，使这些坏的东西不能产生出来。这一工作做好了，我们就能起保证作用，保证党的路线、政策、决议等等都能正确执行，就能成为党委在贯彻政策、实行决议方面的有力助手。因此，大家应认识到纪律检查工作的重大意义，认真地担负起党所给予自己的光荣任务，并努力地去完成它。

为了让中央领导同志了解情况，朱德还要求中纪委定期向中央和毛泽东报告工作，及时总结工作经验，提出解决问题的办法。由他主持制定的工作细则中明确规定："中央纪律检查委员会除根据控告（不论具名或匿名）检查外，并可随时检查某一部门党的组织或某一特定的事件，并应向有关党委索取材料及征询其对检查的意见。凡检查某一违犯纪律的具体行为时，必须缜密分析该行为的性质及其所招致的损失，并应听取违犯纪律的组织

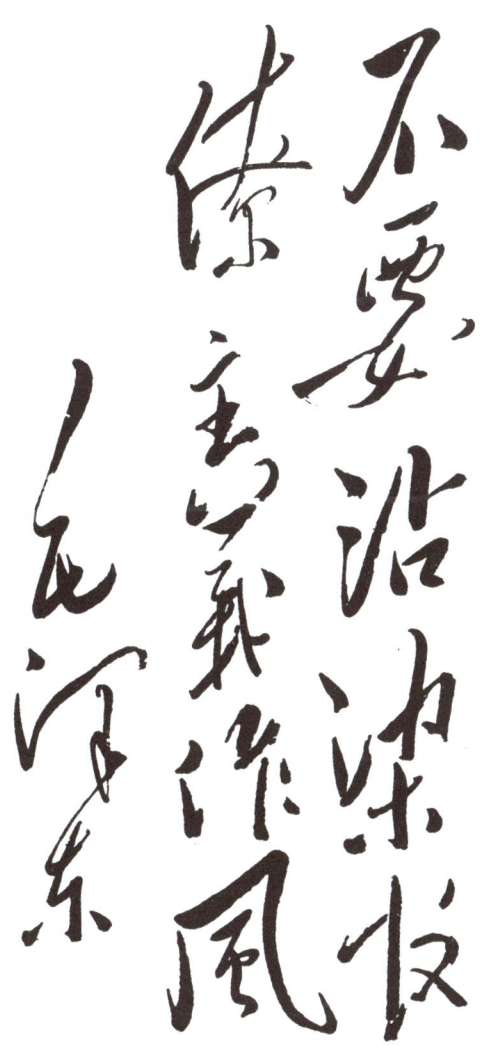

※ 中共中央要求全党，特别是领导干部，克服官僚主义作风，密切联系人民群众。这是1950年2月27日毛泽东给松江省委的题词。

或党员个人的意见,以启发其进行自我批评。应使被检查者得到教育,且应利用检查的事件,教育全体党员与人民群众。"细则还规定"中央纪律检查委员会会议,每两周召开一次,必要时得提前或延期。每次会议议程,由书记提定,并事前通知各委员准备意见。中央纪律检查委员会每两个月须向中央政治局作综合报告一次。遇有重大问题,并应随时报告请示。"

(庹平)

"要时刻警惕和约束自己"

> 朱德与一位领导干部谈话,发觉这个同志有个人名位思想,便严肃地告诫他:"你这个同志不要想做大官,要时刻警惕和约束自己。要当心呐,弄得不好将来会砍脑壳的哟!"

中纪委刚成立的两三个月时间里,就受理了几十起关于处分、申诉和控告等案件,朱德在审看上报材料中发现,有些地方党委对于党员、干部违犯党章、党纪与党的政策和决议以及违犯国家法律和法令等重大的问题注意不够,存在着纪律松懈的现象。而有些党委在处分党员时又不够慎重,滥用职权。朱德认为这些情况不利于纪检工作的开展,针对存在的问题,他指示中纪委发一个通报,要求各地纪律检查委员会自查一下有无此种现象,并认真纠正。

1950年3月9日,毛泽东出访苏联。回到北京不久,朱德给他写信,报告各级党的纪律检查委员会的工作情况,指出全党存在的一些问题:如纪律松懈,违犯党纪及违法事件不少;处分党员时不够慎重,滥用职权;对私人生活性质的错误处分过重,而对于党员违犯党章、党纪与党的政策和决议及违犯国家的法律、法令等重大问题却注意得不够;党政不分的现象以及不按照党章所规定的处分办法处分党员的现象还存在着。以上偏向,已经并正在分别加以纠正。毛泽东对朱德反映的情况非常重视,于3月10日在看过的报告上批示:"此件要点应通报各地。"

根据当时党内存在的问题,4月21日,中国共产党中央委员会作出了《关于在报纸刊物上展开批评和自我批评的决定》。《决定》指出:"因为今天大陆上的战争已经结束,我们党已经领导着全国的政权,我们工作中的缺点和错误很容易危害广大人民的利益,而

※ 1949年12月至1950年2月,毛泽东首次访问苏联。在抵达莫斯科车站时,受到苏联党政领导人布尔加宁(右一)、莫洛托夫(右二)等的热烈欢迎。前左二为王稼祥。

由于政权领导者的地位、领导者威信的提高,就容易产生骄傲情绪,在党内外拒绝批评,压制批评。由于这些新的情况的产生,如果我们对于我们党和人民政府及所有经济机关和群众团体的缺点和错误,不能公开地及时地在全党和广大人民群众中开展批评与自我批评,我们就要被严重的官僚主义所毒害,不能完成新中国的建设任务。"

这个《决定》的颁布,就是为了巩固党与人民群众的联系,保障党和国家的民主化,加速社会进步的必要方法,同时起到了群众监督的作用。比如,《东北日报》发表读者来信,揭发原军工部二十四厂玩忽国家法令,迁移时拆毁房屋的事件,东北人民监察委员会立即进行了调查处理,中共东北局纪律检查委员会作出了处分有关干部的决定,主要有关人员在报纸上作了书面检讨。这种方式使一些党员、干部受到了很大的教育。

1950年5月6日，朱德出席中央直属系统党、政、军、群众各级党的纪律检查委员会联席会议，在会上做了重要讲话，严肃地批评了某些有骄傲情绪、以功臣自居、不愿再过艰苦生活的同志。他指出：

如果哪一个同志以为自己有了了不起的功劳，要党和人民给他以很高的地位和待遇，这是完全不应该的。我们共产党人是改造社会、改造世界的人物，即使你做得最好、贡献最大，也不过只是做了你应该做的事情，有什么可以骄傲的呢？我们共产党人胸怀要广阔，气量要宏大，要求自己比要求别人要严格一些，有功先归群众，有过勇于担当……把精力集中在革命事业上，不要为个人的地位、待遇等问题去苦恼，不然党和人民就会丢弃你们。

他又说：

我们有一部分同志，在进入城市之后，看到那个花花绿绿的世界，便眼花缭乱，学起样来，把衣食住行样样都弄得很阔绰。就以住房子来说吧：有些同志总说房子挤，房子不好。其实我们过去在山沟的时候，成千成万人住在一个小村子里，也还觉得不算挤，可是到了北京这样大的城市，却说房子不够住了。这看起来好像是个小问题，其实却反映了一种严重的思想状况，应引起我们的严重注意。

朱德利用一切可能的机会，苦口婆心地对党员干部进行教育，敲起警钟，防止党员干部犯这样那样的错误。他在这次讲话中，对如何克服党内违犯政策和纪律的问题，做了重要指示。朱德的这次讲话，由毛泽东亲笔批示"同意"后转发各级党组织贯彻执行。

50年代初期，朱德与一位领导干部谈话，发觉这个同志有个人名位思想，便严肃地告诫他："你这个同志不要想做大官，要时刻警惕和约束自己。要当心呐，弄得不好将来会砍脑壳的哟！"当时，这些话听起来比较刺耳，这个领导干部并没往心里去，更没有引起应有的重视。在后来的"三反"运动中，这位领导干部因为较严重的铺张浪费等错误被揭发出来。下面将整理好的材料送到了朱德处，朱德认真地翻阅了报送材料后，立即派秘书去调查核实情况。临行前，他对秘书交代任务的同时叮嘱道："这个同志十几岁就参加革命，他对革命是有一定贡献的。你这次去要按照党的原则，实事求是地弄清他的问题，分别是非轻重，做出严肃慎重的处理。他的问题与刘青山、张子善、宋德贵这些人的错误性质不一样,要保住他的脑袋。"经过认真缜密的调查核实,组织上认为这个同志的问题是严重的,但未造成严重后果,对他做了必要的组织处理,并把他下放到基层去锻炼。在基层他认真加强锻炼,接受了教训,经过一段时间的教育和锻炼,又重新回到了领导岗位,继续为党做工作。

（庹平）

为军队建设指明方向

朱德总是利用一切机会发号召、做指示,为中国人民解放军的正规化、现代化建设指明方向。

1949年9月24日,朱德在中国人民政治协商会议第一届全体会议上郑重宣告:"共同纲领又要求人民军队应当在军事上和政治上继续加强,加强现代化的陆军,建设空军和海军,以革命精神教育部队的指挥员和战斗员。我今天向大家保证:我们一定坚决地这样做,一定要建立一支统一的、现代化的、政治上坚定地为人民服务的强大的人民军队,只有这样的军队,才能充分有效地保卫我们伟大的祖国和人民。"

朱德立下的这个保证,是以毛泽东为核心的党中央领导集体共同绘制的国防蓝图和奋斗目标。朱德为中国人民解放军的正规化、现代化建设呕心沥血,作出了不可磨灭的贡献。

新中国成立之初,百废待举,百业待兴。以毛泽东为核心的党中央领导集体锁定的一个目标,就是军队的正规化、现代化建设。作为以毛泽东为核心的党中央领导集体的重要成员,又身兼中国人民革命军事委员会副主席和中国人民解放军总司令的朱德,深知自己肩上责任重大,总是利用一切机会发号召、做指示,为中国人民解放军的正规化、现代化建设指明方向。

朱德在许多讲话、发表的文章以及军内发布的命令和一些题词中,一次又一次地号召,要把中国人民解放军建设成为强大的正规化、现代化的国防军。当美国发动侵略朝鲜的战争,又同时侵略中国台湾并派飞机侵入中国大陆后,朱德非常明确地指出:"美帝国主义是不会放松对我们中国人民的侵略的。在这样的情况下,我们十分爱好和平的中华民族,为了祖国的独立,为了民族的自由发展,我们不得不随时警惕帝国主义的冒险,时刻

※ 1949年10月20日，朱德和毛泽东等同出席中央人民政府人民革命军事委员会第一次会议的部分委员合影。前排右起：陈毅、刘少奇、程潜、毛泽东、朱德、周恩来、粟裕。中排右起：刘斐、张云逸、邓小平、张治中、高岗、聂荣臻。后排右起：刘伯承、傅作义、蔡廷锴、贺龙、罗瑞卿。

准备足够的力量来防卫我们的领土和主权。"朱德还及时总结中国人民志愿军在朝鲜战场上的作战经验，认为"如果中国人民志愿军有了飞机、坦克和更多大炮的配合，具有充分现代的装备条件，那么美帝国主义者将必然遭到更大的歼灭和更快的失败"。因此，他认为，中国人民解放军的正规化、现代化建设是刻不容缓的，"摆在我们面前的任务就是：我们必须建设一支十分强大的、足以击退任务侵略者进攻的现代化的国防军。"这是"迫不及待的任务"。"现在就要开始很好地整顿我们的队伍，使之成为现代化的国防军。"他向全军指战员发出命令，号召为建设强大的现代化的国防军而奋斗。他坚信：中国人民解放军过去在毛泽东主席的领导下，曾克服了无数困难，今后也一定能克服任务困难，建设成为一支强大的正规化、现代化的国防军；人民解放军必将在自己已有的经验基础之上，坚定不移地进一步向完全正规化、现代化发展。他还特别强调指出，中国人民解放军向着现代化的强大的国防军的目标前进，"这在中国人民解放军的建军史上是一次大的历史性的转变"。在党中央、中央军委的正确领导下，军队正规化、现代化建设逐步向前推进。到1954年5月，朱德看到了军队正规化、现代化建设的美好前景。他在听取军内有关部门的一次汇报后明确指出，部队的正规化、现代化建设要逐步进行，在没有战争的情况下，我们希望在15年内能实现正规化、现代化。

朱德不仅号召要把中国人民解放军建设成为强大的正规化、现代化的国防军，还根据自己的思考，为军队正规化和现代化建设，提出一些最基本的要求，其中主要有三条：一是，"必须有高度军事素质与政治素质"。高度军事素质，就是中国人民解放军"在军事上，必须通晓与掌握联合兵种作战的指挥及各兵种学术，并且有坚强的后方勤务工作。这支国防军必须有高度的组织性、纪律性、计划性与准确性；必须有正规的生活秩序及具有相当高的文化水平"。高度政治素质，就是中国人民解放军"在政治上必须服从共产党的领导，以马克思列宁主义、毛泽东思想把自己武装起来，必须具有高度的爱国主义、国际主义与革命英雄主义的精神"。二是，要立足于我军已有的优良基础来学习正规化和现代化。"抛弃已有的基础，孤立地去学习正规化、现代化，是不对的；反之，满足于已有的基础，拒绝学习正规化、现代化的保守主义，更是不对的。"三是，既要学习自己的作战经验，更要学习先进军事国家的军事科学。不仅要学苏联打败了法西斯德国、日本的军事科学，"还要向当前的敌人——美帝国主义学习"，只有这样，才能"更有效地战胜敌人"。但是，"学习外国经验也不能照搬照抄"，就是学习苏联的先进经验，"也不要生搬硬套，要结合我国实际，创造性地学习"。

朱德还特别对中国人民解放军的正规化、现代化建设提出了更为具体的要求，归纳起来，就是各军兵种齐全，各军兵种都要现代化。他说："我们要尽快地走向现代化。我们要有飞机、军舰、大炮、坦克、工兵、骑兵、伞兵和各式各样的兵种。"我们"正积极地建设空军和海军，使之达到现代化的水平。其他兵种，我们也要在现有的基础上来努力建设，使之成为现代化的军队"。"我们的军队一定要下决心用尖端技术武装自己"。

到了晚年，朱德依然念念不忘地关心军队正规化、现代化建设。这时，他把军队正规化、现代化建设的希望寄托在年轻一代军人的身上。1974年的某一天，朱德在某部任排长的孙子朱和平回到家中。他给爷爷带来一个好消息：自己联合营里的几个战友，研制出一个"炮兵射击指挥器"，经团里实弹射击，证明这个指挥器把图板、计算尺、计算盘、射击诸元素等炮兵指挥所现有的指挥作业器材融为一体，方便实用，适合机动作战指挥需要,能提高炮兵作战指挥效能。已是88岁高龄的朱德听得很认真,问得也很具体。之后,他对孙子说:"你能从部队实战出发,来搞革新,路子走得正,很好!但你搞的那个只是一个小发明,虽然比原来有改进,但实际上还是手工操作,你要继续努力,搞出现代化的东西来。"

接着,他又语重心长地对孙子说:"和平,不是爷爷给你浇冷水,这指挥作战可不是一件简单的事,要当个首长的好参谋也不是简单的事。我国的军事装备虽然有了发展,但在使用现代化武器方面,我们不如苏联、美国,我们的原子弹、巡洋舰、核潜艇都不行,有的还没有,如航空母舰……你应该看到,压在你们年轻一代军人肩上的担子是很重的。你要多研究一些合成军作战的问题,如'步坦'、'步空'的配合,还有一些尖端的科学技术,在这方面要下很大的力气研究才行……"

(庹平)

※ 1950年9月25日,朱德和出席全国战斗英雄代表会议的中国人民解放军陆、海、空三军英雄模范在一起。

多军兵种建设

> 朱德提建议、出主意、抓落实，为不断加快多军兵种建设的步伐，立下了汗马功劳。

新中国成立后第一个建立的新军种是空军。1949年11月11日，中国人民解放军空军领导机构成立。1950年4月14日，中国人民解放军海军领导机构成立。同年8月1日，中国人民解放军炮兵领导机构成立。9月1日，中国人民解放军装甲兵领导机构成立。10月，中国人民解放军防空部队领导机构成立。经过3年多的努力，人民解放军大体上完成了由单一兵种向诸军兵种的转变，在军队正规化、现代化建设中迈出了最重要的一步。

多军兵种建设的步伐如此之快，朱德立下了汗马功劳。

各军兵种建设，在新中国成立初期是与军队整编同时进行或交叉进行的。朱德既考虑军队整编问题，又考虑如何结合整编，搞好各军兵种的建设。他明确提出："今后的战争是诸兵种的联合作战"，主张在军队实行整编时，就要进行各军兵种的建设，"过去我们没有的兵种，现在就要建设起来"。要根据我们的敌人和本国的财经可能力量来整编部队和进行各军兵种建设。他强调说："要根据我们财经的可能力量，把我们的军队在数量上、质量上都搞得很好。数量多了国家负担不起，不要以为'多多益善'。因此，在质量上就要好好地注意，要加强整理训练，做到少而精。如空军、海军、炮兵、坦克兵、工兵等军兵种虽然还正处在建设的初期，但也应注意到质量问题。"至于诸军兵种具体的编制比例如何，朱德没有武断地下结论，而是强调要研究，要有周到的计划。他说："将来配合作战，空军、海军、坦克兵、工兵、炮兵如何配备，哪个该多少也需要研究。当然，决定胜负的还是步兵，没有步兵是不能取胜的，步兵是决定胜负的关键。但空、海、炮、工、坦克等部队在将来作战中是不可缺少的力量。决定胜负关键的转换点，还要靠这些。但是，练空军、海军，要花很多钱，炮兵也是一样，一打起仗来就是几万发炮弹，这些就需要我们在财经等各方面都计划得很周到，才有可能做到。"同时，朱德更加强调："要尽量发展生产，把家务搞得更大，钢铁要生产几千万吨，所有大炮、飞机都能自己造，要用之无穷。再加上人又多，这样仗就好打了。根据我们的经验，必须发展到这个地步。"

为搞好多军兵种建设，朱德曾多次致信给毛泽东、周恩来等，就多军兵种建设问题提建议。

在海军、空军建设刚刚起步或酝酿起步时，朱德就认真思考着这两个军兵种如何建设

※ 1951年9月18日，朱德和萧劲光（前右五）、萧华（前右三）、刘亚楼（前右二）等在北京先农坛体育场视察将在国庆节接受检阅的部队。

好的问题。1950年1月15日，他致信在苏联访问的毛泽东，谈了自己的想法和建议。他提出："要求苏联帮助我们建设空军、海军的初步完成，以作收复四岛（指国民党盘踞的台湾、金门、海南岛、舟山群岛等岛屿）之保证"，还提出要加强铁道兵和工程兵两个军兵种的建设。关于工兵建设，"将来建筑国防工程，也一定要靠工兵，也可作为大城市卫戍之用"。鉴于当年军费有很大的困难，部队人员已超过570万人，作战预备费很大，生产任务更加重要，"我提议组织工兵约二三十万人"。关于铁道兵建设，朱德认为，铁道兵作为特种兵之一，也是很重要的，因为"平时战时均可修铁道。西北、西南地区以后要修铁道的地方，应多设这些兵种"。

1950年6月，朝鲜战争爆发，美国宣布武装干涉朝鲜内政，并派遣第七舰队入侵台湾海峡。朱德密切关注着朝鲜战争形势，即使在病中。9月5日，深思熟虑的朱德禁不住提笔给毛泽东写信。他向毛泽东报告说："我的病好了，在病中想了几件事要向你报告。"他

※ 1954年，朱德视察空军某部时和指挥员交谈。

※ 1954年3月30日，朱德视察广州虎门要塞。

认真分析了美军在朝鲜战争中的战略战术后,提出加快多军兵种建设的主张。他说:"我们的对策,也应该作长期打算","除整顿我们大量的陆军外,应以空军对空军,空军对海军,作为自卫战争中的最好的军种"。"具体建议有7条:一、大量培养飞机师,3年以内至少要练成一万以上的飞行人员,从我陆军中选拔勇敢战士及指挥员,容易练成。大量地办飞机预备学校,选拔万余人作预备生,以完成此任务。二、海军以尽可能作防卫和进攻的小艇及潜艇为主,另外拨一部分陆军作海防基地的陆战队,所有海防均要有人固定地防守起来,修起简单工事,安上海岸炮是目前必要的。三、坦克计划已办,我意以训练干部为主,到作战时,临时配备新式坦克为好。四、炮兵及高射炮过去有底子,但是准备新的战争,必须有一部基准炮及炮弹,须准备。五、工兵是新战争的重要兵种,一时不易练成,技术很高深,有学识、有技术,要专练一部分工兵师,约10个师。六、铁道兵团,原有一部,在新战争中起大作用,平时亦可修铁道,平时只需百分之三十的军费,可以养活它,这个兵种,可再拨两个军作为铁道兵团。七、现在陆军除整编必需外,大部分转为新式兵种,如将来作战需要大量步兵时,临时编练亦较它兵种容易。"到1951年8月30日,朱德又专门就海军建设问题写信给毛泽东,提出要加强海军的防卫力量,建议批准海军领导提出的以空军总数的百分之二十建立海军航空兵。

党中央决定派遣中国人民志愿军入朝参战后不久,朱德针对修筑国防工事,急需工程兵的实际,于1950年12月5日给周恩来写信,提出工程兵建设的一些建议。他告诉周恩来:从第三野战军调来任工程兵副司令员的李迎希已经到北京,"请你即组建工兵司令部,并将各军区已成立的老工兵团调往东北组建成师,各大军区留下的种子组建新工兵师,即有组织的在后勤新建造部下,统一指挥、统一计划,建立海防工事。"并说明组建工程兵来修筑国防工事,"可大大地减少修造预算","请你在这方面长期着想,这是基本解决问题。""我们应下决心少要20个步兵师,至少建立20个或30个工兵师。既可能做工事又可能打仗。"

除给毛泽东、周恩来等写信提建议外,朱德还亲自给各军兵种的主要负责人写信,作指示,抓落实,以加速各军兵种建设的进程。

曾任解放军副总参谋长和国防科学技术委员会副主任的张爱萍,对朱德关心和支持空军和海军以及其他军兵种建设的印象非常深刻。他回忆说:"朱德同志亲自抓了空军、海军、装甲兵等军兵种的组建工作,先后从陆军中抽调大批骨干充实到这些部队,以欣喜的心情看待这些具有强大火力、突击力和机动力的新军兵种的诞生。他在各军兵种所作的许多重要指示中,一再指出这是把我军建设推向新阶段的历史性变革,是一件十分重要的刻

※ 朱德和贺龙（右二）视察北京第一坦克学校。前排左一许光达，左二陈赓。

不容缓的大事。在此后的年月里，朱德同志在政务繁忙的情况下，仍一直关心着各军兵种的建设和部队合成作战能力的提高。"

朱德对各军兵种建设作指示和抓落实，是非常具体的。在空军建设中，朱德经常抽时间出席空军召开的一些业务会议，参加空军航校开学、毕业典礼，参观空军的飞行表演和教学展览，利用一切机会直接给部队指战员做思想工作，勉励大家要在陆军的基础上，加强训练，努力掌握技术，按照毛泽东思想加速建设起一支新式的人民空军。在空军建设初期，一些空军地勤领导干部无不感到困难重重。当时，不仅飞行员、机务人员很缺乏，物质条件更差，而且飞机和机场都很少。因此，有些同志担心不能很好地掌握空军建设的本领。朱德了解到这些情况以后，在一些重要会议上讲话，给广大干部以鼓励和鞭策。他在1950年3月10日，空军政治工作会议上，满腔热情地鼓励说："空军能不能建设好，掌握技术是个关键。在一定的意义上，技术决定一切。如果我们别的都好，就是技术不好，那也不能完成任务。空军作战的胜负，有时往往是一分钟一秒钟的事情。只有掌握了技术，才能战胜敌人，不然就要为敌人所打败。因此，所有的人员都应该学会技术。"又说："空军的干部大多数是从陆军调来的，起初谁都不懂技术，但不要紧，只要努力学，都可以学会的，不会的一定要努力学会，已经学会的要不断提高，做到精益求精。我们不但要学会使用和修理飞机，还要学会制造飞机。"还特别强调说："建设空军是刻不容缓的事情，不管家务大小，困难多少，我们非好好地办不可。"他在4月10日，空军参谋工作会议上，满怀深情地鞭策大家，希望参谋干部能够安心工作，虚心学习，一心一意地把工作做好。还强调说：目前对你们最大的要求，就是要很好地把队伍训练和组织起来，精心研究科学技术，并好好地掌握它，使我们一出马就能打胜仗。

曾任空军政治委员的高厚良，对朱德抓空军建设的印象十分深。他回忆说：朱德"对空军的建设，大到建军路线，小到伙食改善，都有详细的指示。我国第一批女飞行员开飞典礼，就是朱德同志和邓颖超同志亲自主持的"。1951年11月，在抗美援朝战争战火纷飞中刚刚建立起来的人民解放军歼击机部队，根据党中央、毛泽东的命令，即将参加中国人民志愿军，飞赴前线某机场投入战斗。那时，这支部队从干部到飞行员都只飞行几十个小时，他们刚刚掌握空中技术，要完成党中央、毛泽东交给的战斗任务，担子是很重的。就在这个关键时刻，朱德顶风冒雪、风尘仆仆地来到东北某前线机场检阅这支部队，亲切地勉励他们说："你们的任务很光荣，前方的部队正盼望着你们。"他还勉励指战员要勇敢战斗，不怕流血牺牲，打出中国人民的威风来。

在海军建设中，无论是政治工作、技术训练，还是开办学校、建设军港以及海岸炮兵和鱼雷快艇等各个方面，朱德都有一些具体指示。海军刚组建时，他对从陆军部队调来的指战员们提出严格要求，要求他们"虚心学习，努力工作，建设一支人民的海军"。他还抽时间视察了海军的码头、舰艇、学校和修理所等。1950年7月13日，他又专门给海军司令员萧劲光等写信，信中指出："海军和空军是现代化的兵种最高的、必需的，要加强这两个兵种，就必须有造船厂、飞机厂。有了这两种工厂，能制造还不够，必须要有石油厂，才能强化起来。"萧劲光在接到信后过了几天，就专门去向朱德请示工作。朱德在听了萧劲光汇报海军司令部拟制的3年建设计划后，非常高兴，当即谈了自己的想法。他说："应该利用现有的时机和兵力，首先把沿海各要地及岛屿的防御工事、防御设备建立起来，把各基地组织起来。这一任务应成为当前的工作任务，且应成为首要任务之一"。海军司令部要"在海上建立生产，建立家务"。还强调说："中国地方宝贵，寸土都要保护，海军的防卫在海上"。在提醒"招兵要注意招水性熟悉的人"的同时，还提醒萧劲光等要注意解决燃料问题，并特意说："给军委打个报告，要求重工业部注意发展燃料工业。"1953年9月，朱德视察大连海军学校，检阅了全校师生员工，会见了苏联专家，听取了学校建设情况的汇报，观看了教学设备，还为学校题词，勉励大家"努力掌握现代海军作战技术"。他还与海军司令员萧劲光谈话，指出：要抓紧搞造船厂。目前，海军不是去搞大舰，而是要先搞巡逻艇、快艇、炮艇。海军学校要抓紧，要多培养一些渔民当海军。

（庹平）

"朝鲜人民在等着你们"

> 朱德到兖州慰问赴朝作战的十九兵团。他说：同志们，朝鲜人民在等着你们，等着和你们一起消灭美国侵略者；祖国人民也在等着你们，等着你们和朝鲜人民并肩作战胜利的消息！

1950年，对于刚诞生的人民共和国来说是个不平常的年份。6月25日，朝鲜内战爆发。美国很快便介入了。美国总统杜鲁门公开宣布武装入侵朝鲜，并命令其海军第7舰队侵入台湾海峡；9月15日，美军七万多人在仁川登陆，朝鲜人民军在腹背受敌的不利形势下转入退却。10月7日，美军开始越过"三八线"，向中朝边境进犯。与此同时，美国飞机直接侵入我国东北地区的安东（今丹东）市狂轰滥炸，把战火烧到了我国神圣的领土上，年轻的共和国受到帝国主义武装进攻的严重威胁。

唇亡齿寒，户破堂危。党中央、毛主席审时度势，认为出兵朝鲜抗击美国的侵略，"对中国，对朝鲜，对东方，对世界都极为有利；而我们不出兵，让敌人压在鸭绿江边，国内国际反动气焰增高，则对各方都不利……总之，我们认为应当参战，必须参战，参战利益极大，不参战损害极大。"于是作出果断决定：组成中国人民志愿军赴朝作战，抗美援朝，保家卫国。

以此为始，作为当时人民解放军的总司令、党中央领导核心重要成员之一的朱德，与毛泽东、刘少奇、周恩来等一道，极大地关注、运筹抗美援朝战争的每一个重大行动。

临近中国人民志愿军跨过鸭绿江，进入朝鲜战场前二十多天的10月1日，是中华人民共和国成立一周年纪念日。这天，在北京天安门广场，召开了有四十万人参加的庆祝大会，同时举行了盛大的阅兵典礼。身为中国人民解放军总司令的朱德在检阅陆海空军部队后，向全国武装部队及民兵发布命令。命令指出："美帝国主义现在正在用武装部队侵略我们的邻邦朝鲜，同时与蒋介石残余匪帮勾结，公开侵占我国的台湾；美帝国主义正在用战争威胁世界和平。"朱德要求武装部队"进行充分的准备，加强国防建设，为解放全部国土而奋斗，为捍卫世界和平而斗争"。

10月，以宋时轮为司令的人民解放军第九兵团奉令赴朝参战。中旬，兵团部率领所属部队离别解放不久的上海，进驻山东曲阜及其附近地区。10月30日，受党中央委托，朱德专程赶到曲阜，向第九兵团团以上干部作出国作战动员报告。

动员大会会场设在曲阜孔林孔子墓前的享殿天井里。这里是我国儒家创始人孔丘及其后代的墓葬之地。在占地3000亩的城域内，古冢累累，石碑林立，绿树红墙，幽深雅静。这些记载着昔日的传统礼仪，昭示出中华文明的源远流长。动员大会会场设在这个地方，意味着这支部队出征是正义的，大会是庄严隆重的。

在露天的天井里，满怀临战激情的团以上干部队伍整队完毕，静候着朱德总司令的到来。

※ 1950年10月，毛泽东以大无畏的气概作出"抗美援朝，保家卫国"的决策。中国人民志愿军雄赳赳，气昂昂，跨过鸭绿江。

在宋时轮陪同下,朱德在热烈的掌声中,迈着轻捷、稳健的步伐步入会场。迈上台阶后,亲切地向大家招手致意。在长期的战争岁月里,第九兵团许多干部都听说过关于总司令的传奇般的经历,但亲眼目睹他的音容笑貌,今天还是第一次。此时,会场上气氛活跃,一阵阵热烈的掌声表达出大家对德高望重的总司令的崇敬和爱戴。

朱德走到第九兵团副司令陶勇面前,握住他的手深情地说:你就是陶勇,久闻你的大名,我这次来是为你们出征送行啊!陶勇,这位人民解放军身经百战的高级将领,曾经使日寇和国民党军闻风丧胆的传奇人物,今天,他站在自己日夜仰慕的总司令面前,毕恭毕敬地向总司令行了庄重的军礼,望着朱德总司令那慈祥和蔼的笑容,说:欢迎您亲临部队视察,请总司令作指示。

享殿前檐下的主席台上整齐地摆放着几张旧桌椅。宋时轮、陶勇陪同朱德入座。"现在,我们欢迎总司令讲话。"宋时轮话音刚落,全场再一次响起热烈的掌声。朱德站起身来,环视四周,用他那特有的,从容而有力的四川口音高声地说:"同志们,我们又要打仗了!这次打仗不同于以往,不是在国内打,而是要到国外打。美帝国主义侵占了朝鲜,把战

※ 1953年7月27日,帝国主义侵略者被迫在板门店签订了朝鲜停战协定。图为朝鲜人民热烈欢送中国人民志愿军回国。

火烧到了我国东北边境鸭绿江边。我们要抗美援朝，保家卫国。我们过去已经打败了日本帝国主义和蒋介石，我相信，这次出国作战，你们也一定能够打败美帝国主义……"。接着，朱德又用简要有力的语言讲到美帝国主义的侵略行径和战争暴行，党中央、毛主席的英明决策，朝鲜战场上的敌我态势和第九兵团的任务，最后讲到党中央、解放军总部和全国人民的殷切期望。他的讲话不时被一阵阵热烈的掌声所打断。

带着总司令的激励和鼓舞，第九兵团的全体官兵向东北边境开进，他们带着祖国人民的重托和总司令的期望，满怀必胜的坚定信念，雄赳赳、气昂昂地跨过鸭绿江……

在第九兵团向朝鲜开进的同时，驻扎在西安的人民解放军第十九兵团也接到了毛泽东主席亲自签发的电报：限你部12月5日前赶到津浦铁路山东兖州、泰安、滕县一线集结待命。

兵团首长杨得志、李志民等深知这份来电中"集结待命"这四个字的分量。这无异于"动员令"、"出征书"，好像一下子又将他们重新召回到了战火纷飞的战场。他们感受到党中央和祖国人民对他们的信任，他们为此而自豪。但同时，兵团指挥员也在思考，不错，我们这支人民军队打败过日本侵略者，打败过美帝国主义支持的蒋介石国民党军队，但毕竟没有和美国军队面对面地交过手；兵团广大官兵先后打遍了大半个中国，但毕竟从来没有跨越国界作过战。虽然眼前整个部队奔赴战场的决心和必胜的信心十足，但是他们清楚地懂得，战争不是单凭决心和信心就能赢得胜利的。战争是一门科学，从某种意义上讲，是最复杂而又变幻莫测的科学，要用十分严肃的态度对待。为此，十九兵团的首长们根据中央电报的精神，进行了彻夜的研究。

正在这个时候，上级又来了通知，要求杨得志、李志民速到北京，朱德总司令要向他们面授任务。

杨得志和李志民一到北京，朱德马上就在中南海接见他们。朱德在听取汇报后，详细地询问了部队在山东集结后的各方面情况，从武器装备到思想动态，从部队纪律到生活管理，问得极为详细、具体。随后他让参谋人员拿来朝鲜地图，指着地图说："老彭到前面已经两个多月了。仗打得不错，但相当艰苦。目前正和麦克阿瑟进行第二次交锋，打得很激烈。他发回一些电报，主席是满意的。朝鲜的金日成同志也是满意的。你们可以看一看，了解情况，进入情况。老彭指名点将要你们十九兵团。他这个人你们了解，从不向中央提什么样的困难和要求，但他提到了你们十九兵团。所以主席、恩来同志要我找你们谈一谈。'兵者百岁不一用，然不可一日忘也'。中国这句老话，你们也是知道的。请你们来，无非是了解些情况，督促一下，看你们还有什么问题需要中央帮助解决的。"

※ 1950年6月20日，朱德出席全国政协一届二次会议的军事小组会。

杨得志、李志民向总司令报告说，兵团准备最近开一次团以上干部会议，我们代表兵团全体指战员请朱老总到山东参加我们这个会，给我们作指示，给我们作动员。杨得志还特别提到，1947年，十九兵团攻打石家庄，那是解放战争时期我们第一次攻打大城市，没有城市攻坚作战的经验。关键时刻您到了我们兵团，给大家作报告，提出了"勇敢加技术"的要求，对部队鼓舞很大。这次要去朝鲜也是个"第一次"。这一次比打石家庄那一次困难更大，您能再去给部队讲一讲是最好不过了。朱德笑着说，这件事我还要向主席报告一下。

杨得志、李志民回到部队不到一周，朱德便带着三个随员赶到山东兖州来了。

这是1950年的12月中旬，天气已经很冷。十九兵团到达兖州地区后，虽然地方政府给予了很大的帮助，但那时的兖州还是一座小城市，住房十分拥挤，县直机关、学校，一部分民房都住满了部队。兵团的几个负责同志住在一个四合院里。朱德便和兵团领导住在一起。那时候室内不要说没有暖气设备，就是取暖用的煤火炉也没有，兵团领导为了保证总司令的身体健康，在朱德居住的房子里添置了一盆木炭火。

朱德在到达的当天晚上，就同兵团的几位领导交谈，了解干部动员会的准备情况，征求大家的意见，希望他讲些什么，还特别提出要先到连队去看望战士们。

从主观愿望来说，兵团领导当然希望总司令能到战士们中间去，这将极大地鼓舞部队的士气和斗志。但天气寒冷，部队驻地又很分散，担心朱老总年纪大，易受风寒。随行的医生也有同样的顾虑，建议他就在生着木炭火的房子里分批接见指战员代表。朱德看了看大家，诙谐地说：医生有偷懒的思想。我不生病，你就没得事，我一病就麻烦了。他又转过脸对兵团领导说："毛主席要我到十九兵团来，可不是只看看杨得志、李志民你们几个人啊！"

朱德毕竟已经是64岁的人了，寒冷加劳累，结果还是感冒了，发烧咳嗽。这使兵团领导很不安，他们再三劝阻朱老总不要再到下面的部队去了。但朱老总执意不肯，依然按计划，坚持到兵团所属各部队去看望大家。每到一处，他都与干部、战士们亲切交谈，询问各方面情况。他对炮兵部队的同志说，我们现在的空军力量还很弱，到了朝鲜，你们上要对付敌人的飞机，下要对付敌人的坦克，这要做出很好的准备，下最大的战斗决心。我希望你们为中朝人民立功！

朱德这次深入出征前的部队，给干部和战士们带来了莫大的鼓舞与激励，这是自不待言的。官兵们谁不想见到自己的总司令，亲耳聆听他的教导呢，他们终于如愿以偿了。可是，他们哪里知道，他们所敬重的总司令此时却是发着烧、带着病来到他们中间的！他的随行医生几次找到杨得志说，杨司令，这样不行啊！我可负不起责任啊！但是杨得志等人无论怎样努力，也没有能劝阻朱德继续到广大指战员中去。

12月19日，朱德在十九兵团团以上干部大会上作了动员报告。会场设在兖州的一座天主教堂内。由于不少干部没有见到过总司令，当朱德刚进入会场时，坐在后边的一些干部情不自禁地站到了小凳子上，希望能更清楚地看到他们盼望已久的总司令。朱德见此情景笑着说，不少同志大概不晓得朱德是啥子模样，那好，我下台走一圈，大家认识认识嘛！说着便走下台去，从前到后走了个来回，边走边和两边的同志打招呼。顿时，全场活跃起来。

朱德的讲话在热烈的掌声中开始了。他说：

毛主席派我到十九兵团来，有两项任务：一是向同志们表示慰问，给同志们送行；二是要给同志们加点子油、鼓点子劲。第一项任务，我向你们的杨司令、李政委，向我这几天所到的部队的同志们传达过了。我这次来慰问你们，因为你们要执行一项很光荣、很艰巨的任务。同志们，朝鲜人民在等着你们，等着和你们一起消灭美国侵略者；祖国人民也在等着你们，等着你们和朝鲜人民并肩作战胜利的消息！我的这个慰问，代表毛主席，也代表全国人民！我到你们兵团几天了，同你们兵团首长，同有些部队的同志谈了不少话。我看这第二项任务加油、鼓劲，比第一项完成得好！为什么？因为你们的油本来就很足嘛！你们的劲头本来就大得很嘛！这一点我回到北京是要向毛主席报告的！

朱总司令这几句简短而亲切的话语，几次被热烈的长时间的掌声所打断。此时教堂外虽然是寒风凛冽，滴水成冰，但在没有取暖设备的教堂内，却是热情满怀，热情洋溢，似乎谁也没有感到寒意。

接着，朱德讲了抗美援朝的意义，讲到十九兵团的任务，提出可能遇到的各种困难。告诫大家，一定不要满足于现在已有的准备，一定不要满足于部队旺盛的求战情绪。他说：在座的都是干部，都是团以上干部，你们问我有啥子指示？啥子要求？我说如果有，就是要你们和全兵团的战士一起，摆困难。把困难充分摆出来，大家想办法解决。你们做到了这一条，到了朝鲜和敌人交手，胜利就有把握！

朱德讲完话后，高兴地同与会的全体官兵在教堂外的寒风中合影留念。

在离开兖州前，朱德又向兵团师以上干部每人赠送一册由刘伯承翻译的俄国军事家苏沃洛夫的军事名著《兵团战术概述》，并在每本书的扉页上挥笔题字。

朱德的视察，给赴朝参战部队以巨大的力量和鼓舞，坚定了指战员们抗美援朝、保家卫国的必胜信念。在朝鲜战场上，九兵团、十九兵团的官兵们和赴朝作战的全体志愿军官兵一起，协同朝鲜人民军并肩作战，取得了辉煌的战绩。他们没有辜负祖国的重托、没有辜负毛主席和总司令的期望，他们是中国各族人民心目中最可爱的人！

1953年国庆节，时任中国人民志愿军副司令员的杨得志，作为志愿军国庆观礼代表团团长回到北京。在天安门城楼上，毛泽东满面笑容地握着杨得志的手说："欢迎你呀，得志同志。"又幽默地对周围的人说："你们都认识吧，此人大名叫杨得志，当年强渡大渡河的红一团团长，如今志愿军的副司令，德怀的助手。"

在一旁的朱德接上去风趣地说："好汉莫提当年勇嘛，还是让他讲一讲在朝鲜的事嘛！"是啊，此时此刻，毛主席、朱总司令最为惦念和牵挂着的，是那些还在异邦土地上的参战部队……

（常乔章）

一张借据

> 解放初期，在地主出身的傅德辉家里查出一叠借据，其中有一张借得傅德辉名下大洋100元的借条，署名朱德！这件事上报党中央，朱德很快回了信。

1950年冬，四川省长寿县农村正在普遍实行减租退押。在地主出身的傅德辉家里查出一叠借据，这可抓住了一条重利盘剥的物证。工作队和乡干部仔细验看，发现其中有一张借得傅德辉名下大洋100元的借条，署名竟是朱德！

朱德？是朱老总吗？干部们不由得一愣，连忙问道："这个朱德是咱们的朱老总吗？"

傅德辉老人平静地回答说："就是北京的朱总司令。"

敬爱的朱老总会向眼前这个地主出身的老头借钱？大家都不相信，工作队的干部怒喝道："傅德辉，你竟敢造谣诬陷咱们的总司令，该当何罪？"

老人仍旧那么平静，简短地回答说："我没造谣，这是事实。"

"那你说说看，朱总司令怎么会向你借钱？"

"这是在德国留学时的事。"

会有这事？消息迅速由村报到乡。这一意外发现事关朱总司令，乡政府不敢马虎，赶紧上报到区，区又上报到县，县又上报地区，地区又上报川东区，川东区上报西南局。层层上报，最后到了党中央。

朱总司令很快回了信，证明确有借钱这桩事，并说，虽然傅德辉是地主家庭出身，可他自己是个搞科学的，人才难得，不要难为他，送到北京来吧。

大家都感到有点糊涂，这到底是怎么一回事呢？

原来，傅德辉是朱德早年结识的朋友。他毕业于北京大学化学系，受北大校长蔡元培、教授李石曾的鼓励，自费到德国留学，入柏林大学攻读化学系，学成到库尔水泥研究院工作。在学习和工作之余，傅德辉还翻译、写作和辅导一些中国留学生的德语，换取部分收入。随后又开了一座小豆腐坊，这座豆腐坊成了中国进步留学生的一个秘密聚会据点。他本人也参加了"社会主义研究会"。

傅德辉有个绰号，叫傅铁牛，大概是形容他某些倔强怪僻的性格吧！由于他有额外收入，经济条件比其他穷留学生要宽裕得多。有的人经常向他借钱周转。他也有求必应，尽力帮助。大家都知道，傅德辉有一个习惯，找他借钱还不还无所谓，但是必须先打张借

※ 朱德和彭德怀在北京香山。

条。如果钱还了,他就把借条退还。不还也就算了,借条继续保存着,为的是往来分明,手续清楚。

那时,朱德抛弃旧军队里的高官厚禄,追求革命真理,辗转到了德国。后经张申府、周恩来介绍,朱德加入了中国共产党,积极从事革命活动,与傅德辉相识友好。1924年,朱德经济拮据,旅费短缺,便向傅德辉借了100元大洋,照样出具借据。以后二人无从见面,无法还钱。于是借据就一直被傅德辉保留着。

1931年,傅德辉回到国内。四川杰出的实业家卢作孚听说回来了这么一位水泥专家,亲自赶到上海,请傅德辉回四川办水泥厂,傅德辉欣然同意。经过往返周折,最后选定重庆南岸的玛瑙溪作为厂址,1937年建成投产。这就是当时西南最大的水泥厂——四川水泥厂,即现在的重庆水泥厂前身。但是,投产不久,傅德辉与厂方关系弄僵,牛脾气一发,坚决辞职不干,回家"务农",从此不再出山。

自此以后,傅德辉这么一个留学德国的科学人才,就隐居在乡间,长期以来不为人知,甚至连村里的干部都不知道。

生活中的许多事情在当时看起来好像是那么偶然，可是事后看起来却又是那么必然！如果傅德辉没有"借钱还不还无所谓"的信条，如果傅德辉没有"打借条"的习惯，如果没有减租退押那一幕，如果傅德辉没有发那牛脾气辞职回乡，这张特殊的借条就不会被发现。然而，历史毕竟是历史，历史不能假设，但历史却以独特的方式再现了事情的真实进程。

事情清楚了。朱德早年的一件轶事得到了证实，一个长期埋没的科学人才也得到了重用。

傅德辉在北京学习了3个月后，眼界大开，扫除了胸中的多年积郁，又兴高采烈地回到四川。当时的川东行署任命他为工业厅化验室主任，他的专业知识终于派上了用场。其后，他相继在西南工业部、综合勘查院西南分院等处，从事化学工业的研究和教育工作，得以一展所长。

傅德辉一生中借出了不少钱，保存了不少借据。唯独保存朱德的这张借据，决定了他后半生的际遇。

他帮助过人民的领袖，他理应得到人民的重用。

（王亚丽）

处处以身作则

朱德身为中央纪律检查委员会书记，处处以身作则，始终保持着共产党人的优良传统，为全党做出了表率。

1951年底，朱德恰逢65岁寿辰，仪陇老家派专人到北京看望他，交谈中有人提议，准备把仪陇县改名为朱德县，还有人附和，认为这是个好主意。

朱德听了连忙说："使不得，使不得。我不算啥子英雄，只是一个在战场上没得被打死的普通士兵，为革命牺牲了的烈士才称得上英雄。"同时，他还教育来人说："你们不要认为我在北京做了大官，就可以沾光了。我们做官是为人民服务，不是享福。"

这件事情的详情，还得从1950年春天说起。仪陇县各界群众代表提出要用朱德的名字给仪陇县命名，将县城迁往朱德的出生地——马鞍场。在群众的强烈要求下，仪陇县委用"朱德县建县委员会"的名义张贴布告，广泛征求地方各界意见。此次借祝寿之机，派了

※ 1951年10月，朱德和王稼祥交谈。

代表到北京请示。

在此之前，1951年土地改革的时候，就有人想，马鞍场是朱德的故乡，新中国成立后，全县人民，全国人民，还有那些国际上的朋友们，一定会来到仪陇瞻仰朱德的故居，于是计划辟出几百亩土地修建"朱德同志纪念馆"。仪陇县委为此专门向中共川北区工作委员会写了请示报告，川北区党委将这个请示报告报给了中央。朱德知道后很着急，要川北区党委立即转告县委："纪念馆不要修。农民世世代代生活在那个地方，不应该把他们迁走。那些土地要分给农民耕种，以利发展生产。"当马鞍人民知道是朱德要把修建纪念馆的土地分给他们的时候，那些祖祖辈辈以土地为生的农民感动得热泪横流，都说："总司令胸中处处想着人民，就是没有想到自己。"

1959年，为了接待新西兰外宾参观，根据上级指示，县里把朱德旧居已经垮塌的仅存几间瓦房进行了一番维修。外宾走后，1960年，朱德来到这里，看了这些房子，很诚恳地对县委负责同志说："不要办我的展览，把这个地方办成一所学校，好不好？现在

※ 1951年10月24日,朱德出席全国政协一届三次会议。前排右起:宋庆龄、刘少奇、朱德、毛泽东、李济深、沈钧儒。

就改。"后来,还叫地委和省委的领导同志给仪陇县委打电话,再三叮嘱:"最好把那个展览办成一所学校。"1962年,在召开中共中央扩大会议期间,朱德还十分惦记着这件事,找到县委负责同志询问。他们解释了陈列室保存下来的原因,临别的时候,朱德还是对他们说:"我感谢仪陇县委、各界党组织和全体人民,关于琳琅那个陈列室,请保留我的意见。"

朱德的女儿朱敏小时候被送到苏联读书,在苏联卫国战争期间,被德国法西斯关进集中营,吃尽了许多常人不曾吃的苦。1953年,当女儿在苏联大学毕业回国后,朱德鼓励她到大学里当了一名普通教师,并且要求她搬到学校去住集体宿舍,与群众打成一片。当时女儿已经结婚,学校的新宿舍暂时还没有建起来,她在单身宿舍一住就是四年。

1955年,中央作出成立党的中央和地方监察委员会的决定,中央纪律检查委员会改成中央监察委员会。至此，中纪委完成了历史使命。中央认为："（一）中国产党中央委员会在1949年11月发布了关于成立中央和各级党的纪律检查委员会的决定。中央和各级党的纪律检查委员会成立以来，在中央和各级党委的领导下，检查和处理了大量的有关党员违法乱纪的案件，清除了党内的一些不可救药的分子，惩处了一部分犯有各种严重错误的党员。党的纪律检查委员会通过上述案件的检查和处理，对于清除党内的资产阶级思想，加强党的纪律，纯洁和巩固党的组织，保证党的路线、政策的正确执行，起了积极的作用。（二）现在我国正在实现社会主义工业化，对农业、手工业和资本主义工商业正在进行社会主义改造，社会上复杂的尖锐的阶级斗争正在不断地从各方面反映到我们党的生活中来。同时，党的组织的不少部分发生了因为忙于领导经济工作和其他专门业务而忽略思想政治工作的现象。因此，钻到党内来的坏分子就乘机活动，党内一部分不坚定的党员也因受到资产阶级思想侵蚀而蜕化变质，以致发生不少贪污、腐化、违法乱纪的事件，并在最近发生了高岗、饶漱石反党联盟阴谋分裂党、夺取党和国家的最高权力的严重事件。针对这种情况，各级党组织必须加强思想政治工作，加强对阶级敌人的破坏活动和党内不良倾

※ 中共七届四中全会出席者合影。前排左起：徐特立、高岗、董必武、周恩来、刘少奇、朱德、陈云、张闻天、彭德怀、吴玉章、彭真。

向的斗争，并加强党的纪律。目前党的各级纪律检查委员会的组织和职权已不能适应在阶级斗争的新时期加强党的纪律的任务，因此中国共产党全国代表会议决定成立党的中央的和地方各级的监察委员会，代替中央的和地方各级的党的纪律检查委员会，借以加强党的纪律，加强反对党员中各种违法乱纪现象的斗争，特别是防止像高岗、饶漱石反党联盟这一类严重危害党的利益的事件重复发生。"

朱德兼任中纪委书记前后共5年7个月的时间。在五年多时间里，朱德主持党的纪律检查工作，为加强党的组织纪律，克服党内各种不良倾向，保持党的优良作风，进行了不懈的努力，倾注了许多心血。中央和各级纪律检查委员会在这些时间内处理了近30万起案件，在同坏人坏事作斗争，克服党内纪律松弛现象方面发挥了巨大的作用。曾经担任过中央纪律检查委员会副书记的王从吾回忆说：

> 朱德同志以身作则，坚持党的原则，维护党的纪律，带领大家认真负责地做好纪律检查工作。在全国解放后一段相当长的时间内，由于党中央的正确领导，中央和各级纪律检查委员会对违犯党纪的各种不良现象进行了坚决的斗争，对许多重大事件作了严肃的处理，从而使我们党能够从纪律检查方面来推动各项事业向前发展。

（庹平）

踏遍钢城情未了

在北京西隅石景山脚下的十里钢城，每当人们提起朱德关心首钢生产建设的事，都会津津乐道。老人家生前先后莅临首钢视察多达二十次。在那热火朝天的工地上，铁水奔流的高炉前，金花飞舞的炼钢炉旁，火龙穿梭的轧机边……都曾经留下朱德的足迹。

1948年12月17日，石景山钢铁厂（首都钢铁总公司的前身，简称石钢）回到了人民的手中。欣逢解放的石钢人，积极响应党的号召，迅速掀起医治战争创伤、迅速恢复生产的热潮。在年轻的共和国最初的几年里，石钢在恢复生产中，取得了一个又一个的胜利。作为人民解放军总司令、中央人民政府副主席的朱德欣喜地两次表示祝贺，给艰苦创业的石钢人增添了无穷的力量。

从石钢解放的那一天起，石钢人面对的是国民党政府留下的破烂摊子：厂区内杂草丛生，野兔乱窜，火车趴窝，高炉与炼焦炉上的麻雀做满了窝……就是在这样的情况下，石钢人凭着实实在在的翻身做主人的冲天干劲，仅用了半年时间，便在第二年——1949年的"七一"实现了全面投产的奋斗目标，他们用自己辛勤创造的成果向党的生日献了礼。一些曾经怀疑共产党能否办好工厂的旧职员们也发出了赞叹：日本人侵占石钢时，恢复生产用了一年零三个月，国民党用了两年零八个月，还是共产党行，仅仅用六个多月，生产就上轨道了。厂里决定在"七一"这天，开个双喜临门的庆祝大会。时值党中央由香山迁到城里不久。两个多月前，毛泽东、朱德发出人民解放军向全国进军的命令。此时，正是国事、战事交织，百业待兴的当口。为向全国进军，彻底打倒蒋介石反动统治而日夜操劳的朱老总，听到石钢要召开庆祝全面投产大会这一喜讯时，决定亲临祝贺。

7月1日下午3点，没有组织大的欢迎场面，也没有森严的警卫，朱老总在驻厂军代表陪同下，健步踏上用木板临时搭起的大会主席台。他身着白衬衫和发白的军裤，脚穿半旧的橘红色皮凉鞋，面带慈祥的微笑，向在场的工人们频频挥手致意。他操着浓重的乡音，热烈祝贺工人同志们用极短的时间取得全面开工的胜利，高度赞扬大家护厂、爱厂、努力恢复生产，积极支援解放战争和努力搞好建设的主人翁精神。他要求管理人员"要拜工人、技术人员为师，老老实实地学，恭恭敬敬地学，钻进去，三年五年、十年八年，变成搞钢铁的行家。"最后，老人家满怀期望地鼓励大家：多炼一吨铁，就是给革命事业多增加一份家当。革命的家当是越多越好。

朱老总"七一"亲临石钢来祝贺，激励着石钢全体职工豪情满怀地投入了二期的恢复工程和向高产进军的战斗。到1951年初，已经铸死五年多的二号高炉、三座20立方米的小高炉以及第二炼焦炉、第二洗煤机等项目先后修复完毕，续建的项目也开始投产，使石钢的生产能力提高一倍以上，高炉产量提高三倍以上，利用系数已接近当时的世界先进水平。1951年全年，生铁产量达到了22.18万吨，与解放前三十多年铁产量的总和差不多。全厂职工欣喜之余，没有忘记立即写信向热切关注石钢的朱老总报喜。

1952年1月21日，朱老总在百忙中回信祝贺。贺信中洋溢着对年轻共和国钢铁工业所取得的显著成就的喜悦之情。他亲切地鼓励石钢职工："你们的厂是我国仅有的几个钢铁厂之一，我曾亲自来看过，目前虽然还只能每年生产几十万吨，但国家对它的希望很大，它是有很大发展前途的。因此，我希望你们更好地努力，为石景山钢铁厂的未来的发展，奠定一个稳固的基础。"他嘱咐石钢领导要"紧紧掌握依靠工人阶级发展生产的方针，以便以最快的速度来完成国家的建设石景山钢铁厂的计划"。

此后,石钢人时刻以朱老总的鼓励和厚望自励自强。在胜利完成各项恢复工作和取得新的发展的基础上,于1956年8月,提前一年零四个月完成了石钢生产的第一个五年计划,并开始着手石景山钢铁厂扩建工程的各项准备工作。

从1956年到1959年,石景山钢铁厂完成扩建任务,由过去只能单纯生产生铁,发展成为能够生产生铁、钢、钢材、铁矿的联合生产企业。在这苦心经营、不断扩大生产能力的四年里,朱老总又先后十次来石钢视察、指导,与广大职工共图建设大计。

人们清楚地记得,在酝酿制定扩建规划的日子里,朱老总三赴石钢与工人们共绘建设宏图。

1956年4月,石钢根据上级指示,正积极着手进行扩建的各项准备工作。不久,又传来要撤销石钢扩建项目的消息。闻讯后,厂党委立即在8月11日给中央写了要求立项扩建的报告。

当石钢人正在急盼中央回音的时刻,10月17日下午,朱老总来到石钢考察。在了解情况后他认为,石钢在现在基础上进行技术改造,对发展生产是十分有利的。他对厂领导说:"你们今年计划生产44.5万吨生铁,三号高炉每天再搞千把吨,马上就是百十万吨生铁。三号高炉、三号焦炉(待建项目),技术上不成问题。投资也不成问题。""你们要抓紧时间,要不断地提出意见,要反映情况。搞不了大的先搞小的,沿海和内地的问题不必考虑了,机械化程度也不一定过分强调,不要影响办事。"

在视察铸造部的新机厂时,朱老总要求新机厂多增加机械设备,扩大铸铁管的出口创汇。朱老总的这些指示,很快反映到了国家有关部门。与此同时,石钢党委也专门开会进行了研究,积极向上级反映本厂的实际情况。

此后不到一年,1957年9月10日上午,朱老总又来到了石钢。陪同视察的还有北京市委第二书记刘仁、冶金部副部长夏耘。朱老总一边看着扩建平面图,一边认真听取有关石钢扩建规模的汇报,并详细询问扩建计划、设计方案、施工组织、产量品种和建设步骤。同时,还询问了煤、矿石、石灰石等原材料的供应保障情况。

听了石钢扩建的宏伟前景,朱老总喜形于色。老人家兴奋而严肃地说:"无论设计与施工,都不要限制了工作进度,需要哪里帮忙,哪里就帮忙。"当他听说选定的新厂址还是一片庄稼地时,立即表示:"我回去催一催,明年就能看到东西了。"接着,老人家亲临二号焦炉、新机厂等扩建现场巡视。当他来到正在生产的二号焦炉时,操作现场烟气大、温度高、异味难当。可是,朱老总首先想到的是工人们的健康。他拒绝厂领导的劝

※ 朱德视察北京石景山钢铁厂的扩建工程。

阻，继续从容地巡视，边走边问温度有多高？工人是否受得了？他嘱咐工厂领导，要努力改善环境。时年71岁高龄的朱老总，顾不上小憩，连听带看视察了两个半小时。

朱老总这一次视察后不久，同年12月，国务院正式批准了冶金工业部关于石钢扩建工程的请示报告。报告批准在第二个五年计划期间，向石钢投资2.4亿元。在原有基础上增建三号高炉、三号炼焦炉、烧结车间、炼钢厂、小型轧钢机和电焊钢管厂等项目，使石钢扩建成为具有年产生铁140万吨、钢60万吨生产能力的钢铁联合企业。

1958年3月18日下午3时，欣闻石钢获准扩建的朱老总，又一次来到石钢审查扩建规划。老人家在审阅了扩建规划图和400万吨的生产远景规划后十分高兴地说："你们的行动计划很好，我同意。""你们应当搞快点，一面搞，一面安排，一齐动手。北京还有力量，一些动工前后的挖土、平垫工作，可以搞些义务劳动。机关、学校、部队都可以参加。"老人家还鼓励说："河北省内你们还是个主体，要支援其他小厂人力物力，将来你们这个老大哥不好当，要尽快把新厂建起来，今后就好办了。"从此，石钢的扩建工程如火如荼地全面铺开。

1958年5月28日，以烧结车间的扩建开工典礼为起点，拉开了石钢全面扩建工程的序幕，也是石钢向钢铁联合企业起步的标志。这天中午，朱老总早早来到了石钢，他高兴地对冶金部、市委和石钢领导说："八大精神（指八大二次会议）你们都知道了嘛！在北京搞一个大的钢铁基地，不仅在经济方面，而且在政治上都有很大影响。"这番话使在场的人无不感到热血沸腾，信心倍增。老人家还抓紧剪彩典礼开始前的短暂时间，询问了扩建项目的进展情况。

下午2点40分典礼开始了。当朱老总在冶金部、北京市和石钢领导陪同下步入会场时，会场上顿时沸腾起来。二千多名整装列队的职工以热烈的掌声、口号声和会场周围的锣鼓声、鞭炮声欢迎敬爱的朱老总。他来到话筒前，大声地祝贺说："今天扩建石钢的三大工程开工了，这很好。我祝贺你们！""大家要把扩建工程搞快一点。"朱老总的讲话，激起了阵阵掌声、欢呼声。

此后，石钢以三大工程为主的扩建工程全面展开，各路建设大军齐集十里钢城。到1959年5月，在朱老总的多次关怀下，在全国各方大力支援下，石钢终于建起了钢铁联合企业的雏形。

进入60年代后，我国国民经济遇到了暂时困难，国际上风云变幻，接着国内又发生了十年动乱，朱老总在日夜操劳国家大事的同时，仍然念念不忘石钢的生产建设。从1960年2月到1972年初，他老人家虽然年事渐高，仍旧把石钢的发展和工人的冷暖放在心上，又多次到石钢视察。

1960年8月,苏联专家撂下正在紧张施工的300小型轧钢工程,全部奉命回国。不久,朱老总亲赴石钢,视察了停建的苏联援建工程。面对尚未竣工、半路停建的工程,他满怀期望地问在现场施工的职工们:"苏联专家走了,你们能不能干好?"大家异口同声地回答:"一定能干好,请您放心!"朱老总深为这种自力自强精神感动,高兴地举起手大声说:"谢谢大家!"老人家的一声"谢谢",使广大职工意识到自己肩上"担子"的分量。从此,石钢人牢记朱老总的教导,怀着为祖国争光、为中国工人阶级争气的豪情壮志,以自力自强创事业的精神克服了重重困难,争分夺秒,日夜拼搏,到1961年初,具有当时世界先进水平的300小型轧钢机终于在他们的手中建成投产。

进入1961年,石钢贯彻党的"调整、巩固、充实、提高"八字方针,在加强企业管理、提高产品质量、拓展产品品种等方面下工夫。1962年,石钢在全国率先利用3吨小转炉,成功地进行了氧气顶吹炼钢的新技术试验。朱老总闻讯,立即奔赴现场视察。朱老总坐在一把椅子上,十分认真地观察了这一新技术整个吹炼过程。老人家在向操作的工人和技术人员详细询问了这项新技术的各个环节以后,要求石钢加快建设一座使用这种新工艺的大型炼钢厂。

1964年底,在朱老总的关怀指示下,石钢炼钢厂建成了第一座30吨氧气顶吹转炉。喜讯传出,年近八旬的朱老总便兴致勃勃地赶到现场。老人家不顾大家的劝阻,攀上好几十级台阶的看台,边看边鼓励大家加劲干,尽快达到年产60万吨的设计能力。

"文化大革命"开始后,敬爱的朱老总面对国民经济一天天遭受破坏的情景,心急如焚。老人家在自身处境也很不利的情况下,仍然坚持深入基层,鼓励群众搞好生产,把国民经济搞上去。粉碎林彪集团后,年已八十六岁的朱老总,在康克清陪同下冒着严寒,挂着拐杖,坚持到时已更名为"首都钢铁厂"的石钢视察了炼铁厂、炼钢厂、轧钢厂、电焊钢管厂和机械厂。老人家一下车,就像久别重逢的亲人一样,紧紧握着干部、工人们的手说:"好几年不见了,今天来看看你们!"当听到一号高炉是全国先进高炉时,老人家鼓励大家要保持先进。当听说炼钢炉龄有了提高,老人家满意地连连称赞。来到机械厂,当老人家看到宽敞明亮的车间里摆着比以前多好几倍的新机床时,笑着鼓励大家,一定要把生产搞好。老人家高度赞扬了首钢人在"文化大革命"中排除干扰,坚持生产的国家主人翁精神。

在这次视察中,老人家兴致不减当年,不顾大家的一再劝阻,走了一厂又一厂,看了一个又一个车间。

几十年来，朱老总与钢铁事业和首钢人结下了很深的不解之缘。与这里的工人、干部、技术人员心心相印，难舍难分。1976年7月6日，全国人民无比敬仰的朱老总与世长辞的噩耗传来，使首钢职工沉浸在深深的悲痛之中。首钢全体职工出资赞助，在朱老总故乡——四川省仪陇县建造了高大的朱德铜像，把首钢人对朱老总的绵绵深情，铸成了永恒的寄托。

（首钢总公司党史办公室）

不留情面

对于党员干部违犯党的纪律问题的处理，朱德始终坚持严肃慎重。但在重大原则问题上，他同样是不留情面。1952年2月，朱德惩治了一起"利用职权压制民主、诬陷好人、侵犯人权的严重事件"。

1952年1月28日，朱德专门向毛泽东报告了一起"利用职权、压制民主、诬陷好人、侵犯人权的严重事件"。

这件事的经过是：武汉市卫生局曾有化名为陈颉的工作人员，于1950年9月7日写信，向毛泽东检举原武汉市卫生局副局长宋瑛的许多官僚主义和工作失职等错误行为。如拒绝接收南下大军的急症病伤员，致使个别病伤员失治而死等。中央纪律检查委员会即将此检举信件转给中共武汉市委调查处理。武汉市委根据此检举信指示宋瑛检讨，但宋瑛不仅不做自我反省，反而怀恨在心，认为写信人是"动机不纯，有意破坏"，臆测检举信是市第二医院的工作人员纪凯夫等三人所写，纪凯夫当时是院长办公室文书。在武汉市副市长周季方的庇护和支持下，宋瑛操纵武汉市卫生局总支委员会，做出了违反党章和国法，追查检举人的错误决定，把纪凯夫等人叫来，核对笔迹，用威胁、欺诈手段，进行无理追查，并强迫他们承认。纪凯夫等人迫不得已，向中共武汉市委纪律检查委员会控告宋瑛等侵犯人权的违法乱纪行为。在这件事尚未有结果的时候，市第二医院于1951年4月发生了一起盗窃保险柜公款案，窃出现款1000余万元（旧人民币制，当时1斤大米，价值约1000元）。由于作案人慌张，将部分钱款散落在走廊中，事发不久，纪凯夫就到现场，发现办公室地上有几张散落的钞票，方向是向着院监委办公室的，又看见靠院监委办公室的阳台旁的墙角处有一个包袱放在电线杆上。同时，纪凯夫与医院的史大夫看见院监委王清脸上

※ 朱德在中共八大上作《加强团结，建设社会主义》的发言。

表情不自然，有些惊慌的样子，额头上有汗。案发后，公安局立即派人前来侦查，纪凯夫经过思想斗争后，把自己的怀疑报告给了公安局，同时还向院团支部副书记兼保卫委员、党支部委员和支部书记都做了汇报。当场还捡得包钱包袱一个与皮带圈一枚，后均证明为王清之物。这些明显的证据，宋瑛等人都置之不理，反而嫁祸于纪凯夫，并通知公安局将纪逮捕。医院的大部分医护人员对此不满，医务科长、党委委员孙麦龄当即向区委反映情况并将纪凯夫保释。副市长周季方得讯后，立即命令公安总局以"刑事嫌疑"罪名又将纪凯夫逮捕。至此，一起普通的盗窃案变成了刑事案。他们捏造证据，诬陷纪凯夫是"特务"，炮制了一封从香港寄给纪的密信，将纪拘押长达8个月之久。

由于孙麦龄等人坚持向上级党委反映真实情况，宋瑛等人就集中火力攻击孙麦龄，反复质问孙麦龄，为什么向上级组织反映情况，用各种借口给孙麦龄记大过一次。宋瑛还帮王清向各处写控告信，诬陷参与调查盗窃事件的中共中南局纪律检查委员会、武汉市纪律检查委员会检查处的工作人员"包庇特务"，污蔑坚持真理的调查人员是"受了私人的委托"。

武汉市委在处理这起盗窃案时,表现了严重的无组织无纪律,又加上主观主义、宗派主义情绪的支配,遂使事态扩大,问题迟迟得不到解决。并于1951年5月1日,在武汉市委纪律检查委员会给中南局纪律检查委员会的报告中,肯定"王清偷款的可能性很小。"中南局当即于5月4日向市委指出:王清盗款的可能性不是很小而是很大。王清已经丧失了担任监委的条件,须做适当处理。以后中南局又两次指示停止王清的职务。

1951年9月11日,《人民日报》在"党的生活"专栏中公开批评宋瑛、周季方压制民主、侵犯人权的错误,但问题仍然得不到解决。在中央纪律检查委员会直接干预下,1951年11月间,以中南局纪律检查委员会为首、包括11个有关单位组成联合调查组,对这一事件进行了调查,终于弄清了事实真相。

朱德了解情况后非常生气,感到党内存在的腐败现象不能姑息,要严肃处理。他在给毛泽东的信中说:

这样一个明显简单的事件,竟弄得如此复杂,久不得决,是由于周季方、宋瑛等人宗派主义和极端恶劣的思想品质以及武汉市委负责同志的主观主义所造成的,这一问题的严重,不仅是诬陷了纪凯夫,而更重要的是这样一种性质的错误,竟发生在武汉市的领导机关,而领导人直到现在尚不觉悟,故有向您报告的必要。

2月3日,毛泽东和中央书记处其他成员一致同意中南局严肃处理周季方、宋瑛的意见。

2月7日,中南军政委员会下令,逮捕利用职权压制民主,侵犯人权的违法分子、中南军政委员会民政部副部长、前任武汉市人民政府副市长周季方和前任武汉市人民政府卫生局副局长宋瑛,并将依法惩办。

2月26日,《人民日报》在头版头条报道了中共中央中南局处理周季方、宋瑛等阴谋陷害案的消息,并发表社论,在社会上造成强烈反响,许多读者纷纷给报社写信,表示拥护。有读者说:"对周季方、宋瑛等人的正确处理,使我再一次认识到中国共产党是永远站在工人阶级和人民的立场与一切违反人民利益的恶劣行为作无情的斗争的。中国共产党是真理的坚持者。不管什么人,如果违反了人民利益,违犯了国法党纪,一定要受到严厉处分。这件事告诉了我们:必须警惕资产阶级的进攻,必须根除资产阶级及旧社会遗留下来的一切坏影响。"还有的说:"周季方、宋瑛案件说明,资产阶级的毒素,一旦侵蚀到党员干部身上，就会破坏革命内部的团结，降低党的战斗力量。同时更说明了资产阶级的猖狂进攻是无孔不入的。因此，我们必须坚决地、彻底地对这一进攻进行无情的反击，绝不能放松我们的战斗。"

到1953年6月，在中央纪律检查委员会成立的三年时间里，发出的业务指导性通报12件，以中央和以纪律检查委员会名义发出的关于纪律检查工作政治方面及业务方面的规定、指示、通知共10件，中央转发纪律检查委员会及朱德等向中央的报告7件。同时，三年来批复各地纪律检查委员会的上报党纪案件367件，直接处理和复审的有14件。

1953年，我国开始实施第一个大规模的五年建设计划。中共中央在这一年提出，由新民主主义向社会主义转变的过渡时期总路线。朱德为配合党的方针政策的落实，提出了党的纪律检查工作要保证总路线顺利执行，防止并克服一切破坏总路线的行为或倾向。这年，他主持召开了第二次全国纪律检查工作会议，在会上作《过渡时期党的纪律检查工作的任务》的报告，阐述过渡时期党的纪律检查工作的意义和四项基本任务：第一，保护生产，保证国家计划的切实执行；第二，防止和反对城乡资产阶级和资本主义思想对党的侵蚀，进一步巩固和纯洁党的组织；第三，巩固党与群众的联系；第四，保证党的集中统一的领导。

（庹平）

"植树节"的倡导者

1952年3月5日，朱德致函周恩来，建议在清明节，动员全国党政军民都种一天树，特别是种果树。这既可增加财富，换取外汇，又可美化环境，防风防旱。

朱德，这位久经沙场的元帅，常常用战略家的眼光和头脑观察思考一些有关国计民生的大事。他将祖国的绿化事业挂在心上，认为植树造林是关系到中华民族千秋万代的大事业，不可等闲视之。

新中国成立后，朱德走遍了祖国各地，几乎每到一地，都关心着当地的植树造林问题。在东北视察时，他提出："要有计划地开发林业。"在云南，他提出：除了发展农业外，还要发展林业经济。在四川，他提出：靠山吃山，靠水吃水，山区以发展林业为主。

※ 朱德和董必武在内蒙赤峰市郊了解沙漠地带的造林情况。

在海南,他提出:不要乱烧山,要护林防火,封山育林……在全国林业厅局长会议上,他提出:"要全党开展造林活动,凡是能种树的地方都要种树。"他看着那一片片新营造的树林,那一道道绿色的长城,那一棵棵高大的树木,心里非常高兴。这是在建设祖国的新时期,他所统帅的又一支"新军"。

朱德多次向党中央写信建议,提倡植树造林。1952年3月5日,他给周总理写信,建议将清明节定为植树节。他认为公布植树节的好处是,可在当日催促人民个个种树,家家动员,各栽一棵或两棵树。全国党、政、军、民,机关、学校都来种树,形成一种制度和风气。他特别提出要多种果树,营造经济林。他认为营造经济林,既能改善人民生活,增加收入,还可增加出口;又可防风防旱,保持水土流失,防止山洪。

朱德建议规定植树节的愿望,终于在24年后实现了。1976年,国务院决定每年的3月12日为"植树节"。在一年一度的植树节里,开展植树活动时,我们不会忘记朱德元帅一生倡导植树爱树,为后人留下一片绿荫的功绩。

(王亚丽)

军中两老帅

> 朱德和彭德怀是军中两老帅。他们下棋有自己的特定方式，他们互相欣赏对方的耿直和痛快，在生活中也相互理解。

彭德怀生性耿直，疾恶如仇，但对士兵和蔼可亲，关怀体贴。

1952年，彭德怀从朝鲜战场回到北京，向党中央汇报工作。他下车后，甲胄未解，便带着一身硝烟走进丰泽园。汇报完毕后，彭德怀交待警卫员说："回去洗个澡。"

"唉呀，彭总，换洗的衣服没带回来。"警卫员有些不安。

"我说洗澡，没说换衣服么。"彭德怀已经大步走开了。

立在台阶上的朱德笑了。他太了解彭德怀了。一张行军床，一身布军装，两件换洗的内衣裤，再无多余。换洗的内衣裤带到朝鲜，家中又没存货，难怪警卫员要犯愁。

彭德怀洗过澡，正在擦干身子，警卫员来报告："朱总司令来了。"

彭德怀一向注意军容风纪，见人时必须要穿戴整齐。但是对朱德总司令例外，从不避讳，边穿衬衣边迎了出来。

"什么事？"彭德怀了解朱德生活很有规律，坚持早睡早起。但是毛泽东有夜里办公的习惯，所以大家都要跟着熬夜。朱德年岁已大，熬一夜是很疲劳的，却不抓紧时间休息，又赶到这里来，可能有急事。

正这么想着，朱德已来到面前，递给彭德怀一套洗得干干净净，并且叠得整整齐齐的衬衣、衬裤，用那种永远不变的慢声调说："这是我的一套衣服。不知合不合身，你试试看吧。"

彭德怀接过衬衣、衬裤，什么也没说。两手托住衬衣、衬裤停顿了一下，看了朱德一眼，两人相视一笑。彭德怀嘴角一抿，便动手脱下刚刚穿上的留有汗碱的衣裤，换上散发出清新气息的衣服。他系上纽扣，头也不抬地说："挺合适。"

一件衣服，两个元帅之间，就这么平平常常，再没有第二句，更没有谢谢之类的话。

朱德不喜欢城里喜欢野外。休息时，爱和几位四川老乡到香山或十三陵野游。1953年，彭德怀从朝鲜战场胜利归国。朱德特地邀请彭德怀这位"湖南佬"去游十三陵，并拉了邓小平等几位四川老乡同行。

去野外，彭德怀是一叫就应。出发时，两家的警卫员互相询问，结果发现带的东西都一样：行军床、小马扎、猎枪、象棋、望远镜。

游玩的人不多,十三陵显得格外宁静。一下车,年轻人都跑去玩了。几位老同志在野外漫步,也渐渐走远、走散了。

像是有一根无形的线牵着朱德和彭德怀,每次都是这样,走不散。

"这干啥子嘛。"朱德立住了脚。

"摆么。"彭德怀也立定不走了。

这种对话含有默契,外人是听不懂的。可长期跟随在首长身边的警卫员们都能明白:两位老总又要开始一番厮杀了!于是,警卫们立即支起行军床,放下两个马扎,摆好了象棋。

朱德慢慢地蹲腿欲坐,彭德怀扶了他一把,像舞场里跳领舞的一样,手头稍稍一动作便传递了意思:从那边去。

朱德望了一眼彭德怀,也没说什么,便慢腾腾地走到对面,在警卫们的帮助下重新坐好。

警卫们知道这里的名堂:那边是红帅,这边是黑将。彭德怀尊敬朱德,请朱德执帅,自己执将。

朱德话不多,彭德怀的话更少,所以两个人下棋时,基本上都不说什么话。

朱德照例是先擦眼镜,就像战前擦枪一般。眼镜一架上鼻梁,瞳仁里便漾出一股锐气,与彭德怀的目光撞出一团火花,那里有无声的对答:

动手吧?红先黑后。今天分输赢?照三百回合杀吧!

砰!朱德走了当头炮。虽是老步子,却也气势不凡。彭德怀不走马,也走出当头炮,这股对着干的架势,如同他指挥打仗,喜欢进攻,喜欢拼杀,喜欢争主动。

……

不知什么时候,邓小平踱过来,站在一旁,背着手看。朱德和彭德怀仍是没有言语,只有行动,下手都够狠。彭德怀"吃"马,必要将自己的子狠狠砸在对方子的头上,然后再心满意足地将"吃"掉的子从下面抠出来放一边。朱德则不然,朱德是用自己的子将对方的子往开一推,横扫一般,便取而代之了。然后再像打扫战场似的将对方被"吃"掉的子拾起来丢在一旁。

朱德和彭德怀下棋有他们自己的特定方式。他们互相欣赏对方的耿直和痛快,在生活中相互理解。1959年的庐山会议上,彭德怀由于上书直言,受到了错误的批判和斗争。朱德深深地同情彭德怀的不幸遭遇,为此,自己也受到了批评。

(王亚丽)

强调发展手工业

> 朱德指出:"手工业是地方工业的一个重要组成部分,发展大工业的同时,对手工业必须予以足够的重视。"

新中国建立后,战争硝烟逐渐在中国大陆上退去,经济建设成为领导者们主要考虑的问题。在经济基础十分落后的中国,怎样进行社会主义经济建设?怎样才能较快地发展社会生产力?怎样逐步建立以生产资料公有制为基础的社会主义经济制度?这些全新的问题摆在新中国的领导人面前,谁都没有经验,只有在实践中摸索。解放初期,朱德已年过六旬,按民间说法是一位花甲老人。朱德并没有把自己当做老人,虽然没有直接领导经济建设,他还是积极投身到火热的建设中。他利用一切机会搞调查研究,不辞劳苦深入到工厂、农村第一线,与工人、农民交谈,倾听他们的意见,然后给中央写报告,反映情况,提出建议,积极参与党和国家对社会主义建设的各种重大决策。

朱德对经济建设这项工作历来十分重视,就是在战火纷飞的年代,他在这方面也给予了特殊的关注,花费了许多精力,他一再强调要"建立自己的家务"。他把经济比做"家务",既通俗又形象。南泥湾的开垦,军工事业的建设等,都与朱德分不开。《中共中央关于建国以来党的若干历史问题的决议》在总结领导社会主义建设的重要经验时,明确地说:"朱德同志提出了要注意发展手工业和农业多种经营的观点。"这些"在当时和以后都有重大的意义。"

朱德是发展手工业生产的积极倡导者和宣传者。

解放初期,有的人还不懂得手工业在国民经济中的重要性,认为"国家工业化,手工业可有可无"。在这种认识指导下,一些地区相继发生严重破坏手工业发展的事件。针对这些严重现象,朱德在代中共中央起草的一份对手工业政策的指示中严肃指出:

此种破坏手工业的行为,严重破坏了我党恢复和发展生产的根本方针,是一种自杀政策,是绝对不允许的。我们对手工业的政策是扶持、改进、推广和包含的政策,而不是乱划阶级、乱斗争、乱征税的破坏政策。对于各种手工业,如造纸、榨油、纺织、轧花、缫丝等,必须严格保护,不得侵犯,否则会严重脱离群众,并大大地阻碍农村经济的恢复和发展。

※ 朱德和董必武、林枫在沈阳参观中国科学院金属研究所的研究成果。

此后，朱德又指出：

手工业是地方工业的一个重要组成部分，发展大工业的同时，对手工业必须予以足够的重视。

1952年7月10日，在党中央酝酿制定我国经济建设第一个五年计划时，朱德致函毛泽东，对第一个五年计划提出五条意见：

（一）必须在五年中把钢铁、石油、煤炭、有色金属、机械、电力、化学等工业，打下经济上和技术上的基础，并适当发展建筑工业、纺织工业和轻工业；（二）关于地方财政，不要统得过死，否则会限制地方的积极性和创造性；（三）国营工业和地方国营工业应明确划分，并注意发展地方性的小工业和手工业；（四）必须保证对外贸易的平衡，并力争部队出超，以增加外汇储备，以备转口之用；（五）农业的发展，除兴修水利、改良技术、选种、除虫外，还要逐步发展农业生产合作社，搞好移民。

"意见"中专门提出"要注意发展地方性的小工业和手工业",这就足见朱德对发展手工业的重视程度。

随着第一个五年建设计划的实施和社会主义工业化的起步,对农业、手工业和资本主义工商业的社会主义改造也迈开了脚步。1953年2月13日,朱德就发展手工业生产合作社的问题致函中共中央和毛泽东,建议:要有计划有组织的,并在必要与可能的条件下,配合国家大工业的建设,有计划地帮助和发展手工业生产合作社。手工业生产合作社可以生产相当数量的生活必需品,以满足广大群众的需要,可以解决一部分失业问题,还可以训练和培养熟练工人转入国家工厂。"提议在五年计划中及今年计划中,在不转移重点投资方向的条件下,把组织手工业生产合作社计划进去。"

(庹平)

"钢铁工业是一切工业的骨干"

辽宁,是新中国成立后最早建立起来的重工业基地,它在我国国防工业、能源和原材料工业的社会主义现代化建设中占有举足轻重的地位。朱德多次到辽宁视察,深入工厂、矿山,与干部、工人亲切交谈,叮嘱大家要努力发展钢铁、能源等重要的基础工业。

新中国成立初期,朱德担任中央人民政府副主席、中央军事委员会副主席、国防委员会副主席职务,主管军队建设和国防方面的工作。为了建设一支现代化的强大的人民军队,巩固国防,他呕心沥血、日夜操劳。他经常说,一部世界近现代史表明,一个国家没有强大的军队、巩固的国防,它势必要挨打。中国近现代史足以证明了这一点。早在抗日战争时期,朱德就指出了靠科学发展国防事业的重要性。他曾明确指出:"自然科学,这是一个伟大的力量,自然科学的进步,工农业的发达,生产能力的提高,资源的开发与正确利用,实业的正确管理,只有做到了这些,才能充实我们的力量,充实军队的战斗力,使人民获得富裕的生活,提高人民的文化程度与政治觉悟,来取得抗战的胜利,建国的成功,谁要忽视这个力量,那是极其错误的。"但是,任何一个国家,要发展经济,要建设强大的军队和巩固的国防,没有坚实的重工业特别是钢铁工业是不行的。朱老总正是从发

※朱德在辽宁视察鞍山钢铁公司。

展国民经济、满足人民需要和建设强大的军队、巩固国防的全局出发，对辽宁的钢铁工业的建设与发展给予了特别的重视和巨大的关怀。

1949年12月16日，中华人民共和国刚刚成立两个多月，在北京召开了全国第一次钢铁会议。朱老总出席会议，并讲了话。他着重阐述了钢铁工业在国民经济中的重要地位和作用，以及钢铁工业同工业、农业和国防建设的关系；一再叮嘱大家，时刻不要忘记发展钢铁工业，不断增强国防力量。他指出："我们新中国已经成立了，一定要拿出全部精力从事经济的发展和建设工作"，"钢铁工业是一切工业的骨干。有了铁，有了钢，才能造机器；有了机器，才能帮助工业、农业、交通运输业的发展"。他强调："东北的钢铁工业基础比较雄厚，计划也比较完善，我们首先要把东北的钢铁工业建设起来。发展东北也是为了全国，东北发展了，出了钢铁，出了机器，全国各地就可以向它订货，这样其它地区就可以渐渐地发展起来。"

鞍山钢铁公司是我国钢铁工业的摇篮，是我国"一五"计划时期，苏联援建的第一批重点工程项目之一。朱老总十分关心鞍钢的建设与发展。他每次到辽宁参观视察工作，都要到鞍钢看一看。

1952年9月中旬，秋高气爽，风和日丽，朱德总司令来到鞍钢参观视察。在鞍山市委书记韩天石、鞍钢公司副总经理华明等陪同下，他首先视察了刚刚修复生产的轧钢厂、机修厂、运输厂、动力厂，接着，又来到立山薄板厂，与工人们亲切交谈。朱老总指着原料板坯关切地问："这就是生产军锹的原料吗？"工人们回答说："是。"朱老总高兴地对大家说："你们生产的军锹，满足了前线的急需，为抗美援朝作出了很大贡献。谢谢你们了！"

鞍钢，作为苏联援建的重点项目，当时有大批苏联专家和工程技术人员在这里工作。朱老总在参观立山薄板厂之后，又来到鞍钢东山宾馆，看望苏联专家及其家属。这天恰逢中秋，他和公司领导、职工代表与苏联专家一起联欢，共同度过中国人民的这个传统节日。

1957年4月19日，年逾古稀的朱德委员长陪同苏联最高苏维埃主席团主席伏罗希洛夫乘专机来到鞍钢无缝钢管厂参观。刚一走进厂门，就听到铿锵有力的钢管撞击声，朱委员长显得格外兴奋。伏罗希洛夫对厂长寒力说："这声音犹如音乐一样美妙。"朱老总说："是啊，这个工厂很好，越看越高兴。"两位老元帅笑得非常开心。从轧管车间到精整车间，朱委员长边走边询问生产情况，并同工程技术人员和工人交谈，勉励大家认真学习新技术，不断提高操作水平。

从1952年到1959年，短短的几年间，朱老总先后四次亲临鞍钢视察，充分体现了他对我国钢铁工业建设的重视，表达了他对大力发展我国国防事业、增强国防力量的期盼。

1953年9月23日，朱总司令第二次来到鞍钢。这天，总司令来到鞍钢铁东医院，看望了医护人员和住院的职工及其家属，在医院的总务科，他意外地见到了红军长征时在他身边工作的通讯员贾富本。

"小贾，你怎么到这里来了？"朱老总带着几分惊喜。

贾富本回答说："党中央号召全国支援鞍钢，所以我就要求转业到鞍钢了。"

听了小贾的回答，总司令很高兴。他亲切地对小贾说："你做得很对，当初我们工农红军闹革命的时候，使用的武器大多数是红缨枪和大刀片，枪炮是从敌人手中夺过来的，因为那时我们自己没有钢铁。现在，我们要把鞍钢建设成为新中国第一个钢铁基地，要用自己的钢铁制造飞机、大炮、坦克和军舰以巩固国防,还要用自己的钢铁建设高楼大厦和铁路桥梁。国家富强需要钢铁,所以,一定要把钢铁工业搞上去。"

"可是,我没有文化,不懂技术,只好做点后勤服务工作。"小贾颇带歉意地说。

"没有文化和技术就从头学起,而且要从孩子们抓起。"他转而对在场的鞍钢领导干部交代:"要关心下一代的健康成长。他们是祖国的未来和希望。"

朱总司令还关切地询问了职工和家属的生活情况,要求鞍钢的领导干部,在大力发展生产的同时,十分关心职工和家属的生活,搞好集体福利和医疗卫生事业。在总司令的亲切关怀下,鞍钢建成了一座大型综合性的儿童医院。贾富本也进了职工业余学校学习,后来,成为冶金企业的中层领导干部。

离开鞍钢之前,总司令亲笔为鞍钢题词:"鞍钢全体职工同志们!你们站在国家建设最光荣的岗位上,要在劳动中发挥自己的最大的积极性和创造性,并不断地努力学习苏联专家同志们的先进科学技术和生产经验,为建设中国第一个强大的钢铁基地,为准备帮助中国第二个、第三个钢铁基地的建设而努力。"

1959年6月6日,朱总司令又来到鞍钢视察。他看到"大跃进"造成的规章制度废弛和产品质量下降的严重问题,语重心长地对鞍钢的同志说:"质量很重要,按规格品种去生产尤其重要,再忙也要保证质量。而保证质量的重要一环是钢锭问题,锭子不纯,质量不好,轧出的管子是肯定不会好的。所以,还是提高钢锭的质量。联合企业一环套一环,哪个环节都要把质量放在第一位。"朱老总还从加强管理方面谈了提高产品质量的问题,特别强调要建立严格的技术操作规程,订立质量标准,建立加强产品质量的各项规章制度。人们记得,早在1951年5月11日全国钢铁质量会议上,朱老总尖锐地讲过这个问题,他指出,钢铁工业是一切工业的基础,钢铁产品质量不好,其他工业当然就无从搞好。只追求产量,不注重提高质量,会造成严重的损失。今天重温朱老总的教诲,我们仍然感到亲切,对我国钢铁工业坚持走质量型发展道路具有重要的现实指导意义。

抚顺,是我国著名的煤都,煤产量在五六十年代居全国之冠,石油、电、钢、铝等能源和原材料工业方面也有较强的实力。无论是国民经济恢复时期,还是第一个五年计划期间,都为国家作出了巨大的贡献。

1956年6月的一天,石油一厂党委书记吴向春突然接到市委的电话,要吴向春到沈阳向朱老总汇报石油生产的情况。经过一番认真准备后,他与抚顺市委工业部长陈建新一起来到沈阳迎宾馆。汇报前,陈建新便向总司令介绍吴向春,总司令打开笔记本,先问吴向春的名字是哪几个字,多大年纪。记下来后,微笑着说:"你们这个党委书记三十二岁,

※ 朱德在湖北视察武钢时和劳动模范李凤恩握手。

很有几年干头。"陈建新说:"抚顺几个大厂的书记、厂长年纪都不算大。"简短的开场白,缩短了总司令与他们之间的距离,也使吴向春拘谨的心情轻松了许多。

吴向春向总司令汇报了石油一厂石油生产的基本情况,即一年吃掉多少油母页岩,按平均含油率,一年出多少原油,而后加工柴油,裂化汽油多少……朱老总一一记下后,放笔插问道:"一厂副产品现在有什么?"吴向春回答说:"国防工业用的石蜡,还有军用润滑油。润滑油经试用,飞机上用,安全没问题。"当吴向春说到润滑油的时候,朱老总很感兴趣,他高兴地说:"这很好,希望你们加倍努力,我们国家现在的石油还是缺少的,要千方百计增产节约,搞好群众性的增产节约运动,石油的副产品更缺少,因此,要搞好综合利用。一厂有这个条件,要珍惜资源,把能拿出来的东西一步步都拿出来,这对国家贡献就更大了。"

朱老总随后来到抚顺。在石油一厂的样品室里,他细致观看了油母页岩,嘱咐大家要珍惜资源。

离开石油一厂后，下午，朱总司令在抚顺市委书记沈越陪同下，到挖掘机厂视察。他先听取厂领导关于生产情况和职工生活情况的汇报，又到铸钢车间、金工一车间、装配车间，观看了部分工人的技术操作。在金工一车间看到几台大型设备时，朱老总对工厂领导王枫和王恩惠说："你们是个大厂，老工人多，技术力量雄厚，你们的生产能不能搞的大一点，快一点。"总司令这不多的话语，使挖掘机厂的干部和工人备受鼓舞。他们决心不辜负总司令的期望，要尽快开发新产品，为我国机械工业的发展贡献力量。

总司令这次抚顺之行，正值抚顺市召开党代会，离开石油一厂和挖掘机厂后，又亲临抚顺市委礼堂参加党代会。会上，朱老总勉励大家做好各项工作，并着重就综合利用的意义、方针问题做了重要讲话。

抚顺各级领导干部牢记朱总司令关于能源综合利用的指示，使全市的资源综合利用研究工作，不仅在油厂，而且在煤矿、发电厂、钢厂等单位都迅速地开展起来了。

（许晓敏）

重视武器装备现代化

新中国成立初期，朱德分管军工生产，他想办法、解难题、探新路，为军队武器装备现代化建设作出了重要贡献。

朱德十分重视中国人民解放军武器装备现代化。新中国建立不久，朱德就十分明确地提出，帝国主义特别是美帝国主义还有可能侵略我国，破坏我们的和平。美国的"武器还是比较强"，"还有原子弹之类，其他的武器也还很多，它又有钱"。这"是不可轻视的"，因为"以我们现在的部队、现有的武器去对付帝国主义，那还是不够的"。因此，他特别强调发展兵工工业，要多生产武器。今后要靠自己武装自己，也只有靠自己补充自己才能作战。

为落实和推动军队武器装备现代化，朱德想了许多办法，作了很多具体的工作。

根据党中央和毛泽东的意图，1950年6月4日至10月24日，以总参谋长徐向前为团长、刘鼎为副团长的中国军工代表团赴苏联谈判，与苏方商谈援助我国军事工业建设等问题。谈判内容主要有两点：一是中国向苏联购买一部分步兵常规武器装备；二是商请苏联政府

※ 朱德等和国防科学技术研究人员合影。前排右起：彭德怀、邓小平、刘少奇、朱德、林伯渠。

给予某些技术转让，帮助中国建设新的兵工厂，并使新工厂能及时投入某些统一制式武器装备的生产。分管军工生产的朱德，关注着这次谈判，并根据代表团的请示，帮助解决谈判中的难题，推动谈判成功。刘鼎回忆说："在谈判期间，朱德同志曾亲自指示我们处理谈判中的棘手问题，使谈判基本上取得成功。"之后，苏联援建项目的布局和厂址的选择，都是在朱德的具体指导下进行的。1953年3月30日，朱德在听取秘书孙泱汇报军工生产及建厂情况后指出："金、银、铜、铁、锡均在南方，今后建厂均应在南方，不能动

※ 朱德、董必武（右一）等观看北京、济南部队军事训练汇报表演，罗瑞卿（左）向他们介绍我军使用的机枪。

摇。另外，必须记住今后需准备后备力量，到战时即可赶生产任务，又好，又多。"一批苏联援建的现代化的新式兵工厂，在朱德的具体指导下在全国各地相继建成了，中国人民解放军武器装备开始走上现代化的第一个台阶。

在争取苏联援助的同时，朱德更注重自力更生，靠自己的双手发展军工生产。在朱德心里，时刻想着国家的底子薄，需要花钱的地方太多这一基本国情。他把武器装备现代化的根本出路放在自力更生上。他在讨论兵工生产的中央财经委员会党组会上明确指出：苏联的援助很重要，但主要靠自己。他还在其他相关会议上一再指出：搞建设主要靠自己，

※ 朱德和董必武视察旅顺海军基地。

不是靠外援。不是不要外援,而是要把自力更生看做是主要的。朱德还亲自给周恩来、李富春等写信,及时对军工生产计划和规模提出建议。1951年9月14日,他写信给主管全国工业、计划工作的李富春,建议要利用已有的工厂、机器,充分发挥现有工程技术人员、熟练工人的作用,发展兵工事业,并把海军的造船、修船包括在内。1952年10月30日,他又致函周恩来,建议扩大兵工生产,在几个省内建立轻重机枪、步枪、子弹制造厂以及钢、锌、铅等冶炼厂。

在朱德的关心和大力支持下,新中国探索了一条自力更生发展军工生产的新路。新中

※ 朱德视察哈尔滨飞机制造厂。

※ 朱德和陈毅（右二）在云南视察空军某部。

国一建立，朱德就指示有关部门接管傅作义部队的军械所。解放战争后期曾任晋察冀边委会工业局局长的刘鼎回忆说："新中国建立的初期，朱德同志分管军工生产。我们进入北京的第一件事，就是接管傅作义的军械所。按照朱德同志的指示精神，迅速地把它改造成一座具有一定生产规模的兵工厂。在抗美援朝期间，我们集中全国各地的兵工力量，制造了大量的火炮和炮弹。朱德同志曾针对当时生产中存在的质量问题，告诫我们要特别注意产品的质量，避免生产废品，我们还要把钱用于建设新的兵工厂。"原子工业与军工生产密切相关，朱德十分重视建设原子工业。1954年10月15日，他在听取孙泱关于建设原子工业问题的汇报后指出：建设原子工业的先决条件是技术和电力，当然花钱多也是一个重要方面。现在，首先是抓原材料、做准备、培养技术人员。

朱德在1951年6月30日就提出：要建设坦克、飞机、大炮、枪、光学、化学、子弹工厂以及炼油厂、造船厂等，以适应国防的需要。当军工生产有了一定基础时，朱德对军工生产提出发展尖端武器的高要求。1956年4月25日，他在给中共中央的报告中提出，现在世界正处在工业技术革新中，武器必须运用最新科技成就，提高技术。1957年8月20日，他在参加国务院讨论第二个五年计划的会议上，提出了要发展尖端武器，要研制原子弹和导弹的主张。这一主张，当时得到周恩来的肯定，他说："朱老总讲得好。你有了两弹（原子弹、导弹），人家对你就不同了。这对科学技术有好处，尖端和基础是有密切关系的。"在以后的9年时间里，朱德的这一主张逐渐成为了现实。1964年10月16日，原子弹爆炸成功，1966年10月27日，中国第一次导弹核试验成功。1970年4月24日，人造地球卫星发射成功。

中国人民解放军正规化、现代化建设取得的每一个成绩，都使朱德感到无比欣慰。1974年8月19日，朱德在海军司令员萧劲光和副司令员刘道生的陪同下，来到渤海之滨秦皇岛海军基地，检阅海军舰艇部队。他乘坐我国自行研制的223号新型导弹驱逐舰，航行到操演区，登上总指挥台检阅舰艇演习。接受检阅的舰艇按照一路纵队依次从223号舰的右舷驶过，每个军舰的全体官兵列队右舷向朱德行注目礼。

检阅过程中，朱德详细询问223驱逐舰的装备性能。当听说自己所乘的223号舰和参加操演的舰艇部是我国自己设计、自己制造的时候，他感到十分欣慰。这时，他又对一艘风驰电掣般从眼前掠过的核潜艇问道："这也是我们自己制造的吗？"

在身边陪同的萧劲光回答："是。没有一个零件是进口的！"

朱德兴奋地说："好，好啊！谢谢同志们，为建设一支强大的海军做出了成绩！现在，我们不仅有了强大的陆军、空军，还有强大的海军，这是我们人民军队的光荣啊！"

朱德又对萧劲光等说，海军现在有很大变化了，这是走自力更生这条路的结果。我们要继续走自力更生这条路，把海军建设推向前进，建设一支强大的海军。又说："我们年岁大了，还要靠你们继续努力，一定要把我们的海军建设成强大的、现代化的海军。"

（庹平）

鼓励女儿到农村锻炼

在50年代的一天，朱德对女儿说："你对农业上的事情知道得太少，应该拜农民为师。中国现在工业还不发达，百分之八十的人口是农民。不了解农村，不了解农民，就不了解中国。"

1953年，朱德的女儿朱敏生下第一个孩子。全家人都为一个小生命的诞生而感到高兴。朱敏也想好好休息一下，调养调养身体。可是，没想到，产假一满，朱德又作出了一个令她一时无法理解的决定——催促女儿快去上班。他充满慈爱地对朱敏说："我们都是搞社会主义革命的，也要互相帮助嘛。你去上班工作，孩子就放在我这里，我替你安排好，你不要惦记。"他还反复叮咛说："一定要好好工作。"有时，朱敏悄悄跑回家看孩子，朱德知道后总要批评她不听话，不安心工作。朱敏只得按照父亲的要求，一心一意在学校里搞好工作，节假日才回去看望二位老人和孩子。20多年来，这一直成为不容违背的"制度"。后来，朱德的年纪太大了，身体也不太好，孩子们才多回去几次看望他，可他总是不高兴地说："我的生活有组织照顾，你们就不要老回来看我了，要好好工作。"直到他最后一次住院还一再说："我很好，你们可以回去了。不要请假来看我，影响了工作。"孩子们只得回去。就在他去世的那天上午，朱敏还在工作岗位上。

50年代，朱德和党中央其他领导都住在北京西郊。每天早晚，朱德都要出门散步。朱敏在家的时候，就陪父亲出去走走。有一天，父女俩不知不觉中走到一片庄稼地边。一见地里的玉米、谷子、芝麻、棉花都长得十分茁壮，朱德脸上绽出笑意。他抚摸着肥厚的叶子和粗壮的秸秆，连声称赞道："好庄稼！好庄稼！人勤地不懒啊！"他回过头来，盯着女儿问道："这些庄稼，你都认识吗？"

朱敏试着说出了几种作物的名称。朱德又问："你能估算这片玉米地一亩能打多少斤吗？"

※ 1962年，朱德、康克清、朱敏在北戴河。

朱敏抓抓头，实在讲不出来。朱德没有再说什么，他在沉思。

在往回走的路上，朱德意味深长地对女儿说："你对农业上的事情知道得太少，应该拜农民为师。中国现在工业还不发达，百分之八十的人口是农民。不了解农村，不了解农民，就不了解中国。"

朱敏觉得父亲的话很有道理，也看到自己和工农群众的差距，当即向父亲表示，今后一定要争取机会，到农村去调查和锻炼，补上这一课。

1965年底，北京师范大学组织部分师生到山西农村调查。朱敏积极报名。朱德得知后，高兴地对朱敏说："你应该去。尤其是你从小在国外学习，不懂得中国的农村，更应该听毛主席的话，去经受锻炼。"当时，组织上了解到朱敏患有高血压病，担心到农村后由于生活不习惯，会加重病情，不想让朱敏去。朱敏向组织表示，坚决要求下去锻炼。为此，有关领导专门找到康克清征求意见。康克清说："这是毛主席对下一代的要求啊！她父亲也要她去，要她走与工农相结合的道路。她对农村实际了解得太少了，请组织上把她带去吧。"由于朱德和康克清的支持，领导批准了朱敏的请求。

朱敏下乡前夕，朱德把女儿找来叮嘱道："晋东南是个好地方，抗战时期八路军总部就设在你将要去的武乡县。那里的老百姓觉悟很高,是他们用小米养活了我们八路军。你去了要好好向他们学习。"

带着父母亲的嘱托,带着对老区人民的向往,朱敏和其他师生一起出发了。在山西的半年时间里,朱敏了解了农村的实际状况,得到了锻炼,受到了教育。

回到北京后,朱德就让女儿讲她下乡的收获。朱敏心情也很激动,说她专程去了王家峪,看望了当年的老村长、支书、武委会主任,以及柳沟八路军兵工厂的老工人,向他们转达了朱德的问候。她亲眼看到当年父亲和砖壁村群众一起挖的"抗日井",参观了父亲和左权将军的办公小屋、八路军总部所在地凤凰坪。每到一处,乡亲们都向她讲述当年朱老总率领子弟兵浴血奋战的情景,使她深受教育。

朱敏还把她和当地老乡的合影拿给父亲看。朱德打量着变得又黑又红的女儿,含笑说道:"很好,很好。可惜时间短了些。这只是开始,你以后应该多去农村走走。"说着,他戴上老花镜,仔细端详起照片。他一下子认出了当年的妇联主任,用手指点了点照片上的人,问朱敏:"这不是赵子平吗?老了,她今年有70岁了吧?"

朱敏没想到父亲的记忆力还是那么好,连忙应声说道:"是啊!她71岁了,精神、身体都挺好,以前的事还记得。"

朱德望着照片,不住地点头,好像沉浸在往事的回忆里。过了一会儿,他才带着浓重的感情说:"根据地的人民是有功之臣,功劳是他们的!"

在山西农村调查期间,朱敏的一只眼睛患病,因当时农村条件差,得不到及时治疗而摘除了。朱德没有流露出惋惜的心情,反而鼓励女儿说:"你虽然失去了一只眼睛,但你了解了中国的农村,收获大于损失。"

(王亚丽)

大风大浪练意志

生命不息,奋斗不止。朱德说:"一个人只要不运动也就不能工作了。"
他把早年养成的游泳爱好,一直坚持到晚年的最后岁月。

朱德小时候就很喜欢洗冷水澡和游泳。可是他家附近没有大河,也没有大的塘堰。于是,他经常邀一些小伙伴跑到两里外的张家湾下面的新河去游泳。从春天到秋天,他

※ 朱德在浴场。

都是这条河里的常客。流逝的河水，强烈的阳光，使他的皮肤变成古铜色，身子渐渐结实起来。

朱德在仪陇县高等学堂教体育课时，经常提着木桶，在校门左侧他亲手栽的皂角树旁的井边，进行冷水浴。不管天寒地冻，他都长期坚持用冷水冲洗身体。

以后，在长期的行军和作战中，朱德经常游渡江河。他的游泳水平也日渐提高。后来朱德回忆说："过去红军、八路军，不光会爬山越岭，也得会游渡江河。打仗时，遇到江河游不过去，就会发生危险。"

1954年夏，朱德来到北戴河。北戴河虽然风浪平静，但对年近七旬的人来说，下海游泳同样存在着诸多不便。可他不甘心在海边飘悠，总是不顾工作人员的劝阻，搏击风浪，向远海奋游，不游到防鲨网是不回来的。

朱德游泳就像战士完成任务，不管天气怎样变化，他都坚持不懈。一次，天上下着雨，水温降至摄氏18度以下。有人劝他不要下海了，可他仍然戴上泳帽，撑起雨伞，高兴地喊道："走啊！"便又向大海奔走。

朱德认为游泳是锻炼革命意志的好方法，他十分注意培养下一代的游泳技能。孙子们到了六七岁的时候，朱德就开始教他们学习游泳。第一次下水，孩子们都很紧张，不敢往水里下，朱德耐心地说："大胆些，不要怕，你看爷爷不是在水里了嘛，来，爷爷扶你。"

每年七八月份，正是游泳季节，朱德都要带孩子们去游泳。有一次，朱德正准备下海，突然乌云密布，狂风陡起，海浪滚滚，气温骤降，眼看一场暴雨即将来临。这时，正在游泳的人们纷纷上岸，准备下海的年轻人也都撤回更衣室。而朱德却从容地带领孩子们，迎着风浪游向大海，一边游一边说："太好啦！"海水把他的皮肤冻得发紫，肌肉也有些抖动。随行人员都担心他受不了，就劝阻他："首长，您年纪这样大，身体又不好，不要游了吧！"他却笑着说："毛主席说，要在大风大浪里锻炼，不要怕，正因为年纪大，身体不好，才越需要锻炼。不然，思想上不想动了，人也就趴下了。""大风大浪是锻炼革命意志的最好场所。风浪不可怕，怕的是畏缩不前。"他还说："刚下水时冷一点，游一会儿就好了。"这一次，朱德硬是坚持游了20分钟，直到雨如瓢泼才上岸。

大风大浪练意志，不畏艰险永向前。1974年夏天，朱德到北戴河休养。此时，朱德已是88岁的老人了，周恩来总理专门从北京医院打来电话，询问朱德的身体情况，并嘱咐说：朱总要以休息为主，最好不要下海。随行的工作人员也担心朱德能不能下海，听说总理打来了电话，都很高兴，心想：总理非常关心老总的身体状况，建议老总不要下海。老总向来尊重总理的意见，这回大概不会下海了吧！可是，朱德一方面表示感激总理对他的关心，另一方面仍然坚持到大海里去游泳。他说："一个人只要不运动也就不能工作了。"这一次在北戴河，朱德每天两次下海游泳，每次要游400米。

生命不息、奋斗不止。朱德把早年养成的游泳爱好，一直坚持到晚年的最后岁月。1975年8月25日，朱德还坚持在大海里游泳。这也是朱德最后一次游泳。在北戴河游泳场管理人员小屋的墙上，至今仍然挂着一块十分醒目的小黑板，上面端端正正地写着："1975年8月25日，水温：26℃。"这是朱德最后在北戴河游泳那天的水温记录。为了永远纪念他老人家，为了永远纪念朱德89岁高龄还下海游泳的这一天，工作人员一直把这块小黑板照原样挂在那里，昭示后人。

小小的黑板，记录的哪里仅仅是水温？它记录着人民群众对朱德的无限怀念，记录着朱德不畏风浪、永远向前的惊人毅力和斗志。

（王亚丽）

精心指导手工业生产

> 朱德说："要树立起信心，把手工业工作做好，要把广大的个体手工业者组织起来，这样才会有力量，才能克服各种困难，才能发展生产，更好地为农业生产和人民群众服务。"

在组织手工业生产合作社方面，朱德有一整套设想。他认为："在组织方法上，主要是由他们自筹股金，自备工具，根据每个人的特长，分工合作，按劳分配。"合作社"开始组织的时候，一般地应该由低级向高级，由简单的生产小组逐渐提高到生产合作社。条件具备时，也可以一开始就组织生产合作社。但要防止盲目地强调集中生产，盲目地将小社并为大社，盲目地要求机械化，以及订立许多繁杂的制度等，以免影响合作社的发展。"他总结北京、上海一些手工业合作社的经验，指出：手工业合作社的发展过程"是从无到有，从小到大的。我们的任务就在于组织它，引导它，使它逐渐地发展起来。因此，不要一开始就要求太高，应该放宽尺度，根据当时当地的需要与可能，以及手工业者的要求，采用不同的形式加以组织。绝不要规定一个死格式到处硬套，那样是会妨碍或限制合作社的发展的。"

1954年秋，中央决定成立中央手工业管理局。年底，又成立了中华全国手工业合作总社筹备委员会，主要任务是在全国手工业系统内进行社会主义改造。

在筹建过程中，筹备委员会主任白如冰去朱德那里请示工作中的一些问题。朱德听完汇报，语气平和地鼓励说："要树立起信心，把手工业工作做好，要把广大的个体手工业者组织起来，这样才会有力量，才能克服各种困难，才能发展生产，更好地为农业生产和人民群众服务。"

在谈话中，朱德还着重谈了手工业在国家经济生活中的重要作用，他说：

中国的手工业有着悠久的传统历史，它所生产的东西与群众的生活是密切相关的，即使实现了工业化、农业机械化以后，手工业还是不能缺少的。现在有些人看不起手工业，这是不对的。党中央对手工业是很重视的，成立中央手工业管理局和手工业合作社筹备委员会的目的，就是为了要把广大个体手工业者组织起来，发挥手工业在国家经济生活中的重要作用。

※ 朱德视察上海绢纺厂。

这时，白如冰向朱德谈到目前手工业生产主要是缺乏原料，没有原料如何发展生产。

朱德听后，微笑着说："如冰同志，我们眼前到处都是原料啊！"

当他看到白如冰等人疑惑不解时，接着说："国家现在还面临着许多困难，不可能把工业原料的供应全都包下来。你们要自己开动脑筋，想办法，组织人力把社会上别人看不起的破铜烂铁收集起来，变废为宝。这样既便宜，又没人和你们争抢。"

朱德的这番话说得合情合理，白如冰等人深受启发。后来，按照朱德的意见，组织收集废品，变废为宝，解决了大量的原料问题。

朱德不仅在领导同志中讲手工业生产在经济建设中的重要，他还对从事手工业生产的人员讲它的重要性。全国第四次手工业代表会议在北京召开，朱德在会上讲话，不仅强调"要把合作社办好。提倡物美价廉、老少无欺，反对粗制滥造、偷工减料"，还就如何发展手工业发表了自己的真知灼见。他说：

手工业合作社要依靠群众去办，不要少数人包办。干部要从下面培养出来，从领导生产中锻炼出来。下面有许多有本事的人，还没有被发现。只要依靠劳动群众，事情就一定会办好。要把合作社办好，还必须依靠党的领导，建立好领导机构，订立章程、条例，照章办事。"不以规矩，不能成方圆。"

他又说：

应该保护和发展各种工艺美术品行业。有很高手艺的老师傅是勤学苦练成功的，应该受到国家和人民的尊重和爱护，给他们优待。老师傅把很高明的手艺传给青年后辈，是新社会给他们的光荣任务。希望他们不要保守，否则"人亡艺绝"，绝技就要失传了。中国民间恐怕有许多绝技已经失传了，那是很可惜的。

在此之前，朱德同中华全国手工业生产合作总社筹备委员会副主任邓洁谈话，专门指出："中国的工艺美术品有自己的特长，不仅中国人喜欢，外国人也喜欢，单是出口，就能够赚大钱，还能够培养一批新工人，应该大力发展。"

由于朱德年事已高，每到冬季，中央都安排他到外地视察。朱德就利用这种机会搞调查研究和宣传党的方针政策。

1955年1月，朱德到广东、上海等地视察。

在广东听取了中共中央华南分局副书记杨一辰有关手工业发展情况的汇报，朱德对他说："手工业是大工业很重要的助手。你们要从各方面扶助手工业的发展，尽量把手工业者组织起来。"

在上海听取了中共上海市委书记柯庆施等汇报手工业情况后，指出："用政府的力量一个行业一个行业地去管，怎么管得了！？要先组织一批合作社，有了基础再扩大。这样就可以由他们自己去管理自己。"

在上海，朱德经常同当地的负责人谈话，对一些经济建设中存在的问题提出指导性意见。他语重心长地告诫这些父母官：

商业部门是管商品流通的，要多想生产发展的需要和人民生活的需要，不能光想赢利，不能说"赚钱越多越好"。你们要注意发展手工业生产合作社。要从各方面扶植它，使它能辅助大工业生产。原料由他们自己去找，向国家销售成品。手工业生产发展了，有助于活跃城乡经济。

回到北京，朱德立即找国务院第四办公室主任兼轻工业部部长贾拓夫谈话。见面后，他将在外地看到的、听到的和想到的，同贾部长谈了，他说：

要把手工业搞起来，首先解决原料问题。有些东西的生产国家管不到的，就让手工业去搞。他们生产出来的东西，可以马上给农民解决问题。目前的情况是有些东西群众不太需要的我们搞得多，真正急切需要的又不准搞。这不好。手工业生产的方式是多种多样的，可以在厂里搞，也可以出去找活干。国家要拨出一定数量的铁、铝，支援五金手工业的发展。有些生产任务，中央要让给地方，地方要让给手工业生产合作社，不能什么都由中央包下来。

根据朱德的一系列建议，在制定政策过程中做了适当调整。

1956年合作社运动进入高潮。高潮中，由于要求过急，工作过粗，改变过快，形式也过于划一，因此出了一些问题。朱德对这些问题很担心。他认为，问题虽然是在前进中出现的，但必须纠正。

5月的一天，朱德专门把全国手工业合作总社的负责人白如冰找去了解手工业合作社的情况。两人见面后，朱德说："如冰同志，我听到一些反映，非常担心。今天找你来听一听你的意见。"

白如冰详细地汇报了工作情况和存在的问题，朱德听得非常仔细，有时摇头，有时点头，中间还不时插话说："组织合作社要注意保持手工业生产的特点，凡是不宜集中生产的，不要勉强集中。搞大的合作社，一定要具备必要的条件，否则，即使搞起来了，也会垮台。手工业产品只要质量好，就不愁没有销路。"

白如冰说："有的地方组织合作社带有一定的盲目性，结果集中起来后，没有厂房，只好在露天生产，致使生产下降。"

朱德当即明确指出："这种盲目集中的现象必须立即制止！"并问："这种现象是否引起各地党委的重视？"

白如冰回答说："重视得不够，有的同志认为管理手工业合作社是合作总社的事，他们只看重地方工业，而不重视手工业合作社。"

朱德严肃指出："这种想法是不适宜的，手工业合作社与地方工业同样是重要的，一

※ 1960年11月10日,朱德视察北京毛纺厂。

定要让各地党的负责同志亲自抓。"

随后,话题转到是否保留手工业合作总社的问题上。白如冰汇报说,有的同志认为,目前手工业合作社在原料供应、产品销售等方面都有困难,合作总社无力解决,而且苏联已经取消手工业合作总社,我们也应这样做。

朱德明确表态说:"解决原料和销路不一定都由总社包起来,可以改由合作社去找。当然,总社还是应该要的。至于苏联取消了总社,他们有他们自己的情况,我们不能什么都仿效人家的,这是教条主义。目前我们不是要取消这个机构,而是应该加强这个机构。"

5月下旬,朱德刚从山西太原视察回到北京,便不顾旅途的劳累,立刻找中央手工业管理局副局长邓洁谈话,分析手工业如何来管理。说:管理手工业目前有两个办法,一是把手工业工人全部由国家包下来,靠国家发的薪金吃饭;二是搞集体所有制企业,国家给予支持,生产由自己搞,自己养活自己。前一种办法,国家包不了,办不到。只有用后一种办法比较牢靠。

※ 朱德和刘少奇、周恩来等接见全国农业社会主义建设先进单位代表会议主席团成员。

时隔半年，朱德再次找邓洁谈话：手工业合作社就是集体所有制，没有剥削；另一方面也是群众自己的组织。群众的福利由群众自己去解决，而不是都加到国家身上。想把合作社都收归国有的想法是错误的。

1957年初，朱德离京外出视察。每到一地，他都要专门了解手工业生产的情况，指导工作。

在四川，他听了省手工业管理局负责人汇报手工业生产情况后指出：当前发展手工业最主要的是原料问题，你们要抓好这件事。就是到了共产主义社会，手工业生产也还会存在，这是个长期的事业，办好手工业是很有前途的。

他在黑龙江与省委书记欧阳钦谈话时指出：手工业合作社要自负盈亏，全国的手工业合作社如都能自负盈亏，就解决了国家很大的问题。

1959年8月3日，朱德在庐山会议期间致函周恩来，建议抓紧原材料的生产，活跃商品市场，以促进工农业以及手工业生产的迅速发展。

1962年，朱德在视察了陕西、四川、云南等地后回到北京。6月20日，他给中共中

※ 朱德在江西视察景德镇瓷器研究所。

央、毛泽东写报告，反映视察四川和云南的情况。在谈到手工业问题时说：云南省的手工业生产合作社大部分已经恢复，生产正在不断发展，但目前在价格政策上还存在一些问题。如：对于手工业生产合作社用自己采购的原材料制成的产品，价格限制过死，手工业生产合作社不仅无利可图，甚至还赔钱。"应该允许他们在维持成本，稍有利润的原则下，适当提高售价。这样做，对于发展手工业生产，增加社会财富，满足群众的需要，都是有好处的。"

朱德对我国手工业建设的关心，还体现在他对我国传统工艺的重视上。

我国手工业的基本特点是历史悠久，行业繁多，品种繁杂，分布面广，具有独特的民族技艺传统。特别是工艺美术品，构思奇妙，工艺精细，深受海内外广大人士的喜爱。朱德在谈话中多次强调要继承、弘扬我国手工业的优良传统。他指出，在长期的历史发展过程中，我国手工业生产形成了具有民族特色和风格的优良传统。其中工艺美术行业，制作出许多巧夺天工的工艺品，堪称我国劳动人民智慧的结晶，是我们民族的骄傲，务必要好好保护和发扬，要防止人亡艺绝。他还说，合作社不是要搞掉传统的手工业产品，而是为了更有利于它的发展。手工业产品不但不能减少，还要大力发展提高，要保证质量，特别要注意保留具有优良传统的服务态度和销路广、名气大的名牌产品，例如王麻子、张小泉的剪刀等。

有关部门和地方根据朱德的意见，对于传统名牌产品，特别是工艺美术品，采取了"保护、发展、提高"的方针，并根据这一方针，制定了一系列挖掘、恢复和提高的具体措施。其中包括，提高老艺人及年轻工艺美术工作者的生活待遇，为他们提供重新学习的机会；大力培养新艺人，实行包教保学，允许师傅自己选择徒弟，也可以培养艺人自己的子女；加强工艺美术的设计工作，改进产品的花色品种，以满足人民群众的生产、生活的需要，适应市场供求关系的变化，等等。

这些具体的措施，受到广大老艺人和科技人员的拥护和支持。他们的工作积极性调动起来了，许多老艺人把自己的绝技贡献出来，传授给年轻人，"尊师爱徒"的新风尚在手工业行业迅速传播，使我国手工业的优良传统得到发扬光大。

1963年10月15日，为转发北京市贸易局的调查材料《北京市工艺品历年出口完成情况及当前存在的一些问题》，朱德在致周恩来的信中进一步指出：

※ 朱德在福建视察福州市工艺石雕厂。

北京手工业品的出口，去年已达到580万美元，并且供不应求。他们的办法主要是，利用城市的剩余劳动力，搞一些传统的手工业品出口。现在很多大城市都有历史上遗留下来的手工业传统的技术，为外贸部门生产有价值的东西出口，这是很有前途的事业。

朱德希望这方面的事业能得到更大的发展。他倡导发展手工业，是基于对中国国情的深刻了解。他认为，中国手工业产品具有很高的国际声誉，发展手工业生产，变农产品出口为工艺品和手工业产品出口，既可增加国内劳动力就业机会，又可赚取更多外汇，换回新机器，解决人民群众温饱问题，更有利于国家建设。

在朱德的关心下，手工业生产和手工业者都得到很好的发展和保护。

（庹平）

不吃对虾

朱德最爱吃鲜鱼虾。一次，厨师邓林给他做了一盘对虾，朱德却不愿意吃。

50年代中期，有一天，供应站来了又大又鲜的对虾。厨师邓林知道朱德最爱吃鲜鱼虾，就买了几个，精心烹好，中午吃饭时送到老总的饭桌上。

朱德吃饭，见到菜里有一盘对虾，就问是从哪儿弄来的，多少钱一斤。邓林如实作了回答。

朱德说："邓师傅，对虾是好吃，可你知道吗，一吨对虾到国外就能换回好多吨钢材哟。我们国家穷，缺钢材，对虾少吃一口有啥关系，出口换钢材更要紧。以后记住，再有对虾你就不要给我买了，买了我也不吃。"

邓林说："您是国家领导人，就是顿顿吃对虾能吃多少。"

朱德说："国家领导人更要想着国家，能节约一点就节约一点，反正以后不要吃对虾就是了。"

朱德说话算数。在以后几年，朱德在家里再没有吃过对虾。

有一次，三位同志向朱德汇报工作，还没汇报完就到了开饭时间。朱德说："你们要是回去吃饭再赶来，就白白浪费了时间，今天就在我这里吃饭，吃完饭我们再继续谈。"

按惯例，那天食堂该做包子。可是，勤务员一看朱德请了这么多客人吃饭，就多加了几个菜。

刚刚汇报完工作，大家都有点饿，坐在餐桌旁等着开饭。一会儿，四盘菜先端了上来，随后又上了一碗鸡蛋汤。朱德看着餐桌上的菜，又数数吃饭的人数，自言自语地说："一共才4个人吃饭，要上这么多菜干什么？"

一会儿，包子蒸好了，勤务员把包子端到餐桌上。朱德看着热气腾腾的包子，问勤务员："今天是什么饭？"

勤务员回答说："今天吃包子。"

朱德又指着菜和汤问道："既然是吃包子，怎么又做这么多吃饭的菜？"

"今天人多，所以就多加了几个菜。"

朱德耐心地问："包子里面既有菜，又有肉，为啥还做四菜一汤？"

勤务员连忙解释说："总司令因工作需要留客人吃饭，我也是因工作需要才多做了菜。"

朱德说："噢！客饭就没有标准啦！"

勤务员说："有。但总司令的客饭是实报实销的。"

这时，朱德十分严肃而激动地说："哦，原来你们是以我的名义搞特殊化呀！以后，你们都要按政府的标准行事，谁也不准搞特殊化。"

三位汇报工作的同志，边吃饭边听着朱德的教导，深深地感到，总司令威震中外，可是却时刻注意节约，注意按规定办事，不搞特殊化。这种作风，只有我们党的干部才有。这是一种无形的力量，朱德为全国人民树立了光辉的榜样。

（王亚丽）

工资·开支·积蓄

> 朱德的秘书郭仁回忆说："1955年我国实行军衔制以来，委员长从来没有拿过元帅的工资，委员长逝世后大家才知道这件事。"

对于工资，朱德自己有个规定，他的工资待遇不能超过毛主席和周总理。

他是共和国的第一元帅，但从1955年以来，在21年里，他从未领过元帅的工资。朱德逝世后，长期跟随朱老总多年的秘书郭仁回忆说："1955年我国实行军衔制以来，委员长从来没有拿过元帅的工资，委员长逝世后大家才知道这件事。"

那么，有限的工资，如何应付全家那么多人口吃饭呢？总的说来，朱德的办法是计划

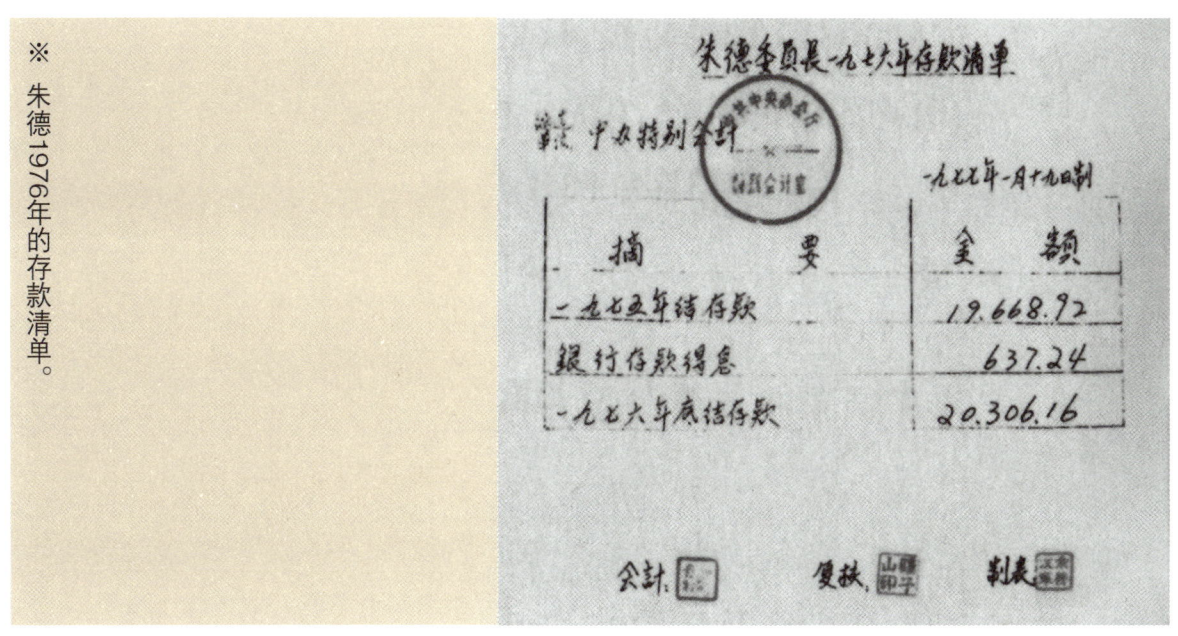

※ 朱德1976年的存款清单。

开支,增产节约。具体方法有三:

精打细算,控制开支

由于艰苦生活的磨炼,朱德从小就养成了节俭理财的好习惯。1937年,他回忆说:"当我想读书想出国的时候都是没有钱,只想要有几千块钱才好呢!后来几千万在手里却反而感觉到很累赘。要想做事业就需要钱,但对于理财,自己是不情愿的。事实上却还是个好手,很懂得经济来源及支出。因为小时候对农民经济情形是很清楚的,大了读书时候更是自己想法搞钱……做了十年军官从手上经过的也总在几百万,几千万……但始终认为公家是公家的,自己是自己的。对于经济问题,始终不乱用。一文钱也不乱用,一般说来都是很节省的。"1953年,朱敏刚从苏联回国参加工作。那时,她还不懂得怎样计划生活,每月工资到手,不知怎么搞的,一来二去就花光了。朱德知道后,就批评她不会过日子,教她勤俭持家的方法。朱德告诉女儿,每月应该有计划地节余一些钱存到银行里,这对国家有好处,对自己也方便,需要时再取出来,别的同志生活上有了困难也可以支援他们。以后朱敏有了孩子,朱德又告诫女儿不要把孩子们娇惯坏了,要养成他们过俭朴生活的习惯。

就连用的水,朱德都做到了精打细算。有一次,警卫人员给朱德放洗脸水,一下子放

※ 朱德在北京玉泉山翻地种菜。

多了，朱德便说："洗脸水不要多放，天旱缺雨，天津市人民吃的水都得由北京密云水库拨给，我们可要注意节约用水啊！"由自己用的洗脸水联想到其他城市的用水情况，朱德这是在为中国这个大"家"精打细算啊！

据孙子们回忆，爷爷常给他们讲"一天省一把，十年买军马"的谚语和"聚沙成塔，集腋成裘"的故事，这些都深深地印在孙辈们的脑子里。

他每个月都要亲自检查伙食账，为的是看看超过一般人的生活水平没有。他总是量入为出，虽然为了招待很多往来的亲友，家里开支大，但是，他也决不允许超过每月的工资。

降低生活标准，缩衣节食

朱德一再主动要求降低自己的生活标准。有很长的一段时间里，朱德一点肉也不吃。即便是这样，朱德仍然不放心，他多次叮嘱炊事员，一定不要超过国家的供应标准。有一次，炊事员为了照顾他的身体，炒菜时多放了些肉。饭后，朱德走到厨房里笑呵呵地说："同志，你是不是资本家出身啊？"炊事员赶忙回答说："首长莫开玩笑，我哪里是什么资本家啊，我是贫农。"朱德风趣地说："既是贫农，为什么菜里放这么多肉啊？"炊事员这才恍然大悟，于是笑着回答："今后一定要注意。"

朱德家里来往客人很多，有段时间家里的粮食超支了五十多斤。工作人员考虑朱德年岁大了，身体又不大好，就想向组织上反映一下实际情况，由机关把亏损的粮食补上。朱德坚决不同意这么做，他说："现在国家这样困难，我们应该带头缩衣节食。自己亏损了，应该自己补回来。"为了节约粮食，朱德亲自指导炊事员把米和菜煮在一起做成菜糊糊，坚持和全家一起吃。有一次，朱德特意做了一顿菜糊糊请身边的工作人员吃，并且说："今天请大家吃这顿饭，是让大家不要忘了过去战争年代那种艰苦奋斗的精神。在井冈山斗争时期，粮食要自己到山下几十里以外去挑，吃的菜常是白水煮竹笋，里面连一点盐也没有。现在虽说有些困难，但是比过去好多了，我们要把艰苦奋斗的作风永远保持下去。"朱德就是这样，带领全家用"瓜菜代"、吃菜糊糊的办法把亏损的粮食补了回来。

自己动手，生产自给

朱德常说："我们的国家一穷二白，只有增产节约才能变得富强。光增产，不节约，就等于没有增产。勤俭勤俭，勤就是增产，俭就是节约，两者不可分嘛。"

朱德吃的青菜，在很长的一段时间里，大部分是自己种的。他自己开辟了一个小菜园，同康克清一起在工余时间劳作。

"革命者的遗产不是金钱，而是革命精神。"这是朱德教育子孙的又一句名言。

朱德生前曾不止一次对孩子们说："人总是要死的，不能永远活着。我是无产阶级，我死后，你们没有什么可继承的。房子、家具都是国家的。我所用的东西，都上交给国家。我最珍贵的，就是屋里挂的那张毛主席像，你们可以继承。我的那些书籍你们可以留着读。"

朱德去世前，曾多次对身边工作人员说："我有两万元的存款，这笔钱，不要分给孩子们，不要动用，告诉康克清同志，把它交给组织，作为我的党费。"这两万元钱，是朱德自实行工资制以来的全部存款。朱德逝世后，康克清同志遵照朱德的嘱咐，把这笔钱如数交给了党组织。

朱德把一生献给了他为之奋斗的共产主义事业。他虽然没有给子女们留下分文，但他却留下了比金钱更贵重千万倍的精神财富。他留给子孙后代的不是物质享受，而是党的优良传统和作风。他的女儿朱敏无限深情地说："在他老人家看来，无产阶级根本不存在继承遗产的问题。如果说有什么可以继承的话，那就是革命传统、革命情怀、革命意志和革命真理！""父亲的这些教诲，是留给我们子女后代的最宝贵的遗产。"

（王亚丽）

出访东欧五国

1955年12月至1956年4月，朱德出访东欧五国和苏联、蒙古，历时四个月。
不负使命。

1955年12月10日，由朱德副主席率领的参加罗马尼亚工人党第一次代表大会的中共中央代表团和参加民主德国总统皮克八十寿诞庆典的中华人民共和国代表团，于上午10时从北京启程。到车站送行的有周恩来、陈云、彭真、张闻天、李济深等党和国家领导人，以及罗、民主德国、匈、捷、波、苏、蒙等国驻华使节。朱德此行将出访东欧五国（即罗马尼亚、民主德国、匈牙利、捷克斯洛伐克、波兰）和苏联、蒙古。

※ 1955年12月25日，朱德率领的中国共产党中央委员会代表团在布加勒斯特参观革命历史博物馆。左二聂荣臻。

两个代表团的团长是朱德，团员有聂荣臻、刘澜涛和随员十余人。

列车途经天津、沈阳、哈尔滨，抵达我国境内的最后一站——满洲里。沿途，朱德听取了前往车站迎送的各省（市）负责人的汇报。在离开满洲里车站、即将走出我国国境时，他与聂荣臻、刘澜涛联名致信党中央，表示这次是初次出国，自当审慎从事，不负使命。

罗马尼亚之行

列车穿越苏联国境，经过近十天的旅途，于12月21日上午7时半抵达罗马尼亚东北部边境城市——雅西。车站上聚集了两千多名欢迎的群众，罗马尼亚工人党政治局委员阿波斯托尔和武装部队部长萨拉扬上将等专程前来迎接。在雅西城车站上还举行了群众欢迎大会。罗马尼亚工人党雅西州委员会第一书记盖尔捷拉西致欢迎词。朱德团长致答词，代表中国人民向雅西的市民及全体罗马尼亚人民表示兄弟般的敬意和良好的祝愿。

火车抵达罗马尼亚首都——布加勒斯特时已是下午4点多钟，罗马尼亚工人党第一书记乔治乌·德治和政府领导人斯托伊卡、基辛涅夫斯基、波德纳拉希、波里勒、德勒吉奇、法泽卡斯，罗马尼亚外交部长普利奥蒂亚萨和布加勒斯特的劳动人民代表数千人在车站迎接代表团。宾主双方在代表团下榻处进行了友好、热情的交谈，乔治乌·德治表示对中国的农业合作化的发展感到极大的兴趣和鼓舞。朱德感谢罗马尼亚在石油开采方面给予中国的技术援助。

罗马尼亚的国土面积有23.7万多平方公里，人口有一千七百万。它是东欧唯一的生产石油的国家，石油年产量达1500多万吨。工业产值占工农业总产值的60％以上。罗马尼亚工人党是1947年11月罗马尼亚人民共和国成立后，由共产党和社会民主党合并而组建的。

12月23日，罗马尼亚工人党第二次代表大会开幕。会议听取乔治乌·德治代表罗党中央作的工作报告，报告长达七个多小时。24日，朱德代表中国共产党向大会致祝辞。朱德说："中国共产党和中国人民深深地钦佩兄弟的罗马尼亚人民在罗马尼亚工人党、在以乔治乌·德治同志为首的罗马尼亚工人党中央委员会的领导下，在社会主义建设中所获得的伟大成就。我们并且极其愉快地看到，由于罗马尼亚发展国民经济的第一个五年计划的胜利完成，和执行罗马尼亚十年电气化计划的辉煌成就；同时，经济上落后的罗马尼亚已经不存在了，现在出现的是日益繁荣和强盛的，拥有不断发展着的先进工业的工业——农业国的罗马尼亚……"朱德的热情洋溢的祝辞，引起全体与会代表的阵阵掌声。

从24日至29日，在参加党代会之余，朱德和代表团其他成员还参观了罗马尼亚的工厂、革命博物馆、军事学院和研究所等。在参观火花印刷厂时，朱德愉快地接受了印厂赠送的罗马尼亚文的《毛泽东选集》第三卷和《鲁迅选集》、《郭沫若选集》等，并应印刷厂工人的要求，提笔写下了"教育和组织群众的强大工具"的题词。

参加皮克总统八十寿庆

结束了在罗马尼亚的活动之后，朱德率领中华人民共和国代表团前往民主德国参加皮克总统的八十寿庆活动。在列车上，代表团召开了党支部大会。朱德曾于1922年10月至1925年7月在德国留学，因而对德国人民的情况很熟悉。他在会上发言说，德国人民有一些良好的习惯：严肃，整齐，遵守时间，讲效率，有礼貌，有秩序，不轻然诺，说了必办，这些都是值得我们学习的。

1956年1月1日下午4点钟，列车驶进柏林车站。德国统一社会党中央第一书记乌布利

※ 朱德在柏林参加德意志民主共和国总统皮克八十寿辰酒会。

希，德意志民主共和国副总理斯多夫、努舍克、博尔茨、厄斯纳、洛赫，政府各部部长和人民警察的将领等前来迎接。我国驻民主德国大使曾涌泉（代表团在民德期间也是团员之一）和大使馆、中国驻德各机关的全体人员、中国贸易代表团的全体人员以及在柏林学习的中国留学生等也到车站迎接。

柏林的气候温暖，却不晴朗，天空中飘洒着毛毛细雨，这种景象很像是北京的晚秋天气。

代表团在游览市容时，走进了一所幼儿园，孩子们看到中国客人的到来，纷纷行礼问候，一群学龄儿童把蓝色的领巾献给朱德、聂荣臻、刘澜涛等，并拉着客人们的手，又唱又跳。

1月3日，是皮克总统八十寿诞。上午10时，朱德、聂荣臻、刘澜涛、曾涌泉等前往总统府为皮克总统祝寿。下午6时，在国家歌剧院举行庆寿大会，朱德致词祝贺。朱德说：

"威廉·皮克同志是德国人民敬爱的领袖、中国人民忠实的朋友。中国人民怀着崇敬的心情歌颂威廉·皮克同志在六十年以上的长时期内,为了德国工人阶级和德国人民的解放、为了保卫世界和平和争取人类进步所进行的忘我的光荣的斗争。还在中国人民进行解放斗争的艰苦年代里,威廉·皮克同志就亲切地关怀中国人民的革命事业。在中华人民共和国和德意志民主共和国成立以后,他又致力于建立我们两国之间的牢不可破的兄弟友谊,并且对于中国人民的社会主义建设给予了热烈的支持。中国人民如同德国人民一样,对于威廉·皮克同志怀着热诚的爱戴,他们以有威廉·皮克总统这样忠实的朋友而引以为荣。"大会始终沉浸在一片欢乐之中。

代表团在柏林期间,参观了一些工厂、博物馆、农业生产合作社等,工人们高涨的劳动热情和所采用的先进技术,给参观者留下深刻印象。

随后,代表团来到莱比锡、魏玛等地参观访问。当我们步入位于莱比锡的季米特洛夫博物馆时,大厅内回荡着国际共产主义运动活动家季米特洛夫在当年法西斯审判他的法庭上与法官戈林辩论的一段录音。季米特洛夫那坚毅、镇静的声调久久地留在人们的记忆中。朱德参观完毕题词:"季米特洛夫同志为共产主义事业斗争的精神感召着千千万万的人们。共产主义万岁!"

在离开民主德国前,朱德、聂荣臻、刘澜涛等再次拜会了皮克总统,并向他告别。随后,朱德在我国驻民主德国大使馆接见了留德学生代表,他勉励留学生们要努力学习、努力工作、努力发展中德人民间的友谊。

中匈人民友谊的使者

1956年1月14日至16日,应匈牙利劳动人民党和政府的邀请,朱德率代表团到匈牙利人民共和国进行为期三天的访问。

匈牙利人民与中国人民有着久远的亲戚关系,他们的祖先就是长期居住在长城以北地域的游牧民族——匈奴。约在二千年前,匈奴族人才向西迁移至东北欧,至今匈牙利人的语法结构和姓名的排列顺序仍与中国汉藏语系是一致的。也许是由于这层亲戚关系的缘故,匈牙利人民对我代表团表示出异常的亲切、热情。

1月15日上午,朱德副主席及代表团其他成员参观了斯大林瓦罗什、当地的冶金联合企业和这个城市的文化宫、商店和住宅区。晚间,匈牙利劳动人民党中央委员会、匈牙利人民共和国主席团和部长会议在国会大厦设宴招待朱德副主席一行。匈牙利劳动人民党中央委员会第一书记拉科西和朱德副主席在宴会上相互致词，拉科西致词说："朱德元帅及其他中国同志在我国逗留期间，将能体会到匈牙利人民在匈牙利劳动人民党的领导下，以最大的热爱和同情注视着解放了的中国人民在短短的时间内所进行的巨大的社会主义工作。"许多国家驻匈牙利的外交使节也出席了宴会。

代表团在参观过程中，受到匈牙利人民的热烈欢迎。在拉科什恰巴的米丘林农业生产合作社参观时，一位老年饲养员拉着朱德的手向他问候，并请朱德回国后转达他对中国农民兄弟的敬意。当朱德离开合作社时，拉科什恰巴一带的男女老少都聚集在合作社的院子里和街道上，长时间地向客人们挥手告别。

费林格说：你是中国红军的总司令

1月16日晚11时，代表团乘专车离开布达佩斯前往捷克斯洛伐克访问。经过八个小时的运行，列车于次日晨7时，抵达斯洛伐克首府布拉迪斯拉发，受到当地党政领导人的欢迎。代表团作短暂停留后，又登车前往首都布拉格。

捷克斯洛伐克是一个工业化国家，面积12.7万平方公里，人口1300多万。捷克生产的步枪和拔佳皮鞋为中国人民所熟悉。

第二天上午，在捷共中央书记帕歇克的陪同下，朱德参观了斯大林格勒机器厂。在工人们举行的欢迎大会上，朱德代表中国的工人阶级向捷克斯洛伐克的工人同志们表示兄弟般的敬意和祝愿。下午，朱德向捷克斯洛伐克总统哥特瓦尔德的陵墓献了花圈。陪同代表团的捷国民议会主席兹德涅克·费林格高兴地对朱德说："我还在童年时，就知道你是中国红军的总司令，今天能够陪同你，是我终生的荣幸。"

鉴于朱德及代表团成员一个多月来不停地参观访问，旅途劳顿，捷方邀请代表团前往休养地卡罗维瓦利温泉区休息数日。卡罗维瓦利仅有三万常住人口，马克思晚年曾在这里休养过。

就在代表团到达这里的第二天下午，一位牙科女医生罗别愁兴冲冲地赶来看望朱德、聂荣臻、刘澜涛。罗别愁曾于1945年到延安援助过中国人民的对日抗战，同中国共产党和中国人民结下了深厚的友谊。老朋友相见，格外高兴，朱德对罗别愁的国际主义精神表示钦佩和感谢。

1月24日，代表团到比尔森参观了著名的列宁重型机械厂和比尔森啤酒厂。这个重型机械厂原为世界知名的斯科达兵工厂，有45000名工人。他们正在为中国的唐山和南京设

※ 朱德在布拉格查理士大学举行的欢迎会上向群众招手致意。

计制造两套28万千瓦的发电设备。工人们得知中国代表团来访，决定提前一个半月完成这批中国的订货。为此，朱德专门致电周恩来、陈云，嘱咐国内做好提前接货的准备。

1月25日下午，朱德在捷国家电视台发表广播电视演说。他说，这次访问所受到的热烈、友好、亲切、周到的接待，表现了捷克斯洛伐克人民对中国人民的深厚友谊。今后在建设社会主义和维护世界和平的共同事业中，这一友谊必将会更加巩固和发展。

1月29日，朱德及代表团就要离开捷克斯洛伐克前往波兰访问。临别前，捷党和国家领导人将一套能够耕播收7000公顷土地的农用机器设备赠送给中国人民，朱德代表中国接受了这套设备，并表示深切的感谢。

向波兰人民致敬

1月29日晚,代表团乘坐的列车进入波兰境内,我国驻波兰大使王炳南赶来迎接。在这之前,他正在瑞士日内瓦代表中国同美国方面进行马拉松式而结果甚微的大使级会谈。显然,那时美国政府顽固坚持敌视中华人民共和国的立场,只是为了敷衍美国国内和国际舆论,才同意周恩来关于中美双方"坐下来谈判"的倡议的。

列车经过约10个钟点的行驶,便到达波兰的首都——华沙。代表团受到波兰党、国家和军队领导人萨瓦茨基、西伦凯维兹、罗科索夫斯基,以及数千名劳动群众的热烈欢迎。

曾经多次遭受战火蹂躏的华沙城,经过波兰人民的重新建设,已看不到战争破坏的痕迹。宽阔整齐的街道,街道两旁矗立着一幢幢新建的楼房,显示了波兰人民的坚强意志和无限活力。

※ 朱德访问波兰,在华沙中央车站发表演说。

在波兰时，朱德曾参观了坐落在克拉科夫市近郊的诺瓦·胡塔列宁联合冶金企业。这是波兰最大的钢铁企业之一，有16000多工人，年产钢100万吨，素有波兰"鞍钢"之称。朱德在万名职工欢迎大会上发表演说，他代表中国工人向诺瓦·胡塔列宁联合冶金企业的工人，以及全波兰的工人致以问候和敬意，并感谢波兰人民对中国社会主义建设的支持和帮助。

在波兰期间，朱德率代表团拜会了波兰统一工人党第一书记波莱斯瓦夫·贝鲁特，双方进行了亲切友好的交谈。未曾料到，仅仅一个多月以后，当朱德还在苏联访问时，接到我国驻苏使馆的电话通知，说贝鲁特因心肌梗塞病逝，中共中央委托朱德再往华沙参加守灵及葬礼。大家都为失去这位国际共产主义运动的杰出活动家、中国人民的亲密朋友感到难过。

重访列宁故乡

1956年2月3日，莫斯科时间上午5点半钟，朱德乘坐的专列抵达苏联边境城市布列斯特城。次日上午，列车抵达莫斯科，米高扬、莫洛托夫、朱可夫等苏联领导人在车站迎接。以朱德副主席为团长的中国党政代表团沉浸在欢迎的海洋中。此时此刻，朱德的心情格外激动，此行是他第二次来到列宁的故乡。31年前，即1925年6月，德国政府吊销了朱德的护照，要把他驱逐出境。正在这时，中共旅莫支部执行委员会批准他赴苏联学习。7月离开柏林，抵达苏联列宁格勒，在莫斯科东方劳动者共产主义大学和莫斯科郊外的秘密军事训练班学习数月后，于1926年5月离开莫斯科回国，从参加南昌起义后，他在党的领导下开始了新的革命里程。岁月如梭，从那时以来时间已过去整整30年。

2月4日下午，朱德和代表团其他成员聂荣臻、刘澜涛、刘晓（我国驻苏大使）等先后拜会了苏联最高苏维埃主席团主席伏罗希洛夫和苏共中央第一书记赫鲁晓夫，并同他们进行了长时间的谈话。

参观克里姆林宫，使这次访问达到一个高潮。代表团参观列宁的办公室和人民委员会会议室时，向导介绍说，人民委员会会议每天下午6点钟准时举行，规定报告时间为10分钟，发言时间为3分钟，列宁主持的会议，总是开得短、有内容，又能够解决问题。当我们走进列宁的卧室时，向导介绍说，1923年，列宁已身患重病，3月2日，他在这里口授了最后一篇论文《宁肯少些，但要好些》。这篇论文连同同年1月口授的《论合作制》、《论我国革命（评尼·苏汉诺夫的札记）》、《怎样改组工农检查院》三篇论文一起，是列宁留给苏联人民和世界人民的政治遗嘱。列宁为俄国革命和世界社会主义事业殚精竭虑

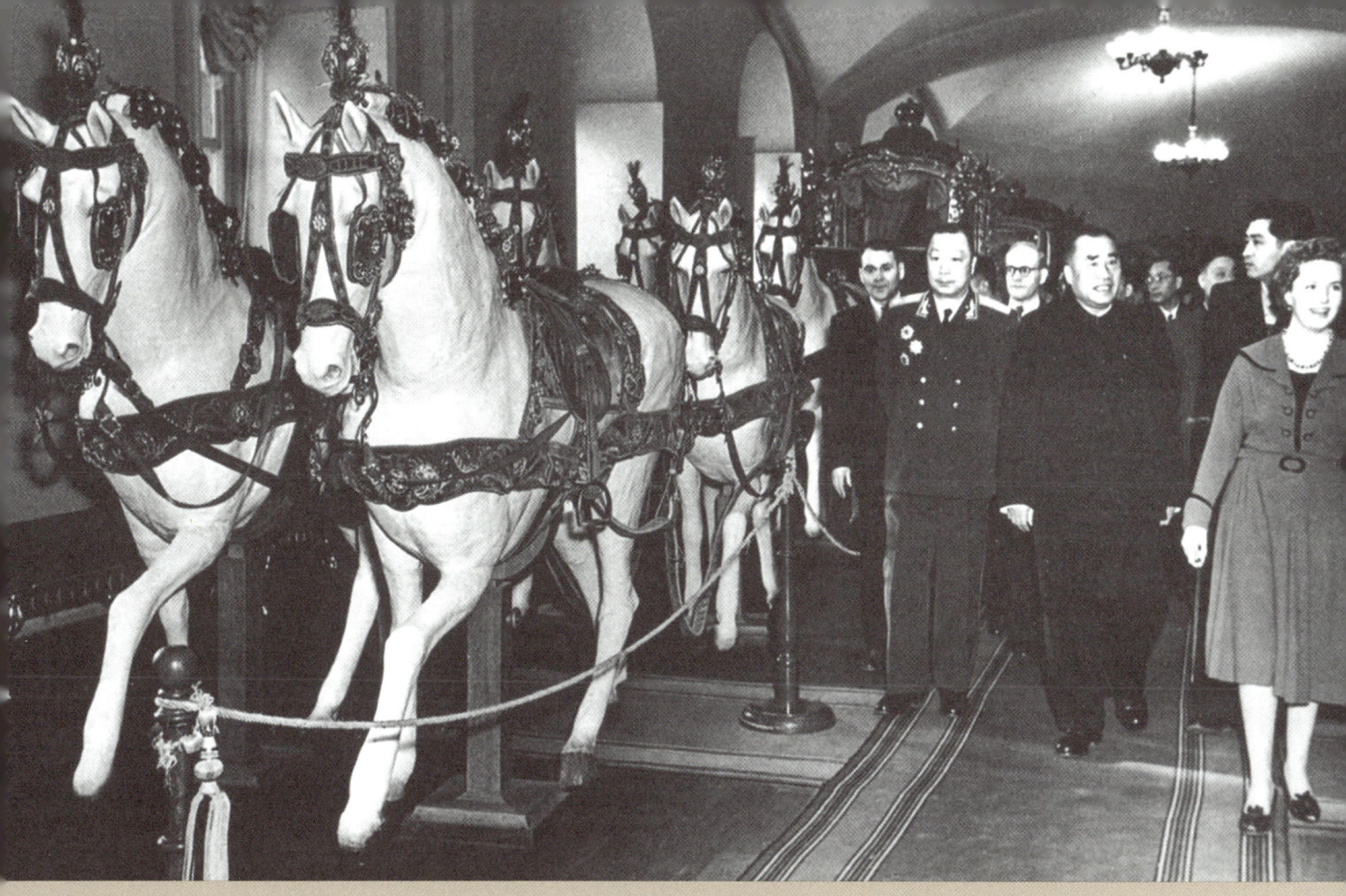

※ 朱德和聂荣臻在莫斯科参观克里姆林宫武器博物馆。

的一生是极其感人的。参观完毕，朱德充满激情地题写道："列宁的一生永远值得我们和后代学习。"

在苏联访问期间，恰逢中苏友好同盟互助条约签订六周年。朱德应苏联广播电视台的邀请，发表广播电视讲话。他在讲话中，对苏联人民在中国人民的社会主义建设中给予的巨大援助表示衷心感谢。他最后强调指出，中国人民同伟大的苏联人民、各人民民主国家和一切爱好和平的国家和人民在一起，为争取进一步缓和国际局势、巩固和平和增进各国人民间的友好合作而不懈地奋斗。随后，朱德副主席一行兴致勃勃地参观了莫斯科大学、伏龙芝军事学院。

就在代表团按计划即将结束这次访问时，接到国内的通知，中共中央宣布组成中国共产党参加苏共二十大的代表团，团长由朱德担任，团员有邓小平、谭震林、王稼祥、刘晓。聂荣臻、刘澜涛等先期返国。至此，朱德出访东欧五国和苏联的使命即告一段落。从2月14日至4月2日的40多天的时间里，朱德率团参加苏共二十大之后，又在苏联参观访问了一段时间，并在返国途中访问了蒙古人民共和国。

1956年4月2日晚9时，朱德率代表团回到了阔别114天的我国首都——北京。当朱德一行走下火车时，受到了刘少奇、周恩来、沈钧儒、彭德怀、邓小平、彭真、章伯钧等党和国家领导人的亲切迎接。

近1个月的友好访问，增进了我国人民同这些被访问国家人民的相互了解、友谊和团结，并且学习到这些国家人民建设社会主义的先进经验。对朱德来说，此行确实是"不负使命"的。

（廖盖隆）

崇尚简朴

> 朱德的保健医生顾英奇回忆说："朱德同志的美德之一是崇尚简朴。他一生和旧势力、旧观念作斗争，为受剥削、受压迫的人民大众谋解放，一生中过的都是普普通通的百姓生活。"

全国解放后，朱德把艰苦朴素的作风带进了北京城。当他看到群众的生活和部队的生活都得到改善时，心里非常高兴。他早在解放初期就明确指示："我们进行经济建设的根本目的，在于改善人民生活，增进人民福利。"他对人民是如此关心，可却处处严于律己，仍然过着艰苦朴素的生活。

朱德对衣着没有什么特别的讲究。在他的衣柜里，找不出几身好的、贴身的衣服。他有几身较好的衣服，平时怎么也舍不得穿，只是在接见外宾或外出时才穿，一回到家马上换上旧衣服。他的内衣就更破了，领口、袖口、肘部磨破了，就请工作人员补一补，继续穿。他的一件浴衣，穿了近20年没有换过。一条棉被，盖了20多年，补了多次，临终前还用着它。

曾担任过朱德保健医生的顾英奇同志回忆说："朱德同志的美德之一是崇尚简朴。他一生和旧势力、旧观念作斗争，为受剥削、受压迫的人民大众谋解放，一生中过的都是普普通通的百姓生活。我第一次见总司令时，只见他贴身穿的是一套浅蓝色丝绸面的丝棉袄裤，袄裤面已完全破烂，补丁挨着补丁，不知穿了多少年，一直舍不得丢弃。外边罩一套制服，照样年年穿它过冬。一直到1960年以后，这套棉衣实在无法再补了，才换了一套新的。"

※ 朱德出行非常简单。

　　1956年的一天，朱德向卫士郭盛魁同志要一套灰色哔叽料中山装。小郭说："那套衣服两只袖子已经磨得破烂不堪，不能再穿了。"朱德坚持说："补一补，还可以再穿嘛！"衣服补好后，朱德很满意，高兴地说："衣服不怕它破，破了可以补上，洗得干净，这样穿起有什么不好？中国人、外国人看了都好嘛！我们共产党员就是要带头艰苦朴素，做出榜样。"

　　有一次，康克清见丈夫的衣服实在太破旧了，尤其在脱了棉袄后，没有什么可穿的，想给他做件新衣。朱德知道后说："把旧衣服补补，还可以穿嘛！"工作人员也帮腔说："您老人家的衣服太破了，不能再补了！"朱德说："不能再补？两件拼一件嘛！"康克清见说服不了他，就把裁缝师傅请到家里来，好让"生米煮成熟饭"。朱德见裁缝来了，就对裁缝师傅讲勤俭建国、勤俭持家的大道理，最后说，用不着给他做新衣服。弄得裁缝师傅左右为难，不知听谁的好。最后工作人员一起上阵劝说，他才勉强答应做件新衣服。朱德逝世后，家人们还是遵照他生前的遗嘱，给他老人家穿了一身穿了多年的旧中山装。

朱德的衣服虽旧，但是总要穿得整整齐齐。风纪扣系得严严的，鞋带也系得结结实实，仍然是一个革命军人的风度，与战争年代相比，只是腰里少了那根旧皮带。

朱德用的褥子、床单和被子，都是用了20多年，打了许多补丁。为补这些东西，工作人员真是下了不少工夫。因为这么旧的东西，一不小心便会弄一个大洞，甚至可能会越补越破。大家都劝他换新的，可他就是不听，说："衣服被子只要干净就好，补补能穿能盖，何必买新的？给国家节约一寸布也是好的。这比战争年代好多了，那时一件衣服得穿多少年！"

儿媳赵力平会做针线活，每次到北京来都要帮助工作人员干些缝缝补补的活。1976年6月13日，赵力平来北京看望朱德。一进门就看到工作人员正在给朱德补被子，他们见赵力平来了，高兴地说："老赵快来帮个忙吧！"赵力平走上前一看，心里很不安地说："这不是爹爹盖了多年的那床被子嘛，我过去帮他补过几次，被里、被面都缝过好几次了。"工作人员说："这床被子你补过好多次了，这次碰上了，还是由你来补吧！你比我们熟悉'战况'。"赵力平拿着这床补丁加补丁的被子仔细检查了一番，说："被面没办法缝了，我给买套新的吧。"警卫员李庭良说："首长不让买新的，说缝补一下还可以用。"大家都知道，老总说话是算数的，他不让买，谁也拿他没办法，只能照办。于是，大家便一齐缝了起来。一边缝，一边议论说："委员长为人民操劳了一辈子，立下了不朽的功勋。他生活这样俭朴，并不是买不起一件东西。委员长想的不是个人的享受，他心里装的是人民，关心的是革命事业，唯独没有他自己。委员长这样俭朴，老百姓不是亲眼见到很难相信。"

朱德的俭朴，不仅他身边的工作人员深有体会，就连他外出视察时，地方的工作人员也深有感触。下面再略举一例。

乌尤寺位于四川乐山市内的乌尤山上，是著名的旅游胜地。这天，天高气爽，阳光灿烂。朱德从乐山迎春门码头乘船顺江而下，船行约一公里，便到乌尤山山脚下。

朱德拾级而上。快到乌尤寺山门时，大伙都有点汗涔涔了。朱德在路旁的一块石头上坐下小憩，随行人员帮他脱去外衣。站在朱德身后的专区文教局副局长王聿修突然看到朱德穿的白衬衣的后背上补了一块大补丁，真是令人难以置信。王聿修顿时心里感到一阵酸楚，心想：国家再穷，难道穷得连朱德这样的开国元勋也穿不上一件好衬衣么！

好大的一块补丁！

第一次见到内心久已景仰的共和国领袖，就亲眼目睹了领袖的朴素。对于一个长期工作在基层的普普通通的国家干部，这是何等重要的发现！这又是何等具有震撼力的事件啊！

王聿修怎么都不会想到，自己在初次见到朱德时，就能有这么一个重大发现！

※ 朱德和李济深一同出席中国佛教协会第二届全国代表会议的活佛、喇嘛、法师、僧、尼、居士合影。

这一发现，于王聿修而言，看似偶然；于朱德而言，其实必然。伟大与平凡相伴，真正的伟大就是真实的平凡！衣着俭朴是朱德一以贯之的生活习惯。朱德的朴素被初次相识的人所发现，又何止是这一次呢！

生活中的许多事，往往就是这样，不经意地被人发现，但是，因事件本身所寓含的深刻意蕴，却能给当事人留下真实的、难以磨灭的印象。

后来，王聿修逢人便讲此事，直到现在还说，要不是亲眼见到朱德衬衣上那么大的一块补丁,真不知道敬爱的朱德同志衣着是如此的朴素。

随后,朱德进入乌尤寺,听乌尤寺方丈遍能介绍乌尤寺沿革情况。遍能是一代高僧,在佛教界享有盛名。据遍能后来回忆说:朱德功劳那么大,地位那么高,竟如此俭朴,只有共产党的干部才能做得到哟!那天,朱老总上山来,在大雄宝殿前的坝子里坐着休息。在向他汇报寺庙情况时,看见他穿得很朴素,蓝哔叽的中山服大概已经洗过几水,和一般人一样,没有什么特别的地方。

在观赏庙里收藏的书画时,朱老总看上一本手刻的《乌尤山诗》。遍能说:"送给朱总,请您赐教。"朱德高兴地收下后,硬叫工作人员付了钱。朱德的这种廉洁精神,给在场的人留下了深刻的印象。

(王亚丽)

与董必武的诗交

朱德与董必武的诗交始于抗日战争时期。解放以后,朱德、董必武两人都已年近古稀,但来往颇为密切,时而也有酬唱之作。

朱德与董必武的诗交始于抗日战争时期。当时,朱德担任八路军总指挥,董必武则被派往湖北武汉。

1940年8月,董必武回到延安。在九一八事变9周年纪念日之际,偶过"三台胜境"(此碑在延安城东北杨家岭上),有感而发,赋诗一首:

三台即景

三台胜境偶留鸿,缭绕山川四望中。
处处秋初常集雨,年年春后尚多风。
肆陈杂货殊方产,人住悬崖曲径通。
城郭旧容虽已毁,黎民苏息乐和衷。

朱德看到了董必武写的这首诗,也对延安呈现出来的蓬勃兴旺的景象有所感受。于是，即兴依韵，和诗一首：

和董必武同志《三台即景》

秋初日暖看飞鸿，延水青山在眼中
赤脚渡河防骤雨，科头失帽遇狂风
学生少有顽固派，教授多为中外通
城郭成墟人杰在，同趋新厦话离衷

1941年9月，在朱德、吴玉章、徐特立、谢觉哉、林伯渠等人的提议下，取"老者安之"、"少者怀之"之意，在延安成立了"怀安诗社"。诗社同仁披襟述怀，吮毫抒愤，以诗作为武器，评世论事，歌颂抗日根据地的新景象，抨击国民党的黑暗统治。

正在重庆主持西南局工作的董必武听到诗社成立的消息，即衔笔赋诗，以示庆贺。他在《赋怀安诗社》的诗中写道：

一
故事曾传九老图，东都无警亦无忧
而今四海皆烽火，酬唱怀安古意浮

二
黄河西岸北山陬，抗日民权最自由
地僻更加封锁紧，不教佳话出延州

三
季子徐君气谊投，希深处伸亦风流
指挥能事朱司令，慷慨悲歌叶剑侯

四
巴渝漂泊又经秋，搜索枯肠试打油
鼓吹休明吾岂敢，讴歌御侮赋同仇

董必武的诗寄到延安，诗社同仁互相传阅，朱德等人诗兴盎然，均依韵奉和。朱德在诗中写道：

一

敌后常撑亦壮图，三师能解国家忧。
神州尚有英雄在，堪笑法西意气浮。

二

黄河东岸太行陬，封锁层层不自由。
愿与人民同患难，誓拼热血固神州。

三

朋辈志同意自投，因成砥柱止中流。
肃清日寇吾侪事，鹬蚌相争笔列侯。

四

抗战连年秋复秋，今秋且喜稻如油。
迷漫烽火黄河岸，父老齐声话御仇。

在朱德60岁生日到来之际，各解放区指战员纷纷发出贺电、贺信，祝贺朱德生日。董必武也从重庆寄来一首诗，名为《祝朱总司令六秩荣寿》，以示庆贺。他在诗中写道：

虎略龙韬尽革新，半生戎马为人民。
河山破碎劳收拾，田土纠纷要试均。
欲挽狂澜于既倒，不随流俗与同沦。
存雄是谓能行健，合有春秋似大椿。
革命将军老据鞍，豺狼当道敢偷安。
骨头生若铁般硬，胸次真如海洋宽。
要作主人不作客，甘为民仆耻为官。
乌延黎庶欣公健，此日江南一例吹。

董必武的生日到了，朱德也同样写诗表示祝贺。他在诗中写道：

为民服务以身先，况遇新春胜利年。
革命高潮连海外，民军蜂起接滇边。

※ 董必武给朱德佩戴纪念勋章。

> 农民得地耕耘乐，战士立功远近传。
> 且有操舟神舵手，能囤大众去撑天。

解放前夕，董必武看到祖国天空笼罩着的阴云即将扫去，无限喜悦之情油然而生。中秋节的晚上，晴空万里，董必武仰望皎洁的明月，思绪如潮，夜不能寐，便赋诗一首：

> 秋光月如水，今宵分外明。
> 太清云不滓，永夜露无声。
> 仰望莫能即，徘徊有所萦。
> 南征诸将士，对此若何情？

董必武将这首《中秋望月》的诗交给朱德，向他讨教，朱德也将《寄南征诸将》的诗请董必武指正。

两人的诗都是为南征诸将士的英勇战斗、屡建奇功和祖国即将解放而热情讴歌，董老的诗含蓄，朱总司令的诗明快，二者有异曲同工之妙。

解放以后，朱德、董必武两人都已年近古稀，但来往颇为密切，时而也有酬唱之作。

1962年的深秋时节，正是观赏香山红叶的好时机。朱德抽暇来到香山，看见满山红叶，游人如织，诗意油然而生，随即赋诗一首：

> 红黄翠绿拥香山，数万游人觅路攀。
> 北地秋高天气爽，登峰造极看青年。

董必武虽然没有去游香山，但读了朱德的诗，颇有感受，也和诗一首：

> 身闲虽未到西山，孤负秋林万叶丹。
> 美与众人同乐去，不登绝巘也心宽。

1964年6月，两人同行来到东北三省和内蒙古锡林郭勒草原视察。

他们在吉林视察时，来到丰满水电站。这里原是松花江的一段，建丰满水电站时截江建一水库，起名"松花湖"。朱德有感而发，赋诗一首：

> 丰满截江一坝横，松花湖内水清平。
> 四面青山新树植，带着风雨两舟行。

董必武依韵和诗一首：

> 出门一笑大江横，冒雨趋车丰满行。
> 湖上荡舟青入眼，四山松韵颂升平。

他们一路视察，一路唱和，看了不少工厂乡村，也写下了不少动人诗篇。

（罗元生）

"你要有信心，努力争取进步"

> 朱德与李云鹄是同窗，两人曾结为金兰之交，感情很深。建国后，朱德对李云鹄的儿子李师弼十分关心。

朱德与李云鹄早在云南陆军讲武堂是同窗，两人曾结为金兰之交，感情很深。辛亥武昌起义爆发后，云南揭旗响应，蔡锷、李根源等在昆明发动起义。两人各率一连人分别攻占了制台府和藩台衙门。继而，他们又一同参加了援川部队，出征四川，讨伐赵尔丰。以后，两人又分别在滇军和黔军中担任要职，为旧民主主义革命作出了贡献。1922年，朱德离开昆明准备出国留学时，将家眷托付给李云鹄照料，并把昆明市小梅园巷三号的房屋和部分藏书相赠。

李云鹄的儿子李师弼，16岁时进入黄埔军校昆明分校，以后又进入国民党陆军大学，毕业后被授予陆军少将衔，曾相继担任过国民党第六十军（曾泽生部）代理参谋长、第二十六军一九三师参谋长、副师长等职务。1949年初，中国人民解放战争的胜利已成定局，国民党政府惶惶不可终日。当时，李师弼正抱病在家休息，在进步人士的影响下看了一些革命的书籍，如毛泽东的《论联合政府》，朱德的《论解放区战场》等等。目睹国民党蒋介石集团腐败无能，几百万军队在短短的两三年中一败涂地，损失殆尽，前途暗淡。李师弼决心脱离国民党军队，到解放区去。经同共产党地下组织联系和在其周密安排下，带着父亲李云鹄写给朱德的信，由昆明启程，取道香港、朝鲜，到达了北京。

李师弼到北京后的第六天，朱德派金诚同志用车把他接到了中南海他的住所。朱德微笑着对李说："你能够认清形势，弃暗投明，走到了人民的一边，我们还是欢迎的。"接着，朱德又关切地问起他父亲的情况，并且还详细询问了云南省的情况。当李向朱德谈到他曾在黄埔军校和陆军大学学习的情况时，说："对资产阶级的军事学要批判地吸收，你要认真学习毛泽东军事思想，把过去学到的东西拿过来为人民服务。"在谈话就要结束时，李怀着忐忑不安地心情问朱德："像我这样在国民党军队中干了这么多年的人是否能够加入共产党？"朱德听罢，严肃地说："你还不到30岁，怎么就气馁了。我脱离旧军队到德国留学时，已经36岁了，还蛮有信心的。你今天过来了，就很好嘛！你要有信心，努力争取进步。"最后，朱德又说："共产党是不讲私人关系的，你要靠近组织，抓紧学习，努力改造旧思想，接受新思想，迎接新中国的到来。"两人谈话不久，李师弼就被介绍到华北军大学习，从此开始了新的生活。

1950年2月，李师弼突然接到妻子发来的急电，告诉他，父亲因心脏病发作不幸辞世。李立即向校方请求回滇奔丧，校方考虑到当时情况，没有批准。对此，他感到很不理解。于是就提笔给朱德写了一封信，要求回滇工作，藉以料理父丧。信送出后，很快就收到了朱德的复信。信中说："你父亲年过60去世，人生竟称满意之格，勿用悲伤。你来信要求回滇工作，是可以派你回去的。但是，你的思想刚由封建思想转变到新社会思想，全靠环境光明，才会有进步。你回滇，虽然可以做一些工作。但是，为你的前途着想，还是以在北方工作为宜。最后，你究竟回滇，还是在北方工作，请你考虑，再写信来，以便决定你的工作。"

李师弼读完了朱德的回信，一夜未眠。他想起第一次和朱德见面时的谆谆教诲，想起在军大所受到的革命教育，第二天，又给朱德回了一封信，决定不回云南了。

（董志英）

情系兰花

> 这里讲述朱德为什么酷爱兰花，酷爱到什么程度，为发展兰艺作过什么努力，他如何采兰集兰，如何养兰护兰，他的兰艺、兰品，他所结交的兰友，以及围绕着兰花所发生的故事。

朱德一生酷爱兰花，他对兰花情有独钟。

兰花，是一种多年生常绿草本植物，花型奇特多姿，色彩艳丽夺目，芳香清雅迷人。它，生于幽谷疏石败叶之中，银根盘错，铁线常青，幽香清远。它发于自然，无矫揉造作之态，无趋势求媚之容，被人们称之为"国香"、"第一香"、"空谷幽香"。早春时即由叶丛中抽出肥嫩的花径，那飘着清香的花朵，给人以清静淡雅、质朴高洁的感觉。

朱德爱兰花，这是许多人都知道的。可是他为什么酷爱兰花，酷爱到什么程度，为发展兰艺作过什么努力，他如何采兰集兰，如何养兰护兰，他的兰艺、兰品，他所结交的兰友，以及围绕着兰花所发生的故事，知道的人并不是很多。

采 兰

　　朱德倾心于爱好和研究兰花，但却不愿坐享其成。他是领袖，为人民所敬仰；但他又来自于人民之中，是劳动人民中的一员。作为一个劳动者，他身上所体现出来的劳动人民的本色，更为广大劳动人民所敬爱。

　　在劳动者看来，劳动是最高尚的活动，只有劳动得来的果实才是最美的。朱德喜爱收集兰花，但他更喜欢自己动手采集兰花、培育兰花。这已成为一种习惯。

　　山谷中的兰蕙，有的生于阳山，有的生于阴山，有的生于半阴半阳之处。阳山地性温燥，花叶多苍黄，花多叶少；阴山土性湿滑，花叶多青黑，花少叶多。朱德上山采兰时，善于根据兰蕙的习性，发现和识别优良的品种，不滥挖滥采。他先分兰蕙——花香有余的是兰，多花香不足的是蕙。他善于从花叶中品花，他在《杭州杂咏》中曾说过："叶细嫩如油，遍布很多地方。"在广东从化、海南岛、四川灌县、彭县、纳溪的杨村、江西劳动大学某分校所在地、井冈山等地，他都亲自上山采挖兰花。功夫不负有心人。在广东，朱德得到过"金丝马尾"、"银丝马尾"。在四川，他找到"隆昌素"和"大红朱砂"。在江西，他也得到过奇珍异种。

　　确立一种习惯固然不容易，而要保持一种习惯则更难，这是人之常情，何况对于一个年过半百的老人呢？这需要有意志和毅力来巩固，更需要有爱好和兴趣来维持并强化。

　　1961年，朱德到四川视察时，亲自去青城山采集兰草。临行前，75岁的朱德特地给身边工作人员作了几条规定："轻车简从，一不要人背，二不要人抬，三不要麻烦地方，带点干粮就行了。"

　　工作人员知道朱德是说一不二的，只好按照他的要求做准备。考虑到朱德年纪大了，爬山途中应带个小坐凳，便于随时休息，就想办法做了一个可以折叠的皮面凳备用。

　　在上山途中，朱德始终坚持步行。他一路兴致很高，边走边看，有说有笑。工作人员怕他累着，劝他休息一会儿。朱德风趣地说：

　　"山高，没有我的脚腿高。步行，就是我最好的休息。"

　　在当地向导的带领下，朱德以稳健的步履爬上山坡，走到崖壁下，寻找兰草，辨认哪些是春剑，哪些是秋索，哪些是九子兰……

　　朱德给大家讲了有关兰花的知识：

　　"四季都有花开，栽培学问也很深。""兰花生长在深山幽谷里，它有自己的脾气、个性，一定要顺着它。否则，轻则不开花，重则枯黄而死。兰花的生性是高洁、倔犟的，它讨厌浓肥大水，讨厌狎昵发弄，讨厌喧嚣烟尘的纠缠。"

大家听了这一番道理，才明白有些人种兰花始终种不好，问题就在于不知道它的脾气和个性。

古稀之年的朱德兴致勃勃，一直攀登到青城名景"天然图画"（青城山一景）上面。他在辨认兰草的过程中，发现了稀有品种——送春归。这个发现，令朱德和康克清都非常高兴。

"兰花在我国有悠久的历史，种类也很多，有秋索、剑蕙、雪兰、蝉兰、朱砂兰、线兰、送春归，等等……"

大家看朱德这么高兴的样子，知道这株兰草是个珍贵品种，平时轻易见不到。

朱德细心地挖掘，将这株兰草轻轻地放在一旁。

经过几个小时的采集，收获很大，各种兰草足有一小汽车。

下午，他们回到了招待所。劳累了一天，工作人员都感到疲倦，两条腿都不大听使唤了。可是，朱德却毫无倦意，晚饭后照常去散步。服务员蒋富全出于对朱德的爱戴，劝说："总司令，今天累了，就不要去散步了。"

朱德诙谐地说："我不累，你们才累，我爬山、走路习惯了，人老骨头硬嘛！"

第二天早饭后，朱德系上围腰，戴起袖套，和李奕云、叶世惠等几个花工一起，对采集来的兰花进行分类、选苗、整根，然后就一把干粪一铲泥地精心栽培起来。朱德边劳动，边对大家讲养兰的诀窍和经验。

大家全神贯注地听着，深受启迪。

朱德在栽种兰草的过程中，不论是分类、选苗、整根，还是垫盆、植株、浇水，都娴熟得像一个经验丰富的老花工，种得又快又好。花工们异口同声地称赞道："总司令种兰比我们还内行啊！不仅经验丰富，而且还有理论。"

朱德听后谦虚地摆摆手："比不上，比不上，我是来向你们学习的。"

劳动了一阵后，朱德对服务员蒋富全说："小蒋，师傅们辛苦了，去把我带来的烟和茶拿来招待大家。"

※ 朱德细心研究兰花的品种。

大家深深感到，朱德就像兰花一样质朴、高洁、坚韧、无私，深深地植根于人民群众这个深厚的土壤之中，不断为人们散发出清新的芬芳。

育 兰

朱德本来就是一个善于学习、勤于学习的人。他挚爱兰花，舍得在精心钻研兰艺方面下工夫、花时间。他从兰花专著和兰花专家那里学到了一套完整的栽培技法，运用到自己的实践中去，并根据兰花的习性，北京的气候、土壤特点，因时，因地制宜地加以改进，使之适应新的环境。朱德曾对身边的工作人员说："养兰入门易，精通难。须窥天时，测气候，勤于护侍，做到栽养有法。"

为了让广大兰艺爱好者"得法"，朱德经常指导人们要加强兰花的研究工作，要重视养兰资料的搜集、编写，总结经验，提高技术。

当时缺乏养兰的资料，图书馆也只有一套日文版《兰花谱》，是30年代日本人小原荣次郎编著的。作者主要总结了中国传统养兰的经验，对养兰技艺的提高有很大的作用。朱德知道了这件事，就想方设法请人翻译成中文，供专业人员使用。另外，朱德还印发了《四川的兰蕙》、《我的艺兰生活》、《兰蕙》等书，分赠给杭州、四川、广州等其他省市。这些书，为发展兰花文化，推动我国兰花栽培技艺的研究，起了很大的作用。

朱德对采集到的兰花，十分爱护，细心培育。他根据兰花喜聚族而畏离母的特点。分根时一般以三芽到五芽为度，先剪去腐根，清除污物，然后将根部轻轻洗刷干净，放在通风处阴干10小时左右，再移植到备有干净腐殖土和透气好的兰盆中。盆底常垫以木炭和瓦片，使之易于散发水分，不致烂根。他根据兰花喜干畏燥、喜润畏湿的特性，按干湿程度适时浇水，做到灌溉有度，干湿相宜，一般使兰盆保持七分干三分湿的程度。朱德就像一个种菜的老农和养花的老花工一样，细心地培养着兰花。他养的兰花，大都发育良好，生长得时。

1960年，朱德来到福州视察。一天早晨，陈时璋和陈树华接到市园林处负责同志的通知，说是有位领导同志要同技术人员谈话。等他们赶到宾馆时，才知道找他们谈话的领导竟然是朱德委员长。二人没有思想准备，一时显得很拘束。朱德满面笑容，指着椅子对二人说："坐下，坐下。"接着，他们便向朱德详细地汇报了公园现有建兰的盆数和品种。

朱德问道："建兰品种很多，为什么你们只培育40多种呢？"

陈时璋解释说："福建兰家习俗，向来重视素心秋兰，其次是四季兰和报岁兰。至于红彩心的，都叫草兰，大家轻视它，虽满山遍野，但无人过问。"

朱德风趣地说："不对，不能以'红彩心'而加以歧视，要普遍搜集编谱。"说着起身走进另一房间，取出小原荣次郎编的三册《兰花谱》。

朱德指着这部书问陈时璋："这部《兰花谱》，你看过吧？内容很丰富。"

陈时璋喜出望外地从朱德手中接过书，边翻阅边回答："1956年，我在上海旧书店买过一部。一位日本朋友能搜集和研究这么多的资料，真是不易。"

朱德点点头，又指着谱中的一段记载，意味深长地说："建兰由中国秦始皇使者徐福携来，种于浚河，又名浚河兰，浚河兰则引种于建兰，殊见中日很早就友好往来，交流文化。"

朱德又指着谱中的"栽培月令口诀"和"兰易十二翼"，让陈时璋一一解释。当陈时璋说到"建兰喜聚族而畏离母"时，朱德说："兰花的习性就是喜族而居，即团结在一起，而不是喜欢离母而独居，若一个一个分开则不能生存。"这一番意味深长的话，令二人很受启发。

过了几天，朱德到西湖参观。那天上午9时，朱德乘着小船在湖滨登岸。在开化寺花卉展览馆看了一会，便健步来到兰花圃。

朱德认真地观赏着，称赞西湖培兰面积广、花盆大、株数多、植株轩昂蓬勃。他亲切地抚摸着剑叶翠绿挺秀的建兰，高兴地问陈时璋："你能用分盆繁殖法分两盆给我看看吗？"

陈时璋当即选出"龙岩素心"和"凤尾报岁"各一盆，并将培养土、花盆及一切用具摆好，随即开始操作。陈时璋边操作边汇报，将分盆作用、分盆季节、分盆技术、分盆前应注意事项以及养管工作逐项说明。

朱德认真地听着，恳切而又语重心长地勉励说："你要结合当地老花农经验，迅速将培兰经验写出来，供中外广大爱兰者参考。武夷山的'留香涧'产兰好多，要广为采集，大量繁殖，作为出口物资，参加国际间文化交流，又可充实兰谱内容资料。"

陈时璋心想：朱老总的嘱托，是对我们的关怀和信任。可是自己既没学过花卉专业，园艺基础知识又差，能完成老人家交给的这一任务吗？

朱德似乎看出了陈时璋的心思，说："凡事都是从不知到知，也就是在学习后去实践，在实践中再学习，反复学习，反复实践，就会得到真知。你好好学习，好好总结，肯定有人支持你们的工作。"

1962年秋，朱德又一次来福州视察，又一次到西湖参观，亲笔为"兰花圃"题匾。

朱德这次还将小原荣次郎的《兰花谱》三本赠送给陈时璋。

遵照朱老总的指示，陈时璋等人开始总结种兰经验和编修兰谱的工作。他们和老花农、花卉爱好者一起座谈研究，还组织一个"建兰标本采集队"，到闽西北4个产兰地实地考察，跑过500多个山头，采集了彩心建兰450多盆、24个品种，记录了关于建兰生长的土壤、光照、温度、湿度等有关环境资料。他们经过总结和试验，种兰技术有明显提高。西湖兰圃培育的兰花，剑叶更加挺拔，花型更加硕大俊美，开花准时。

赏　兰

50年代后期，一个偶然的机会，北京中山公园从上海引进了一批品种优良的兰花。不久，朱德就知道了，并且到中山公园看兰花。在这以前，中山公园还从未接待过这样高职位的领导同志。一听说朱德要来，同志们心里既感到喜悦和激动，又有几分神奇和好奇感。大家急忙整理花棚周围的环境，准备迎接朱德的到来。

激动人心的一刻终于来了！朱德的汽车开进了公园。当朱德走下车时，中山公园的同志们感到是那样突然，显得有些紧张拘束，手足无措，连一句问候的话也说不出来了。好在朱德先解了围，他边走边打招呼，面带笑容地和大家一一握手，气氛顿时轻松下来。

朱德细细地观赏着每一盆兰花，每一个品种。在不足500平方米的兰棚下，朱德足足看了两个小时。临走前，他不断地嘱咐年轻工人要养好这些兰花，要多向老师傅们学习养兰的技术。

这是朱德第一次来中山公园看花。此后，在周末或节假日，朱德就常常来中山公园观赏兰花。

那时，中山公园经常举办各种花展。只要是有时间，朱德每次都来，从不放过。公园里的花房与花圃很简陋，就连一把像样的椅子都没有，但朱德并不在乎这些。一次，他来观赏兰花，边看边与工作人员谈起兰花来，从四川青城山的野生兰花到江浙一带的名种，同时还与大家一同切磋养兰技术。谈了好一阵，大家的谈兴愈来愈浓。临走时，朱德邀请

※ 朱德在北京会见日本自民党顾问松村谦三时，一起观赏兰花。

年轻技术员虞佩珍等人随他前去中南海观看兰花。朱德乘坐的车是苏联产的大吉斯，后座前有两个加座。朱德上车后，亲自打开加座，要他们上车。虞佩珍那时还很年轻，第一次进中南海，又是坐领导的汽车，异常兴奋。中南海花圃的温室里，兰花种类非常丰富，有四川的夏蕙、广东的墨兰、银边大贡、贵州的野生兰……朱德如数家珍，指着这些心爱的兰花一一介绍着，脸上露出了满足的微笑。好一片"兰"的海洋，令人大开眼界。

在解放前，兰花只供有钱有势的人玩赏，特别是一些名贵品种，往往是以多少亩土地或若干两黄金换一盆，一般老百姓是难得见到的。解放了，劳动人民成了国家的主人。朱德说："兰花不能像过去那样只供少数有钱人玩赏，要逐步走入寻常百姓家里。"他不单纯把兰花看做是一种绿色植物，而是既看做宝贵的祖国文化遗产，又当做一种资源与财富。既然把兰花视做一种资源与财富，那么养兰就要有效益。为此，他经常告诉有关人员：要切实把养兰当做丰富人民文化生活并可收到良好经济效益的事业，养兰应争取出口，换取外汇。他多次在参观中山公园的兰圃时，对养兰的工作人员指出，要普及养兰知识，让兰花深入到老百姓家。他说，养兰工作者要为老百姓好好服务，可以将兰花用低价卖给爱好者们，人家养坏了可以送回来，送回来的公园再养，养好了再给人家。当时，康克清也在场，听了朱德这么说，马上提出异议，说：人家是事业单位，怎么能不顾成本呢！大家哈哈大笑。在这种轻松的谈话中，人们可以体会到朱德对兰花事业的关注，对养兰爱好者的关怀。

朱德常到北京的中山公园看兰花。与一般赏花者不同的是，朱德很注重兰花品种的交换与推广。在离京去外地之前，朱德总是先到中山公园的兰花棚下转一转，看一看，问问有什么兰花新品种可以送给人家，还需要带回一些什么新品种来。在外出考察和调研时，每到一地，朱德都十分留意当地有没有新的兰花品种，看看哪些是北京所没有的。如果北京没有，他就将该品种带回北京来。朱德就这样沟通了北京和全国各地的联系，为中山公园搜集兰花品种做了大量的工作。朱德从外地带回来的兰花名品很多，如无锡的春兰，海南岛的象牙白，湖北鸡公山的蕙兰，四川的雪兰，以及云南的红舌头等等，真是数不胜数。他将这些具有地方特色的名贵兰花赠送给中山公园。现在北京中山公园的兰花，就有许多是朱德所赠送的。今天的首都人民能够观赏到这些名兰，里面有朱德的一份劳动的汗水，也表现了朱德热爱人民的一份心意。

朱德把自己所培育的兰花分栽百处，供人观赏。他认为，养兰花既要养好名种，同时也要注意发掘野生品种。中山公园按照朱德的要求，曾多次派人到全国各地去采集野生品种，交流养兰经验，先后采集并养植了250个兰花品种。

对于一个花艺爱好者来说，在不经意之时发现了新品种，往往会产生意外的快乐感、成就感和喜悦感。可是，发现了新品种而不能去采集，便又成为一种无可奈何的遗憾。在那艰苦的战争年代，这种情况时有发生。有一次，朱德路经广东北部从化县一带的山区时，看到那里兰花很多。但是，当时任务紧急，来不及仔细欣赏，更谈不上亲手采集。这是多么令人遗憾！全国解放后，有一年，中山公园的工作人员要去南方采集兰花，朱德马上想起了从化山区那一片片的野生兰花。他把自己早年的发现和遗憾告诉了去采集兰花的工作人员。工作人员沿着朱德指点的路径，来到从化县的小雨水等偏僻的山区。那里是次生林带，林下山溪所经之处都有兰花。被派出来采集兰花的几个人都是在北方生长的人，第一次看到这么大范围的兰花，感到大开眼界。他们不顾长时间跋涉的疲劳和脚上磨出的水泡，伸手就挖，恨不得全部都背回来。这次长途征战满载而归。当朱德看到这些兰花时，给大家讲述当年战斗的历程。有人感到不解，在战火纷飞的艰苦岁月里，军情多变，战事频繁，率队领军作战的总司令，怎么会对这山中的小草有如此深刻的印象呢？有谁知晓这兰花无论在南国花城，还是在井冈山上……始终伴随着朱德的足迹南征北战，经历革命事业的艰难历程，伴随胜利时的吐芳微笑。如果没有对未来美好执著的追求，没有坚信胜利的革命乐观主义精神，这种深厚的感情是不可能产生的。

兰　趣

朱德养的兰花，盆盆都婀娜多姿。他常常入迷地欣赏兰花。兰花的生长和细小的变化吸引着他，他常常会拿出放大镜看个究竟，一看就是好长时间。有时，他蹲跪在树阴底下，甚至匍匐在草丛中，欣赏那大自然创造的精品，那美的化身。他欣赏兰花的体态优雅，欣赏兰花的气宇轩昂，在欣赏中得到娱乐，得到休息。每当劳累之余，朱德就会来到兰圃转转。他常说："看上20分钟的兰花，比休息两个钟头都好。"当他休息脑筋的时候，走到兰花旁边，细察它的生长情况，像嘘寒送暖一样。有时用双手轻抚叶子，从下部直到叶尖，似入了迷一般。他为兰花拍了许多照片，空闲的时候，戴着老花镜一张一张地欣赏。那副认真的样子，就像是在观赏一件精美的工艺品。每当外出，他常常爬山登高，留恋在花草之间不愿返回。当发现一些名贵品种时，他总是小心翼翼地挖出带回，精心地培育。1955年，朱德栽养兰花50多盆，到1964年短短9年间，已迅速发展到6000多盆。

朱德常常把三两盆兰花摆在自己的办公桌上。这些盛开的兰花，浓香冷艳，沁人肺腑，朱德从中享受到不少的乐趣。

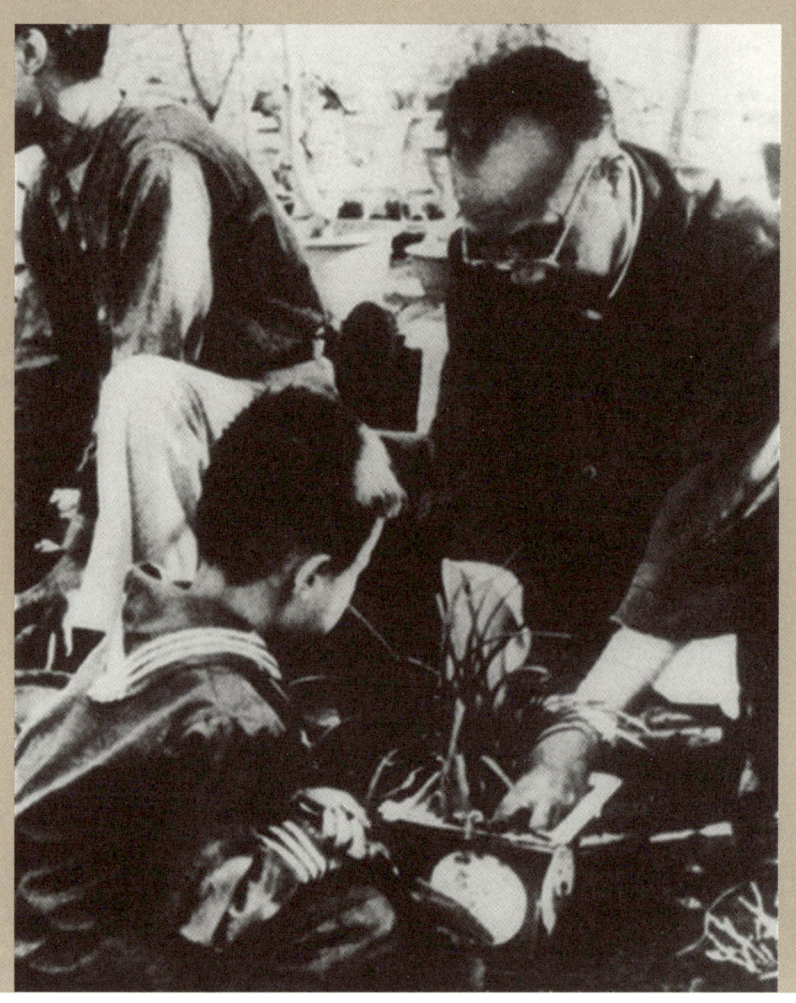

※ 朱德与外孙刘建一起种兰花。

"尤痴者则其技尤精。"朱德不仅爱兰,而且精研《兰谱》。一说起兰花,他就如数家珍,滔滔不绝。据朱德的秘书介绍,总司令不抽烟,不喝酒,最大的嗜好是种兰。早年他在护国军任旅长驻防泸州时,就在住宅院内辟出兰园,常亲自动手培植兰花。加入中国共产党后,先后担任我党、我军的重要领导职务,在战争年代,经常东奔西走,没有条件自己种兰花。革命胜利后,种兰花便成了他的一种特别爱好。他在北京寓所的院子里,种了很多盆品种不同的兰花,都是他长时间搜集并亲自培养起来的。他的客厅、办公室、卧室,常有兰香飘逸。有时,他到外地视察,专列上也要带上几盆兰花。

成都杜甫草堂内花草繁茂,朱德到成都,都要在工作之余抽时间来公园参观兰花。1961年4月29日,朱德抵达成都,第二天即参观了成都花会。在日记中,朱德高兴地写道:"11年来,成都建设得真可称为花园。特别是高山峻岭中的兰花,均集中于成都花市。过去盆景之花，现已移植成为花林，无奇不有，可喜之至。"

中山公园初建兰花室时，大家都觉得门额上总该有个名字，以标示这里是兰花展室。可是请谁来题名呢？大家不约而同地想到了朱德。可是大家又有些犹豫，他老人家年事已高，国事繁忙，因为这点小事去打扰他，总感到有点不妥。尽管有这种顾虑，大家还是希望朱德能给兰室题词。有人向卫士长谈了大家想提又未提出的愿望。没想到几天之后，中山公园就收到了朱德用毛笔字题写的几幅写有"兰室"的字幅，请从中选用。大家望着那厚重朴实的笔迹，感到与委员长更亲近了。

朱德很细心。朱德能叫出那些不为常人所知的兰花的名称。由于他对兰花观察得十分仔细，如此长年累月下来，便积累了丰富的经验，竟达到了一种令人惊叹的神奇境界：他能自如地、迅速地用贴切、生动的名字，形象、逼真地给兰花起别名。一次，北京中山公园内的兰花——海南岛的"象牙白"正在开花，那时工作人员还不认识这是哪种兰花。朱德来到这里看了后说："你们看，这像不像翩翩起舞的海燕，咱们就叫它'海燕齐飞'吧！"当时，在场的人都觉得这花确实具有海燕飞舞的神采，这个名字非常形象和逼真。直至今日，中山公园的工作人员仍然把这种兰花称做"海燕齐飞"，以纪念他老人家。

又有一次，"台兰"开花了，这是一种花序上开好几十朵小花的多花兰，呈红褐色。大家都叫不出它的名字来。朱德仔细地凝视着，说："这花多像一群忙忙碌碌正在采蜜的小蜜蜂啊！于是，"蜜蜂兰"因此得名。长年累月的积累，使他成就了即兴命名的本领，在场的人由于身临其境，每每对此惊叹不已，而那些不在场的人们，一听到朱德给兰花的命名，立时心领神会，情不自禁地拍手叫绝！

咏　兰

朱德对兰花可入迷了。他敬慕兰花，赞美兰花，留下了大量关于兰花的诗篇。朱德把精神和情操寄寓在朴实无华、清馨淡雅的兰花上。仅从1959年到1964年的短短五年间，他就写下了近40首咏兰诗词。这些诗词大都是即兴而作，不事修饰，情真意切。

1961年初，朱德参观北京中山公园的兰展后，赋诗三首，其中一首写道：

> 幽兰吐秀乔林下，仍自盘根众草旁。
> 纵使无人见欣赏，依然得地自含芳。

※ 1959年8月19日，朱德和康克清同身边工作人员在庐山五老峰。

朱德在这首诗中歌颂了兰花"吐秀乔林下"、"得地自含芳"的高尚品质，其实这何尝不是朱德本人的真实写照！

1961年秋，朱德上庐山开会。庐山秀丽风景，林木郁郁，漫山遍野长满了各种奇花异草。根据以往的经验，朱德断定庐山上肯定生长着不知名的兰花品种。他准备有空亲自去探寻一番。一天下午，朱德趁开会的间隙，来到仙人洞采兰。仙人洞是庐山胜景之一，毛泽东曾写诗盛赞它是"天生一个仙人洞，无限风光在险峰"。朱德不顾山洞小径曲折难行，细心寻找，果然在一处发现几棵不知名的兰花。待到走出山洞时，已是红霞满天。朱德余兴未尽，题下七绝一首：

> 仙人洞下产兰花，觅得还依小道家。
> 采上新名三五棵，洞前小憩看红霞。

1961年的深秋，朱德曾赋《咏兰》一首：

> 幽兰奕奕待冬开，绿叶青葱映书台。
> 初放红英珠露坠，香盈十步出庭来。

这首诗道出了作者在辛勤的工作劳动后，观赏兰花时所得到的乐趣。

朱德把采兰当做公余乐事。1963年1月，他在海南岛尖峰岭采兰后，又写下七绝一首：

> 尖峰岭上产幽兰，古木林中朽树边。
> 多费专家勤采撷，新种移出任人观。

这一年，朱德不仅赠兰花于刘文嘉园先生，而且还题诗一首：

> 刘老契园助国光，卅年种菊永留香。
> 精研善养奇葩好，承旧启新世泽长。
> 全力栽培传代久，不辞辛劳为人忙。
> 京都老少来欣赏，敬赠幽兰配北堂。

1962年春，朱德在《杭州杂咏》中曾吟五绝一首：

> 春日学栽兰，大家都喜欢。
> 诸君亲动手，每人栽三盆。

这首诗记下了他同身边工作人员一起栽兰的趣事，规定每人都要栽上三盆。

成都的杜甫草堂，名木不少，自从朱德赠送了名种兰花以后，园内植兰渐多。1963年，朱德再次来到草堂，兴致盎然地观看了草堂的兰花，写下了《草堂春兴》十余首诗。其中咏兰的一首是：

> 幽兰出谷弱袅袅，称到草堂愿折腰。
> 漫道芳姿不解意，陪同工部发新条。

这首诗用拟人的艺术手法，形象地告诉人们：生性高洁的深谷幽兰到了草堂"愿折腰"，莫道花儿不解意，她是景仰杜甫的品格啊！在朱德看来，杜甫的道德文章与幽兰的高洁质朴相得益彰，使得草堂更加春意盎然，一派生机。

位于广州市区著名的兰圃，设计独特，布局雅致，高树蔽天，野蕨漫地，圃门有古藤攀络，曲径迂回，丘壑屹立，小亭傍水，充满山木野趣，不愧为闹市区的仙境。兰圃内置有朱德赠送的兰花，并矗立着一座诗碑，碑上刻有朱德的咏兰诗：

> 越秀公园花木林，百花齐放各争春。
> 唯有兰花香正好，一时名贵五羊城。

这首诗以公园的百花争春来衬托"兰花香正好"的感受，表现了朱德对兰花独特的喜爱。面对此情此景，爱好兰花的朱德不由得发出了"一时名贵五羊城"的赞叹！

中外游人到此，往往流连忘返。

赠 兰

古人云：空谷移根出草莱，寻得幽兰报知己。朱德把广大人民当做知己，常常趁视察、疗养之便，携带一些名种兰花，送给各省市的园林部门，让他们繁殖、推广。

朱德对兰花的钟爱是出了名的，所以，很多人敬仰总司令，都把赠送兰花作为对他的爱戴，而朱德也回赠别人兰花。一盆盆赠馈往来的兰花，向人们倾诉着一段段深厚的情谊。

1960年1月，朱德到贵州视察，当他在贵阳公园见到贵州的一些野生兰花时，十分高兴。他分析情况，认为贵州的山川气候适合兰花生长，便向贵州园林部门提出应对这些野生兰花进行系统的品种整理，把驯化培育和良种选育工作搞好，为祖国的大花园增添春色。朱德还乘兴欣然命笔，写下了"馨同蕙兰"四个大字赠送给贵阳森林公园。随后又将自己亲手培育的40多盆"素心春兰"、"送春蕙兰"等优良品种送给贵阳公园。1964年朱德再次来贵州视察工作时，又带来60多盆兰花和四种关于养兰的书籍资料赠送给贵阳市园林部门。

朱德采集、培育兰花，不是为了孤芳自赏，而是着眼于与各地公园调剂余缺，繁殖推广。1960年春，他把杭州名贵品种"大富贵"赠给了福州西湖公园的兰圃，使这个公园增添了新的景色。他还把自己亲手繁殖好的福州的建兰，送给了广州华南热带植物园的兰圃，鼓励他们繁殖推广。杭州、南京、南昌等地的园林部门，都收到过朱德赠送的兰花。上海龙华花圃里，栽植着朱德从井冈山采来的兰花。在武汉东湖，开放着朱德从武夷山采来的兰花。

北京中山公园的兰花，大都是朱德所赠。1964年秋季，朱德把他自己珍藏的大部分江浙名种都送给了中山公园，这为中山公园兰花的发展，打下了丰厚的基础。据公园的工程师虞佩珍回忆："朱总经常送给我们兰花，如海南岛的'海燕齐飞'；广东的墨兰、'玉沉大贡'、'银边大贡'、'金丝马尾'；湖北鸡公山的蕙兰；四川的多花兰、夏蕙、'隆昌素'、'鹤起绿漪'；江浙名种'衢州素'；云南的'大红舌'和秋兰等。"现在中山公园的江浙名种，都是朱德赠送，经技师们的爱护和繁育而保存下来的。今天，首都能有名兰供观众欣赏，不能不引起人们对朱德的怀念。

1963年4月25日，朱德参观完眉山县文化古迹三苏祠。纪念馆的同志们早就听说朱德特别钟爱兰花，所以，在朱德临离三苏祠时，特地敬赠给朱德几盆兰草。朱德很高兴地收下了。

不久，朱德回赠纪念馆一盆"墨兰"。大家非常珍惜总司令的劳动成果，对这盆"墨兰"精心护养。

时间虽然过去了好几十年，可朱德对人民的感情，人民永远记在心里。大家都非常珍惜领袖对人民的关爱，在历史的流逝中，在漫长的岁月里，这被人民精心地培养、珍藏着的宝贵情谊，在人民群众的心中悄悄地生根、发芽，结出丰硕的成果。

朱德很珍爱别人送给他的兰花，而其他人也知道朱德养兰养得好。所以，凡是朱德回赠给他人的兰花，都被视作不可多得的艺术珍品，精心栽培，精心养育。

三苏祠里的这株特殊的"墨兰"，在纪念馆工作人员的辛勤浇灌下，长势旺盛，至今已分蘖成为两盆。值得一提的是，1991年，成都举办兰展，纪念馆将朱德送的"墨兰"参展，还得了奖。

是啊，领袖和人民之间深厚的情谊，一如这璀璨的兰花！

1963年，中国和日本尚未建交，但是，民间的往来却很多，许多友好人士互相访问，以增进两国人民间的友谊。这一年，日本的知名人士松村谦山先生来我国访问。松村谦山先生同朱德一样，有着共同的养兰爱好。在访问期间，松村谦山先生来到中山公园赏兰。

松村谦山先生高兴地发现：中山公园居然拥有许许多多的名贵兰花。于是，松村谦山向朱德点名要如意索、寅谷素、寰球荷鼎和绿漪四个品种，朱德都一一答应了。

松村谦山先生回国之后，又回赠了几株日本杂交兰。就这样以花为媒促进了两国人民间的友谊，为中、日建交开辟了途径。对这些充当友谊使者的兰花，中山公园非常珍惜。如今，这两位令人尊敬的老人都已辞世，但记载着友谊的兰花却依然年年开放。松村谦山先生的长子松村正直先生每次来京时，总要来看看这些有纪念意义的兰花。他还从当年父亲养植的"寰球荷鼎"上分出一丛赠给中山公园，以使友谊之兰代代吐艳。

又有一次，一位日本知名人士来访，他也喜爱兰花，周恩来特从朱德处要去名种，赠与这位友人。得到名兰的日本朋友，欣喜高兴之余，深深地体会到两国人民之间的宝贵情谊。

兰　友

人类的爱好有多种多样。一个人可能有很多种爱好，但同一种爱好却能把许许多多不同的人联系起来。

对兰花的爱好和迷恋——这一共同的情趣，把一个共和国的领袖和一位普普通通的老工人紧密地联系在一起。这位领袖只要一到老工人所在的地区视察工作，必定先要向老工人报到。这到底是怎么一回事呢？

这位共和国的领袖，正是身为中共中央副主席、全国人大常委会委员长的朱德。老师傅叫李奕云，是四川成都金牛坝招待所花工组的花工。

李师傅养花经验丰富，技艺精湛。朱德对养兰亦颇有研究，讲起来头头是道。他们彼此都十分佩服对方的兰花培植技术。朱德每次来成都，只要是住在金牛坝招待所，都先必定要去找李老师傅报到，跟李师傅交流花艺，看望兰花，观赏兰花。于是，身边的工作人员都知道，只要总司令一到金牛，第一件事必定就是"去花工组报个到"。

朱德来到花工组，到了兰草坪，见到花工李奕云，就热情地喊道：

"李师傅，我报到来了。"

※　朱德在四川观赏兰花。

李师傅忙说："要得，要得。总司令辛苦了！"

于是，他们就蹲在那里，仔细观察兰花，研究起养兰这门学问来。

李奕云成了朱德的兰友。除了像李奕云这样的技术工人外，朱德还结交了不少的兰友，他们中间有兰花专家、兰艺工程师、业余爱好者和寺院和尚。

1951年，朱德年已65岁，刚患过肺炎，中央决定他到杭州疗养一段时间。当时杭州刚解放不久，百废待兴。西湖一带还很荒芜，到处可见坟墓和荒草。朱德向当时省、市委负责人谭震林、谭启龙等提出，要把杭州建设成为全国最美丽的花园，把全国的名花名木都移植来，使杭州成为名副其实的优美风景区。省委的同志知道朱德爱兰，便送了几盆莫干山、天目山的兰花。朱德在疗养中一面阅读《兰花谱》，一面调查研究养兰的历史和现状。浙江的气候和地理环境得天独厚，盛产兰花，杭州又是兰花名城，经过多年的采育引种，培养出许多名贵品种，如"宋梅"、"绿云"、"大富贵"等。

杭州有一位专家名叫褚友仁，养育了一辈子兰花，经验丰富，是养兰高手。朱德拜他为师，请他讲述当地兰花的发展史，向他学习栽兰技术。褚友仁讲了培养兰花的许多经验，朱德听得津津有味，时不时亲自尝试。朱德对褚友仁说："杭州解放了，兰花不能像过去那样只能供少数人玩赏，要逐步走入寻常百姓家。你有精湛的技术，你的专长一定可以很好发挥。希望你多培养一些徒弟，总结经验，加以推广，为发展兰花事业多做贡献。"褚友仁听了十分高兴，还送了几盆自己养育的名贵兰花给朱德。

自从50年代初在杭州结识褚友仁后，朱德每次到杭州，都尽可能抽空看望这位专家，关心他的工作和生活，观看他培育的新品种，并把各地兰花发展的信息告诉他，给他很多支持。褚友仁总结了他养兰的经历和经验，写成《我的养兰生活》一书，朱德极为欣赏。

在福州，朱德同兰花工程师陈时璋结下了兰谊。朱德除了赠给陈时璋名贵品种和《兰花谱》外，还鼓励他编写新的兰谱，以丰富人民文化生活。陈时璋回忆起几次见到朱总的情形，相当激动："我养了大半辈子兰花，自以为不错了。但见到朱总司令后，才知道'角'还未锯，同他相比还差得很远。朱总对兰花的知识很渊博，对各地、各种名兰都很了解，的确是一个'到家'的人，连兰花喜爱的湿度和雾气要求的程度都了解得很准确。"陈时璋深情地说："朱总认为，建兰株丛蓬勃，刚劲有力，轩昂挺秀，一派英姿，应很好繁殖和推广。朱总给我的任务，至今不忘。"

在广州，朱德同华南热带植物园兰花女工程师程式君也建立了兰谊。程式君是前广州兰花研究会的会长。回忆起朱总对她的关怀和鼓励，她深有感触地说："朱总很关心兰花的养育、繁殖和推广，多次参观我们培养的兰花，并送了我们一些新品种，有素心兰、建兰，也有野生兰。临走时，也从我们这里带走一点，送人，交换。朱总对兰花有很广泛的知识，说出很多道理。我虽是搞科研的，但水平不如他。朱总每次来，都很随便，同我们以兰友相交。他到兰圃参观时也把我们带去，借以交流经验。当他了解到我们植物园经费和人员都不足时，便对我说：'我们交个朋友，我把北京的地址留给你，你在工作中遇到什么问题，随时给我写信，我尽力帮助解决。'他是党和国家的领导人，却这样平易近人，非常热情支持我们的事业，这点，我事前是完全想不到的。"

成都文殊院的住持宽霖和尚也是朱德的兰友，育兰有法。在他培育的三千多盆兰花中，有不少名贵品种。朱德也赠过一些名贵兰花给他。朱德视察成都时，只要有空，都要到文殊院去看望宽霖和尚，共叙兰情。在宽霖和尚的陪同下，他俩坐在寺院后进的东厢里，以"一闲对百忙"的逸趣，欣赏千姿百态、清香四溢的函兰。真是：谈诗花助兴，论道霞满天。1978年，宽霖和尚发表怀念朱德的文章，称朱德对他的关怀是"润物细无声"。杜甫草堂、五福村的养兰技工，都是朱德的兰友。一有机会，他们就要交流兰艺。北京中山公园工程师虞佩珍和其他园林单位的兰花里手，都同朱德熟稔，朱德总是鼓励他们大力发展养兰事业。

兰　品

兰花是一种风格独特的花卉，它有着美妙的花形，丰富的色彩，优美的叶态和清幽的香味。这些是兰花的外在美。在家兰者的心目中，兰花还具有内在的美，这就是兰花的品格之美。朱德喜爱兰花，喜爱兰花的质朴、高洁。

"兰花生于深谷，不以无人而不芳；君子修道之德，不因困穷而改节。"这是《孔子世家》中用兰花比喻人应有气节的话。

朱德把精神和情操寄寓在朴实无华、清馨淡雅的兰花上。人们也从他身上发现了兰花多种高贵的品格：质朴、坚韧、高洁、芬芳……。朱德曾说过："兰花品质高洁、香气纯朴，历来为人们崇尚，经济价值也高。"当有人提到：宋代郑恩肖画兰不画土，以示兰之高洁；鲁迅也曾用"岂惜捐馨酬薪者，独坐幽岩展素心"之句来比喻革命先烈的气节时，朱德点头称是。他说：人们崇尚兰的品格，所以称阳春之时为"兰时"，称醇美之酒为"兰舫"，称亲密挚友为"兰友"。兰花的这些品格和情操不正是代表着我们中华民族某些可贵的精神吗？

有一年国庆节后，朱德和康克清来到南昌，住在江西省委书记杨尚奎腾出的房子里。

杨尚奎的夫人水静早就听说朱德喜欢兰花，却没想到朱德会爱得如此之深。

在朱德下榻的院子里，有片宽阔的草坪，草坪上长着几株很大的桂花树。这时正是桂花飘香的季节，绿叶金花，有如夜空缀满了团团簇簇的繁星。那浓郁的芬芳，使人闻之欲醉。树下有一排石凳，青石凿成，清凉如水。

朱德的专列上有几十盆品种不同的兰花，他把这些兰花从专列上搬下来，分散摆在桂花树的四周。他经常坐在石凳上，时而仰视金桂的挺拔、凝重，时而俯看幽兰的飘逸、恬静，就像一个在辛勤劳累之余，欣赏自己的成功作品的老园丁。

有一次，杨尚奎和水静去看望朱德时，正碰上朱老总和几个卫士、秘书在桂花树下摆弄兰花。朱德拍拍手中的泥便来欢迎客人，康克清也从房子里出来。几个人坐在石凳上谈了起来。

水静对朱德说："我很喜欢兰花的绰约风姿和淡雅清香，可是不管我怎么细心侍弄，总也养不好。"

朱德一听说水静也是一个爱兰花的人，马上来了兴致，慢条斯理地谈起了兰花经："兰花是一种很娇贵的花卉，既怕烈日，也怕强光，水、肥、土都要恰到好处，多了少了都不行，所以管理比较麻烦。有'春不入，夏不出，秋不干，冬不湿'的四大戒律。而且每年这个季节必须换一次土，否则它是不会开花的。"

"来吧，水静！"朱德站了起来，说道："我来教你怎么给兰花换土，这是很重要的一个环节。"

水静跟着朱德走到兰花旁，蹲了下来。朱德拿起一盆兰花连土从盆中倒出，清除盆内残存的老土，仔细垫盆，换上已准备好的腐殖质土壤。然后是分株，剪掉烂根和病根，理直肉根，再植入新土。他一会儿就做好了，自始至终从容不迫，娴熟得像个经验丰富的老花工。水静都看得入迷了。

"兰花的品种很多，你喜欢哪一种呢？"朱德搓搓手上的泥，缓缓走向石凳，问水静。

"我喜欢墨兰。"水静回答说："它叶美、花香，而且花上还有条形纹彩，花上有花。"

"不错，只是比较难养。"朱德说："兰花生长在深山幽谷里，它有自己的脾气、个性，一定要顺着它，否则，轻则不开花，重则枯黄而死。"

"我种兰花，就是很难摸准它的脾气。"水静说，"肥呀，水呀都没少给，松土、洗叶，时间也没少花，可总是不称它的心。"

※ 朱德和兰农在一起。

朱德像赞扬一个人的性格似的谈论开来："兰花生性是高洁、倔犟的，它讨厌浓肥大水，讨厌狎昵拨弄，讨厌喧嚣烟尘的纠缠。所以它的香味清雅幽远，无与伦比，古人称它为'香祖'，'王者之香'。"

水静很有感触地说："喜欢兰花的不少，善于植兰的却不多。"

"你要是喜欢它的香味，首先得尊重它的个性。"朱德说："你要像朋友那样，而不是像主人那样对待它。否则，它就不会给你吐芳呀芬。"

水静全神贯注地听着，觉得朱老总不仅是在教她如何种兰，而且是在教她怎样做人。

1959年夏天，中央在庐山开会时，水静又见到了朱老总夫妇。杨尚奎把他们安排在"359"号，这是熊式辉在庐山的别墅。这幢房子虽然不像毛泽东住的"180"号那么有名气，但在当时也是堪称一流的了。它的特点也是院子大，花木多，而且品种都很名贵。杨尚奎作这种安排，是考虑到朱老总的爱好。喜欢花木的朱老总住在这里是再合适不过了。住在这个院子里能赏花养花，兴致悠悠，朱德十分满意。

"兰为王者香"，它生于深山幽谷中，体现着一种幽雅高洁的情操。人们把它移到庭院，取其貌、其香、其德，所谓"空谷知音，雅契同心"即为此意。兰若君子，自古以来君子比德于兰。兰兼有雅人姿、王者香、高士骨。朱德爱兰，既出于怡情托志，更多的是为民造福，为国增光。

在朱德看来，中国有许多兰花珍品，实乃国宝，必须使之繁荣发展。他说："一个国家文明不文明，要从各方面去看。物质生活丰富了，还要有丰富的文化生活。好的摆设，也是文明的一个方面。如果兰花普遍进入了寻常百姓家，这时的文明就更可观了。"

朱德致力于发展祖国的兰花事业，为此呕心沥血。

人以花传花愈重，花凭人护人更高。

兰 劫

朱德对兰花的深情，确实无法用笔墨来形容。

"文化大革命"中，花卉被作为资产阶级情调的象征，从事花卉研究和培养的工作人员都受到压制和打击。许多人怕挨批，不敢养花。还有的花卉爱好者只能私下偷偷摸摸地养。可是，就是在这种不正常的政治气候下，朱德仍然充满了乐观，仍然一如既往地培育兰花，对兰花倾注了无限的深情。

在那个史无前例的年代里，什么事情都可以发生。一天，灾难终于降临到兰花头上。一位主管警卫工作的同志，拿着"令箭"，声称要进行园艺改革，不准养花，说养花是革命意志消沉的表现，"必出修正主义"，硬要朱德交出所有的兰花。朱德无可奈何，眼巴巴地看着自己苦心经营十多年的兰花全部被拿走了。凡同朱德有兰谊的人，几乎都受到打击。成都文殊院的宽霖和尚被隔离审查，三千多盆兰花被砸得一盆不剩，令他难过不已。福州的兰花老工程师陈时璋，回忆起这一浩劫时，痛心地说："林彪、'四人帮'推行反革命专制主义，他们发动一些人兴锄动斧，见花就打，遇盆便砸。一万多盆建兰，连同朱总赠送的'大富贵'名种，统统都被砸光。有一种被朱总命名为'一摇三摆'的兰花，也因此绝迹了。多么可惜啊！我自己也被下放'改造'，叫我种菜，挑石子。"朱德送给秘书陈友群的四盆兰花，也同遭厄运，全部粉身碎骨，荡然无存。

※ 朱德在观赏兰花。

　　1972年春节后的一天，朱德到北京中山公园看兰花。那时，花洞里非常阴暗，台阶的阶梯很高，上下不方便。工作人员怕朱德跌倒，就告诉他凡开花的都送展室去了，劝他别到花洞里看了。但朱德仍坚持要到花洞里去看。他高一脚低一脚地进了低于地面一米左右的花洞。看到生长茁壮的兰花时，朱德长长地舒了一口气，感叹地连说了好几声："好啊！好啊！"

　　有一年的"五一节"这天，朱德突然出现在中山公园的兰圃。工作人员好久没见到朱德了，高兴地迎上去问好。朱德看到大部分兰花依然生长健壮，便面带笑容地鼓励大家说："作为国家珍贵财富，要好好保护这些兰花。你们养护得好啊！"工人们长期受到压抑的心情，因为朱老总的这一番话，一下子感到舒坦了好多。当"五一"游园会的工作人员赶到兰圃时，工人们这才知道，朱老总是作为中央领导同志的代表，出席在音乐堂举办的节目庆祝活动的，他是特地忙里偷闲，来看望这阔别数年而又寄有深情的兰花的。

　　由于林彪、"四人帮"反革命集团的阴谋和破坏，"文化大革命"步步升级，许多老干部被打倒。朱德的处境也日益艰难。但是，他仍然关心那些养兰护兰的工人，关注着中山公园的兰花。又一个"五一节"的时候，朱德来到中山公园唐花坞。那天游人很多，为了使朱德能尽情地赏花，有的工作人员提出是否关下门，控制一下游客量。朱德知道了，马上告诉大家不要关门。他说："平时大家都忙于工作，好不容易有个节日出来游玩，绝不能让大家扫兴。"大家只好照办。朱德缓缓地边走边看，当他走到花房中厅时，一位游人发现了他，大声地说："这不是委员长吗？"游人们听到声音马上围了过来，许多游人挤到面前与朱德握手问好。人们鼓掌表示对朱德的热烈欢迎。朱德对大家挥手致意，并抚摸身边的孩子们，谈笑风生。公园里荡漾着欢歌笑语，成了一片欢乐的海洋。大家都沉浸在幸福之中，为能亲眼看到朱德委员长而感到庆幸。

1976年的春节来临了。同往年一样，中山公园的兰花又一次开放吐香。朱德，这位与兰花结下几十年深厚友情的老人，手拄拐杖，同往常一样再次来到兰圃赏花。在公园陈向远和技师孙钜的陪伴下，他围着长长的展台，一盆一盆地仔细欣赏着。他说："今年素心的品种多了。"孙钜回答说："是的，但也有梅瓣的。"朱德说："梅瓣的不多见。你们能培育出来，说明你们的水平有长进了。"孙钜举起两盆梅瓣兰花请朱德观赏。朱德仔细地看着，一边看一边点头。转完一圈之后，朱德仿佛又想起了什么，提出要去看看其他的花室。来到唐花坞，朱德观赏了温室中的花卉。望着那些色彩缤纷、香郁沁心的朵朵鲜花，这位一辈子爱花护花、对花卉事业倾注了无限心血的老人，露出了满意的微笑。

他带着满意的微笑离去了。

谁能想到，仅仅几个月后，他便永远地离去了。

中山公园的工作人员听到伟人离去的消息，心情无比的沉重，他们很长时间都觉得这是不可能的！这位与兰花结下不解之缘的老人，这位经常来中山公园观兰赏兰的老人，将不能再来中山公园看兰花了！大家这才如梦初醒：那天，朱德最后一次来兰圃时，看得那么专注，那么仔细，仿佛是在向它们作提前告别；看完兰圃后，他好像已经知道自己的日子不多了，又特地去看了其他的花室。

领袖的兰花情结，当他在最后一次到中山公园看花时，以这种特有的方式完全地释放出来。人们再次回忆起他最后的中山公园之行，是那么强烈地感受到：兰花已是他生命的一部分，血肉相连，不可分离！那天他看完了兰圃后又看了其他的花室——这最后的举动，最后的细节，向世人昭示了一个很深很深的寓意：朱德，这位世纪老人，他爱了一辈子的兰花，但他一辈子所钟爱的，又岂止仅仅是兰花。他爱千千万万朵兰花，他更爱千千万万种花。他喜欢万紫千红的春天，他无比深情地热爱着我们这个百花争艳、欣欣向荣的祖国大花园！

兰花，一代伟人无尽的情思。

透过伟人的兰花情思，我们看到的，是一颗爱国爱民的真诚心！

中山公园的工人们接到布置遗体告别与追悼会场地的任务，心中再一次升腾起感情的浪花。怀着对他老人家崇敬、怀念的心情，工人们用自己培养的鲜花，献上了一片片敬意。他们精心选择了郁郁葱葱的龙柏、米针柏，象征朱德同志的精神似苍松翠柏，永存于世。他们挑选了四盆朱德生前送给他们的兰花和大量君子兰，表达他们对朱德君子之风的崇敬。以洁白的东洋菊、色彩缤纷的绣球花、洋蝴蝶、扶桑等，环绕在遗体与遗像的四周，表示他永存在群众之中。

花开花谢一年年，领袖永活人民心。

（王亚丽）

"差一分也是不及格"

> 朱德的小孙子算术考了59分，老师给朱德写了一封信。朱德批评小孙子，小孙子不服气。朱德说："不及格就是不及格，差一分也是不及格。"

朱德十分注意子女们的学习情况。他常说："过去旧社会里边，一些不学无术、不求成材的都是有钱人家贵族的孩子。我们要注意这些问题。"

朱敏在1953年以前，一直在苏联上学。每次回家度假，朱德总要问她的学习情况。1950年8月31日，朱德给女儿题词："虚心学习理论，更要求与实践相联系。"当时，朱敏由于长期在国外生活，中文程度差，读有些文章感到有一定的困难。朱德就戴上老花镜，让朱敏坐在他身边，辅导女儿学习。他用手一行一行地指着，教女儿一句一句地读《新民主主义论》和《论人民民主专政》等著作。他边领读，边讲解，每讲完一段就停下来问朱敏懂了没有。有时，朱德发现朱敏理解不深，就重新讲解。

孙子们开始上小学一年级的时候，朱德就给他们讲开国大典，教育他们懂得，没有共产党，就没有新中国。孙子们稍大一些的时候，朱德又严肃地教育他们要认真学习马列著作。他多次对孙子们说："不懂得马列主义，不懂得哲学，什么工作也做不好。"

朱德对孙子们的功课很关心，经常抽空抓孙子们的功课。几个孙子常常因为贪玩，不能很好地完成老师布置的作业。可是，每个星期六下午回到家里，朱德总要检查孙子们的

作业本和学习手册。往往为了一道算术题没有做出来，或是作业做得不好，朱德就会严格地要求孙子们重写作业，复习功课。孙子们当时还小，不明白爷爷的苦心，经常为此撅嘴生气。为了使孙子们明白道理，朱德特地召集他们开会。朱德说："现在，老师从小就教你们知识，生活上也没有困难。在旧中国，哪有这样好的事情啊！我小的时候，全家辛苦劳动，才勉强供我一个人上私塾，每天都要自带干粮，往返跑几十里。你们可不能身在福中不知福啊！"

有一天，朱德收到一封特殊的来信，打开一看，是一位数学老师写来的。这位老师为什么要写这封信呢？原来，朱德有个上小学的小孙子，因为贪玩，学习成绩下降了，前天算术考试，只得了59分。放学后，老师把他留下来，找他谈话，帮助他。他却趁老师没有注意悄悄地溜走了。老师为了配合家长教育他，才给朱德写了这封信。这封信写得非常感人，老师开头介绍了孩子在学校的情况，然后检讨了自己没有把孩子教育好，作为一名人民老师来说是失职的，实在对不起革命前辈。

朱德看完信后，非常重视，立即把孩子叫来，对他耐心地讲道理："光想着玩，不努力学习文化知识，就不能很好地为人民服务。科学技术在不断发展，现在不好好学习，长大了什么也不会干。当工人不会做工，怎能生产出机器？当农民不会种田，怎能长出粮食？大家都像你这样，全国人民吃什么？穿什么？上课时不能画小人，也不能人坐在教室里，心却想着玩。"

小孙子听了，不大服气地说："老师出的题我全会。这回是粗心了。再说59分离及格也只差一分，老师为什么要告诉爷爷？"

朱德对他说："不及格就是不及格，差一分也是不及格。再说及格了，难道就满足了吗？应该争取优异成绩。老师批评得对，是对你负责。学生怎么能不听老师的话呢？一定要尊重老师。这是当学生必须首先做到的一点。"

朱德要小孙子去向老师承认错误，并保证今后不再重犯，一定要努力学习。为了使小孙子能受到深刻的教育，朱德还特地把老师请到家里来做客。当老师来到时，朱德起身迎接，并热情地同老师握手，感谢老师对孩子的辛勤教育。朱德说："老师的工作很重要，

※ 朱德、康克清和女儿朱敏、女婿刘铮在明十三陵。

关系到下一代的成长。希望老师对孩子严格要求。"老师看到朱老总百忙之中如此关心教育事业,深感肩负的责任重大,他激动地说:"一定不辜负您的期望。"

朱德经常教育孩子们要刻苦钻研。碰上重要的文章,他要求孩子们反复学习,争取做到每次都有新的收获。朱德鼓励孙子们勤做笔记。当他们刚刚能够写心得笔记的时候,朱德就送给他们新日记本。他和康克清在送给孙子们的笔记本上经常会写下诸如"好好学习,天天向上"之类的勉励话语。朱敏在回忆父亲时说:"有时他还亲自看看孩子们的笔记,并且动手给他们改正错别字,修改病句。有时孩子们贪玩或者怕写不好挨爷爷的批评而没有写,父亲就批评他们不写读书笔记,一是怕写得不好丢面子,二是怕艰苦,贪玩。这是资产阶级思想的表现。"

平时在家里,朱德常常让孩子们围坐在面前,一起学习。孩子们这个读一段,那个读一段,他自己就边听边看。读完一段,朱德就让孩子们讲一讲,提出问题。他说:"不要怕问问题,不懂的地方,就大胆地问。所谓学问,就是既要学,又要问。"每次学习时,朱德都十分认真,谁念错一个字,他马上就给予纠正。

朱德一见孩子们学习就高兴。他在检查他们的作业时,谁做得好就表扬谁,谁做得不好就批评谁。他要求孩子们发现错误就要立即改正,并且要求重做一遍,以加深印象。孩子们年岁小,一听说重做就不耐烦,有时还会撒娇。碰到这种情况,朱德决不让步,决不松口,直到看着孩子们把作业按要求做完。朱德还耐心地给他们讲为什么要这样做,使他们认识到养成一个良好的学习习惯有多么重要。在爷爷的严格要求下,小孙子们谁也不敢偷懒,成绩有了明显提高。

在朱德的带动下,注重学习钻研成为朱德一家的风尚。

(王亚丽)

"不要搞特殊化!"

"不要搞特殊化!"这是朱德教育子孙的一句名言。他说到做到,言传身教。

在朱德看来,干部子女有了特殊化思想,那就是变质的开端。"不要搞特殊化!"这是朱德教育子孙的一句名言。他说到做到,言传身教。

※ 朱德在云南筇竹寺观看小学生下棋。

领导干部的子女用车是一个极为敏感的问题，朱德从不在这个问题上"破格"，真正的做到公私分明。

朱德对家里的所有孩子都严格要求，一律不准坐汽车上学，无一例外。他交待工作人员和子女们说，他的汽车是国家给他办公用的，平时不准子女们因私事用车，必要时用车一定要交费。孩子们心想这是小事，不理解其中的缘故。朱德解释说："第一，汽车是组织上因为工作需要为我准备的，你们无权坐；第二，现在一般家庭还没有小汽车，你们常坐，就会觉得比别人特殊。特殊化可是要不得的。"儿子朱琦原在天津工作，手中也有一定的权力。每次到北京看望父亲，他从不带汽车，都是坐火车到北京站再换乘公共汽车，和普通老百姓一样挤车到家里去。开始时，工作人员看到朱琦在战争年代脚上受过伤，留有残疾，行动不方便，家用的汽车也闲着，就向朱琦说，你再来时可先打一个电话，我们

※ 朱德和彭真在景山公园与少先队员在一起。

开车来接你。朱琦说:"爸爸要求很严格,知道了会批评的。"女儿朱敏在节假日来家看望父母,也是大人小孩一起挤公共汽车。有时,女儿有事回学校太晚了,或身体不好,非需要用车不可时,朱德也一再叮咛秘书照付汽油费。就连康克清同志,也是挤公共汽车去上班。

小孙子们上到二年级时,朱德就让他们坐公共汽车去上学。当他们念到小学高年级时,要求他们在周末回家时,不坐公共汽车,自己走回来。朱德对孙子们说:"你们能不能锻炼自己走回来呢!走路好处太多了,可减少公共汽车的拥挤,可以锻炼身体,还可以熟悉道路。"说着,朱德不禁回忆起初到德国的经历。他动情地说:"我初到德国时,连话都听不懂,坐车没法子买票,问路也没法问。我出门干脆走路,口袋里装一张柏林地图，按照地图走，不到一个月时间，我熟悉了柏林的街道，以后办事也方便了。"朱德在一生中走过了多少路，那是无法计算的。从四川到云南上讲武堂，是走去的；从云南到四川参加护国讨袁战争，是走去的；从南昌起义到上井冈山，也是一路艰险地走去的；他率部踏上了长征路，一步一个脚印，走完了长达二万五千里的行程……新中国成立后，他迈开双脚，又走遍了祖国大地，除了宁夏、西藏和台湾外，全国各地都留下了他的足迹。孙子们听了朱德关于走路的道理，决心以爷爷为榜样。从那以后，孙子们都坚持星期六步行回家，星期日下午再步行返校。这样一直坚持到小学毕业。

（王亚丽）

革命到老，学习到老

> 解放以后，朱德已届老年，但他始终保持旺盛的革命斗志。孜孜不倦地学习。经常用"革命到老，学习到老"激励自己。

20世纪50年代，他常在工作之余，自己阅读马恩列斯著作和毛泽东著作。有时外出散步，还带着书，中间休息坐下来就读几段。每读书必圈点，作眉批。有时中央向全党干部提出读书目录，他就认真照要求读，许要求他所在党支部的同志都来学。60年代以后，年事日高，自己读书越来越困难，他就请身边的同志和他一起学习，两个人读一段，讨论一段，循序渐进，又这样读了大量的马列著作。

除学习马列著作、毛泽东著作外，朱德非常注意政策、时事的学习。60年代前后，他曾多次组织身边的同志讨论当时中央提出的一些政策。在讨论中，他鼓励大家畅所欲言。他自己则常发表一些精辟实在、符合客观实际的意见。如1958年11月间，他就组织过《十五年共产主义建设纲要（草案）》的讨论，他发表了不少与《纲要》不同的意见，他特别强调要根据条件办事，要有小自由，有自愿，有纪律，不要命令主义，不要强求一致，要提高而不要降低人民生活水平等等。其后，还组织讨论过斯大林著作《苏联社会主义经济问题》。

朱德直到晚年始终关心国家大事，自己不能看，就让家人或身边工作的同志把报纸杂志上的文章读给他听。

（顾英奇）

★★★ 第七编 ★★★

调查研究 曲折探索

第七编 07
调查研究 曲折探索

关心北京工艺美术业

朱德十分关心工艺美术事业。他曾先后七次亲临北京工艺美术行业视察指导，帮助解决实际困难。

北京的工艺美术有着悠久的历史。辽、金、元、明、清五个朝代建都北京，大量征召各地能工巧匠汇集京城，为宫廷和达官显宦服务。这些工艺技能和产品逐渐走向了民间并世代繁衍丰富。这就使北京的工艺美术不断吸取各地精华，并逐步形成自己独特的风格。

朱德曾先后七次亲临北京工艺美术行业视察指导，关心它的发展，帮助解决实际困难。

"妇女能顶半边天"

1956年11月的一天，朱德和夫人康克清一起来到挑补绣花社。当时的挑花合作社只有20余名工人，几乎都是妇女。在市妇联组织和区委帮助下，挑花合作社接受了一部分东欧国家的订货，生产上很有起色。当时的厂房是利用过去的娘娘庙，光线比较阴暗，条件相

※ 朱德在北京郊县调查秋收和分配情况。左一康克清。

当简陋。尽管如此,大家干劲仍然很足。

坐在昏暗简陋的办公室里,朱德兴致勃勃地听着社干部的汇报。

他老人家听到挑花合作社创办之初只拨给一包大米、两袋面粉(当时都是以粮食折款)之后,夸奖女工们艰苦创业,不简单。

当汇报生产情况时,朱德问:"你们的原材料是否可以保证?今年的生产任务能完成吗?"社主任蛮有把握地回答:"原材料有保证,生产任务能完成。"朱德得知挑花合作社一年能创产值三四百万元,高兴地点着头,连声称好。

党支部书记又向朱德汇报了职工思想情况:"经过社会主义改造,女工们的思想觉悟有了进一步提高，逐步懂得了工人阶级当家做主的道理；同时，也逐步认清了妇女自身解放的重要意义。因此，女工们的干劲都很大。"朱德很满意，嘱咐说："你们作为工厂的领导，要带领女工们克服困难，增加生产。妇女在旧社会地位很低，被人瞧不起。现在解放了，妇女的政治地位也应当提高，这个问题你们应该引起重视。要很好地把广大妇女组织起来，为建设社会主义祖国做出贡献。"最后，他老人家笑着说："妇女能顶半边天嘛！大家组织起来，力量会更大。"

朱德的一番话，深深印刻在社干部的心中。女工们听了社干部的传达，都受到很大的鼓舞。当年，她们不仅保质保量地完成了生产任务，而且还收到荷兰、匈牙利等国的大量订单。

"玉器行业要大发展"

1959年10月13日，朱德来到玉器厂视察工作。

北京市玉器厂是在五个玉器生产合作社与一个公私合营厂的基础上于1958年组建的。全厂有职工1400多人，其中年轻职工和女职工分别占职工总数39.1%和22.6%。这年，国家下达的产值计划是631万元，至9月底，已超额完成，预计到年底可完成产值700万元。

朱德在市轻工业局副局长谢邦选和崇文区区委副书记贾桂发的陪同下步入办公室，听取厂领导的汇报。

朱德首先问起工厂的生产情况。他关切地问："咱们工厂原材料的供应有什么困难吗？"厂领导回答说："原材料倒是可以买到，就是运输不方便。"朱德说："如果陆路运输有困难，可否考虑空运呢？总之，要保证原材料的供应。"

接着，朱德又详细询问了职工的生产和生活情况。厂领导楚侠汇报说："全厂职工积极响应党的号召，发扬工人阶级的主人翁精神，大搞技术革新。目前，已把一些工序由手工操作改为机器操作，劳动生产率提高了50%以上，使工人从笨重的体力劳动中逐步解放出来。劳动生产率的提高，极大地激发了广大职工的劳动积极性，大家正在为实现生产机器化和半机器化努力工作。今年，广大职工为了向国庆10周年献礼，利用企业时间参加义务劳动，把收集到的边脚小料充分利用起来，制作出12000件小商品，供应市场。"

朱德一边听，一边满意地点着头。

听完汇报，朱德显得十分高兴。他对在场的同志说："你们要继续努力，玉器行业要大发展。我国的玉矿不少，原材料不成问题，玉石加工成产品就可以出口换外汇，用来支援国家建设。同时可以多做些小产品，满足国内市场的需求。当然，主要的是提高产品的艺术价值，满足出口需要，多创汇。"随之，朱德又饶有兴致地参观了生产车间和职工们为国庆献礼制作的小产品。他热情地赞扬了职工们的生产积极性和创造性。

临行前，朱德微笑着对几位厂领导说："有机会我还要来看一看。到那时，你们玉器厂一定会有一个很大的发展。"老人家的亲切话语使职工们受到极大的鼓舞。

"工艺美术学校要培养技术人才"

工艺美术要大发展，"培养新人，传宗接代"更显得重要和突出。

1959年10月13日上午，朱德刚视察过玉器厂，下午3点又驱车赶往北京工艺美术学校。全体师生员工簇拥在校门口，热烈欢迎朱德的到来。

※ 朱德视察北京工艺美术工厂。

朱德来到校办公室，听取了校领导关于学校坚持"培养技术人才，传宗接代"方针的情况汇报，给予了充分的肯定。

随后，朱德参观了学校的校舍和校办车间，还观看了学生作业。他一边参观，一边向校领导了解学校的招生、教学仪器、教学内容、新建校舍等情况。朱德还详细询问了学校在发展中存在的困难和问题，师生们的工作、学习和生活。

朱德在谈话中提出："要扩大工艺美术品的生产，不断满足出口的需要。今年全国钢的生产已达到1500万吨，对我们六亿多人口的大国来说，还是很少的，我们要增加出口，换取铜材。"当谈到景泰蓝、烧瓷工艺品的生产需要铜材时，朱德说："国家对铜的需要量很大，目前的生产还不能满足工业用铜需要，应当注意节约用铜。""学校工作要钻研业务，精通业务。将来需要造就大量的各方面人才的。""工艺美术学校要培养技术人才。"

在他的关心指导下，工艺美术学校、北京工艺美术系统的各级领导，把培养技艺人才当做北京工艺美术发展的根本措施。仅两年，玉器行业艺徒人数就达八百余人。

"要注意培养青年艺人"

1959年11月5日，朱德第二次到象牙雕刻厂视察。

朱德首先听取了厂领导的汇报。朱德关切地询问工厂的原材料缺不缺，原材料是进口还是国产？孙厂长告诉他，我们有一个骨刻车间，骨料都是国产的，产品大部分销往国外，换取外汇。他老人家听了很高兴。当汇报到工厂现状时，他插话问："现在全厂职工有多少人？"孙厂长回答说："只有496人。"他接着问："有什么问题吗？"孙厂长回答："其他困难倒没有，就是生产上人手不够。"听到这里，朱德转头对陪同前来的谢副局长和贾副书记嘱咐说："生产一线应该适当增加力量，要给年轻的，最好是高小以上文化程度的。要注重培养青年艺人。"

正在这时，老艺人胡凤山等走进房间，朱德站起来和他们一一握手，并询问胡师傅一个月收入多少？胡凤山回答说："一个月170元，是工艺大师中工资最高的。"朱德笑着说："应该，应该嘛。"朱德和身边的几位老艺人亲切地交谈起来。他不仅问老艺人们的工作情况，而且对他们的生活也很关心。

当他得知，这些老艺人为了向国庆10周年献礼，不辞辛劳，夜以继日地精心制作出"东方巨龙牙球"、"天安门"、"跃进龙舟"、"百花齐放花篮"等一千多件牙雕展

※ 朱德在北海团城观赏古字画。右为郑振铎。

品,全厂职工还制作了一万多件小产品后,朱德满意地点头微笑。他特别称赞老人们是国家的财富,勉励大家继续努力工作,不要让祖国的优秀传统文化失传。他一再嘱咐青年艺人要虚心向老艺人学习,做出更多更精美的牙雕工艺品。

朱德兴冲冲地来到人物雕刻车间。这时,23岁的孙森正在专心致志地制作着一尊三尺多高的象牙仕女雕像。当他发现朱德来到了他身边时,既惊喜又有些紧张,不知该说什么好。车间领导介绍说:"孙森是市级青年红旗手。"朱德微笑着和他握手,问他:制作这么一件活需要多长时间?孙森说:原来需要12个工(每个工按八小时计算),现在只用五个工。朱德听了连声称赞,并和孙森一起合影留念。后来,孙森成为国家级工艺大师。每当他谈起朱德和他见面交谈的往事,心里都充满着深深的思念之情。

朱德又参观了骨刻车间和小件活车间。他看到有的工序已经由手工操作改为机器操作,特别是当听到蛇皮铝是受了牙医手铝启发而制作成的时,流露出欣慰的神情。他鼓励职工们要大搞技术革新，发明更多的机器代替手工操作。

朱德的亲切教诲，至今深深印刻在广大职工的心里。

"不仅要抓生产，还要关心职工生活"

1959年10月24日下午，朱德来到北京花丝镶嵌厂。职工们听到这一消息后，个个欢欣鼓舞，奔走相告。

朱德很关心工厂的经营情况，当他听说出口产品基本上都有盈利的时候，他嘱咐厂领导应该向市里多申请一些原材料，争取多生产出口产品，换取更多的外汇。朱德又询问工厂每年需要多少金、银、铜等原材料。厂领导汇报说，根据目前的生产能力，每年需要90吨铜，3吨银和近半吨金。他老人家问："为什么不多做些金活呢？"厂领导说："国家对金子的管理相当紧，不容易批到。"朱德建议说："你们可以多做些金活，不是可以换取更多的外汇吗？"

当了解了由合作社并厂后的情况，朱德问厂领导，工厂迁移后，职工家属的问题怎么解决？厂领导回答说，因为房子问题解决不了，有80%的职工家属还留在市区。他老人家听了这一情况，似乎觉得有点遗憾，说："你们工厂的自然环境不错，很适合你们这个行业。家属长期在北京也不好，你们可以利用自有资金盖点房子，把职工家属迁过来。这样，一方面可以照顾职工，另一方面也减少了市区的人口。"接着他对厂里的干部说："作为领导，不仅要抓生产，还要关心职工生活。"在场同志都点头称是，同时也说明了在盖房申报方面存在的困难。朱德说："你们盖房用不了多少原料，只要说明情况，自己有钱，我看还是可以盖一部分房子的。"

临走前，朱德还勉励花丝镶嵌厂的干部、职工，要鼓足干劲，提高产品的质量和数量，加强技术革命，努力钻研业务。同时，还要注意对新工人的培养教育，为建设社会主义贡献力量。

从1956年到1972年，朱德先后十多次到北京工艺美术行业的七八家工厂视察参观。大家都深切地感受到朱德这位戎马一生的开国元勋对工艺美术业的重视和支持，对工人的关心和期望。

（李由、路淑慧）

邕城的偶遇

　　朱德亲临广西视察，在南宁偶遇当年的警卫员潘少洲。潘少洲在南宁园艺场任场长。短暂叙旧，两人都非常高兴。

　　朱德十分关心广西的建设。在他78岁高龄的时候，还第四次莅临广西视察。广西的许多地方曾留下他的音容笑貌，记录着他对广西人民的殷切嘱托。他在广西首府邕城（即南宁），与一位当年的警卫员的动人交往，至今仍被人们传为佳话。

　　1957年1月9日至15日，朱德在广西视察期间，有人向他介绍说，他当年的警卫员潘少洲，现在任南宁园艺场场长。朱德得知后很高兴。一天上午，在省委、省政府领导陪同下，驱车前往园艺场。

※ 朱德题字。

园艺场位于南宁市东郊的青秀山脚下,当时还没有完全开发,时值严冬,显得格外的冷清、空廓。潘少洲和场里的干部职工,得知朱德要来视察,仿佛感受到了春天的气息。

汽车来到场部,朱德一下车,便大步上前拉住早已恭候在那里的潘少洲的手,用他那洪亮的四川口音说:

"小潘,还记得我吗?"

潘少洲因过于激动而声音发颤:

"老首长,我……我……怎么会不记得您呢?"

是啊!潘少洲怎么会不记得朱德呢?他出生在贵州黔西县一个贫苦农家,幼年丧父,15岁便开始给人"赶马帮"。1935年1月,他在四川东南部乌江畔的一个马帮驻地参加了红军。1940年下半年,他奉调中央警卫团担任朱德警卫员,1945年秋在延安调离。五个烽火寒暑,他鞍前马后跟随总司令,在艰苦的战争生活中,他与总司令结下了职位悬殊而情谊深厚的车笠之交。后来,潘少洲随野战部队南征北战,1949年冬到了广西。1951年转业到省贸易公司商业厅任科长。1952年到刚刚建起来的南宁园艺场任场长。他带领全场三四百名职工,苦干了几年,使园艺场初具规模。今天,他没想到会在这里和朱德久别重逢。他紧紧握住朱德的手,久久不松开……

短暂叙旧以后,韦国清省长对潘少洲说:

"朱总很忙,来看看你就回去。"

但朱德却摆摆手,说:

"不……不,我要在小潘这里吃午饭,还要到他的场子里去看看。"

潘少洲听了这话,高兴的脸上露出难色。朱德故意把脸一板说道:

"怎么,我留下吃顿饭都不行?"

潘少洲忙说:"不……不,只是我们这里的炊具不配套,恐怕……"他的声音越说越细。

朱德将前倾的身体往椅子背上一靠,说:

"随便吃饱肚子就行了嘛!"

于是,在那间简易的职工大食堂里,朱德和干部、职工们一道津津有味地吃了一顿午餐。

饭后,朱德拍拍潘少洲的肩膀,说:

"走,去看看你们的果林。"

当时的园艺场还没有机动车路,周围的环境也不太好。大家都建议朱德在附近转转就行了。可是朱德却说：

"小潘，听说你有一匹黑马，可以骑着它上山嘛！"

潘少洲把黑马牵来。

这一天，黑马好像格外有灵性，仿佛知道它背上骑的是七十一岁高龄的共和国元帅，它款款地踏着高低不平的小径行走。朱德时而举目远眺园林，时而俯首细听潘少洲介绍场里的工作和生产情况。

返回时，朱德对潘少洲说：

"这里的工作比较艰苦，但比起我们长征时好多了。你要把部队的好传统、好作风带进来，要以艰苦创业的精神把园艺场办好。"

潘少洲频频点头，说：

"老首长，您放心，我一定记住您的话，把工作做好。"

朱德又关切地询问了潘少洲的家庭生活情况，并让秘书把800元钱送给他。

"谢谢老首长！我不缺钱。钱，还是留给老首长。"潘少洲说。

※ 朱德在广西视察南宁农场。

要分手了，潘少洲依依不舍地拉着朱德的手，朱德也迟迟不肯离去。

过了一个星期，潘少洲还沉浸在与朱德重逢的喜悦之中，忽然接到省委组织部的电话，说是朱德临走前买了一辆自行车送给他，请他去取。

1958年1月10日，朱德又来到南宁，这一次他是出席中共中央在南宁召开的会议。朱德这次在南宁的时间比较短暂，但他还是打电话叫潘少洲来他的住处——明园饭店相会。

这次会面，气氛很轻松。潘少洲向朱德汇报场里的工作。朱德笑眯眯地望着他，认真地听着。临别时，朱德告诉潘少洲，他想通过组织，拨一辆军用吉普给南宁园艺场。

这吉普和自行车，曾为潘少洲和他的同事们开展园艺场工作发挥了很大的作用。

1964年，潘少洲从场长岗位上离休以后，原来的南宁园艺场已并入东风园艺场。东风园艺场与十四个国有企业和六个集体企业，联合组成南宁市农工商总公司。1994年10月，86岁高龄的潘少洲，让家人搬出保管多年的那辆自行车，仔细擦拭后在车前留影，以作永久的纪念。

（安明）

"要积极开发海南岛"

> 朱德说："海南岛的地上和地下资源十分丰富，许多物资都便于出口，极有发展价值和发展前途……这样好的地方，我认为只要财力所及，即应积极组织力量从速进行开发工作。"

海南岛是我国第二大岛，面积约有3.2万平方公里，仅次于台湾岛。它蕴藏着丰富的水电资源和铁、铜、钴、磷等矿产。对海南的开发将在国家建设和国防建设上有极重要的意义。朱德是较早提出开发海南的人，他认为，蒋介石不可能反攻大陆，第三次世界大战可以防止，海南岛必须而且可能进行很好地开发。

1955年10月4日至11日，中共中央召开了扩大的七届六中全会，讨论农业合作化问题。朱德在会上发言，着重谈的是农业多种经营的问题。他说：

> 由于农业合作社的发展，劳动生产率必然大大地提高，在人多地少的地方，就可能发生劳动力相对剩余的问题。对于这部分劳动力，必须预先计划和安排，使之能有合理的出

※ 朱德在海南视察橡胶园。

路。除了用到兴修水利、开垦荒地、改良土壤、提高耕作等方面外，还应该根据各地区的实际情况，向多种经济方面发展，使农业、林业、畜牧业、渔业、果木园艺，以及运输、打猎、编制、种茶、养蚕、养猪、养鸡、养鹅、养蜂等副业密切结合起来……真正做到"靠山吃山养山，靠水吃水治水"，使人尽其力，地尽其利，物尽其用。

我国是一个农业大国，农业生产有几千年历史。但是，农业生产力水平却比较低下，许多地方仍然停留在自然经济状况。由于我国幅员辽阔，在地理上、气候上差异很大。在"以粮为纲"的年代，有些地方一味地追求粮食产量，而忽视其他农林牧副业生产，使农业的发展滞后于其他各业。

1956年，我国第一个五年计划原定的主要指标，大都提前完成了。"一五"期间工业生产所取得的成就，远远超过了旧中国的一百年，同世界其他国家工业起飞时期的增长速度相比，也是名列前茅的。农业的增长，跟世界相比速度不低，但是跟同一时期我国工业增长速度相比，就相对落后了。粮棉增长的速度没有达到人们乐观的期望，供需矛盾的紧张状况一直未能显著缓解，要求农业增产的压力很大。

如何缓解这种压力，朱德一直在思考。每年他要用两到三个月或更多的时间，到全国各地视察，然后给中央写报告，反映情况，提出建议，积极参与党和国家对社会主义建设的各种重大决策。全国除台湾、西藏、宁夏外，其他省、市、自治区他都到过，从白山黑水到天涯海角，从东海之滨到西北高原，都留下了他的足迹。

"开发海南岛"，就是朱德率先提出的。

海南岛海水清澈，沙滩洁净，椰林婆娑；五指山林木苍翠，白云缭绕；万泉河天水茫茫，环山而行。山清水秀，如同一颗璀璨的明珠，镶嵌在浩渺的南海上。它素有"宝岛"的美誉，是我国最大的热带、亚热带水果之乡。古人有咏海南诗记述了它的四季如春的优美风光："海外风光别一家，四时杨柳四时花，寒来暑往无人会，只看桃符纪岁华。"北宋文学家苏轼也曾用不少诗句赞美海南："果熟多幽欣，丹荔破玉肤，黄柑溢芳津"，"快意雄风海上来"。

1957年1月16日，朱德乘坐一架小型飞机，贴近海面超低空飞行，来到海南岛最北边的城市海口市，开始了他的海南之行。

这是新中国成立后中央高层领导人第一次到海南岛视察，由于当时世界局势动荡，中国周边的国际局势趋于紧张。盘踞在台湾岛的国民党当局倚仗美国军队的支持，经常对大陆进行骚扰和破坏，地区性战争随时有可能爆发。这个时候朱德到海南岛是有一定危险的。同时，飞机超低空飞行，也有一定危险。当时有领导同志劝他不要去，他坚持要去，这才完成了海南岛之行。

朱德"宝岛"之行，是从最北边城市海口市开始的。

在海口，朱德抵达的当天专门去参观了"海南工农业生产成就展览会"，朱德对展出的热带、亚热带经济作物非常感兴趣，展览会上还展出了一窝二三十斤重的大番薯，也让朱德在那里停留许久。

第二天，在自治区党委副书记萧焕辉等人陪同下，他乘坐吉普车由北向南开始考察。一路上朱德对海南岛的武装斗争问起很多，萧焕辉向他详细讲述了琼崖纵队坚持斗争的事迹，他们自1927年建立，发展到3个总队10个团，约有2万兵力。听后，朱德感慨地说："是啊，琼崖纵队当时与党中央隔绝，能够坚持23年红旗不倒，是非常不简单的。"

萧焕辉说："一靠群众，二靠正确政策。海南有几百万人，只要有正确的政策，扩大一二万武装是不成问题的。海南的武装部队得以扩大，是靠主席和您的榜样搞起来的。我们认为完全可以武装斗争。"

"你们坚持是对的。"朱德赞许了一句，又接着鼓励说："海南有平原，有大山，有广大群众的支持，政策搞对了，就能够坚持下来。"

朱德一行一路风尘，到达海南黎族苗族自治州人民委员会所在地通什镇。通什位于海南岛的南部，原来的名字叫"冲山"，黎语"山高水寒"之意。是一座充满热带风情的美丽山城，自然风景十分优美。当进入通什地界，萧焕辉向朱德介绍了自治州少数民族同胞的勤劳勇敢、淳朴的风俗习惯和悠久的历史。沿路看到奇峰矗立，萧焕辉介绍说："那是五指山。五指山主峰高1867米，是海南的最高峰。登五指山，可以亲自体验到晨凉、午热、夕暖、夜寒'一年四季'的气候。"朱德听了非常有兴趣，写下了《过五指山》诗一首：

> 深山建公路，崎岖使之平
> 幽谷多俊秀，草木尽峥嵘
> 奇峰名五指，溪涧泉水清
> 花鸟鸣得意，哪知秋与春
> 车过村落地，老少夹路迎
> 言语虽不通，笑貌传感情
> 夜宿自治州，同志畅谈心
> 民族欣解放，迁移出山林

在前往通什镇时，他们沿路看到群众在烧山。朱德对这种原始的耕作方式提出了批评。他对陪同的自治州政府专署书记赵光炬说：

"不要乱烧山，要护林防火，把林木保护好，自治州要封山育林。"

当时自治州州长黄国兴，他是黎族人，不大同意朱德的意见，解释说："烧山是民族习惯，不能不烧，如不烧山，草就不能更新，牛就没有草吃。但烧草往往会蔓延到烧山。"

朱德听后耐心地解释说："刀耕火种是落后的耕作方法，烧山势必破坏森林资源，要改变这种落后方法，要兴修水利，改种水稻，封山育林，这样才能保护山林，而且减少水土流失。"

当年农业是"以粮为纲",许多地方砍掉了副业生产,只种粮食。朱德认为这样对发展农业不利。

离开通什抵达崖县,听取了当地负责人关于工农业生产和财政、贸易等方面的工作汇报,其中汇报到整个县粮食够吃,拟在今明两年能争取粮食自治。朱德听了满意地点点头,还就汇报中提到的财贸主要是市场开放和价格问题,发表了自己的看法,他说:"财政问题不能统得过死,将来要实行省、市、县、乡四级财政,使地方有财政,留点钱好办事。内外各业都要想办法发展,使经济繁荣起来。"

几天的视察,使朱德更加确认海南岛是个"宝岛"。当天即致电中央和毛泽东:

所谈所见,说明了海南岛的地上和地下资源十分丰富,许多物资都便于出口,极有发展价值和发展前途……这样好的地方,我认为只要财力所及,即应积极组织力量从速进行开发工作。

朱德还对榆林、三亚两个港湾进行了认真考察,向陪同人员询问得很仔细:日本人占领时期港口情况如何?现在港湾有多深?能停泊多少吨位的船只?

当地人给朱德讲了一个美丽动人的传说:"从前有一个黎族猎人在五指山上追猎一匹鹿,一直追到榆林港海边,鹿再也没处跑了,就回头一望,也许是找别的出路吧。这时,猎人也顺着鹿回头而望的方向看去,恰好发现有一个黎族姑娘……后来猎人与姑娘结了婚,他们的后代就在这地方定居了下来。这里因此而得名叫鹿回头。"漂亮的地方该有这样漂亮的名字啊!朱德对当地的领导同志说:

榆林是一个天然良港,要好好利用起来。现在应该很好地加以疏浚,既可作军用,更可作海南进出口的基地,促进海运交通。三亚有得天独厚的自然条件,有天涯海角、有鹿回头、有椰林等优美景观,更有广阔平坦的海滩,是冬季的天然好浴场。要把三亚建设成一个十分优美的城市,利用它的天然优势,将来很好地发展旅游事业。

随后朱德又来到石碌镇(今天的昌江)参观石碌铁矿。该矿是1942年日本人修建的,当年是亚洲八大铁矿之一,矿石含铁品位在70%以上,可以露天开采,铁路线直达码头,码头系钢筋水泥建成,可停靠万吨轮船。矿党委书记是本地人,他详尽地介绍了铁矿的情况。他把日本人占领时的开采情况和当前的生产情况作了对比,认为还应加强开采力量。

※ 朱德在海南西部视察垦殖场。

朱德看后勉励他们多生产，满足市场的需要。

朱德在海南还了解了驻军的布防和生活情况，接见了部队干部，鼓励指战员要苦练本领，说："海南是我国南方的门户，地位很重要。如果发生战争，必须坚守。要注意敌人用空降部队来袭击。"又说：海南虽是宝岛，但还未开发，现在还很穷，军队要很好地帮助地方，使海南人民真正从经济上得到解放。

朱德两次到海南岛视察，都路经琼海县视察。琼海历史上盛产菠萝、椰子，朱德在了解了这些情况后问:"琼海除了种植香蕉外,还可以发展什么经济作物?"

当时的琼海县委书记吴俊民,讲述了琼海发展种植胡椒的情况,他说:"1954年,当时孟力大队有个姓郑的华侨,种了四棵胡椒。当地的老百姓不认得胡椒,把它当做绿肥砍了两棵。我向老华侨求教,他说是从印度尼西亚带回来的种培植的,也可剪枝繁殖。我就请他繁殖,说定了一年繁殖一百多棵。当时我是同区委书记杨泽红同志一起去的,我们当即商定,把这个老华侨的生活全都包下来,每月发给生活费40元,让他专门繁殖胡椒。后来我们还购置了一批营养钵等物品,提供给他用来育种。到1957年,全县已发展胡椒三千多棵。"

朱德听完有关胡椒的故事后,非常重视,对吴俊民说:"要抓紧发展胡椒生产,这是大有可为的事,要大力发展。"以后,琼海的胡椒种植得到很大发展,琼海的胡椒在海南其他地方也生了根。1963年,朱德第二次到海南视察,特别关心胡椒的生产情况,琼海县按朱德的意见,扩大了胡椒种植规模,要每个生产队种2.5亩胡椒,当时胡椒每户可分到二三百元,而劳动每工只值几分钱,最高到二三毛钱。这样农民的收入增加了,生活也得到了改善。

朱德这次在海南共计视察了11天,离开海南到广州视察,在广州同中共华南分局书记陶铸谈了对海南的印象。他认为,海南的确是一个宝岛,必须好好开发,希望他好好抓这件事,并希望华南分局书记拨点钱,调集一些专业人才给海南。朱德同时也表示,回到北京,一定向中央和毛泽东讲述海南的情况,提倡积极开发海南岛。

2月10日,在广州,朱德给中央和毛泽东发电报,将了解到的情况和需要解决的问题向中央报告,电报说:海南岛"在水路交通上四通八达,岛上的许多港口既可以成为军港,又可以成为商港。欧洲来船也比较近,尤其是邻近香港,正可以成为出口的基地"。

回北京后,朱德在中央的会议上,谈了他视察海南的印象和意见,正式提出积极开发海南岛。

毛泽东听了朱德的介绍也非常感兴趣,要人整理出一份材料给他好好看看。

朱德关于开发海南岛的建议得到中央的重视,将开发海南岛列为我国社会主义建设宏伟计划的组成部分。根据初步勘察,海南岛有2200万亩以上土地适宜种植热带经济作物,计划在第二个五年计划期内开垦一半以上,其余在第三个五年计划期间基本上开垦完。此后,在海南岛展开了一个以热带木本油料作物为主的,大规模开荒种植油料作物的生产运动,力争高速度地把海南岛建成国家油料作物基地。

(庹平)

重返故地昆明城

> 1957年2月，朱德重返故地昆明。他去拜望了老师李鸿祥，并宴请当年参加过辛亥革命的40多位老人。

1957年2月，朱德结束了在广东的视察，风尘仆仆地来到祖国的西南边陲云南。云南是一个多民族省份，很多少数民族聚居在这里。云南风光旖旎，云南的人民热情好客，每年到这里来旅游的人相当多。

此时的昆明城，已是春意盎然。山茶花绽开了笑脸，迎接远方的客人。阔别35年，重返故地，朱德思绪万千，他首先想到的是当年的老师和同学。

刚一到昆明，朱德不顾旅途的劳累，驱车来到他的老师李鸿祥家中，登门拜访。

一见面，朱德恭敬地向李鸿祥执弟子礼。他的举动，把李鸿祥弄得无所适从，手足无措。虽然说自己曾做过朱德的老师，可如今朱德已经成为党和国家的领导人了，真有些担当不起。

"不敢当，不敢当！"李鸿祥热泪盈眶，连忙拱手还礼。

"你过去是我的老师，今天仍然是我的老师，学生几十年来一直没有忘记老师当年的教诲。"朱德挽住李鸿祥的胳膊，亲切地说道。

坐定之后，朱德深情地说："当年南京一别，一晃35年过去了，真没想到今天还能见到老师。"

李鸿祥谦虚地说："往事不堪回首，像我这样对革命贡献甚微的人，实在令人惭愧。今天我们还能相见，也实在是一件幸事。"

朱德说："老师对革命的贡献大着呢！当年你在教学中经常向学生们灌输反对清王朝统治的思想，鼓励学生们积极参与反清活动，教出了许多好学生，后来都成为护国运动的名将。您的功劳大得很！中国革命需要您这样的人！"

李鸿祥深有感慨。他起身从案头取来一件东西，激动地说："你看，这是当年你送给我的礼物。"

那是一尊油光锃亮的乌铜马，做工精细，一看就知道是被精心存放的贵重物品。

"这尊乌铜马，我一直保存在身边。"李鸿祥慢慢地说，似乎是在回忆当年旧事。"每当我看到它那矫健奔驰、志在千里的形象，就自然地想起了你。"

朱德接过乌铜马，轻轻地摩挲着，陷入了深深的回忆之中……

※ 1957年2月，朱德参观他在昆明时的旧居。右为康克清。

1916年，朱德奉命率部进驻泸州。朱德在泸期间，随身携带一尊精制的小乌铜马。这是按照他的坐骑大黑马为原型打造的，朱德对它十分喜爱。1922年，朱德离开云南后，决意要出国考察。寻求新的革命道路。他婉言拒绝了四川军阀杨森让他当师长的邀请，乘船顺江而下，到达上海。他在从上海赴北京途中，特地去看望寓居南京的老师李鸿祥。朱德向李鸿祥表明了准备出国寻求真理的决心，深得李鸿祥的赏识。李鸿祥想到朱德远渡重洋，必须有足够的经费，便取出一笔钱，送给朱德作为旅资。老师的一片真情，令朱德十分感动。为了表达对老师的感激之情，朱德把随身携带的乌铜马送给李鸿祥作为临别纪念。

于是，这尊小小的铜马，作为师生友谊的见证物，被李鸿祥仔细的珍藏着。在后来20多年的戎马生涯中，朱德虽然军务繁忙，日理万机，却始终惦念着他的老师。

云南一解放，朱德就委托在昆明的陈赓、宋任穷代他去看望李鸿祥，关照李鸿祥的生活。

在拜望李鸿祥的当天晚上，朱德又在宾馆里宴请了当年参加过辛亥革命的40多位老人。他在致词中说："云南是我的第二故乡，有光荣的革命传统，我永远不会忘记云南。这次有幸重返云南，见到阔别多年的老师、同学、同事，愉快的心情是难以表达的。"

席间，朱德逐一询问了老人们的生活和工作情况，使老人们倍感亲切。

这时，已经担任云南省人民委员会委员、省政协委员的李鸿祥心潮激动，感慨万千。他即兴赋诗三首，赠与朱德。其中一首写道：

青山一发是滇南，白首相逢慷慨谈。
论道经邦动天地，春醪共醉乐酖酖。

朱德听罢，乘兴和诗一首：

英侵法略视眈眈，革命当年密密谈。
制度更新歌乐土，彩云永是现滇南。

这次会见在老人们的心中留下了深深的美好回忆。

（王亚丽）

在四川游览

朱德在西山寻访蒋琬墓,北山凭吊宋哲元。他一路欣赏碑铭,一路夸书法。在三苏祠,朱德说:"苏家三父子真是了不得,唐宋八大家,他们一家就占去三把交椅,难怪后人那么敬仰他们。"

西山寻访蒋琬墓　北山凭吊宋哲元

1957年3月12日,四川绵阳。城南著名的菜羹香餐馆前,依旧像平常一样热闹。下午,几个干部模样的人来到餐馆,拣了一张靠墙角的桌子坐下,其中一个中年人对一位身披大衣、年约70来岁的老人说:"请您先坐一会儿,我去排队。"

"好。不要惊扰别人!"

一会儿,服务员送来几碗茶。老人端起茶碗,揭开盖,一阵清香扑鼻而来。

老人连声称赞:"好茶!好茶!"

身旁的人给老人介绍说,这是川北山区的老茶,香味醇朴,价钱便宜,山里人特别喜欢喝这种茶。说话间,饭菜上桌,几个人津津有味地吃了起来。

吃完饭走出餐馆,老人回头望了望那高悬的"菜羹香"门匾,连声赞道:"菜好汤香,名副其实嘛!"

这位悄然而来,匆匆而去的"普通顾客"不是别人,他就是中共中央副主席朱德。朱德是来绵阳视察工作的。

3月13日上午,朱德视察了绵阳缫丝厂。从缫丝厂出来后,朱德一行又登上了西山。

3月的西山,桃花盛开,轻风拂面。71岁的朱德步履稳健,拾级而上。他站在玉女泉边,只见清澈的泉水从一只石青蛙的口中涌出,潺潺而下。

朱德沉思片刻说:"可以在玉女泉下建个厂,充分利用泉水,宿舍就修在山下,也便于工人上班。"

朱德在西山四下环顾,问陪同的人:"蒋琬墓在哪里?"

随行人员答道:"就在前面的小山坡上。"

"走,去看看。"

蒋琬是三国时蜀汉名将,具有卓越的政治、军事才能,辅佐刘备维护蜀汉政权。公元241年,蒋琬死后葬于此地。朱德向大家讲述了蒋琬的历史,叮嘱要对蒋琬墓这一文化古迹好好保护。

下罢西山，朱德又驱车到北山，凭吊国民党抗日名将宋哲元。

早在1933年，国民党二十九军军长宋哲元率部在长城一线抗击日寇，取得长城血战大捷。1937年"七七"事变时，宋哲元率二十九军奋起抵抗，揭开了全面抗战的序幕。

1940年，一代名将宋哲元病逝于绵阳，安葬于富乐山。当时任第十八集团军总司令的朱德与副总司令彭德怀曾赠送了一副挽联：

一战一和，当年变生瞬间，能大白于天下；
再接再厉，后起大有人在，可无忧乎九泉。

朱德在墓前伫立良久，语重心长地说："凡是爱国的、对民族有过贡献的人，我们都应该纪念他，一定要修缮保护好宋哲元将军的墓，每年清明节，也应为他扫墓……"

"离堆"·尔雅台·三苏祠

1963年4月24日，朱德游览乌尤寺。一进山门，迎面石碑上镌刻着的"离堆"二字便映入眼帘。他走到碑前，一边欣赏这两个字的书法，一边问："这两个字是谁题写的？"

站在朱德身后的专区文教局副局长王聿修和乐山县文化馆馆长黄高彬同时回答："这是清末荣县人赵熙题写的。"

朱德又问：灌县有个"离堆"，为何这里也叫"离堆"呀？

王聿修回答说："离堆"，就是把连着的山打开一条通道，引水分流，被分开的山叫"离堆"。秦蜀守李冰在川大兴水利，先后凿"离堆"达六七处。李冰在灌县凿"离堆"，主要目的是引岷江之水灌溉川西坝子上的万顷良田。这里是沫水（大渡河）、若水（青衣江）、岷江汇流处，水势湍急，行舟极险。当年李冰率人在凌云、乌尤山之间凿一渠道，使江水分流，以利于航行，避免水害，故也称"离堆"。

朱德听了，点头应声。

朱德既有渊博的文史知识，又有虚怀若谷、不耻下问的胸襟。他对碑铭和书法有相当的研究。乌尤山保留有很多这方面的文化古迹。

朱德一路欣赏碑铭，一路夸书法。当走到半山腰的"止息亭"休息时，朱德看到亭内石碑上刻着"登山有道，徐行则不蹶，与君且住为佳"的碑文，连声说：讲得好，有道

※ 朱德在四川成都市郊视察时同农民交谈。

理,很富哲理性。

在参观乌尤寺收藏的字画时,朱德指着李公麟的一幅画说:"此人有'宋画第一'之称,画得好,墨也好。"

朱德说:赵熙的字写得好,我当年在川南泸州时,与他有过接触,可惜那时没有索要他的书法。

乌尤寺中的尔雅台,是有名的文化古迹。相传这是汉代犍为郡郭舍人注《尔雅》之处,后人筑尔雅台,以为纪念。朱德走进亭中,观看亭中壁上"汉犍为郭舍人注尔雅处"10个大字,然后又仔细阅读了《尔雅台记》全文,觉得考订翔实,书法工整,并风趣地说:"考得有点名堂。"

朱德虽然是第一次到乐山,但对尔雅台这一文化古迹早有所闻,并写有有关尔雅台的诗篇。说起这些诗篇，不得不提到朱德和郭沫若的诗交。

郭沫若与朱德知交深厚。1927年，北伐战争后期，郭沫若发表了著名讨蒋檄文《请看今日之蒋介石》。这篇文章的写作时间是1927年3月31日，地点就是在江西南昌进贤门内花园角二号朱德寓所内。同年8月南昌起义失败，两人在战斗途中分别。1938年10月22日，为进行神圣的抗日战争从日本只身归国而后出任国民政府军事委员会政治部第三厅厅长的郭沫若，与当时任八路军总司令而到汉口出席国防军事会议的朱德重逢，并在鄱阳街一号郭沫若的寓所内，同住一夜，共叙别情。第二天，朱德飞回到晋东南抗日前线。郭沫若曾写了一首白话诗赠朱德以作纪念，朱德也写了一首《重逢》的白话诗回赠郭沫若。朱德的诗写道：

别后十年有一。大革命失败，东江握别。抗日战酣，又在汉皋重见。你自敌国归来，敌情详细贡献。我自敌后归来，胜利也说不完。寇深入我腹地，我还须支持华北抗战，并须收复中原。你去支持南天，重逢又别，相见必期在鸭绿江边。

1939年9月初，郭沫若趁第二次从重庆返回故乡乐山料理父亲丧事的机会，重游了阔别26年的乌尤寺。这里也是他少年时代在乐山城中读书时经常登览之处。据连任40多年乌尤寺住持、曾任中国佛教协会常务理事遍能和尚回忆说："那天陪同郭沫若一道来乌尤寺参观的，有他的夫人于立群。我在方丈室用茶点款待他们。我还向郭沫若询问了日本佛教的情况。他们在寺里游览了一通，特别在尔雅台前盘桓了相当时间，前后在寺里耽搁了约两个小时。因郭沫若是突然造访，事先未准备纸墨，所以当时没有留下任何墨迹。"

郭沫若是著名的诗文、文学家，观罢尔雅台，诗兴大发。回到与乌尤寺一江之隔的金灯村七妹夫家，写下了《登尔雅台怀人》的七律。诗前小序说："1939年秋返嘉州，登尔雅台怀玉阶先生。"玉阶即朱德的字。这首诗写道：

依旧危台压紫云，青衣江上水殷殷。
归来我独怀三楚，叱咤谁当冠九军。
龙战玄黄弥野血，鸡鸣风雨际天闻。
会师鸭绿期何日，翘首燕云苦忆君。

这首寄怀诗经过相当长的时间，才辗转送到朱德手里。

1944年，朱德在戎马倥偬之中，步其原韵写出了《和郭沫若"登尔雅台怀人"》七律一首。那时，虽然朱德并没有亲自登临过尔雅台，但他渊博的文史知识却使他对有关尔雅台的历史典故了如指掌。朱德在这首七律中写道：

> 四顾西南满战云，台高尔雅旧情殷。
> 千村沦落悲三楚，四位英雄丧廿军。
> 北国翻新看后劲，东邻陨越可先闻。
> 内忧外患澄清日，痛饮黄龙定约君。

如今距当年写这首七律诗时已有20年了，今天总算亲临尔雅台，一了夙愿。朱德在尔雅台前欣赏古碑，流连不忍离去。他对同行的人说："可惜沫若没有一道来！"

朱德走出亭台伫立江边，远眺峨眉山巅，近观滔滔江水，抚今追昔，感慨万千。想当年山河破碎，国运坎坷，诗中不乏万端感慨之情；到如今"痛饮黄龙"早成现实，"内忧外患"也已澄清，可社会主义建设的道路仍有待继续探索，共产党人肩上的重担任重道远啊！

4月25日，吃过午饭，不待休息，朱德便兴趣盎然地去看眉山三苏祠。

三苏祠，坐落在眉山县城西南隅，原为北宋时苏洵、苏轼、苏辙旧宅。明洪武年间，时人为纪念苏氏父子，改宅为祠。三苏祠内有三苏塑像，辟有陈列馆，展出宋元以来三苏著述的历代版本，以及苏轼的书法、绘画拓本等。朱德早年在泸州驻防时，曾经读过三苏著述，不仅了解三苏其人，而且非常仰慕他们的文学才华。

在县委领导的陪同下，朱德边走边听三苏纪念馆负责人的介绍。在大厅里，朱德看了三苏父子的塑像。参观文物后，朱德说：苏家三父子真是了不得，唐宋八大家，他们一家就占去三把交椅，难怪后人那么敬仰他们。

在场的人都笑了。

纪念馆里陈列有一部《三苏全集》共80册。这是道光壬辰年（1832年）眉山刻本，每册都盖有"德字玉阶"、"仪陇朱氏藏书之印"两枚印章。

这是朱德早年的藏书，辗转陈列于这里。朱德看后赞扬说："你们的文物和文献书籍陈列丰富，保管得很好。"

这时，有人提出，请朱老总为纪念馆题词。朱德略一沉思，回答说："可以，但不是现在，等我想一想，回到成都写好后给你们捎来。"

朱德走后不几天，三苏纪念馆果然就收到了从成都寄来的朱德亲笔题诗，20个苍劲有力的大字跃然纸上：

一家三父子，都是大文豪。
诗赋传千古，峨眉共比高。

大家看着总司令亲笔题写的诗词，心里感到由衷的高兴和激动。总司令答应给三苏祠题词，说到做到，这充分表现了他老人家对纪念馆的高度重视。此情此景，令人难忘！

在生活中，有很多事情是值得珍重的，有很多记忆是值得人永远留恋的。当年曾经向朱德作过讲解的纪念馆馆长胡慧芳回忆说：

"当时我们感到老人家的题词不仅是对三苏父子的敬仰和高度评价，也是对我们工作的莫大支持和鼓励。于是，便组织人将题词放大后挂在大厅里，供游人拜读欣赏。题词手迹，至今仍作为珍贵的文物完好地珍藏在馆里。"

（王亚丽）

"粗茶淡饭最相宜"

朱德到云南昆明视察工作，坚决不让超出自己的伙食标准，提出吃野菜。

他幽默地说："几十年不吃了，别有风味啊！还是粗茶淡饭最相宜。"

1957年，朱德到云南昆明视察工作。

当他来到昆明时，感到一切都是那样的熟悉。一山一水，一草一木，对他来说，都是那样的亲切。

云南省委领导和人民对朱德同样有着深厚的感情。考虑到朱德已是70多岁的老人，省委决定：一定要照顾好朱德的身体，伙食工作要搞好，注意营养。但是，朱德对自己的生活要求十分严格，再三提出不能超出他的伙食标准，希望把饭菜做得清淡一些。

一次吃饭的时候，朱德忽然问道："如今还有没有'马豆尖'？"

宾馆的工作人员回答说："有，现在就有。"

朱德很高兴，说："很好，很好。"

工作人员一听朱德这么说，就知道他喜欢吃当地的小菜和野菜，于是就与朱德聊起了当地老百姓常吃的菜来。工作人员问："您过去吃过'苦刺花'吗？"

"吃过，吃过。要放昭通酱炒，非常好吃啊！"朱德回答说。苦刺花是云南特有的一种野菜，味道鲜美，朱德早年在云南生活时，就很喜欢吃苦刺花。离开云南后，就很少吃到这种菜了。在长期的战争岁月里，朱德每每回忆起早年生活时，就会想起苦刺花那独有的味道。如今到了云南，当然要再次品尝那很久已没有尝过的味道了。虽然多年已没吃了，但他还能清楚地记得，用昭通酱炒的苦刺花最好吃。

此后，宾馆的工作人员就经常为朱德做些当地群众喜欢吃的小菜。这些小菜每次摆上桌子，朱德都非常满意，细细地品尝，边吃边回忆往年的生活。

朱德在宾馆里住了一段时间。后来，省委在检查接待工作时，发现朱德每天的伙食大大低于规定的标准，怕影响他的健康，就批评了接待人员，并吩咐他们，要考虑老年人的身体特点，做一些燕窝、银耳和有胶质的食物给他吃。

※ 朱德视察昆明。图为朱德与中科院昆明工作站同志交流。

一天，接待人员根据省委的意见做了"燕窝煮鸽蛋"。一端上桌子，朱德就立刻把接待人员叫去，十分委婉地批评说："我每天吃小菜和野菜，吃得很可口。你们每天对我照顾得很好，不要再搞这些高贵东西给我吃了，要看到工农群众的生活还很苦。"

负责接待工作的同志不安地解释说："省委领导怕不能保证您的营养，影响您的身体健康。"

朱德非常认真地说："这次燕窝的钱我出了。下次再弄来，我就罢吃了！"

当时，由于省委领导再三强调要保证朱德的营养，过了几天，工作人员又做了一次燕窝，硬着头皮给朱德送去了。这一次朱德可真的生气了，他一口也不吃，而且还让康克清同志专程去商店调查燕窝的价格，严厉地批评了负责接待的同志。省委领导知道后也不再强调伙食标准了，吩咐接待人员：朱德喜欢吃什么就给做什么。以后，宾馆经常做些青蚕豆焖饭、炒香椿、豌豆尖，朱德十分满意。每一次吃到这些菜时，他都会说那句寓意深长的话："几十年不吃了，别有风味啊！还是粗茶淡饭最相宜。"

（王亚丽）

真情依旧

李根源是朱德的老师，他们的交往长达几十年。1960年，李根源病重，朱德和周恩来曾先后到北京医院看望。1965年7月，李根源逝世，朱德亲临嘉兴寺主持追悼会。

1938年初，李根源从长沙到汉口，准备前往新疆。当时国民党政府新疆边防监办盛世才伪装进步，标榜"反帝"、"联俄"等六大政策。盛是李根源在广东所办韶关讲武堂学生。他来电欢迎李先生去新疆。这时，苏联援助我抗日物资都是通过新疆输入内地的。国民党政府也希望李先生去新疆一行，对盛世才做一些疏通工作。国民党政府并聘请李根源做军事委员会参议官。李根源把新疆之行和蒋介石聘请他做军事委员会参议官这两件事，先后通过董必武同志及时致电朱德总司令，并征求总司令的意见。朱德总司令回电表示可以接受。

1938年6月，李根源因为新疆地势高，患心脏病，返回西安医治，住西安郊外宋家花园养病。一天，总司令从临汾前线来到西安，在西安十八集团军办事处稍稍休息后，便由林伯渠同志和西安办事处主任伍云甫陪同前来宋家花园看望了李根源先生。

早年李根源和朱总司令最后一次会面是在总司令出国留学之前。那时，李在北京担任农商总长，总司令来北京办理出国护照，李对朱的出国留学是赞同和支持的，并且协助办妥了出国护照。从那时李和朱分别后有十多年了，这次在西安重逢，兴奋极了，他忘记了自己还有心脏病。李根源和朱总司令谈了一些新疆的情况，并兴奋地告诉朱总司令，他开始接触到马列主义，认识到唯物主义是科学的。可惜病倒了，不然，就去苏联游历了。朱总司令担心李先生过于兴奋对心脏不利，坐了半个多小时就告辞走了，临走时表示还要来看望李先生。

次日，李根源先生又叫儿子李希泌专程去西安办事处回拜朱总司令。朱总司令慈祥地和李希泌握手，他说：父亲因病不能出门来看总司令，特地叫我来晋谒总司令，向总司令致敬。总司令问了他的名字、年龄以及在昆明上什么大学等等。李都逐一作了回答。当总司令听说他在西南联大学习，便高兴地说：西南联大有很多进步的教师和学生，在这样的环境下学习是很好的。李希泌对总司令要再去宋家花园去看望父亲很不放心，因为宋家花园在西安郊区，总司令外出轻车简从，而西安情况比较复杂，他请总司令不要再去宋家花园了，请总司令出入一定要警戒，以策安全。总司令听了以后说：回去告诉你父亲，不要为此替我担心，国民党的顽固派诚然要防备，但目前全国人民都要求抗日，国民党在全国人民要求抗日的压力下，不得不装出抗日的姿态，只要国民党抗日，他们不敢对我怎样。

两天后，朱德总司令在林伯渠的陪同下，第二次来宋家花园看望了李根源先生。总司令还带了一本刚出版的，由毛泽东同志亲笔签名的《论持久战》送给了李根源（这一珍贵文物，解放初送给了云南省图书馆）。朱总司令与林老跟李先生的谈话气氛非常融洽。总司令讲了一些解放区军民鱼水关系的生动事例。他说，八路军中从总司令到战士都实行供给制，此外，分别有少量不等的零用津贴费，但都还用不了。同时，还谈起了辛亥革命胜利后，云南军都督府成立后的往事。当时从蔡松坡先生起，每人月薪都是六十元，廉洁成为一时风尚。今天国民党政府贪污成风，真是可耻。总司令又说，马克思主义是普遍真理，《共产党宣言》是马克思主义的经典著作。并还教导李希泌一定要认真阅读。总司令又说，忠孝仁爱是中国传统的封建道德，今天必须重新做解释，忠是忠于国家，而不是忠于皇帝，孝是做人民孝子，而不是做父母的孝子等等。总司令还托李先生带信给龙云等人，劝导他们一定要抗战到底。

全国解放后，1950年6月，全国政治协商会议召开第二次全体会议，特邀李根源到北京参加。陈赓同志因李先生年老多病，行走困难，命其子李希泌和成坤侄随行。当李根源

※ 朱德和他在云南讲武堂学习时的老师李根源交谈。

到北京后，初下榻于远东饭店，朱总司令和林老相继来看望。自西安李根源与总司令以及林老分别后，又已十余载于兹，今全国解放，重逢京华，李老欢悦之情，岂笔墨所能状！逾二三日，毛泽东同志设宴招待从西南来北京参加全国政协会议的李根源和熊克武诸位先生。李根源怀着极其崇敬的心情，晋谒毛泽东，备承优渥。次晚，朱总司令于颐和园设宴招待李根源以及熊克武诸位先生。

6月6日，全国政协第一届第二次全体会议开幕。中共中央办公厅为照顾李老，还特地发给李根源儿子李希泌一张旁听证，以便照料。会议到七月初闭幕，总司令指示中央统战部派一位同志护送李老到苏州。

1951年初，李根源从苏州到重庆，参加西南军政委员会全体会议。会议结束以后，在重庆暂住。由于不习惯重庆的潮湿多雾气候，时常多病，总司令闻知，电告中共中央西南局统战部护送李老到北京就医。同年6月，就在李先生到达北京的当天下午，总司令即来绒线胡同寓所看望了他，嘱在北京安心治疗养病，嗣派秘书送李老进北京医院做全身检查。后来李根源决意常住北京，愉快地度过他的晚年。

在召开第一届全国人民代表大会之前，总司令每月都来绒线胡同看望李根源先生一次，常常讲述国内外大好形势，如抗美援朝以及中日外交等等。有时，回忆辛亥革命与护国运动的往事。有次谈到讲武堂如何进行爱国主义教育，总司令说，法国殖民主义者修筑滇越铁路，当全线修通时，李根源带领了全校生员来到了滇越铁路昆明车站，大声疾呼说，滇越铁路通车，云南已沦为法国的殖民地。亡国之祸，迫在眉睫。讲完以后，放声痛哭，全体学生一起痛哭起来，表现了深切的爱国热忱。

有一次，原讲武堂学生敬镕的弟弟敬树诚来看望李根源。他谈起他的哥哥敬镕和朱总司令从四川到云南，投考讲武堂的经过。他说，敬镕和总司令是莫逆之交。他们相约到昆明投考讲武堂，没有川资，便从四川步行。千里跋涉，挑了一副货郎担，摇着崩龙鼓，克服了沿途生活上的种种困难，终于走到昆明。总司令早年艰苦卓绝的求学精神真令人肃然起敬。敬镕原籍是四川南部县，以云南省昭通府大关厅籍投考云南讲武堂。

朱总司令在第一次全国人民代表大会上被选为副主席。1959年当选为全国人大常务委员会委员长，李根源认为总司令肩负国家的担子更加重了，请求他珍重身体，但他仍然关怀着李根源先生。1960年，李根源先生病重，总司令和周恩来总理曾先后到北京医院看望了他。

1961年，纪念辛亥革命50周年，朱总司令写了一篇回忆文章，并拿着稿子，来看望李先生，和他共同回忆当年的一些情节。朱德在文章中，对辛亥云南武装起义的组织者和领导者，提到了蔡锷先生、罗佩金先生和李根源先生三人，认为他们三人对辛亥云南起义所起的作用是应当肯定的。总司令回忆辛亥革命的文章，除去这篇以外，解放前，在1941年和1942年还先后写过两篇，都刊载在《解放日报》上。朱总司令在1942年写的回忆文章中，有一段谈到，李根源在清政府摧残革命力量的压力下，千方百计地保护云南讲武堂的苦心孤诣。文章中写道："满清政府对于革命力量的压迫，是极端残忍的。对于讲武堂的摧残，是非常严厉的。李根源先生对于学校的维护，起了很大的作用。凭着他的革命热诚与灵活的手腕，任劳任怨的精神，这个革命力量的熔炉才得保存下来。"

李根源寓京后，亲眼看到我国社会主义建设之蓬勃发展，我国国际地位之空前提高，内心兴奋，非可言喻。他响应周恩来总理要老年人写文史资料的号召，于1961年撰写《我与政学会》一文，文章中表达了他由于回忆政学会的往事，更增加他对新社会的热爱的心情。他这样写道："过去外患频仍，军阀恣睢，爱国之士，莫不忧心如焚。今天，我国在共产党和毛主席的英明领导下，始能臻于国势富强，万民康阜之境。使旧中国的重重阴霾，一扫而清，从而出现了万里晴空，光明灿烂的新时代，82岁的老翁能不欢欣鼓舞！"并怀着万分感激的心情，写了两首诗，感谢毛主席和朱总司令把他从重庆接来北京，幸福愉快地渡过他的晚年。诗文如下：

其一：病倒在山城，脑昏智不清。多谢毛主席，接我来北京。

其二：华屋作舍馆，病院选良医，如兹美风义，天下知重师。

1965年6月，李根源病危，病情日益恶化，北京医院向朱总司令作了汇报。7月4日，总司令亲临医院看望。但他已入昏迷状态，不省人事。总司令在他的病榻前坐了约半小时，他仍未清醒过来，7月6日，李根源先生去世，总司令亲临嘉兴寺主持追悼会。

（董志英）

与王葆真的往来

王葆真是朱德的老朋友，他思想进步，热爱祖国，与朱德共事多年。1957年，王葆真被错划为右派，蒙冤20多年。在王葆真遇到困难时，朱德总是尽力相助。

王葆真是中国国民党的一位元老。他思想进步，热爱祖国。第一次国共合作之后，

※ 朱德对党外人士总是以诚相见，以礼相待，图为朱德会见国民党元老商震。

他长时期从事反对独裁的政治斗争。几十年来，他一直关注着中国政局的变化和发展。抗日战争爆发后，王葆真即奔赴第五战区，担任司令官李宗仁的顾问。他在研究抗日战争战略问题时，曾从毛泽东的《抗日游击战争的战略问题》、朱德的《论抗日游击战争》、《八路军半年抗战的经验与教训》等著作中受到启发。王葆真反复阅读，被著作中的精辟论述所折服，深深感到：有了中国共产党的领导，抗日战争一定能胜利，国家一定能得救。

台儿庄大战前后，王葆真来到战地实地考查，了解到为策应国民党第五战区作战，朱德总司令命令八路军派出精锐部队，出平汉线以东向津浦线敌人进行袭扰，有力地支援了徐州战区国民党军的作战。王葆真高度赞扬中国共产党团结抗日的方针政策，对朱德总司令更是敬佩得很。王葆真受毛泽东主席、朱德总司令思想的影响，发表了《民众抗战的胜利与全民政治》、《发动民众的认识与抗战必胜的信念》两篇文章，刊登在武汉《新华日报》上，主张国共两党团结合作，开展民众运动，发动全民抗战。

1939年冬到1940年春，蒋介石集团为推行其"溶共防共，限共反共"的政策，掀起了第一次反共高潮。国民党顽固派不断制造军事事端，使抗战出现了错综复杂的困难局面。中国共产党为了尽可能的争取国民党继续抗战，决定派朱德总司令亲赴洛阳，与国民党第一战区司令长官卫立煌谈判。王葆真当时担任国民党战地党政委员会委员兼冀察分会副主任。为了促进团结抗日，他在国民党战地党政委员会副主任李济深的支持下，去晋东南解放区拜会八路军朱德总司令和彭德怀副总司令。

1940年4月9日，王葆真率领战地党政委员会晋察冀分会十多人，从山西晋城出发，前往晋东南抗日根据地。一踏上根据地的土地，他看到田里苗青麦壮，山上山下红旗飘扬，劳动人民欢声笑语，呈现出一派生机勃勃的景象。王葆真一行在根据地受到了八路军战士和人民群众的热烈欢迎。

4月19日，当王葆真一行即将抵达八路军总部所在地武乡时，朱德总司令和彭德怀副总司令亲自到郊外五里地外相迎。王葆真对此非常感动。当天晚上，朱德总司令、彭德怀副总司令同王葆真畅谈到深夜。朱德总司令纵论抗日形势，坦诚地指出，只有发动民众，国共两党合作抗日，才能挽救民族危亡。武乡夜谈，朱总司令的雄才大略以及热情待人和友好坦诚的态度，给王葆真留下了极为深刻的印象，顿生相见恨晚之感。随后的几天里，朱德总司令还陪同王葆真检阅了一二九师，八路军总部为王葆真一行召开了有两千多人参加的欢迎会，并演出了精彩的文艺节目。王葆真等人还参观了抗日军政大学、伤兵医院，慰问了伤病员。武乡之行，使王葆真看到了朱德总司令团结一切抗日力量抗战的真诚愿望，看到了根据地人民勃勃生机和火热的生活。

6天后，王葆真陪同朱德总司令到洛阳与卫立煌谈判，一二九师挑选了一个武器装备良好、战斗力很强的连队担任警卫和护送，一路上历尽了许多艰难和险阻。4月26日，当朱德总司令一行途经平顺时，遭到敌人飞机的骚扰。27日，原定途经的树掌、平城又被日军侵占，虽经八路军反击收复，但战火还没有全部熄灭。朱德总司令一行于是又改经安口转到郭象坨。沿途看见了八路军缴获敌人大批辎重和枪支弹药，战绩辉煌。而国民党二十七军四十六师此时却向八路军新一旅驻地进行攻击，制造摩擦事件。八路军以大局为重，致使冲突没有扩大。朱德总司令一行继续前往洛阳。行军途中，王葆真目睹了朱德总司令一路上不失时机地向国民党将领讲解抗日救国的道理，宣传中国共产党的抗战路线、方针和政策，深有感慨。他还看到了他在国统区所看不到的国民党在八路军驻地制造摩擦事件的真相。

4月29日，朱德总司令与王葆真、国民党二十七军军长范汉杰进行划界谈判。双方商定：双方不得越界，消除摩擦；双方互派联络员，共同打击敌人；国民党释放在"摩擦"中被俘的八路军人员及枪械。这一协议的达成，对揭露国民党顽固派，团结友军，起了很大的作用。5月3日，朱德总司令一行到达了一个叫水掌的地方。这里山高坡陡，道路崎岖，队伍不能骑马，只能紧抓马尾巴艰难地行进。傍晚到达天井关东南十余里处的山顶，遭敌人炮火袭击。朱德总司令指示部队紧急隐蔽，于当天深夜才穿过敌人的封锁线。整个行军紧张、惊险之极。5月5日，朱德总司令一行抵达离黄河不远的河南济源县刘坪，才脱离危险地段。5月7日，朱德总司令一行渡过黄河，这时，卫立煌已派他的副官备车到黄河迎接，傍晚抵达洛阳。

在这十几天的行军中，八路军部队始终士气高昂，组织严密，军纪整肃，令王葆真及战地党政分会人员赞叹不已。朱德总司令指挥若定、胸中自有百万雄兵的气概，令王葆真深深敬佩。

在洛阳，朱德总司令开始同卫立煌谈判。有时一谈就是一整天。双方就合作抗日、停止摩擦、划分作战区域、给八路军发放军饷等问题进行了一系列谈判，取得了一定的成果。王葆真参加了这次谈判，对朱德总司令以民族利益为重的大局观念和高超的斗争艺术尤为佩服。

武乡、洛阳之行，使王葆真终生难忘。他深情地赞颂朱德总司令文武精备、心宽似海。朱德对王葆真力主团结抗日，不惧危险，不畏艰难，往返于国共两党之间，也大加称赞。

王葆真受朱德总司令的熏陶，宣传团结抗日的决心更强了。但是，他也因此而遭到了蒋介石及其特务头子的记恨，他们散布王葆真"近朱者赤"，在为中国共产党做宣传，诱逼王葆真发通电诬蔑八路军制造摩擦事件。这些，理所当然地遭到王葆真的严词拒绝。蒋介石在对王葆真采取拉拢、重金诱惑、威胁暗害等手段均遭失败后，便撤掉了他战地党政委员会委员的职务。

1948年1月，王葆真参与发展创建国民党革命委员会，被推选为中央常务委员，从事策动国民党军队起义和迎接上海解放的工作。因身份暴露，于1949年2月被国民党逮捕入狱，被判处死刑。这时，王葆真已年近70高龄。在监狱里，他威武不屈，表现出一个正直的爱国者的高尚情操。直到上海解放时，他才被人民救出来。

1949年10月1日，在中华人民共和国举行开国大典之际，王葆真被邀请登上天安门城楼，又见到了朱德总司令。朱德紧紧地握住王葆真的手，询问他在上海国民党监狱中被摧残的情况，问候他现在的工作、生活安排。面对朱总司令，王葆真心情激动万分，看着天安门广场上冉冉升起的五星红旗，回顾一生经历的民族兴衰，心中感慨万千。

参加大典回家，王葆真即兴赋诗一首，赠送朱德总司令：

> 震天雷响，八一红旗飘起南昌。
> 高呼武装革命，建军在井冈山上。
> 海波沸腾晓日，照明黑暗东方。
> 艰苦奋战廿载，丰功伟烈人民武装。

新中国成立后，朱德虽职位高显，公务繁忙，但对老友仍不忘旧谊，时与王葆真往来。1954年，王葆真以人大代表、政协常委的身份，去白洋淀等地视察水利建设。适逢保定菊花盛开，王葆真赋诗一首，寄赠喜爱花卉的朱德同志：

> 芳菲满院霜时居，
> 仙葩绿艳迎诗酒，
> 偏自学东篱，孤舟诵好词。
> 兼葭秋永远，漫忆黄花面。
> 遥祝爱花人，寒秋胜似春。

词作寄去不久，王葆真即收到朱德亲笔回复的致谢信。朱德在信中还说："在河北视察水利和灾情中倘有所见，望随时示知。"

1955年9月，王葆真75岁寿辰时，朱德亲到他家祝寿，共叙旧情。朱德还赞扬王葆真一生关心农田水利建设，鼓励他继续积极提出治理水患的建议。王葆真极受鼓舞，爱国热情倍增，立即赴河北省20个县进行水利考察。他虽已逾古稀之年，但凌雪不以为寒，腰酸足痛不惧其苦。调查结束后，写出了10万字的考察报告，呈送毛泽东主席、朱德总司令和周恩来总理。报告寄出后，收到中央办公厅的复信，告知他的建议很好，已转交水利部参考。

不料，在"左"的指导思想下，王葆真对水利工作提出的意见，竟被视为向党进攻。1957年，王葆真被错划为右派，蒙冤20多年。在王葆真遇到困难时，朱德总是尽力相助，并告诉他："我们不会忘记老朋友。"王葆真由此感慨道："人生得一知己足矣！"

朱德逝世的消息传来，王葆真不胜悲痛，含泪赋词哀悼一代伟人：

党失优秀军失首，英烈忠魂直上重霄九
八一红旗震全球，光垂万代永不朽！

（王亚丽）

深入实际，调查研究

朱德对四川的经济建设十分关心。解放后，他多次到四川视察工作，调查研究。从一个厂矿到又一个厂矿，深入到生产现场，亲切地与工人、农民交谈，细心地听取各方面的汇报，掌握第一手材料。

解放以后，朱老总对四川的经济建设十分关心。几次来川视察工作。从1957年至1963年之间，他老人家不顾70多岁高龄，多次来四川省调查研究，往返奔波、风尘仆仆，从一个县到又一个县，从一个厂矿到又一个厂矿，深入到生产现场，亲切地与工人、农民交谈，细心地听取各方面的汇报，掌握第一手材料。朱老总就当时经济建设中带有普遍意义的问题，给中央和毛泽东、刘少奇、周恩来写了大量的报告和函件。比如，1961年4月份，朱德来川调查我省贸易及轻工业生产情况达一月之久。他回京后致函毛泽东，认为"手工业在1958年转厂并社时，由集体所有制转为全民所有制的面过大了，存在不少问题；必须打破县与县、社与社之间的经济封锁，加强物资交流；国家规定'不许长途贩运'，这一条应根据不同情况区别对待，因为许多肩挑小贩，对物资交流，互通有无有很大作用"。1963年3月份，他再度来四川，分别在成都、重庆、泸州、隆昌县、永川县等三市五县调查近一月，并做了许多富有远见的指示。比如，他说："粮油指标不要定得太高，高了容易落空。粮食每年增长一般是百分之四五左右，而不是百分之十几。""搞生产不能违反经济规律，要按经济规律办事，要因地制宜，山区不宜种粮食就种经济作

※ 朱德和董必武研究图纸。

物。""应当十分注意发展经济作物，发展集体副业和社员的家庭副业。特别是山区和丘陵地区，搞多种经营的门路很多，如竹、木、藤、棕丝、茶、桐油、山货、药材等，应大力恢复和发展。"这些指示不仅对当时"左"的错误倾向是一种尖锐的批评，具有鲜明的针对性，就是在今天也仍然有着巨大的指导意义。

朱德对四川省经济建设的关怀给我教育最深的，首先是他对黄金生产的指导。朱德历来重视黄金生产，认为在我们国家一穷二白的状况下，一方面要加速发展经济，另一方面资金缺乏又是我们面临的主要困难之一。解决这个矛盾的一个重要办法，就是加紧黄金勘察和生产。搞建设需要外汇，而黄金是硬外汇，要抓好黄金的生产。他曾指出，积极安排黄金生产，是扩大积累、扩大进口的一个简捷便宜的办法。记得1957年2、3月间，朱德到四川视察工作。他在1957年4月18日写的《外出视察的报告》一文中，特别提到"如何更有效地利用矿产资源的问题"。文中直接指出：又如会理一带（西昌以南），原是产金子的地方，据说解放前，群众每年要挖二万两金子进贡给当地土司。现在这一带经过民主改革，不再需要向土司进贡金子了，但是金子也就不挖了。如果仍然让群众挖，并加强组织

※ 朱德在四川视察自贡市盐场。

领导,每年挖上几十万两金子,就是一笔很大的财富。朱老总那时当面交给我一个任务,要我抓好四川黄金的生产。1977年6月,王震到四川,在听取四川省国防工办负责同志汇报工作时还特别提到朱德对黄金生产的关心和重视。王震说:"朱总司令在世时问我,你怎么不到四川发动搞金子,我们四川金子多,人多,可以多搞点。"

今天,四川省黄金生产已经有了很大的发展,尤其是"六五"期间,制定了一系列新政策,调动了地方和群众采矿的积极性。同时,加强了黄金勘探专业队伍的建设,"六五"期间,全省黄金产量比"五五"期间增长1.23倍。与此同时,地质储量增加七倍。这里无不凝聚着朱德的心血。

解放后,我们曾一度存在着忽视手工业生产的倾向,在原料、价格等方面限制过死,致使许多手工艺"人绝艺亡",严重影响了人民生活。朱德早在1953年就指出"手工业生产在我国国民经济中,占有很重要的地位",有着其他工业不可替代的"自己的许多特点"。并且批评了一部分同志"国家工业发展了,手工业就不需要了"的错误观点。1957年,朱德来四川工作时,视察了不少小手工业工厂。他强调指出,"办好手工业是很有前途的。"1962年，朱德视察四川、云南后又提到对手工业产品价格限制过死的问题，认为"应该允许他们在维持成本，稍有利润的原则下，适当提高售价"。可见，朱德对手工业生产的重视是始终一贯的。

朱德对于工作从不满足于面上的了解，听取一般的汇报，停留在泛泛的一般性的号召上。而总是深入到基层进行一个点、一个点地调查，亲自解剖麻雀。1960年3月，朱德在听取四川省有关部门领导汇报手工业生产情况后，马上提出要选点调查。他先到灌县实地调查，然后又坚持到下面一个手工业合作社石羊场调查。石羊场距灌县县城几十里，生产和经营农具、五金、缝纫、修配等行业，一直很兴旺。由于在"大跃进"中被合并到一个大厂中，改变了核算制度和分配方式，大锅饭取代了原来计件工资按劳取酬的办法，结果使生产很快就垮了下来。1963年，在一次中共中央召开的工作会议上，朱德指出："不少手工业勉强统一起来，转为国营工厂，不利于国计民生，还是让他分散经营好。"这些意见都是在广泛深入地调查研究基础上得出的结论，一语中的，切中要害。

朱德对四川省的工艺美术品生产也给予了巨大的关怀。他曾指示说，手工业、手工艺品是中华民族的一个特点，资本主义国家都不搞了，我们要开展这个优势。1963年春，我曾陪同朱德到宜宾地区视察工作，地委的同志把当地艺人制作的笔筒雕刻、竹编屏风等给他看时，他老人家高兴地称赞屏风编得好，制作精致，鼓励地委的同志一定要抓好工艺美术品的生产。1965年10月1日，四川省工艺美术品展览在北京市团城开幕。展厅附设出售点，出售陶瓷、竹编、漆器、夹江国画纸、藤椅、剪纸、儿童玩具等，品种规格较多，首都群众竞相参观购买，颇得当时一些四川籍中央负责同志的鼓励。在展览开幕前几天的预展过程中，朱德亲临视察展出情况。当时，他老人家已近80高龄，仍步履矫健，四个展厅逐一仔细参观，达三个小时，毫无倦色，兴致很高，详细地询问生产情况，职工的生活情况等。展品中有一种扇子，名叫贡扇，是由粗细近乎于头发的竹丝编的，利用竹子正反两面不同光泽度编出仕女、山水、花卉等图案，扇子显得精美、高雅，使人爱不释手。此扇是由自贡老艺人龚玉璋创造、制作出的。朱德参观到贡扇时，马上关切地询问："龚玉璋还在不在，老人身体情况怎么样啊？"朱德对一个普通的民间老艺人这种深切的关怀，使在场同志深受感动。展品中还有两个银式大盘，直径约一米，分别雕有毛泽东诗意画"风景这边独好"与"江山如此多娇"。还有一个大型木雕，把红军长征途中情景刻画得惟妙惟肖，十分感人，我当时给起名叫"万水千山"。朱德看了后称赞说，四川省工艺美术品把古老的民族艺术与现代题材结合起来，既继承了传统又有创新。朱德还高度评价展品富于日用性，与人民生活息息相关，雅俗共赏，物美价廉。荥经县生产的沙锅，煮饭味道

※ 朱德在甘肃榆中县视察。

醇美，价格仅几角钱，朱德当场就坚持按照零售价格买了一个。他还当场为展览会题词："亦工亦农，发挥特长，面向群众，扩大出口。"朱德的重要指示成为四川省手工业生产发展的指导方针，一直鼓舞着四川省手工业战线的广大职工群众。据1985年统计，四川省二轻系统手工业总产值达45.3亿元，出口交货值达1.2829亿元，其中工艺美术品出口交货值达677万元。

朱德爱兰已是众所周知的，据说，就是在战争年代的戎马倥偬间，也要潜心培植欣赏兰花。解放后，朱德来川，总是要在繁忙紧张的工作之中抽出时间到杜甫草堂、文殊院、人民公园等处参观兰花。在他的住处阳台和花架上摆满了兰花，朱德清早起来看，午觉起来要看,晚上还要看,对兰花是达到了酷爱的程度。他不仅爱兰,而且精研《兰谱》,说起兰花,如数家珍。

1963年春天,朱德来川,我曾陪同他到青城山去采集过野生兰花。朱德不顾70多岁的高龄,兴致勃勃地一直攀登到"天然图画"(青城山上一景)上面,在远离石阶的一处山坡上终于发现了野生兔耳兰。当时,朱德和康克清大姐都非常高兴,对兰花的喜爱之情溢于言表。

师颜古赋兰有:"惟奇卉之灵德,禀国香于自然。洒佳言而擅美,拟贞操以称贤。"我想,与其说朱德爱兰,不如说他更看重兰花具有质朴、高洁的品格。说到兰花,我总是很自然地联想到朱总的高贵品德。朱德与人民之间的鱼水深情和谦虚的高贵品德,至今为他的家乡人民怀念和传诵。1960年初春,朱德回家乡仪陇县马鞍场,在走进一座房舍里时,微笑着对随行人员说:"这房子还是老样子,记得我小时候读书或赶场,总是把斗笠放在这儿,给他家添了许多麻烦。"当房子的主人,一位银发苍苍的老太太认出面前站的就是朱德时,一面激动地喊着:"啊!朱司令!"一面就忙不迭要下拜行礼。朱德赶忙扶住她,亲切地说:"我是朱德。"朱德还一再嘱咐仪陇县领导说:"你们要老老实实为人民办事,关心群众生活,有事多和群众商量。"而且还特别关心和询问妇女与孩子的营养和卫生条件。朱德这种热爱人民、与人民的鱼水深情确实感人至深。

朱德父母的故居仪陇县柏林嘴,1957年因接待前来参观的外宾,曾用三间空房陈列了一些朱德的照片和使用过的实物,并在外面修了一个小亭。朱德1960年回乡参观时,看到这些情况,对县委书记说:"不要办我的展览。如果社员也不愿搬进这些房子住,那就把这个地方办成一所学校,好不好?现在就改。"以后朱德到了南充和成都,都重申了这个意见。1962年中央工作会议期间,他老人家在人民大会堂接见仪陇县出席会议的同志时,又一次特别问到柏林嘴的陈列室是否改成了学校。

1985年春,我去仪陇县了解仪陇县经济发展情况,也为朱德一百周年诞辰纪念做些准备工作。朱德纪念馆园林处已栽植了三百棵楠木,并且培植了九百余盆兰花,有十几个品种,前往瞻仰的群众可以看到那一盆盆秀丽、典雅的兰花,闻到那清芬袭人的花香,更加引起人们对朱德高贵品德的思念和向往。

(杨超)

站得高,看得远

朱德到兰州视察,他攀登到千佛阁,无限感慨地说:"还是站得高,看得远!王安石不是有一首《登飞来峰》的诗吗?他说'不畏浮云遮望眼,只缘身在最高层'。这话也是很有道理的。"

1958年7月初,朱德到兰州视察。

兰州的夏天,是个黄金季节。这里,没有华北平原的似火骄阳,也没有大江南北的连绵阴雨,高原古城兰州,风和日丽,清爽宜人。

朱德乘坐的飞机抵达兰州上空,缓缓下降时,他透过舷窗看到的是一座拔地而起的新

※ 朱德在兰州接见西北民族学院师生。

兴城市，心情非常兴奋地说："在兰州才能看到我们社会主义建设的气派和速度！"

他不顾旅途疲劳，当天下午，就登上兰州的五泉山，鸟瞰市容。

五泉山，因古有五股清凉甘醇的泉水而得名。山上的崇庆寺，建于明代，古朴而雄伟。从山脚到山腰，随着山势的起伏，散落着许多名胜古迹，现已辟为五泉山公园，供人游览。

朱德同随行人员在嘛尼寺小憩之后，便拾级而上，直向千佛阁攀登。半路上，一座牌坊横在山道上。抬头望去，只见牌坊正面横书七个大字："高处何如低处好。"

朱德反复看了几遍后，若有所思地说：

"这七个字意味深长啊！"

陪同的一位同志说：

"后面还有七个字呢！"

朱德一听牌坊的背面还有七个字，便说：

"我们快去看看写着什么？"

朱德同随行人员穿过牌坊，抬头看到上面也端端正正地横书着七个大字："下去还比上来难。"

朱德笑了。他端详了一阵后，继续拾级而上，边走边对随行人员说："这两句话是佛教的思想和语言，但是很富有哲理。本意是劝世人安贫守拙，不求上进，无所作为。其实高与低是各有利弊，不能一概而论，绝对化，要辩证地去看待。比如说，晚上行军，你说在高处好，还是在低处好？如果走在山顶上，人影映着天空，易暴露目标；如果走在山下，就容易遭到敌人的伏击。这样看来，高处不安全，低处也不保险。所以，夜里行军特别是接近敌人时，最好是不高不低，在半山腰里走。"他的几句话，生动形象地讲清了高低的利弊，引来了同行者阵阵议论声、笑声。

他接着说："讲到'上来'与'下去'，我们很自然地想起那句流传久远的俗话：'上山容易下山难'。古人把'下去还比上来难'写在这里，也是寓意很深啊！要是同我们的现实情况联系起来看，的确是'下去'更难些。所以，毛主席一再倡导各级干部要深入实际，调查研究；倡导干部下放锻炼，将军下连当兵，书记种试验田等等。目的就是告诫我们各级干部，深入基层，接触实际，了解下情，解决问题。"同行者听到这里，都频频点头，打心眼里钦佩朱副主席的一番语重心长的开导。

大家攀登到千佛阁，远望群山连绵不断，黄河滔滔东去，俯视城西十里长街，楼群叠起；西郊工业区，铁塔烟囱林立。朱德无限感慨地说："还是站得高，看得远！王安石不是有一首《登飞来峰》的诗吗？他说'不畏浮云遮望眼，只缘身在最高层'。这话也是很有道理的。站在高处可以统览全局，这就是高处的特点。"

在下山返回的路上，又看到那座牌坊上写的"下去还比上来难"，朱德意味深长地说："比较起来，向上走，是攀登，总是困难一些；向下去，是后退，总要容易一些。我们应该鼓足干劲，力争上游，多快好省地建设社会主义，努力去攀登世界高峰！"

朱德一生南征北战，不知攀登过多少崇山峻岭，对山有着特殊的感情。他始终把登山视为一种最好的锻炼，不仅锻炼体力，而且还磨炼意志。他直到晚年，登山活动仍坚持不停。

（刘学民）

情系新中国石油工业

自1950年起至1966年"文革"前夕的16年里，朱德视察石油工业的足迹遍及全国。就发展新中国的石油工业，向中央提出了一系列意见和建议。

新中国成立之初，百业待兴，年轻的共和国急需那滚滚石油的滋润。可是我国天然石油资源不明，"中国贫油论"盛行一时。为了尽快建立起新中国的石油工业，把"中国贫油论"的帽子早日甩到太平洋里去，一生戎马生涯的朱德总司令把打石油翻身仗视为是自己义不容辞的责任，始终情系新中国石油工业，为新中国石油工业的建立和发展建言献策，不断地给广大石油工人打气鼓劲，给人们留下了难忘而又深刻的记忆。

就在新中国成立不久的1950年4月，全国石油工作会议在北京召开，朱老总不仅到会看望与会代表，而且还发表了热情洋溢的讲话，一再强调我国石油工业的恢复和发展，要有重点、有步骤，更要实事求是，要学习新的技术和外国先进经验，特别是要学习苏联先进的经验。

为了给新中国的石油工业取回"真经"。朱老总借自己1955年12月和1956年3月到罗马尼亚和苏联出访之机，先是专程到罗马尼亚石油中心产区之一的普罗迪斯参观，后又专程去了苏联的石油名城——巴库。实地参观了海上炼油厂和精炼石油厂，并听取了这两个国家有关负责人关于发展石油工业经验的介绍。回国后，将这些情况，如实地介绍给了石油部，从而使苏联和罗马尼亚发展石油工业的经验，为新中国石油工业的起步提供了有益的借鉴。

1958年7月，朱老总不顾年老体迈，风尘仆仆，连续视察了甘肃、陕西和新疆的石油工业。不仅为战天斗地的石油工人打气鼓劲，而且为新中国石油工业的大发展四处奔走，一再向中央建言献策。

1958年7月3日，朱老总视察了兰州炼油厂。16日，他又视察了玉门油矿第二炼油厂。并接见了石油部在玉门召开的石油现场会议全体代表，并对会议代表说，搞好石油工业是历史赋予你们的使命，希望你们团结起来，又红又专，依靠地方和群众，把我们的大西北建成一个繁华的地方。在玉门视察期间，朱老总向玉门油矿职工提出了殷切希望：你们要以石油为主，多方面地发展生产。并充分肯定玉门油矿办业余石油学校、业余中学的办法很好，是多快好省地培养石油技术人才的有效办法。既不影响生产，又能加快培养更多的石油工业技术人才。

在7月21日飞回北京后，朱老总在掌握了石油战线大量第一手资料后，立即就如何发展石油工业问题给中央写报告，提出了以下建议：要多快好省地发展石油工业，必须解决以下几个关键性问题：（一）加快钻井进度和降低钻井成本，是发展石油工业的中心一环。（二）大中小并举，深井、浅井并举。（三）各矿区要以石油生产为主，同时也要搞点农业，以解决生活上的困难。

就在这一年的金秋季节，朱老总又来到了新疆，视察石油企业依然是他此行的一个重要目的。在独山子炼油厂，朱老总听取了王泽厂长的工作汇报，接见了各车间的主任和党支部书记，观看了原油炼制的生产过程，指出："炼油厂要综合利用设备和资源，注意多种经营，把一切能够利用的东西都提炼出来，不要把有用的东西丢弃。"他还强调：要与有关厂矿搞协作，协作就是力量，协作起来什么都能成功。

9月11日早晨，朱老总亲临油城克拉玛依，视察听取了新疆石油管理局克拉玛依矿区党委，关于准噶尔盆地石油开发工作的汇报，出席了矿区先进生产者大会，接见了矿区先进工作者，并在大会上作了重要讲话。他说：克拉玛依是我国石油工业重要基地之一，我很早就想来看看。这次来后听取了市委和矿务局的汇报，心里感到万分高兴。三年前，这里只住着一个狩猎的老人。三年后，你们在荒凉的戈壁滩上，建立起一座4万人口的石油城市，这是一个很大的成绩，也是一个动人的神话。次日，朱老总和康克清大姐又一同视察了矿区"三八"钻井队、"三八"采油队、"三八"炼油厂、张云清钻井队、乌尔禾安装队。并为油田题词："为钻井两万口，生产石油两千万吨而奋斗！"从那天起，这17个金光闪闪、刚劲有力的大字，就一直鼓舞着新疆石油人。13日，朱老总又参加了克拉玛依

※ 朱德在四川视察南充市建设中的炼油厂。

矿区党委扩大会议，和与会人员共同研究克拉玛依矿区的发展规划。

告别了克拉玛依，朱老总又风尘仆仆地奔向南疆。9月18日，朱老总一行飞抵阿克苏。专门听取了阿克苏地委书记贺劲南、新疆石油管理局塔里木矿务局局长范子文和新疆生产建设兵团农一师师长林海清同志关于塔里木石油勘探情况的汇报，当听到石油工人为祖国找石油，日日夜夜地跟荒山沙漠搏斗，有的甚至献出了自己宝贵的生命时，他连连点头赞扬，接着便问到生产的情况。当他了解到石油储量虽然丰富，但是还不曾大量开采的时候，便说道："一发现东西（石油）就要办厂，就要炼。油页岩、油砂、沥青只要能炼油的统统利用起来。你们过去总喜欢贪多、贪大。似乎不到几百万吨就不值得开。搞多搞大当然好，那得好多年才行，当下还是不解决问题。要动员全民来办，大的、小的、深的、土的一齐来。"

※ 朱德在甘肃视察建设中的兰州炼油厂。

告别新疆，朱老总飞抵了甘肃，又一次视察了兰州炼油厂，听取了汇报。返回北京后，朱老总再次向中央打报告。报告提出，第二个五年计划期内，新疆维吾尔自治区将发展成为祖国强大的石油工业基地，因而必须重视和大力发展新疆石油工业。同时反映兰州炼油厂所需要的原油运进太慢的问题要赶快解决。

朱老总还来到了四川听取了四川省石油管理局党委和川中矿务局负责人汇报四川省的石油开发情况。并就山东、江苏两省石油开发情况向中央反映，东营油田是继大庆油田后的又一个大油田，储量丰富，出油也多，应争取时间多打油井，多出油。

自1950年起至1966年"文化大革命"前夕的16年里，朱老总不顾年老体迈，视察石油工业的足迹遍及全国。就发展新中国的石油工业，向中央提出了一系列意见和建议。

正是在朱老总等老一辈党和国家领导人的亲切关怀下，年轻的共和国从发现和建成克拉玛依油田开始，先后开发建成了大庆、胜利、大港、江汉等大油田。甩掉了"中国贫油论"的帽子。1979年以来，我国原油产量实现1亿吨，进入世界主要产油国行列。

（戴良佐）

视察东北三省

> 1959年，朱德和董必武、林枫赴东北三省视察。沿途了解到"大跃进"和人民公社化运动中出现了许多"左"的错误。他们对当地领导反复强调要纠正错误，并向党中央和毛泽东写报告反映。

我国社会主义建设进入到1956年时，第一个五年计划制定的主要指标大都提前完成。接下来的1957年，我国经济建设顺利进行，各项指标也都大幅度地超额完成了，中国共产党在探索经济建设道路的过程中取得了初步的成果。这些经验的取得，使人们对完成第一个五年计划充满信心，更加急于把我们这个一穷二白的国家建成工业化的强国。

早在1955年，国务院就根据各主管部门的设想，讨论并编制了一个十五年（1953年—1967年）远景规划和"二五"计划的轮廓，提出要在1967年粮食产量达到6000亿斤，棉花5600万担，钢1800万吨，工农业产值十五年平均年增长9.5%。而到了1958年，提出要"跑步进入共产主义"，于是各条战线掀起了"大跃进"的高潮。农业上小麦、棉花、花生、水稻的高产卫星，一个一个"腾空而起"。有的省早稻亩产宣称达到了36900多斤，花生亩产达到1万多斤。一时间，亩产万斤的田地层出不穷，似乎"人有多大胆，地有多大产"。工业上钢铁产量要在1957年535万吨的基础上翻一番，达到1070万吨。于是全民大炼钢铁，一个个小高炉"拔地而起"。人们的热情加上高指标的诱惑，使计划数字在一路攀升，总路线、"大跃进"、人民公社的"三面红旗"插遍全国。

1958年11月召开的中共八届六中全会，接受了毛泽东提出的他不再做下届中华人民共和国主席的建议。之后，因准备召开第二届全国人民代表大会，为征求中央一些主要负责人的意见，中共中央书记处委托中央组织部和统战部，草拟了一份第二届人大常委会候选人名单。这时，在这份名单上，没有提到国家主席候选人人选，只列举了人大常委会候选人人选，上届人大常委会委员长刘少奇，又作为第二届全国人大常委会委员长人选列入。朱德看了中央书记处送来的名单后，就感觉到中央可能把自己当做国家主席的候选人，因而希望中央重新考虑这种安排，便在12月29日提笔给中央书记处总书记邓小平写了一封言辞恳切的信。这封信充分体现了朱德为了党和国家的事业主动让贤的无私的胸怀。信的内容如下：

小平同志转书记处同志们：

你给我组织部、统战部对二届人大常委提名候选人名单一份，我同意。我提议以刘少奇同志作为国家主席候选人更为适当。他的威望、能力、忠诚于人民革命事业，为党内党外、国内国外的革命人民所敬仰，是一致赞同的。因此，名单中委员长一席可再考虑，以便整体的安排。至于我的工作，历来听党的安排，派什么做什么，祈无顾虑。

　　此致

敬礼

朱德

十二月二十九日

※ 1959年5月31日，朱德在辽宁视察沈阳重型机器厂。

1959年4月27日，刘少奇在第二届全国人民代表大会第一次会议上当选为中华人民共和国主席，朱德当选为全国人民代表大会常务委员会委员长。以后，朱德又连续当选第三、第四届人大常委会委员长，前后任此职共17年。

就在当选委员长一个月后，朱德与国家副主席董必武、人大副委员长林枫一起离开北京赴东北的辽宁、吉林、黑龙江三省视察。沿途他们了解到，在"大跃进"和人民公社化运动中出现了许多"左"的错误。在与当地领导的交谈中，他反复强调要纠正出现的错误。

朱德对农村办公共食堂出现的负面影响认识较早，在1959年到1961年的三年间，他多次谈及这个问题，同时还专门致信毛泽东，表明自己对此的看法。

他对抚顺市委负责人讲：人们没有了家庭，生活资料不归个人所有就没有劲头搞生产。比如房子如果归个人所有，就可以鼓励群众自己盖房子。

他在对吉林省委负责人谈话时说：

吃饭不要钱不行。要把粮食分给个人，由个人负责调剂，加点菜和薯。过去我们说粮食问题不大，是因为把粮食分到社员家庭，自己掌握。一办食堂，就会造成很大的浪费。不吃大锅饭，可以节省很多东西出口，换回来更多的钢铁、机器。只有生活资料归个人所有，归个人支配，才能调动社员的积极性。有些人怕因此发展了资本主义，这种顾虑是多余的，因为生产资料掌握在集体和国家手中。群众的生活应该是越富越好。

在离开吉林前夕，朱德与董必武、林枫三人联名给中央和毛泽东写报告，反映视察辽宁、吉林两省时看到的情况。报告中说：当前最突出的问题是农业大大落后于工业。报告中还以很多篇幅谈到大多数群众不愿意常年参加农村公共食堂，他们说："在当前的群众生活中，食堂问题是一件大事。"这里大部分群众不愿意参加常年食堂，原因是：（一）东北冬季时间长，各家都需要烧炕取暖，如果食堂和家里立两炉火，浪费很多煤火；（二）食堂设备条件差，不能做到家里那样饭热炕暖；（三）自留地分下去后，在家里做饭可与饲养家畜家禽结合起来；（四）群众感到在食堂吃饭，对来人待客、婚丧嫁娶有诸多不便。他们在报告中建议："在今年的夏秋分配中，应该强调把粮食分到户，允许社员自己在家里做饭。愿意入食堂者，可以自由结伙，重新集中粮食。"

朱德在黑龙江省了解到"大跃进"中刮起来的"共产风"、"虚夸风"，给群众生活带来困难，对此他提出了尖锐的批评说：

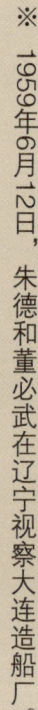

※ 1959年6月12日，朱德和董必武在辽宁视察大连造船厂。

去年十几包，包不了，还是让群众自己包。生活资料要归自己，搞好生活也要靠自己，不是靠国家。全国6亿人口谁包得了？家庭还是要恢复起来，少不了家庭。那么多婆婆娃娃，不是家庭负责谁能负责？有了家庭，各方面才能稳定巩固。

当时，秘书廖盖隆等得知朱德发了主张解散农村公共食堂的电报时，感到非常吃惊。他们吃惊的原因是，办一大二公的人民公社，办"吃饭不要钱"的农村食堂，都是毛泽东所提倡和竭力主张的。因此，反对办农村食堂，甚至主张解散农村食堂，不管怎么说，就是反对毛泽东的主张,这就是"犯了大错误"。他们建议朱德要慎重行事。但是,朱德不这么认为,他说:作为党中央副主席,发现了工作中的问题,有了意见就向中央提出,这是他应尽的职责。

(庹平)

在庐山会议上

在庐山会议期间,为了纠正"大跃进"中"左"的错误,朱德不断地同各地负责人谈话,了解情况,并发表了很多意见。这些意见,大多是针对"大跃进"和人民公社化运动"左"的错误提出来的。

1959年7月2日至8月16日,中共中央在庐山先后召开政治局扩大会议和八届八中全会,后来统称为"庐山会议"。这次会议的最初目的是:总结1958年"大跃进"和人民公社化以来的经验教训,继续纠正已经察觉到的"左"倾错误。

会议最初的几天,开得轻松而愉快。人们在开会空隙,游山玩水,成群结队到仙人洞看晚霞。7月是庐山云彩变幻最美的月份,古往今来,胜景古迹,许多文人墨客留下了千古佳句。与会人中间不乏满腹经纶者,遇此良辰美景怎能不引发诗兴。董必武这位前清举子自是触景生情,写下了一首七律:

> 庐山面目真难识,叠嶂层峦竞胜奇
> 乍雨乍晴云出没,时高时下路平陂
> 盘桓最好寻花径,伫立俄延读御碑
> 如许周颠遗迹在,访仙何处至今疑

朱德看了董必武诗后,7月7日步原韵和了一首诗:

> 庐山真面何难识,扬子江边一岭奇
> 公路崎岖开古道,林园宛转创新陂
> 行游险处防盲目,向导堪称指路碑

※ 1959年7月31日，朱德在庐山仙人洞观赏石刻。

五老峰前庄稼好，今年跃进不须疑。

不但是步原韵，意思也是回答原诗的。此诗说明，对"大跃进"实际工作中出现"共产风"、"虚夸风"很不赞成的朱德，这时还寄希望"大跃进"的高速度发展，能够迅速改变国家一穷二白的面貌，处处出现"五老峰前庄稼好"的新景象。因此，他上山以来的心情也很不错。参加会议的人都非常认真地交流情况，畅所欲言，各抒己见。他们的诗正好反映了会议初期人们的普遍心情：陶醉自然，忘情物外。到会的人皆谓之曰"神仙会"。如果有"神仙会"的话，可以确切地说，7月16日后不几天就结束了。

7月6日上午，朱德在中南组发言，他语重心长地说：

要认识农民还有私有者这一面。对农民私有制要看得重些。办公共食堂，对生活有利,但消费吃亏。供给制是共产制,工人还得发工资,农民就那样愿意共产吗?食堂自负盈亏,公家吃总亏,办不起来不要硬办,全垮掉也不见得是坏事。家庭制度应该巩固起来(按:毛主席1958年有过废除家庭的思想,讲过这样意思的话),否则,有钱就花光。原则上应回到家庭过日子。如不退回到家庭,粮食够不够?食堂要吃饱、吃好,人心才能稳定。要让家庭富裕起来,不会成富农路线。这是有关5亿人口安定的问题。

会议期间,为了纠正"大跃进"中"左"的错误,朱德不断地同各地负责人谈话,了解情况,并发表了很多意见。这些意见,大多是针对"大跃进"和人民公社化运动"左"的错误提出来的。

7月8日,他对中共江西省委书记刘俊秀说:

究竟是让农民富,还是让农民穷?许多干部看不清这个问题。我看应当让他们富,起码应该超过过去的富农。应该让他们一家一家的富,一县一县的富。不要怕他们变成资本主义,不会的。

7月9日,他向中共广东省委第一书记陶铸指出:

去年最大的两件事:一是大炼钢铁,一是公社化。结果该搞的未能搞成,私人的坛坛罐罐归了公,农民的家务被搞掉了,使国家也受到了很大损失。现在应退回去,首先要把农民的家务恢复起来。可以允许公社社员搞些副业。吃"大锅饭"我一向就有些担心。当这么多人的家是不好当的。问题是要认识社会主义有三种所有制:全民所有制、集体所有制、私人所有制。经济活动要实行商品等价交换。只有这样才能逐步到达共产主义。

7月11日,朱德对中共湖南省委第一书记周小舟说:农民是劳动者又是私有者,他们只知道在家吃饭比在食堂吃好,可以把粮食节省下来,把猪、鸡、鸭喂起来。这样看起来是保留了私有制,实际是对公有制的补充。保留一点私有制,把家庭副业发展起来,农民才会有积极性,才会多生产出一些东西来供应市场,否则他就不生产。"去年吃'大锅饭'把东西吃掉了,这是个极大的教训。""去年全民大炼钢铁是不应该的,不但损失了二十个亿,更重要的是耽误了别的事情。"朱德还强调说:"我们的经济管理应该实行经济核算。不论是国家对国家,还是国家对人民或人民对国家都应如此。"

7月16日，朱德向中共河南省委第一书记吴芝圃了解河南省的"大跃进"情况。吴芝圃汇报说：河南省现在"只有百分之五的人不愿吃食堂，大多数人仍然愿意吃食堂，这是历史形成的。"朱德听后说："还是要实行自愿原则，吃好吃坏自己负责，不要实行包的办法。""你们省有百分之五的社员愿意回家吃要允许，不要戴帽子，不要歧视。""公共食堂建立时靠党团员带头，退出去也要靠党团员带头。要认真研究一下农民的心理，要向农民讲清楚，并让其讨论，否则没有人敢讲话。"又说：

去年出现的一些问题不怪下面，问题在于"跃进"的速度和时间，没有条件办的也硬去办，如大炼钢铁，去年是拿钱买经验。如果去年不是吃"大锅饭"，像高级社那样再维持几年，农业就会皆大欢喜了，至少肉、鸡、蛋会有的吃。

正当大家对纠正"左"倾错误讨论得很热烈的时候，一件意外的事情发生了。

中共中央政治局委员、国务院副总理兼国防部长彭德怀在7月14日给毛泽东写了一封近四千字的信，对1958年"大跃进"以来的"左"倾错误提出尖锐的批评。这封信反映了客观实际和群众要求，基本内容是正确的。也许是时间仓促，有些字句未及仔细斟酌，措辞比较尖锐。他的本意是希望通过毛泽东再次强调纠"左"和总结经验教训的重要性。作为政治局委员向党的主席坦陈自己的意见，也完全符合党的组织原则。虽然信中也肯定三面红旗的正确与成绩，其中所提到的缺点、错误有些已经是毛泽东多次谈过的，但它引起毛泽东的强烈不满。7月16日，毛泽东批示将彭德怀的信印发给大家讨论。

此时，心地宽厚的朱德没有意识到一场政治风暴即将来临。在以后两三天的小组会上，他继续讲：

去年的缺点是刮了"共产风"，不承认生活资料归个人所有。只有承认生活资料归个人所有，多劳多得，农民才能有生产积极性。不论在工矿企业或在公社中，都要强调经济核算，个人也要有经济核算。这样，日子就好过了，生产、生活也能安排好了。

※ 朱德在庐山。

7月23日，毛泽东在全体会议上发表长篇讲话，严厉批评彭德怀的信是"资产阶级的动摇性"，是"右倾性质"。同时，毛泽东也点了朱德。他说：食堂是个好东西，无可厚非。我赞成积极办好，自愿参加，粮食到户，节约归己。总司令，我赞成你的说法，但又跟你有区别，不可不散，不可多散，我是个中间派。科学院昌黎调查组说食堂没有一点好处，攻其一点，不及其余，是学《登徒子好色赋》的办法。

朱德对毛泽东的"提醒"没有"领会"，仍然坚持自己的看法，在当天下午的小组会上继续谈论"大跃进"、公社化运动中的问题，说：去年农业收成好，粮食为什么还紧张？主要是吃大锅饭吃掉了。好的，吃了；坏的，烂了。农民对私有制习惯了，分散消费可能节省一些。

由于毛泽东的讲话，于是会议气氛顿时紧张起来，会议从纠正"左"倾错误转向批判彭德怀的"右倾错误"到清算他的历史旧账，直至臆造出所谓彭、黄、张、周反党集团。会议的方向陡然发生了逆转。

在这种风云突变的情况下，朱德对彭德怀虽然也进行了批评，但是他仍然很注意分寸，没有乱扣帽子，并且一再肯定彭德怀的信有积极的一面和他的优良作风。7月25日，朱德在第四小组会上说：

彭总的信起了好作用，但是彭总的看法是错误的。彭总在生活方面注意节约，艰苦卓绝，谁也比不过他。彭总也是很关心经济建设的，只要纠正错误认识，是可以把工作做得更好的。

7月26日，彭德怀在大会上做了"检讨"。当天，在分组讨论彭德怀的"检讨"时，朱德在小组会上说："彭总发言的态度是好的。我相信他是畅快的。"毛泽东对朱德的发言很不满意，在中央常委会议上，批评朱德的发言是"隔靴搔痒"，"未抓到痒处"。会议后期，朱德停止了发言，基本保持缄默。

8月16日，中央全会通过了《关于以彭德怀同志为首的反党集团的错误决议》、《关于撤销黄克诚同志中央书记处书记的决定》和《为保卫总路线、反对右倾机会主义而斗争》、《关于开展增产节约运动的决议》等文件。

朱德对庐山会议上出现的不正常的斗争及对彭德怀等人的不公正处理，思想上想不通，在会议结束时深为感慨地对身边的同志说："谁还相信我们曾经在一个饭碗里吃过饭？！"

八中全会结束后，朱德离开庐山回到北京，参加中央军委8月18日至9月12日在北京召开的扩大会议。会议的主要议题是继续揭发批判彭德怀、黄克诚的所谓"反党罪行"和"资产阶级军事路线"。因为朱德在庐山会议之前和会议期间，曾经严肃地批评过"大跃进"和公社化运动中的"左"倾错误，在这次会议上也被视为"右倾"而遭到错误批判，并被迫做了"检讨"。

在批判朱德时，林彪表现得异乎寻常地积极。9月11日，他在会上恶意攻击朱德是什么"老野心家"、"想当领袖"，甚至完全不顾历史事实地宣称朱德在实际上"没有当过一天总司令"。朱德当过红军总司令、八路军总司令和人民解放军总司令，这是不争的历史事实。胸襟开阔的朱德听到这些言论后，总是付诸一笑，并不急于解释，回到家后才平静地对康克清说："总司令不是我要当的。"他又说："我当没当过总司令，毛主席最清楚。"后来，萧克回忆此事时，称朱德的"度量之大，胸襟之宽广，无不令人钦佩"。

会后，根据中共中央政治局的决定，对中央军委做了重新调整，并于9月26日发出通知：毛泽东为主席，林彪、贺龙、聂荣臻为副主席，朱德由军委副主席变为常委。军委的日常工作由林彪主持。10月，中共中央将朱德在这次会议上的"检讨"在党内下发。

庐山会议和军委扩大会议以后，一场全国范围的"反右倾"斗争随之展开。朱德这时受到错误的批判，他的一些正确意见和建议，难以继续公开发表。他只能在力所能及的范围内，对我国社会主义建设道路进行探索。

（庹平）

名重不骄，待人平等

总司令以普通一兵、一般公民身份生活，是贯彻始终的，他名重而不骄，一贯平等待人。

1959年在庐山期间，8月18日午饭时，卫士向总司令报告：董老夫人何莲芝上午曾来看望康大姐，大姐不在。何大姐曾问到总司令，我告诉她：您在楼上办公。她就回去了。总司令听完后和蔼地说："你这个同志呵，怎么能这样子待客呢？周公离现在已经几千年了，他是周成王的叔父。又是宰相，很谦虚。周公有时在洗一次头当中，不得不三次握着发立即接见来访的人；有时在吃一顿饭当中，不得不三次吐掉口里的食物，立即接见来访

※ 1958年7月8日,朱德在兰州市和雁滩蔬菜生产合作社的妇女们在一起。

的人,这叫做'一沐三握发,一饭三吐哺'。古人都讲谦虚,不搞官僚主义,你不让客人见我,就给打发走了,这样做,多不好呵!",那位卫士听了连连称是,在座的人都深受教育。

1963年1月29日,朱德到桂林。当他听说徐特立也在桂林时,就邀徐老下午一起去游叠彩山。当时朱德77岁,徐老87岁。在登叠彩山时两位老人总想照顾对方,朱德对徐老这位比自己年长的老英雄格外尊重和爱护。两位老人边谈边走,边互相照应,不觉登上了山顶明月峰,那种亲切的气氛,流露出他们之间深厚的革命战友情谊。回到住地后,朱德还赠诗徐老:"徐老老英雄,同上明月峰,登高不用杖,脱帽喜东风。"徐老当即和朱德一首。两位老人精神抖擞，豪情满怀。

有一次，总司令留几位医生吃午饭。进餐当中，有一位医生说："西医就是不科学，什么病都是一个治法，不懂得辩证。"大家听了他的议论，不禁愕然，但谁也没讲话。总司令却笑吟吟地说："老先生！我要批驳你的观点。科学是客观存在，你说西医不科学，不科学它就不会在200多年里发展得这样快；同样地，如果说中医不科学，那就没有办法解释为啥它存在了两千多年。所以，中医、西医的存在和发展，都有它们的道理，不能说我这个科学，你那个不科学。你们中、西医要团结，要互相学习，将来我们中国医生在世界上，就是本领最大的医生啰！"

可以说，朱德不管在任何同志面前都是谦虚和蔼的，没有丝毫架子和官气。外出视察回来，他总要召集身边工作人员征求意见，让大家谈谈有没有看见他有摆架子的地方。在外地，凡离开一个地方，他都要向厨房师傅，向服务人员道谢、告别。

（顾英奇）

师生情谊重如山

> 刘寿川是朱德的老师，朱德对他关爱有加。1959年9月，刘寿川的儿子刘长征从北京调回成都工作。临行前，朱德叮嘱他好好工作，照顾好老人。

刘寿川生于清朝光绪年间，早年曾自费留学日本，参加了同盟会。回国后，在顺庆府中学任监督。1906年，朱德考入顺庆府中学堂。刘寿川想把学校办成真正的新学，着重讲授史地科学和军事体操，培养文武双全的人才。他经常向朱德介绍他在日本时所见到的新东西。朱德也很喜欢他讲的课。

朱德决定去云南报考讲武堂时，曾与刘寿川商量过。刘寿川认为，朱德有救国救民的志向，具有军事才能的资质，走"从军救国"的道路是对的。当时的云南讲武堂有很多同盟会会员，革命气氛很活跃。因此，刘寿川极力主张朱德去报考。临别时，刘寿川还给朱德赠送了路费。

朱德在讲武堂学习很认真，思想进步很快。1909年，朱德加入了同盟会。1922年，朱德在重庆同刘寿川商量，决定到德国留学，学政治兼学军事。刘寿川也十分赞同朱德的选择，他说："日本维新是学德国的，中国要谋富强就应直接学德国，不要拐弯学日本。"

朱德即将启程出国，刘寿川到上海，亲自送上轮船，并赠送路费。朱德在德国仍然保持着与刘寿川的联系，寄回信件和照片。刘寿川也常常寄钱给朱德作为留学费用。

朱德回国后，遵照中共中央的指示，以广东国民政府代表的名义到杨森部，以争取杨森参加北伐。刘寿川当时在杨森部队当秘书长。师长又见面了，经常在一起谈心。此时，杨森投靠吴佩孚的阴谋已经形成，朱德如果留在杨森部队会非常危险。刘寿川获悉此情后，立即向朱德透露了消息，并送朱德离开了杨森的驻地万县。

抗日战争初期，朱德从延安写信给刘寿川，邀请他到延安参观新社会，信中还寄了一张穿军装的照片。当时刘寿川因年纪大了，又患风湿病，加上路途遥远交通不便，没有去成。后来刘寿川每谈及此事，总感到非常遗憾。

杨森也是刘寿川的学生，他与朱德既是同学，在护国军又是同事。刘寿川试图利用这样的关系，争取杨森起义。杨森去台湾之后，刘寿川曾争取杨森返回祖国，但仍未成功。对此，刘寿川非常感慨地对人说，他的两个学生，朱德走革命之路，为革命立下丰功伟绩；而杨森则走上反革命道路。

1950年3月，刘寿川给朱德写信，由刘寿川之子刘长征带到北京面交朱德，朱德接信后很高兴。朱德给刘寿川写了回信，信中说："特奉上复函，问候起居。我今解放后，人民得以翻身，建设当有新的事业……先生欲来京，当以贵体健康来决定，北方严寒，生活一时难习惯，如能来当表欢迎，如不能来，即到顺庆工作，亦好，当为介绍……"后来刘寿川被安排到川北行署任委员。1952年冬，川北行署撤销后，刘寿川到了成都，担任四川省人民政府参事，同时被选为四川省人民代表大会代表。

1955年四、五月间，刘寿川由四川省委统战部派专人送到北京，见到了朱德。朱德委托机关事务管理局的叶科长，陪同刘寿川在北京游览了名胜，参观了工厂、学校。朱德还亲自陪刘寿川一同参观了官厅水库。两位老人拄着手杖，兴致勃勃地爬上水库高地，观赏巨大水利工程。朱德对刘寿川说："水利是农业的命脉，希望刘先生回到四川，协助政府兴办水利。"

1959年9月，刘长征从北京调回成都工作。临行前，刘长征向朱德和康克清辞行，他们留他一道吃饭，并交待说："你父亲年纪大了，身边需要人照顾。你回去后，一面要好好工作，一面要照顾好老人。"

1962年夏，刘寿川重病住院，朱德委员长亲致电慰问。7月1日，刘寿川不幸病故，省里举行了追悼会，朱德送了花圈，给家属拍了慰问电，并亲笔题写了墓碑文。

（王亚丽）

保健医生的规定

保健医生根据朱德的健康状况,作出了一个规定:只吃鸡蛋清,不能吃鸡蛋黄。可是他下去视察工作时,蛋清蛋黄都要吃。

医学上认为,身体状况与饮食习惯大有关系。身体状况好的人,吃什么都能消化,吃什么都能吸收。而身体状况差的人,并不是东西吃进去了都能吸收营养。良好的饮食习惯是保持身体健康的前提,暴饮暴食,挑肥拣瘦,不利于身体吸收到均衡的营养,不利于健康。

朱德饮食方面并没有什么挑剔的习惯,一般碰到什么就吃什么。

※ 朱德在北京玉泉山。

他的身体也一直很好。

所以，60年代以前，朱德在饮食上无什么特殊的要求。

60年代初期，朱德的身体明显不如从前了。这时，保健医生根据他的健康状况，作出了一个规定：只吃鸡蛋清，不能吃鸡蛋黄。

朱德是一个俭朴的人，一切主张从简，以方便为原则。现在，对于一个小小的鸡蛋，竟然要把它分为两部分，只吃鸡蛋清，不吃鸡蛋黄，这种讲究，确实令他很不适应。

蛋黄也有它的营养价值，可是，朱德却不能吃。更难的是，朱德还必须遵守医生作出的这一规定。因为，这样是为了健康的需要，不得不如此。

那么，多出来的蛋黄怎么办呢？朱德不能吃，别人可以吃呀。于是，厨师做鸡蛋时，每次都有意把蛋黄分出来，做给别人吃。

朱德不吃蛋黄，这是他的一个饮食习惯和特点。

不是他不想吃，而是他不能吃。

一次，朱德要去广东农村视察工作。临行前，他把邓林找过来说："你要陪我到农村去视察工作了，要记住，在下面给我做饭，一定要坚持原则，按低标准。做鸡蛋时，蛋清蛋黄都要做，都要吃。不然老乡看见我只吃蛋清，以为我们当领导干部的娇贵得只吃鸡蛋清都不吃蛋黄。我的身体不要紧，多吃几个蛋黄也死不了人，领导机关的人给下面带去好影响好作风比什么都重要。"

朱德的担心，是有道理的。那时医学营养知识尚不普及，一般老百姓是不知道蛋清、蛋黄的营养价值有什么不同。另外，老百姓的生活标准也很低，根本就不讲究这些。

在解放前后的20多年中，邓林随朱德几乎跑遍了全国。朱德每次下去视察工作，都是谢绝大吃大喝的招待。邓林也是当地有什么就给做什么，只是尽力做得可口些。而朱德总是做什么，就吃什么，从不挑剔。

看来，不吃蛋黄的规律似乎又修改成：在家里不吃蛋黄，外出视察工作，蛋清蛋黄都要做，都要吃。

这里面的原因，大家谁都清楚。

（王亚丽）

※ 朱德在北京十三陵水库工地参加劳动。

"高山不可怕"

> 朱德终生酷爱爬山运动。他说："高山不可怕，怕的是停滞不前。"

朱德生长在山区，又长年转战山区，所以对大山有着一种特殊的感情，他终生酷爱爬山运动。节假日、星期天，他常利用工作之余去爬山。每到一地，附近若有山，就非爬不可。北京的香山、桂林的叠彩山、福州的鼓山、广州的白云山、贵州的黔灵山、四川的峨眉山、江西的庐山等等，他都爬过。他说："高山不可怕，怕的是停滞不前。"熟悉他的人，都称他为"登山健将"。

解放初期，朱德在星期天常常带领着孙子们爬香山。据孙子们回忆说："鬼见愁又高又陡，爷爷就和我们开展比赛，看谁先登上高峰。爷爷和我们攀登高山的情景，至今记忆犹新。"1960年3月9日，朱德返回故乡。第二天的清晨，他就登上了琳琅山。1975年8月，即他去世的前一年，他还兴致勃勃地爬上了北京西郊戒台寺附近的一个山头。这是他最后一次登山，时年89岁。

（王亚丽）

普通的伙食标准

> 朱德每顿饭都是一小碗米饭，三小盘菜，一个汤。三小盘菜中，一盘是带点鱼和肉的荤菜，其余两盘都是普通的素菜，汤就是普通的鸡蛋或青菜汤。

在吃的方面，朱德的要求很低，只要有点菜，能吃饱就行。菜稍多一点，他就会说："多了，吃不完，可惜了。"

朱德的饮食非常简单。每顿饭差不多都是一碗米饭，一盘素菜，一盘有几片肉的荤菜，一小碗汤。他要求在米饭里掺杂粮和红苕，特别爱吃蒸饭。他对身边工作人员说：

※ 朱德和孙儿们在香山。

"毛主席爱吃杂粮，我也爱吃，杂粮饭又香又禁饿，而且有丰富的营养。"朱德特别喜欢吃自己腌的泡菜和泡海椒，几乎每餐必有。他主张少吃肉，认为肉吃多了对健康没有好处。

朱德从来不吃零食。他吃苹果从来不削皮，并且叮嘱孩子们："果皮是有营养的，扔了是一种浪费。"他吃红薯也不剥皮。

吃饭时，朱德常常提醒孩子们，吃多少盛多少，要把饭吃干净，不要在碗里剩下米粒。孩子们经常看见朱德把掉在桌子上的米粒拣起来吃掉。

三年自然灾害时期，全国人民都勒紧裤带过日子，朱德更是带头过紧日子，倡导艰苦奋斗的优良传统和作风。有个星期天，吃饭时桌子上摆着一盘马齿苋和玉米面窝窝头。朱德带头拿起一个，大口大口地吃了起来，一边吃一边说："好香！好甜！"当时全家都不让他吃。孙子们这回好像都挺懂事似的，也纷纷说："爷爷不要吃，我们小孩子们吃吧！"朱德笑着对全家人说："我为什么不能吃，这比长征时期吃的好多了，那时根本吃不上窝头，马齿苋可是高级菜了。现在生活好了，但不要忘记过去。今后就是在丰收的年景，吃点粗粮和野菜对大家都有好处。"

一般人以为朱德是中央领导，吃饭是特灶，标准一定很高。可实际上，朱德的伙食标准并不高。不是他享受不到高标准，而是因为他自己的要求不高。如果自己的标准不高，那厨师想把标准提高也行不通。对此，曾担任过朱德厨师的邓林同志颇有感触。

像朱德这样德高望重的开国元勋、共和国领袖，为了建立新中国，为了让中国人民过上好日子，吃了不少苦，受了不少累。照理讲，解放了，人民当家做主了，年龄也大了，朱德的生活水平也应该大大提高。可是，实际上，朱德的生活标准低得让人难以相信。邓林知道，从一解放进北京城到1971年邓林生病离开中南海，朱德、康克清同志和邓林三个人加起来的伙食费平均每月都不过四五十元。在当时，这只是相当一般中层干部的水平，可朱德是中共中央副主席、全国人民代表大会常务委员会的委员长啊！他这么高的身份，却只要求如此低的伙食标准，差别实在是太大了！

说起来可能有许多人不相信，多年来，朱德每顿饭都是一小碗米饭，三小盘菜，一个汤。三小盘菜中，一盘是带点鱼和肉的荤菜，其余两盘都是普通的素菜，汤就是普通的鸡蛋或青菜汤。至于晚饭，就更简单了。

朱德天天如此，从来没有超出过这个标准。

平时在家里吃特灶的只是朱德一人，康克清同志都是在普通食堂吃饭。逢星期天或节假日，孩子们回来，人多了，饭当然要多做一些，可每顿饭也都是最普通的家常便饭。

有时来了客人，朱德留吃饭也只是嘱咐添一两个简单的菜，不够就上点泡菜、咸菜等小菜。

据邓林回忆，刚开始给朱德做饭时，总是想多做一些，好让他多吃些，吃不完倒掉就算了。可是没几天邓林就发现这样不行。朱德每次吃饭都是尽力把饭菜都吃掉，连一点菜汤、一颗饭粒也不愿剩下。有时剩下了饭菜，到下顿吃饭的时候，朱德总要问剩下的菜到哪里去了。

有一天吃晚饭的时候，邓林特意做了几个菜，端上了桌子。

朱德一瞧，看见又做了新菜，就问道："邓师傅，上午吃剩的那碗青菜汤怎么不拿上来呀？"

邓林回答说："中午剩下的青菜汤，里面只有一两根青菜，我把它倒掉了。您要喝汤，我明天再给您做好的。"

朱德一听，感到很可惜："咦！倒掉了？太可惜了！"

邓林回答说："您要多吃新鲜的东西，这样才有营养。"

朱德严肃地说："那你一次就不要做那么多嘛！倒掉了多可惜，这是浪费人民的血汗。"

接着，朱德就讲起了战争时期的艰苦生活。末了，朱德一再嘱咐邓林："剩菜剩饭一点不能倒，一定要留着下顿吃。"

知道了朱德的这个脾气，邓林做饭就格外注意，逐步摸清了朱德的饮食规律，争取每顿饭、菜都做得恰到好处，既让朱德吃饱、吃好，又争取一点不剩，免得让朱德老吃剩菜。

（王亚丽）

"我们的责任"

朱德把培养接班人看做是自己的责任。他对孙子们说："要尽到我们的责任，把你们培养成为无产阶级革命事业的接班人！"

朱德对孙子们十分爱护，不仅关心他们的生活、学习，更关心他们的思想品德。

※ 朱德与两个孙儿在一起。

作为一个慈祥的老人，朱德对子孙们当然也很疼爱。但这种疼爱却不是溺爱和纵容。

1960年，朱德刚满7岁的外孙要上小学了。开学的第一天，他和刚上学的小学生一样，换上干净的衣服，背上书包，笑啊，跳啊，高兴得不得了。他知道学校离家较远，满以为爷爷一定会用汽车送他去上学。走出门去，完全出乎他的预料，等着他的不是爷爷的汽车，而是一辆三轮儿童车。小家伙不干了，大声嚷了起来："这不是四个轮子的呀！我要坐四个轮子的车。"

朱德听到小外孙在撒娇，便从屋里走出来，和蔼地对他说："你问问王伯伯，他像你这样大时，坐过汽车吗？"蹬三轮车的王师傅笑笑说："别说汽车了，就连这三轮车也没坐过呀！在旧社会我给有钱人拉包车，光着脚跑遍了北京城，可还混不饱肚子呢！"

朱德摸着外孙的头，微微弯下腰问他："你要坐小汽车，别的孩子也坐小汽车，你想想那要浪费多少汽油啊！你今天坐，明天坐，以后还能和没有汽车坐的小朋友在一起吗？你坐了汽车就高兴，吃了糖果就舒服，今后还能热爱劳动吗？"

爷爷的话有道理，小家伙低下头，一句话也不说，可是心里还是很不情愿。

朱德拍拍他的头说："爷爷像你这么大时，早就下地干活，帮家里劳动了。你们多幸福啊！可不能身在福中不知福，变成个小泥鳅，全身挺滑，总想钻到泥里睡大觉。"小外孙听到这里笑了，周围的人也笑了。在大家的欢笑声中，外孙高高兴兴地坐上三轮车上学去了。

1963年3月，学习雷锋的活动在全国掀起高潮。朱德也为雷锋题了词："学习雷锋，做毛主席的好战士。"这一年的"六一"儿童节，朱德和康克清送给每个孩子一本印有毛泽东题词和雷锋相片的日记本，还在扉页上写了鼓励的话。康克清告诉孩子们："爷爷希望你们像毛主席要求的那样，好好学习，努力掌握文化知识，学习雷锋为人民服务的精神。从现在起，你们要把学雷锋的收获和体会写在本子上，爷爷说还要检查呢！"

据子女们回忆，朱德从不在子女面前谈自己的功劳。每当有人要他谈谈他的经历时，他总是摇摇头，或摆摆手。朱敏说："父亲对我们说，'中国革命取得的胜利，都是毛主席英明领导的结果。我是相信毛主席的，一生都在毛主席的领导下工作'。父亲这朴素由衷的话语，句句饱含着对毛主席的敬重和热爱，使我们受到深刻的教育。"

子孙们很小的时候，朱德就常常把他们接到身边，给他们讲早年家境的贫寒，读书求学的艰难，革命烈士的牺牲，红军战士的坚贞，抗日英雄的传奇……几个孙子渐渐长大，尤其上学以后，知道爷爷曾是红军的总司令，就缠着爷爷讲自己带兵打仗的故事，不讲就不让走。这时，朱德把大手往孩子们头上一放，笑开了："红军打老蒋，八路军抗日，战斗故事多着呢，三天三夜也讲不完。"朱德就给孙子们讲了红军、八路军、新四军英勇作战的故事。

孙子们听了还觉得不过瘾，又嚷了起来："我们现在就要听爷爷自己打仗的故事。"朱德还是不肯讲自己，他说："我自己都是些老掉牙的故事，没什么好听的。老讲自己的过去有什么意思？咱们还是多讲现在，多讲将来，中国革命的事情还很多，世界革命的事还很多，我给你们讲个毛主席的故事……"

孙子们还是不放过爷爷，非要他讲自己不可。有的仗着年小还撒开了娇，拉着爷爷的袖子不放。朱德拿定主意，无论他们怎样纠缠就是闭口不讲自己。

他一辈子都不在孩子们面前摆自己的功劳。可是，在孩子们的心目中，他的形象变得更加高大，更加"英雄"了。

由于林彪的"一号通令"，朱德等许多老干部被秘密地从北京疏散到广东从化，失去了行动上的自由。1970年初，朱德的孙女来到从化温泉疗养院。这是一个风景秀丽的地方，它依山傍水，绿树成荫，四季常青，可以说是旅游与疗养的最佳胜地。但是，朱德生活在这样的环境中却感受不到大自然的美丽，因为他们实际上是被人监控，每天活动的最大范围就是从山脚下散步到桥头警戒线。刚到从化时，这位孙女的情绪还很高。可是时间一长，她就对这种单调的生活产生了厌倦心理，整天闷闷不乐。朱德看出了孙女思想情绪上的变化，主动与她交谈。他们谈到中国革命的历史，谈到我们的党、我们的军队所走过的历程，谈到了胜利和失败。朱德指出，无论在什么样的历史关头，只要心中树立起坚定的信念，就会在黑暗中看到光明。

孙女后来回忆说："后来我才知道，爷爷当时被软禁了。可是在那种情况下，他关心的不是自己，而是国家的兴亡。尽管身处逆境，却始终保持着革命的乐观主义精神。"

当爷爷和奶奶问起她今后的打算时，她说她很愿意当兵，成为一名解放军战士。朱德听了，对孙女说："当兵不是享受，而是要尽一个军人的天职。首先要有一不怕苦，二不怕死的精神，你能做得到吗？"孙女想了想说："通过在部队锻炼，我想我能做到这一点。"

不久，孙女参军离开了从化。后来，她又从广东兴宁调到广州军区总医院工作。领导给了她几天假，她高兴地去看望爷爷和奶奶。这是她参军以后第一次见到爷爷，一进门她就向爷爷敬了一个军礼。朱德连夸孙女的军礼敬得标准。他详细地询问了孙女的工作和学习情况。当他知道孙女刚刚调到广州，还没有开始工作就先回来看他时，他的表情立刻变得严肃起来了。他说："你是一名解放军战士了，应该遵守部队的纪律，要严格要求自己，以工作为重，我这里一切都好，不用挂念。"结果，孙女只住了两天，就回到单位，开始了新的工作。

1972年，朱德的孙女刚满18岁。这一年，她光荣地加入了中国共产党。她怀着激动的心情将这一喜讯第一个告诉了爷爷奶奶。很快，康克清代表朱德回了信。信中告诫她："入党并不是一个人的目的，而是人生道路上的又一开端。今后的路还很长，要有把毕生精力都献给党的事业的决心。"

朱德和康克清都十分喜欢孩子。早在战争年代，他们就为自己的战友与烈士抚养过不少的孩子。这些孩子都亲切地称他们为"爹爹"和"康妈妈"。解放初期，为了报答家中兄弟姊妹们当年支持他读书闹革命的恩情，朱德特地托堂弟带几个孩子回来给他抚养。就这样，先后从家中来了十多个孩子。朱德和康克清把他们都当成自己的亲生骨肉一样抚养成人,为此付出了大部分精力。由于朱德的言传身教,在这个大家庭中,大家生活在一起,关系融洽,哥哥照顾弟弟,姐姐关心妹妹,互相之间从来不分亲疏。

"要接班,不要接'官'。接班,是接革命的班,接为人民服务的思想,时刻想着大多数人,掌握为人民服务的本领,实实在在地干革命。如果忘掉了人民,心里想的是当官,就会脱离群众,早晚有一天要被人民打倒。"这是朱德关于培养接班人的基本观点,他的儿孙们就是在这种思想哺育下成长的。

朱德对培养下一代接班人的问题非常关注。他对孙子们说:"要尽到我们的责任,把你们培养成为无产阶级革命事业的接班人!"他常说:"在旧社会里,人们都盼望自己的孩子能干一番大事业。他们所说的大事业,就是做官发财。我也希望你们做大事业,但这个大事业是为人民服务,为中国人民和全世界人民服务。你们说,这个事业还不大吗?"直到1976年7月2日,他病情危重的时刻,孙子们去医院看望他,老人家慈祥的脸上露出了亲切的笑容,无限深情地说:"要做无产阶级……"孙子们看他说话非常吃力,噙着眼泪点点头,表示已领悟了老人家的教导。

(王亚丽)

"内行的菜农"

> 朱德到外地视察,每到一地,只要是有时间,他都会去寻野菜,去看看当地生长什么样的野菜,尤其是别的地方所没有的野菜。由于长期的积累,他关于野菜的知识相当丰富。

朱德是个有心人,每到一地,只要是有时间,他都会去寻野菜,去看看当地生长什么样的野菜,尤其是别的地方所没有的野菜。由于长期的积累,他关于野菜的知识相当丰富。哪些地方有什么野菜,哪些野菜能不能吃,他都知道得非常清楚。你要是听他讲野菜方面的知识,一定会以为他是个内行的菜农呢!

有一次,朱德在回四川时,特地跟当地负责招待的同志说:"我到四川来,是回了老家,泡咸菜、花生、胡豆、豌豆尖都是好菜。这回,我还要找几次野菜来吃。"

第二天早晨,太阳刚刚升起,露珠还在油菜、小麦等叶子上闪闪发亮,朱德就已开始散步锻炼身体了。他走过林阴道,来到种莲花白菜的田边时,突然停了下来,不顾露水湿

※ 朱德和康克清陪同越南劳动党主席胡志明参观自己的菜园。

脚，跨进地里，弯腰去采一种野菜。招待员蒋富全见了，也跟着去采。

朱德边采边说："这种野菜叫灰灰菜。在长征时，它帮过我们的大忙啊！那时没有吃的就靠它煮来充饥。在西康的炉霍境内，野菜有十几种，有的叫不出名字，我们经常吃这些野菜，那时没有多少盐巴，更没有油。现在条件好了，但不能忘记过去。"

招待员把采来的野菜集中起来后，按照朱德告诉的制作方法转告了厨师。中午，朱德吃得特别香。

朱德边吃边向大家介绍很多种野菜，并讲了各种野菜的特征、用途和制作方法。他说："四川野菜很多，可以人吃、可以喂猪，有的还可以药用。如蛮油菜，可以做冲菜，马齿苋、泥鳅串、鸭儿群、鹅脚板，都是可以吃的，特别是牛耳大黄、猪鼻拱，用处很多，能祛毒、能清热，还是中药呢！四川还有红苕尖、南瓜尖等都是好菜。"

大家听了，深感总司令真不简单，不仅带兵打仗是内行，而且还有那么丰富的生产、生活知识，就像地地道道的农民一样内行。

早在抗日战争时期，朱德就和康克清养成了一种习惯：每年春暖花开的季节，他们隔几天就要挖回一些野菜来。解放后，他们虽然住进了北京城，两位老人还是保持着这种习惯，似乎吃野菜成了他们的一种特殊嗜好。他们的院子里长着不少野菜。每年野菜生长的季节，朱德都要秘书和工作人员挖野菜吃。

吃野菜也是对孩子们进行革命传统教育的方式。1960年前后，我国遭受了严重的自然灾害，再加上工作中"左"的错误和苏联趁机卡我们的脖子，整个国家的经济生活出现了暂时的困难。那时候，几个小孙子正在上小学二、三年级，还不太懂事。一个星期天，天气晴朗，朱德和康克清散步回来，挖了不少野菜。他高兴地说："今天给孩子们会顿餐。"

吃饭的时候，孩子们看到桌子上多了几盘菜，高兴极了，可一吃到嘴里就吐舌头，好奇地问爷爷："这是什么菜？多难吃啊！"

朱德指给他们说："这是马齿苋，这是苦苦菜，这是野苋菜……"

孩子们不解地问："为什么给我们吃这些又苦又涩的菜？"

康克清说："可不要小看这些野菜啊！它可是革命的宝贝菜啊！"朱德说："这菜是有点苦，但在野菜里是最好吃的哩！长征时，我们连这样的野菜也吃不到啊！有多少好同志，因为没有东西吃，牺牲在草地上了！"

的确，不能小看这野菜。在贫穷的旧中国，又有多少穷人是靠吃野菜才活下来。在长征路上，它为红军北上抗日，曾立下过一份功劳。在那一望无涯的草地上，多少红军战士就是靠着一点点的救命野菜，才补充了体力，走到了陕北。

眼前的一盘盘野菜，令朱德的思绪又回到了过去的艰难岁月……

朱德看着孩子们，缓缓地说："现在国家遇到了困难，人民生活很苦，能有这样的野菜吃就不错了。就是丰收年景，野菜也应该吃。"

最后，朱德要求孩子们搬到学校去住，说："同学们吃什么你们就吃什么，星期天回家来就到机关大食堂去吃饭，一点也不要特殊。"孩子们听了深受教育，第二天就带着行李到学校去住了，每逢周末和节假日，孩子们回到中南海，就自己到大食堂去吃饭。

到了晚年，朱德弯腰虽然不那么灵便了，还常常带着孙子们去挖野菜。他用手杖指点着，告诉他们哪些是可以吃的野菜。挖野菜时，他总时常叨念着："野菜是当年的救命菜、革命菜呀！常吃它，忘不了过去。"

朱德是永远不会忘记这救命菜，这革命菜。

（王亚丽）

给后人留下一片绿荫

> 朱德说："俗话说'靠山吃山，靠水吃水'，山区要从实际出发，想山区的办法。在山区就要发展林木，多种树……这是条富裕之路。"

朱德是佃农的儿子，从小生长在川北山区，对树木有着特殊的感情，自小就喜欢种树。在仪陇县朱德故居里，在他小时候读书、教书的学校，到处都能看到他当年亲手植下的树。琳琅山下的药铺垭小学，是他当年读私塾的地方，校门前，有一棵他幼年时种下的香樟树，至今枝叶繁茂，学生们常常在浓荫下游戏。仪陇县城里的金城小学门口，有一棵巍峨的皂角树，挺拔俊秀，有十多米高。那还是1908年，朱德在这个学校任体育教师时栽的。如今，这个学校的1000多学生，在这棵大树下做操、复习功课、做游戏，他们个个都知道这棵大树是朱德爷爷亲手栽下的。

1960年，朱德回家乡时，来到琳琅大队。他对队长说："俗话说'靠山吃山，靠水吃水'，山区要从实际出发，想山区的办法。在山区就要发展林木，多种树。河坡、路旁、田埂上，栽桑树、茶树、果树、白蜡树，就是在住宅附近的零散地块上，也可以栽树。四季常青，这是最好的绿化。生活环境好了，还增加收入。好好种植广柑、药材、山竹，想法运出去，化肥、机器就运回来了。这是条富裕之路。"

这时，琳琅大队的队长指着大湾坡上的嘉陵桑对康克清说："听老人们讲，那桑树就是朱老总在顺庆府（今南充市）读书时，带回来三百株桑枝栽下的。"

朱德听到后，非常惊奇地问道："还活着？"

队长回答说："剩下几棵了，但长得很好。"

朱德非常高兴。他说："山区宝藏多呀！许多地方胜过平川。树木、竹子、山货、药材都是宝贝。要因地制宜，发展山区。农、林、牧、副、渔、土产、特产都要搞。搞好多种经营，把秃山打扮好，山上的木材就用不完，瓜果就吃不了，桑叶就采不尽。常言道'栽桑种桐，子孙不穷'。别小看栽桑养蚕，这可是摇钱树呀！蚕粪可肥田，桑能烧柴，桑葚可入药，蚕丝可卖钱。女人穿衣扯布，娃娃念书买本子，老人有病就医，都可以从这里开销。"

朱德的每句话都讲得实实在在，都讲到群众心里去了。

（王亚丽）

视察三明市

朱德在视察途中，看到昔日关押革命者的集中营，变成了规模宏伟的工业基地时，触景生情，诗兴大发，当场挥毫写下了一首感情深厚的诗篇《三明新市》。

1961年2月12日，中国人民的传统节日——春节的喜庆气氛已经弥漫在九州大地，桃符泛彩，烟花未央，爆竹声声。三明工业城里是一派龙腾虎跃的景象。三明工业基地的领导层更是兴奋不已，因为朱德来三明视察了！

三明市是一座在共和国的摇篮中诞生的城市，在1957年兴建福建省工业基地的基础上，于1960年3月建市。新市创建伊始，百业待兴，就在新市创业者激战方酣、急需各方支持之际，迎来了党和国家的高级领导人。朱德是党和国家领导人中第一个来三明新市视察的，但他对闽西北这片热土并不陌生。望着起伏的山丘、连绵的林海，元帅的思绪飞越沧桑岁月，擦亮了记忆的印痕。30年前的一幕幕，又在眼前晃动，万丈豪情从胸中升腾：穿着草鞋走过大田弯弯曲曲的小径，越过清流、归化的深深林莽；在万头攒动的宁化群众集会上，他慷慨激昂地演讲；在建宁"横扫千军如卷席"的反"围剿"战斗中，打得国民党刘和鼎部溃不成军；与周恩来一道，住在泰宁一座民房中，镇定自若地指挥一次次战斗；与彭德怀一同率红军攻打沙县国民党卢兴邦部时，曾在梅列盆地中的一座民房住宿过……如烟的岁月从眼前一一晃过，他不禁感慨万端。闽西北这片红土地上的好儿女，跟着共产党闹革命，前赴后继，英勇斗争，为革命、为共和国的诞生作出巨大的贡献。如今，在和平建设时期，他们又以多么顽强的战斗精神和高度智慧，在这一片旷古洪荒上兴建起一个现代化工业基地，一座新型城市，真是可歌可泣。

他带着浓厚的感情走向三明化工厂，静悄悄地登上电石车间楼梯，默默地站在电石炉旁，认真观看汗流满面的工人同志，是怎样用智慧和毅力，在烈火熊熊的电石炉边紧张而有序地冶炼电石。陪同视察的福建省委书记叶飞也默默地站在一旁，任元帅的思绪信马由缰，驰骋在历史和现实的星空。

尤其让朱德委员长感触良多的是，20年代，他曾经参观过德国的电石厂，因此不能说对这项化工项目毫无所知。他对三明化工厂这座我国自行设计、兴建起来的电石厂表现出极大的兴趣，看得津津有味。他站在楼上凝神注视，观看了足足有十几分钟，才依依不舍地下楼。

当时，电石厂的工人们都全神贯注地进行操作，谁也没有想到临近春节了，德高望重的老元帅朱总司令会来到三明视察。当他走下楼梯后，该车间一位较敏感的工人，突然想起这一行参观的首长中，有一位中等身材、体格健壮、黑红面孔的人很像电影里和宣传画中的朱德总司令。经他一提醒，消息很快就在车间里传开了。"朱总司令来我们厂参观了！"大家纷纷涌到车间的窗口，有的追到门口，争相看着尚未走远的朱总司令，直到看不见他的背影，才带着惋惜的心情回到岗位上。

此时正是2月12日上午10时多，叶飞和三明市委书记张维兹等领导，又陪同朱德委员长和夫人康克清，走进三明化工厂厂部二楼会议室休息。当时，朱德来到该厂视察工作的事，只有厂部几位领导知道。听到首长快到了，厂领导一干人迎到楼梯口。只见朱德委员长身穿一套黑呢料中山装，外披一件呢子大衣，神采奕奕，满面春风，右手拿着一支浅黄色的拐杖，脸带着笑容向大家走来，亲切地向大家频频点头问候："同志们好，你们辛苦了！"随即步履稳健地登楼进入会议室休息。谁也想不到，步履如此稳健的朱德委员长，已是75岁高龄了，但身体还是那么硬朗。

休息时，叶飞书记向朱德委员长简要汇报了福建省每年都会遭遇几次台风袭击，影响农业生产，请党中央尽快给予支持，让三明氨厂上马，以帮助福建省发展农业，使粮食早

※ 朱德在福建视察。

日过关。朱德听了，连连点头，表示支持，洪亮的声音回荡在会议室里。

听取汇报约半小时，朱德委员长离开了三明化工厂。

"咣当——咣当——"一声声沉闷的巨响震撼着脚下的土地，回荡在空旷的沙溪河畔。这里是三明重型机器厂，原先荒草遍地，荆棘丛生。创业者用双手移山填谷，平整出一片数万平方米的宽阔地带。劳动者的力量真是伟大呀！委员长以赞许的目光巡视着厂区的一切，欣慰的表情展露在脸上。省委领导叶飞、梁灵光，三明市领导张维兹、郑重等轻轻地走在委员长身旁，一同感受着创业者战天斗地的豪情。三明重机厂党委书记耿世民和副厂长吕洪源早就迎候在金工车间门前了。但见朱德委员长挂着拐杖，脸带和蔼慈祥的笑容，健步走来。他们快步跑到委员长面前握手，热情相迎，非常高兴地说："首长辛苦了！这里是我们三明重型机器厂的一期金工车间，装配跨24米、50吨行车，全车间有

14000平方米。"朱德委员长问："你们这么大的工厂，生产什么？"耿书记答道："按设计，年产重型机器产品2万吨和大型冶炼专用设备，像高炉、转炉、轧机等。"朱委员长边听汇报边走路，耿书记继续说："全厂的许多设备都是进口的。"吕副厂长接着补充说："有法国、日本、捷克、匈牙利的，还有波兰和朝鲜等国的。"朱委员长听了很高兴。当一行人刚走到铸工车间门前时，朱委员长突然在路边驻足，向周围看了看，面朝着重机厂的生活区，声音深厚洪亮地说："这是梅列么？当年红军打沙县时，我住过这里，这里原来是国民党特种营管区。我们打完沙县后，部队经过雪峰转战到别处去了。"此时，耿书记用手指着坐落在徐碧村头该厂职工食堂旁边的一个大石头门框说："那里过去是国民党集中营的大监狱，现在是我们厂的一个养猪场。"

这时，一旁有人问："你们的猪养得怎么样？"耿书记答道："还可以，就是猪饲料缺一些。"正说着，只见一辆铸造车间的炉料车直朝人群开过来。说时迟，那时快，突然旁边闪出一位女同志，一边大叫："快让开！"一边迅速将朱德委员长拉到一旁。耿书记见她身手不凡，忙问：这位女同志是谁？梁灵光说："她是委员长的夫人康克清同志。"耿书记这才恍然大悟，原来眼前这位看似平平常常的女同志，就是长征途中与朱德总司令一起并肩战斗的赫赫有名的巾帼英雄康克清。他肃然起敬，连声说对不起，受惊了，并严肃批评了那位冒失的运料工人，险些撞出乱子来。运料工非常歉疚地检讨说："当时我只顾着看看朱总司令，我实在太敬仰他了。"

朱德委员长来到三明重机厂视察的消息像一阵风似的传遍厂区，全厂一片欢腾，纷纷表示要以最好的成绩，答谢委员长的关怀。

在视察途中，朱德委员长看到昔日关押革命者的集中营，变成了规模宏伟的工业基地时，触景生情，诗兴大发，为寄托对革命烈士的哀思，他老人家在离开三明重机厂之际，当场挥毫写下了一首感情深厚的诗篇《三明新市》："上饶集中营，拘留尽群英。军渡长江后，迁移到三明。多少英雄汉，就地遭非刑。青山埋白骨，绿水吊忠魂。将此杀人地，变为工业城。"这首哀悼死难烈士的诗篇，语重心长地勉励三明人民，弘扬革命传统，继承先烈遗志，继续发扬艰苦奋斗精神，大胆探索，勇于开拓，充分发挥老区的优势，"将此杀人地，变为工业城"。

三明市委和三明重机厂领导读着朱德委员长的诗作，心情十分激动，随即在重机厂《快报》上刊发了《三明新市》这篇诗作，发送到各车间和厂部科室，不久，便迅速在三明全市各县传开，闽西北人民都为之自豪和兴奋。

当朱德委员长视察三明时，正逢我国三年困难时期，国家对第一个五年计划中的一些建设项目进行调整，三明也不例外，许多工厂下马了。尤其是三明工业基地刚起步，处在建设初期，到处是建筑材料，整个城市就像一个大工地，各方面条件都比较差。朱德委员长一路参观下来，对广大干部群众进行鼓励，以充满必胜的信心和革命乐观主义精神感染人们：困难是暂时的，创造条件，克服困难，努力工作，必定取得胜利。工业基地一定要建起来，也一定会建好。

（吴挺、高珍华）

在宝鸡军工厂

朱德在宝鸡视察了宝成仪表厂，他听完厂领导的汇报后说："古有'家贫出孝子，国难见忠臣'的说法，这话有道理哟！你们当领导的一定要和工人同志同甘共苦，为国分忧"。

1961年5月2日，朱德委员长从四川返京途中，在宝鸡视察了宝成仪表厂（现为宝花空调器总厂），受到全厂五千多名职工热烈欢迎。喜讯传出，渭河之滨这座西北新兴工业城市一片欢腾！

9时许，在春阳照耀下，一辆辆黑色小轿车徐徐驶进工厂大门，停靠在椭圆形花坛旁，朱德委员长下车微笑着向欢迎人群走来。他身着蓝布中山装，脚穿圆口黑布鞋，手拄拐杖，神采奕奕，十分精神。顿时，掌声雷动。敬爱的朱德委员长面带笑容，频频向职工挥手致意并连连问好："同志们，你们好！你们辛苦了！"

来到厂部会议室，刚落座，没等厂领导汇报，朱委员长就急切地问："你们厂生产形势和工人生活咋样？"

厂党委书记李德崇详细汇报了工厂的各项工作，最后说："去年生产任务已超额完成，有个尖端产品的关键问题，苏联专家在厂时未解决，现在被我们攻克了。"

"这很好！"朱德委员长浓眉一扬，高兴地说："我这次中途下车来看望你们，就是想了解点情况哟！噢，有些啥子困难就讲出来，看我能不能帮你们解决。"说完从上衣口袋摸出钢笔，戴上眼镜，准备记录。

李德崇面对敬爱的朱德委员长亲切、鼓励的目光，十分感谢和激动。他不愿给老人家增添麻烦，笑着告诉朱委员长，没啥困难，请老人家放心。

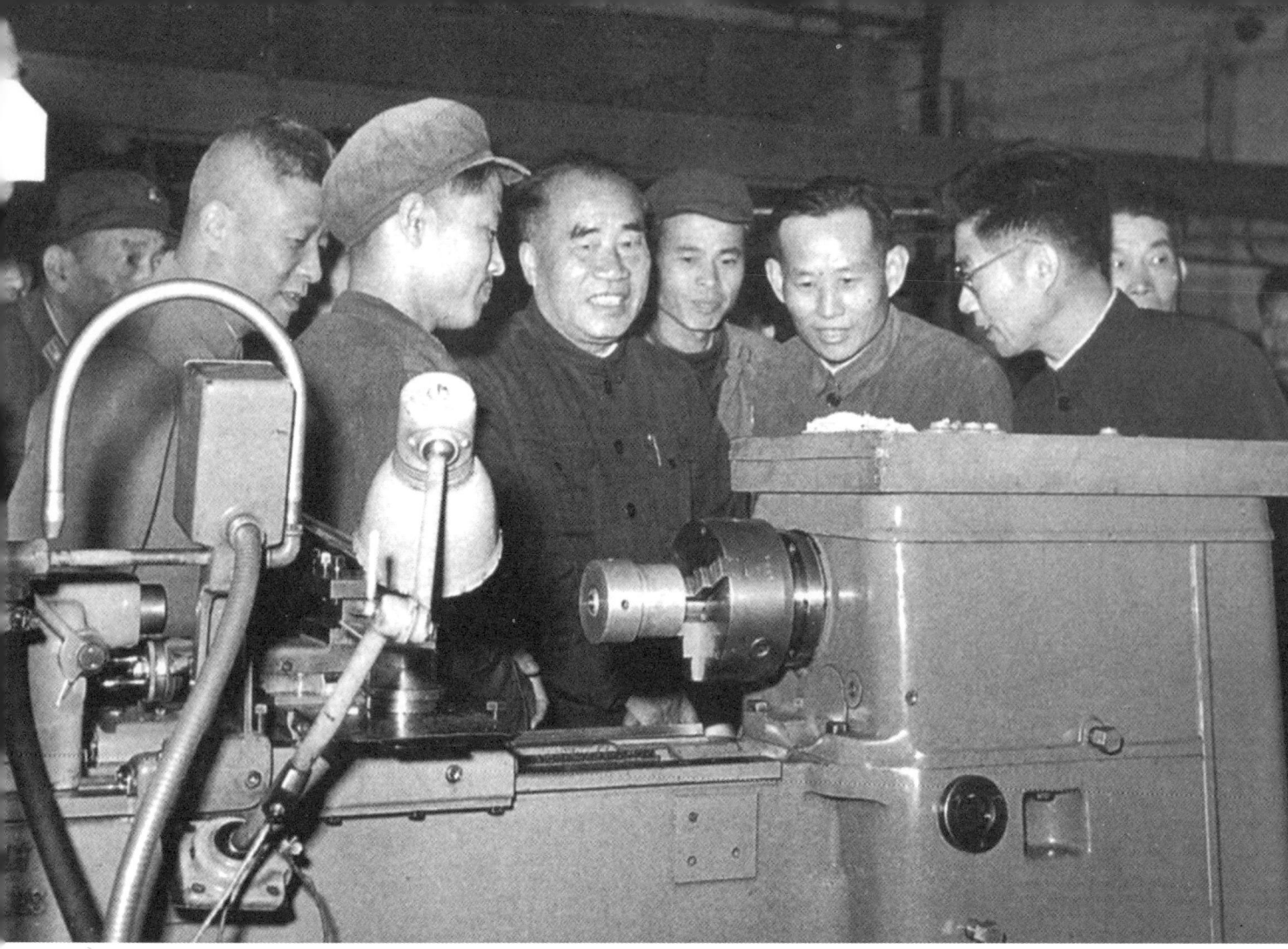

※ 朱德在陕西视察宝鸡市212工厂。

"莫得客气哟！你们靠自己的力量，在当前困难时期，能攻克难关，研制出尖端产品，了不起哟！"朱德委员长扫视一下众人，欠欠身子，右手食指在沙发扶手上轻轻敲着，脸色严峻。"老大哥不够意思呀！他们背信弃义，单方面撕毁合同，逼我们还债，老天又不作美，连连闹灾，真是福无双至，祸不单行噢！古有'家贫出孝子，国难见忠臣'的说法，这话有道理哟！你们当领导的一定要和工人同志同甘共苦，为国分忧，不但要把生产搞好，而且要把工人生活搞好。别小看吃饭，民以食为天，大事哟！——哎，别听我摆了，咱们到车间看看工人同志，他们辛苦哟！"

市委书记邰光瑞和厂党委书记李德崇相互一望，面有难色。他们听朱德委员长身边工作人员讲，朱德委员长在成都就患有肠炎，上车后茶饭未进，没有休息好。列车驶过秦岭，他才入睡。车到宝鸡，夫人康克清见工作人员谁也不忍心叫醒朱德委员长，只好自个摇醒他。"为啥子不早点叫醒我？哦，怕，有啥子怕的嘛！"朱德委员长见大伙面面相觑，自个笑了:"我身子哪有那么娇贵哟!过去打仗生活苦哟,几天吃不上一顿饭,有病没药医。记得上井冈山的路上,有颗子弹从我背包边上擦过划拉了一个口子,莫得事哟!有人讲我朱德是啥子福将,我莫得福,命可大着哩!这头痛脑热的小病算个啥子嘛!"……朱德委员长已是75岁高龄,又身体不适,不休息怎能下车间?两位书记为此犯难。

朱德委员长看出大家的顾虑,风趣地说:"没人走,我先走哪!"

朱德委员长来到机器轰鸣的车间,边走边看边问,不时微笑着同工人握手,问寒问暖。当他得知工人技术革新的"一刀多刃"和"多头钻"可以成倍提高工作效率,高兴地夸奖工人师傅聪明,有志气。

在产品检验车间,李德崇拿起一件产品告诉朱委员长,这就是苏联专家在厂没搞出,科技人员攻关成功的尖端产品。朱委员长小心接过,仔细端详,并向有关人员询问性能、用途,然后同研制的科技人员一一握手,连声说:"攻尖端好!攻尖端光荣啊!我祝贺你们!自力更生,艰苦奋斗,是咱的法宝!有了这法宝,天大的困难都不怕!"

车间后边墙壁上,挂着三块黑板报。这一期是"五一专号",有班组、个人决心书,有超额完成任务的捷报,还有表扬好人好事的小通讯。版面安排大方新颖,十分醒目。

朱德委员长径直来到黑板报前,戴上眼镜,身子微微前倾,逐一细看。《刘师傅换馍》这篇小通讯把他吸引住了。故事很感人,当时因自然灾害粮食供应紧张,一青工在食堂买馍时抱怨馍小,同炊事员发生争执,老工人刘师傅见状,上前对那位青工说:"不是馍小,而是你的饭量大,这样吧,我拿两个馍换你一个馍怎么样?"结果一场争执因刘师傅主动换馍而平息。

"刘师傅风格高,精神好,值得表扬哟!"朱德委员长转过身,摘下眼镜对大家说:"莫小看这用粉笔头写的墙报,作用大得很呢!往这里一站,谁看谁受教育!对了,毛主席在他的《在延安文艺座谈会上的讲话》中还提到过墙报哩,宣传群众,教育群众,墙报是块重要的阵地哩,莫要忘哟!"

遵照朱老总的指示,厂党委奖励了这期黑板报的作者。此后,这个厂十分重视黑板报的宣传作用,这传统一直延续至今。

第二天清晨,住在厂招待所的朱德委员长起床洗漱完,独自在庭院散步。

树叶碧绿,芍药飘香,鸟雀啾啾,空气清新。朱德委员长顺一条石子铺成的小路漫步向东走去。这条路直直通到一棵粗大的梧桐树前拐了个弯,折向南,那里倒不是什么树木茂密的地方。可是,间隔一定距离在后跟随的保卫人员来到拐弯处,却怎么也寻不见朱德委员长的人影,急得满头大汗,只好向领导汇报。全体保卫人员迅即在附近寻找。时间一分一秒过去了，就是不见老人家的踪影，气氛顿时紧张了。

宝鸡市公安局一位有经验的巡警来到不太远处一个院子的南边，见墙上有个缺口，缺口那边是工厂家属区，心想：朱德委员长会不会从这里过去呢？于是他过缺口向前走去，忽听路边一低矮的房舍里有说话声，便警觉地站住了。这房舍是附近农民用来看守厕所的。这位老公安进屋一看，见朱德委员长就在这里，如释重负地长出一口气。

这间屋子不大，墙角支一张床。朱德委员长坐在小凳上，双眼眯缝，像在思索着什么。一个头发花白的老农站着，正比比划划诉说着农民生活的艰苦和群众对政府的希望。老农以为坐在小凳上的这位慈眉善目、衣着朴素，讲一口四川话的长者是个普通干部。所以毫无顾忌地把心里话全掏出来了。

焦急的保卫人员请朱德委员长回招待所休息，朱德委员长挥挥手："急个啥子嘛，我们谈得正投机哩！"

事后，那位老农得知同他拉家常的是身经百战、功勋卓著的朱总司令时，高兴地流着眼泪嘿嘿直笑。

厂理发室陈德连师傅背着理发工具进了朱德委员长的住房，他是来给朱德老总理发的。

陈师傅理发手艺不凡，曾先后给来厂视察的中央领导人刘少奇、陈云理过发，算是见过大领导的，此时望着笑容可掬的朱德委员长，紧握着他老人家的大手，直说见到他这么健康真高兴，并要立即动手为他理发。

"别急，先歇口气。"朱德委员长笑着指指沙发，然后挨着陈德连坐下，问长问短。当得知陈德连十三岁在上海学艺，50年代支援大西北来到陕西时，老人家动情地说："在旧社会学手艺不容易哟，白干活不挣钱，还要挨打受骂。现在好啦，理发也是革命工作，也是为人民服务啰！'顶上功夫'说的就是理发，不简单哟！"听着敬爱的朱德委员长这知冷知热的话，陈德连眼睛湿了。

理完发，朱德委员长摸摸下巴："我头发长胡子硬……噢，不错，蛮好的。"接着再三询问陈德连工作中有何困难。这位理发师嘴角动了好一阵，才说理发室推子和吹风机坏了多时，无人修理。朱德委员长听后认真地说："推子问题也是问题哟！工具坏了，咋能为人民服好务嘛！好，我帮你解决。"

5月3日，朱德委员长离宝鸡回京。就在这天，厂领导派人修好了理发工具。陈德连激动地逢人就说："修推子这点小事，朱老总都记着，咱工人在他老人家心里哩！"

（李洛发）

"我回家看看"

> 朱德来到阔别33年的"第二故乡"——井冈山考察访问。他来到井冈山宾馆，与前来欢迎的井冈山党政军负责人握手，并动情地说："井冈山是我第二故乡，今天我回家看看。"

1962年3月初，时时心系老区人民的朱德委员长，来到阔别了33年的"第二故乡"——井冈山考察访问。

朱德是在南昌、抚州、吉安等地考察后上井冈山的。上山的路线朱德亲自选定：吉安——泰和——拿山——井冈山中心茨坪。

拿山，是井冈山的一个区。苏区时期有一首熟唱的歌叫《九送红军》，歌词中的"一送红军，几十里呀到拿山……"，正是朱德委员长常常忆起的井冈山腹地。在朱德印象中，从拿山到茨坪，要翻越一座大山。他说：在拿山吃过中饭再爬山，那是最好不过了。人们从朱德委员长亲切的话语里感受到，当年的红四军军长对这里的一草一木依然是那样熟识！

拿山在井冈山与泰和县交汇处。上午11时许，从泰和方向驶来几辆小车。期盼已久，此时等候在公路旁的井冈山人满怀亲情、激动地说："朱军长回来了！"

76岁高龄的朱德，满面红光，带着微笑走下车来，亲切地与井冈山的同志一一握手。

随同朱德一起来井冈山的还有朱德夫人康克清、女儿朱敏，陪同前来的江西省军区司令员陈奇涵和江西省妇联主任朱旦华也一同到达。

拿山区政府会议室里，阵阵欢声笑语。炊事员老张提着两个热水瓶兴冲冲走来，刚要进门，被一个负责保卫工作的同志拦住了。他接过水瓶要老张返回。朱德看见了，忙说："让他进来吧！"老张走进门，叫声："首长，您好！"这时，井冈山管理局党委书记袁林介绍说："他是这里的炊事员。"朱德高兴地起身和他握手。这幸福的时刻，使老张激动得不知说什么好。

下午2时，朱德乘坐的苏制吉姆车驶进井冈山宾馆。朱德与前来欢迎的井冈山党政军负责人握手，并动情地说："井冈山是我第二故乡，今天我回家看看。"

人群中爆发出热烈的掌声。

当天，朱德和康克清来到井冈山革命烈士纪念塔。朱德站在纪念塔前整了整衣服，恭恭敬敬地向井冈山的红军烈士们脱帽志哀。当朱德听完解说员介绍1929年春井冈山失守

※ 1962年3月,朱德参观井冈山大井毛泽东旧居。

后,小井红军医院一百二十多名红军伤病员因转移不及,被国民党反动派在冰天雪地全部枪杀时,他落下了眼泪,深情地说:"他们都是革命的功臣,为井冈山革命根据地的建立作出了很大贡献。新中国的诞生,就是无数革命烈士流血牺牲换来的。"

随后,朱德、康克清等驱车前往大井。

担任大井毛泽东旧居讲解员的邹文楷,是当年大井村暴动队的队长。他听说"朱军长"要来,高兴万分,和老伴一起将屋里屋外整理了又整理,还准备了井冈山的土特产招待"朱军长"。

朱德一行走进毛泽东旧居厅堂,迎候的人们热烈鼓掌。朱德环顾周围,一切都是那么熟悉,那么亲切。

邹文楷的介绍将人们带回那峥嵘的岁月:那是1929年1月,为创造内外线配合态势以打破敌人的军事"会剿"和经济封锁,毛泽东、朱德、陈毅等率领红四军主力部队离开井冈山根据地向赣南进军。红四军下山后,白军窜进了井冈山,他们把大井洗劫一空,房屋全部烧光,当时"毛委员"住过的那座房子被连续烧了七次,只剩下一堵残墙。人民盼望红军回来,几十次、上百次地用茅草将它掩盖好,保护好,不让它倒塌。直到解放后,井冈山管理局成立,人民政府才按它的原样修复。他说:"设计师满足了大井人的愿望,让那堵残墙嵌在新墙之中。如今这堵墙成了井冈山变化的见证啊!"

邹文楷越说越激动,不知是谁提醒道:"朱军长、康大姐回来了,这是大喜事,说点高兴的事吧!"

邹文楷和老伴忙端出茶点,桌子上堆满红薯片、南瓜籽、花生米。

朱德、康克清满怀兴致,和大家一同品尝这些家乡小吃。眼前好像又浮现出创业井冈山的艰苦,红军官兵平等、军民打成一片的乐趣,耳畔似乎响起了"红米饭,南瓜汤,天天打胜仗"的歌声。

看到大井群众的生活比过去大有提高但还不富裕,朱德鼓励大家:"井冈山到处是竹木,遍地是药材、箬叶,你们可以组织起来,多编织竹器、斗笠卖出去。供销社要组织收购,发挥当地资源丰富的优势,使井冈山尽快富裕起来。"在场的人们连连点点称是。

第二天,朱德一行从井冈山宾馆步行到井冈山革命博物馆参观。

在"艰苦岁月"陈列室,朱德的女儿朱敏见一根扁担陈列在那里,便好奇地走过去看。扁担上清晰地刻着"朱德的扁担"。她拉住父亲的手叫他停下。朱德不解地问:"什么事?"朱敏指着扁担:"爸爸,你看这是你的扁担。"朱德望着女儿笑了笑,点点头。

是啊!这扁担是当年朱德从宁冈挑粮上井冈山用的。那时为了反封锁,解决生活困难,毛泽东、朱德都曾亲自带领战士挑粮。战士见朱德年龄大,劝他不要挑,朱德说什么也不肯,战士便把他的扁担"偷"走。朱德无奈,于是在扁担上刻上了自己的名字。这样,战士们再也拿不走了。朱德扁担的故事,人们记忆犹新,至今还广为传颂着。

休息时,讲解员为朱德一行演唱了几首井冈山斗争时期的红色歌谣。朱德饶有兴致,和着节拍用手指击着膝盖。朱德十分喜爱歌曲,从井冈山斗争时期开始,他便收集部队传唱的歌曲,把它们装订在一起,并不断补充。在他的歌本里,有《国际歌》、《国际青年歌》,还有简单的下操歌和射击歌等等,人们把它珍藏在革命纪念馆里。

"委员长,您对博物馆的陈列有什么意见吗?"随同参观的井冈山管理局负责人问。

"情况是这样。"朱德赞许地点点头。

博物馆负责人深知"朱军长"来一趟十分难得,请他为博物馆题写馆名。朱德愉快地接过毛笔，饱蘸墨汁，写下"井冈山革命博物馆"几个刚毅有力的大字。

井冈山地区的负责人也请求朱德为井冈山题个词。朱德欣然应允，并征求在座同志的意见："写什么好？"大家议论开了，有的说题"艰苦奋斗"，有的说题"自力更生、艰苦奋斗，建设井冈山"……朱德微笑地看着大家，思考了一下，便在铺开的宣纸上大笔书写了五个字："天下第一山"。从此，井冈山被盛誉为"天下第一山"的声名便留传下来了。

朱德为井冈山题词写完后，他望着自己的墨迹笑了："天下第一山，这么大？"随行的一位同志马上接着说：这里是毛主席、委员长亲手开辟的第一个农村革命根据地，就是有这么大！

一番话说得满室欢笑。

3月6日，朱德将要下山了。他忽然问井冈山的同志："我记得这里过去到处长着兰花，现在不知道还有没有？"袁林说："这里有兰花。有个盆地叫'兰花坪'，现在我们叫它花果山，兰花遍地皆是。"

朱德马上说："我去看看。"

这下难住了袁林："那里我们还没来得及修公路，山路不好走，我们去挖几株来吧！"

朱德笑着说："不用了，我要去看一看，没有公路，我自己可以走嘛！"

兰花坪到了。茂盛的树林丛中，一片兰花生机盎然。朱德激动不已："是在这里，是这个地方，当年我们向赣南进军就从这里出发。那时，我们集合部队，马都系在这片林子里。"他蹲下身，采了几株兰花，爱抚地闻了闻，欣喜地说："清香扑鼻呀！"

人们后来读到了朱德那别有韵味的咏兰诗：

幽兰吐秀乔林下，乃自盘根众草傍。
纵使无人见欣赏，依然得地自含芳。

后来，人们在兴国籍将军陈奇涵的书房里，看到了一幅他自己制作的书画条屏：一枝干枯的兰花标本旁衬着"叶落花残叶虽无，心地芝兰有异香"的诗句。

这兰花，便是朱德采集的井冈山的兰花，是朱德特地送给陈奇涵的。当时，朱德以竹碗代盆栽插的井冈山的兰花依旧活鲜馥郁。只是春去秋来，花谢了，叶也枯了，陈奇涵便把它制作成了标本。

※ 朱德题字"黄洋界"。

离开井冈山，朱德一行前往宁冈，途经黄洋界哨口。

朱德站在黄洋界的大荷树旁，说："当年红军挑粮上山，常在这株荷树下休息。"随后浏览了黄洋界哨口的工事遗迹。当年著名的"黄洋界保卫战"就发生在这里。

朱德对陪同的井冈山同志说："黄洋界是一个很重要的哨口，它在反'会剿'中起过重要的作用，特别是在1928年秋天的一次战斗中以少胜多。毛主席为这次战斗写了一首词。今天革命胜利了，这是值得我们纪念的。"

1964年，遵循朱德的意见，井冈山管理局党委用木料在黄洋界首次建造了"黄洋界保卫战胜利纪念碑"。1965年，毛泽东重上井冈山，就在这块纪念碑前留影。

朱德驱车来到宁冈县茅坪。井冈山人熟唱的"八角楼的灯光"就在这里。在茅坪召开了中共湘赣边界"一大"、"二大"，朱德当选为中共湘赣边界特委候补常委，毛泽东任特委书记。

朱德参观了茅坪"毛泽东同志旧居"和"朱德同志旧居"。在茅坪，朱德还看望了当年曾任红四军三十二团团长、湘赣边界工农兵政府主席、红四军参谋长袁文才的遗孀谢梅香。袁文才是1930年2月被误杀的。

故旧重逢，万语千言。谢梅香感慨万分，对朱德、康克清来看她十分感谢和高兴。朱德亲切地对她说："袁文才为革命作出了贡献，你为革命作出了贡献，今天革命胜利了，你要很好地安度晚年。"

谢梅香握着朱德和康克清的手，泪水盈满双眶："我们日日夜夜盼望红军，盼望朱军长和毛委员重回井冈山，朱军长，你终于回来了！"

朱德、康克清拍着谢梅香的手，勉励她教育好子女，让革命的后代继承先烈的遗志，为社会主义建设事业作出新贡献。

谢梅香不停地点头，并祝愿"朱军长"健康长寿，常回家看看。

离开茅坪，朱德一行来到宁冈县城砻市。1928年4月，朱德、陈毅率领的南昌起义部分部队和湘南农军就是在这里与毛泽东领导的井冈山的部队会师，成立了红四军。在砻市，朱德亲切接见了宁冈县党政军领导，详细地询问了当地的生产和人民群众的生活情况。当他得知宁冈这几年农业连年丰收，粮油和农副产品自给自足，多年来一直外调，支援外地，群众能吃饱穿暖，近几年农村还盖了不少新房，群众比较满意时，高兴地说："你们这里工作踏实，情况不错。沿途看到山上竹木茂盛，田间红花油菜绿油油，群众衣着整洁，脸有笑容，很有精神。你们这里生产好，群众生活有保障，看到你们还算富裕，我很满意，我也能多吃半碗饭，多睡一时觉了。"接着，他又意味深长地说：我们做工作，办事情，一定要从实际出发，实事求是对人民负责，要经得起历史的检验。如果不关心群众，脱离实际，搞浮夸，既害党害国害民，也害浮夸者自己。

约莫11时，宁冈县委院内已挤满了人。这天正是县城逢圩赶场，街上人山人海。人们听说当年的朱军长回来了，纷纷拥到县委院里来看望。

朱德理解群众的心情，也想看望大家，看望阔别三十多年的宁冈老表。

人群沸腾起来。大家自动让出一条路，让朱德一行通过。

朱德缓缓步行，走了一里多路，一直走到会师桥头，走到会师广场。

群众越聚越多。"共产党万岁！""毛主席万岁！""向朱总司令致敬！"的欢呼声此起彼伏，一浪高过一浪。大街上，数千群众一片欢声笑语，秩序井然，气氛亲切、热烈。

在朱德的关心、过问下，第二年，一座钢筋混凝土结构的会师桥代替了原先的木板桥。随后一座雄伟庄严的纪念碑屹立桥头。叶剑英题写了"井冈山会师纪念碑"八个大字。

重回宁冈,朱德百感交集,作诗一首:

> 红军荟萃井冈山,主力形成在此间。
> 领导有方经百炼,人民专政靠兵权。

离开宁冈,朱德一行来到永新,并在永新告别了"第二故乡"。然而,"朱军长"的音容笑貌,"朱军长"的关怀和深情,却永远留在了五百里井冈,留在了千千万万井冈山儿女的心中。

(熊敏、晏蔚青)

视察武夷山

> 朱德兴致勃勃地欣赏武夷山风景。看山时,他说千古奇峰,神话传说;看水时,他说天落玉带,人间仙境;看茶时,他说武夷岩茶,名满天下……然而,他最关心的还是当地的生产、当地的老百姓。

1962年3月13日—16日,朱德来武夷山视察,时任福州军区后勤部干部疗养院政委的刘瑞堂专门负责接待。记者在征集党和国家领导人在福建的史料时,对刘瑞堂进行了专访。亲历者首次披露了朱德一些鲜为人知的往事。

当记者请刘瑞堂谈谈和朱德见面的情况时,他高兴地说,朱德来武夷山的消息使我们太高兴了,也太紧张了。

他说,上级指示我负责中央首长在武夷山疗养院的安全,要绝对保证安全,安排好吃住,保守秘密,遵守纪律。我立即召开院党委会议,安排接待工作。并决定把营团以上干部和休养员全部组织起来,担任安全警卫,由我直接负责。休养员参加警卫的就有40多人。在疗养院各个路口、桥梁和病房大楼四周都安排了岗哨,确保朱德在武夷山期间的绝对安全。武夷山疗养院以外的安全工作分别由南平和上饶地方公安干警负责。大家知道朱德委员长要来武夷山,都异常兴奋,十分敬重我军的朱总司令,十分爱戴开国领袖朱德。

武夷山干部疗养院坐落在武夷山著名风景区五曲溪畔和天柱峰下。朱德来武夷山视察，是武夷山最美的时候。阳春三月，山花烂漫，满目新绿。

刘瑞堂回忆说：3月13日下午，朱德一行在江西省王省长和上饶地委书记黄知真等陪同下，从上饶乘车来武夷山视察。这件事在当时是非常机密的。

我安排朱德下榻于武夷山疗养院疗养大楼东头的2楼第2间，靠"将军楼"较近。疗养大楼为苏式3层结构，坐对五曲溪畔和五曲大桥，五曲风光可尽收眼底。

我早在桥头静候朱德的到来。突然山口那边一下子冒出了十几辆小车。寂静的疗养院顿时欢腾起来，大家都喊："朱老总来了，来了，来了！"

朱德一下车，我立即跃步上前，向他敬礼，说首长辛苦了，欢迎首长来疗养院。黄知真在旁介绍说："这是疗养院的刘政委。"朱德笑眯眯地看着我，用他那宽厚的手掌握着我的手说："同志们辛苦了，接待工作一切从简。"

已76岁高龄的朱德，身着整齐洗得发白的中山装，脚穿咖啡色皮鞋，面有佛光，显得魁伟、慈祥。朱德的夫人康克清和他的女儿也穿得很朴素。康大姐同我握手时说："委员长来不要影响你们的工作，更不要影响休养员的休息。"她一再交待不要兴师动众，一切从简。

朱德住疗养院病房，约13平方米，共放两张单人床，一张办公桌，桌上只摆了煤油灯和茶杯，床头摆了两张小方柜，还有脸盆、水桶。没有卫生间，上厕所要出房间到走廊上的公共卫生间。住的条件比较艰苦，当时还经常停电，有时要靠院里的发电机发电。朱德住在这里时，就停过电，晚上只好点煤油灯。那时他年事已高，上卫生间不能蹲下来，没有坐式马桶。康大姐急坏了，说这怎么办，不能架着方便吧。我也急了，当晚就叫木工赶做了一个坐式马桶，实际上是一个木凳子，中间挖一个孔。朱德坐在这个木凳子上说："这样就很好了，很舒服呀。"康大姐开玩笑地说："老朱你可享福了。"我笑了，松了一口气。当时很怕接待工作没做好，对不起中央首长。

他说到这里，记者问："您记得朱德来武夷山疗养院的主要内容吗？"

刘瑞堂想了想说，朱德是在中央召开七千人大会以后来武夷山疗养院的。1960年到1962年期间，我们正处在三年严重经济困难的时候，台湾当局在美帝国主义的支持下，企图反攻大陆，沿海战事频繁，不断有武装特务窜犯福建内陆，战备形势非常紧张。

记得朱德对我说，第一，来看看战备准备工作；第二，来看望闽北革命老区建设；第三，来看看武夷山风光。

我向朱德汇报了武夷山疗养院的基本情况以及战备工作。朱德听得很认真，当我介绍到战时上级指挥部和部队进驻武夷山疏散地分布在老虎洞、桃源洞、水帘洞、白云洞的时候,他说这些地方要带我去看看。朱德严肃地说:"战备工作很重要,我们不能掉以轻心。美帝国主义侵占台湾,又支持国民党反攻大陆。我们不怕,我们要打人民战争,敌人从海上来和天上来,我们都要把它消灭。必要时也可以主动放弃厦门、福州等城市,部队撤到山区,把敌人放进来再打,然后全部消灭。台湾是中国的领土,我们一定要解放台湾。"讲到这里时,朱德显得很激动。

"您可以回忆一下朱德在武夷山生活或有趣的事情吗?"记者紧接着问。

刘瑞堂笑了笑说,朱德来的当晚,我们设晚宴招待他一行。朱德身边带了一名炊事员,上饶也派来一名炊事员,加上疗养院食堂几名炊事员,共同来为朱德做晚宴。当天,我派人把院里养的猪和羊各杀两头,组织休养员上山采香菇、白木耳和春笋,还到河里炸鱼,其中,捉到了"桂花鱼"和"甲鱼"。其实,除了招待朱德一行,全院上下也都来欢

※ 朱德等在福建武夷山风景区游览。

庆，热热闹闹，像过年一样。

我陪朱德、康克清以及江西、福建来的领导同志坐主桌。朱德一上桌，看着一桌丰盛的晚宴，禁不住地说："好香呀。"接着又说："我已经交待你们，招待从简，吃便饭。"我马上报告："猪、羊、鸡是自己养的，鱼是从河里捉的，香菇、春笋是上山采的，地瓜和青菜是自己种的，没花钱。"朱德一听，半信半疑地说："真的没花钱？搞得这么好，那大家就吃吧。"我们大家在一起吃了顿非常随意和开心的晚餐。

吃过饭后，朱德把我叫去，说："你们辛苦了，但生活安排要按中央的规定，四菜一汤。"康大姐说："委员长在家以吃素为主，有青菜、豆腐就很好了，面食每餐都安排一些。"我回答，这样委员长营养不够，没吃好我有责任。朱德强调："现在我们国家还处在困难时期，作为国家领导应该与老百姓同甘共苦。这样的生活条件已经不错了，农民比我们更苦。越是困难的时候，越要发扬党的优良传统，艰苦奋斗，同群众一起渡过困难时期。"朱德说得很中肯，在朴实的话语中透露着真知灼见。我爽快地说，首长放心，坚决执行命令。朱德离开武夷山后，我们结算接待费，3天一共才开支1000多元。

汇报期间，朱德问我："院里在三年困难时期怎么过的？副业生产搞得怎样？"我告诉他，我们有幸躲过了一场可怕的灾难。疗养院所有职工没有一人饿死，也没有一人患浮肿病。我们一靠种菜，利用九曲溪水边地和山沟里平地，种冬瓜、南瓜。最大的冬瓜70多斤重；二靠开荒山种地瓜，一年地瓜收获几万斤。我们把吃不完的地瓜加工成地瓜粉，剩下的地瓜叶、地瓜渣拿去喂猪；三靠养猪，每年存栏猪都在80头，每周杀两头猪，改善休养员和职工的生活。最大的猪养到300多斤重。我们把江苏、浙江、江西等地逃难的老百姓50多人收容过来，免费提供吃住，组织他们种菜种地和养猪等，吃不完的和节余部分拿到县城里去卖，收入三七开，收入30%归他们个人，70%归院里集体，调动了他们搞副业生产的积极性。军民关系也相处得很好。我们安排30张床位给地方专家教授来疗养。那时几乎来的地方干部都患浮肿病，经过一段时间疗养后，由于伙食较好，体重都增加了3—5斤，病都好了。我们还定期派医疗队深入老区为群众免费看病，有重病人也都免费收治，受到群众的赞扬。我们还在夏收、秋收时节深入山区支农，帮助抢收稻子，受到广大群众的拥护。在1961年最困难时，我们还支援崇安县数头生猪和粮食等，受到当地政府的好评。朱德边听边说："刘政委，你干得好！"他又风趣地问："有没有人说你这是搞资本主义？"我回答，有人告我说武夷山疗养院山高皇帝远，大搞"三自一包"，是资本主义。但我不屑一顾，你说你的，我干我的，只要生活搞上去了，什么事都好办。朱德点点头："副业不是右，主业和副业两不误，发展副业是对头的。"

朱德、康大姐为人很朴实很和蔼，散步的时候，总是笑眯眯地同每一个人打招呼，同大家亲切握手。

当记者把话题转到朱德看武夷山风景时，刘瑞堂脸上掠过一丝兴奋。

刘瑞堂深情地回忆，14日安排朱德去看武夷景区，由于他年纪大了，不能爬山，只能在周边景区看看。天刚亮我就赶到朱德住的楼下。碰巧，康大姐推开窗子，听她在喊："老朱快起来看，快起来看，美丽极了！"因为昨晚上下了小雨，早晨阳光射来，近处，梅花、桃花、映山红竞相开放，姹紫嫣红。鸟儿欢唱，彩蝶飞舞。远处，云雾飞腾，山泉飞泻；九曲溪流，清澈见底，碧绿秀美。

我引导朱德先介绍了玉女峰、五曲悬棺、天柱峰、鹰嘴岩等，然后再前往后花园、隐屏峰、桃源洞景点参观。边走边介绍了天游峰、双乳峰、狐狸洞等。回来休息后，又前往水帘洞、留香涧等景点参观。在参观过程中，朱德兴致勃勃，仔细听我介绍，不时地问这问那，看山时，他说千古奇峰，神话传说；看水时，他说天落玉带，人间仙境；看茶时，他说武夷岩茶，名满天下……朱德不顾疲劳，回到疗养院后，坚持要登"将军楼"看五曲全景。它建在后山山腰，为二层结构，中间有个小亭子，为观赏风景最佳处。从下面往上共108个阶梯。我搀扶着朱德登山，中间他停下来休息了3次。登到半路时，朱德满头大汗，停下来脱掉上衣。这时突入我眼里的是他穿的很旧的土布衬衣，光肘部就补了两三块补丁。顿时我一阵心酸，感动地心想，朱德领导我们革命奋斗了几十年，现在还穿这么旧的衣服，怎么也说不过去。他的形象显得那么高大，给我们榜样的力量。

这时康大姐在身后叫起来："不能脱衣服，感冒了怎么办？不叫你爬你硬要爬，生病了我要受批评，负不起这个责任！"朱德笑了笑说："没事的，坚持到底就是胜利。"朱德终于登上了"将军楼"的最高处，俯视五曲全景，满怀豪情地说："武夷山真是个好地方，真漂亮，真美丽。这里最适合广大群众游玩观赏，最适宜广大干部专家疗养。你们要保护好武夷山资源，千万不能破坏。"

"据说朱德非常喜欢武夷山的兰花，是这样的吗？"记者问。

他不仅喜欢武夷山兰花，还喜欢武夷岩茶和武夷"罗汉竹"。刘瑞堂肯定地说。朱德对我说："武夷山留香涧的兰花闻名中外。我在北京家里种了许多兰花，应属福建的兰花最佳，而武夷山留香涧产的建兰更好，建兰的品种很多，如'风兰'就是珍品。"朱德还说："1961年2月初来福州时，专门去参观过福州西湖公园的兰花圃，看过武夷山产的建兰。我向省里要求广为采集留香涧的兰花，大量培植，可以出口，参加国际文化交流。"康大姐接着说："老头子最喜欢兰花，希望能到留香涧采集一些建兰，充实我家的兰花

※ 武夷山是建兰的一个重要产地，兰花品种很多。

圃，还可以送给中央的一些老同志。"我很有信心地回答："武夷山哪里有兰花我最熟悉。我马上组织大家到留香涧等地去挖，一定使首长满意。"

朱德临走前，我们共采集了上百株兰花，几乎建兰的所有品种都有，有开白花的、紫花的、黄花的……我们用稻草把这些兰花扎好，便于保护和携带。朱德看到这么多兰花，高兴地连声说："太好了，太好了。"我当时把自己种的"风兰"、"素心兰"、"四季兰"等4盆名种兰花也赠给了朱德。

朱德喜欢武夷岩茶。朱德刚入住，我就送去武夷岩茶，品种有"水仙"、"肉桂"、"解谷米"和"奇种"等。崇安县委特地给朱德送来约半斤"大红袍"。我用茶具和山泉为他冲泡两壶。一壶为"水仙"，一壶为"肉桂"，请他品尝。他闻了闻说："好香、好香。"他又看了看说："'水仙'是杏黄色，'肉桂'是金黄色。"品完茶，朱德说：

"武夷岩茶同铁观音和龙井相比，毫不逊色。"他对江西、福建来的地方领导同志说："武夷山种茶叶很有前途，山上的空地很多，资源很丰富，要开发利用，大力发展茶叶生产。要动员农民上山种茶，发展手工业生产，增加农民收入，还可以出口赚取外汇。武夷水仙产量高，要大力推广种植呀。"

朱德还喜欢武夷山产的"罗汉竹"。他手中的拐杖就是用"罗汉竹"加工制作的，很精美，上有雕刻图案和文字。我派人到"一线天"等地去采，采回了十几棵"罗汉竹"和"方竹"，送给朱德。武夷公社也采集了十几棵"罗汉竹"派人送来。朱德很高兴，说回去可以作为礼品送给老战友了。

记者轻轻地打断了刘瑞堂的讲话，"您能否介绍朱德关心福建老区建设的情况？"

刘瑞堂沉思片刻说，3月15日，朱德在疗养院3楼会议室召开老区工作座谈会，听取关于福建闽北老区建设情况的汇报。王文波、陈贵芳、左丰美、刘健夫等地方老同志参加了会议。崇安县李书记、赖县长也来了。他们前一天入住疗养院。

王文波汇报的主要内容是三年"大跃进"严重困难的情况；茶叶生产的情况；拔白旗、反右倾、整风整社、民主革命补课等情况，以及农民生活困难，普遍营养不良患了浮肿病和非正常死亡比较严重。闽北老革命陈贵芳、左丰美也在座谈会上发了言。

朱德在会上作了重要讲话。他首先讲述了从南昌起义到井冈山斗争，从井冈山到闽西赣南建立革命根据地等历史，又讲了红军在武夷山脉和闽北地区进行革命斗争的光荣历史。他说我这次就是从井冈山老区过来，一路看看老区人民的生活情况。他强调，老区人民要发扬光荣传统，争取更大光荣。同时，他指出当前要贯彻中央"七千人大会"精神，总结大跃进以来的经验和教训，要恢复实事求是、群众路线的优良作风。他批评有些地区打右倾扩大化，不注意政策，伤了人、死了人的错误，要求把平反工作搞好，把更多的人团结起来。他在谈到经济建设时指出："武夷山地区是个好地方，有山有水有地，气候也好。自然资源丰富，有木材，有竹子，有茶叶。要注意发展竹、木、茶，发展多种经营，发展手工业生产，组织销售和收购。要允许种菜地和开小片荒山，使农民能够安居乐业。要实行等价交换，不要侵占农民利益，增加老区人民收入，满足他们生活需要。总之，要让农民富裕起来。"座谈会结束后，朱德请参加座谈会的同志在他日记本上签字，左丰美、陈贵芳等写了自己的名字。朱德高兴地说："我在福建又有朋友了。"

当天下午，朱德提出要同闽北老同志和"五老"代表，以及疗养院全体人员合影留念。16日上午，100多人早早集中在礼堂前面的广场上，整齐地排着队静候朱德的到来。朱德挥着手健步来到我们面前，全场爆发出一阵阵热烈掌声。

"从秘密视察到公开接见群众,他始终和群众在一起",刘瑞堂难以忘怀地说。

采访结束后,刘瑞堂把特地准备好的一张朱德同武夷山群众合影的照片递到记者手里。亲切的握手让记者感受到眼前这位老人对朱德的真挚感情。

(刘云刚)

"元帅柏"巧遇元帅

> 朱德看到一棵帅大的树,非常高兴地叫它"元帅柏",并再三叮咛:"要好生保护这株树中的元帅!"从此,"元帅柏"与元帅的故事传为佳话。

1963年3月12日,朱德到四川视察,来到剑阁县的剑门关。这里原是一条古驿道,据说原来古驿道两旁,有古柏数十万株,经过几百年的风雨,现在仍有近万株。这些古柏在崇山峻岭的古道两旁连绵不绝,树干参天,浓荫蔽日,蔚为壮观。清代剑州知州乔钵曾赋诗赞誉这一胜景为"翠云廊"。

从"翠云廊"到天生桥一段,有一株古树,高34米,树干直径1米,远看似柏,近看像松,果实卵形,大于柏籽而类似松籽。中国林业学会将这株古树定名为"剑阁柏木",它是世界上的珍稀树之一。

朱德看到这株古树后,非常高兴,告诉当地的负责人说:"长成这样大的树,好不容易,可要好好保护呀!"

这时,一个同行的工作人员问:"还有比这棵树更大的树吗?"在场的一位农民说:"那里还有一棵帅大的树!"

那位工作人员不懂"帅大"是什么意思,又问:"什么是帅大的树?"

朱德兴奋地说:"这是我们四川话。帅大的树,就是很大的树,就是树中的元帅!"大家听朱德元帅讲"元帅柏",心里乐开了花。

朱德和随行人员来到"元帅柏"旁。好大的树啊,6个人手挽着手才围起了树干。朱德赞不绝口,再三叮咛:"要好生保护这株树中的元帅!"从此,剑门人民十分珍惜它,爱护它,并认真研究它。"元帅柏"与元帅的故事传为佳话。

(王亚丽)

登峨眉山

　　朱德到四川乐山市视察时去登峨眉山，陪同人员考虑到朱德年岁很大，为了安全，特意请当地百姓准备了一副滑竿。朱德说："共产党员是不应该坐滑竿的。"

四川省乐山市在全国乃至全世界都有相当高的知名度。乐山是一个文化名城，境内有著名的乐山大佛和风景秀丽的峨眉山，来这旅游的人非常多。

1963年4月20日至25日，朱德到乐山视察。据有关资料记载，解放后10多年里，朱德是乐山接待的第一位党和国家的高级领导人。

那时交通不便，成昆铁路只通到彭山县。朱德一行在彭山青龙火车站下车，便轻车

※ 朱德等在四川宜宾翠平山上。

简从地赶到峨眉山脚下的红珠山招待所下榻。红珠山招待所依山而建，原为蒋介石避暑行营，后被人民政府辟为专门的招待所。

红珠山招待所内林木郁郁，到处生长着各种各样的野生植被。朱德住红珠山时，要求随从人员同他上山挖野菜。厨房的师傅要给他做点有营养价值的东西吃，朱德不是谢绝，就是让给大伙吃。

4月22日，朱德要去看看有名的万年寺。那时上万年寺，下车还得步行约4公里路。尽是羊肠小道，坡陡路滑，行走起来十分困难。地委考虑到朱德已是77岁高龄的人，又是第一次登峨眉，为了安全，特意请当地老百姓准备了一副滑竿。可是朱德说啥也不肯坐上去，他说：

"共产党员是不应该坐滑竿的，更不能坐上滑竿去爬山，如果那样，就失去爬山的意义了。"

陪同的地方领导领会到朱德说的"不应该"之意，但仍然劝说：您年纪这么大了，又不常来，偶尔坐一次，不算什么。

"偶尔坐一次也是错误的。"朱德十分严肃地说。共产党人与旧社会当官做老爷的人是有着天壤之别的，朱德十分珍视共产党员的光荣称号。

陪同的人难以说服他，便改变方式，叫人拿上一个凳子跟在后面，看他走累时，便递上去，让他坐下来休息一会再走。

溪水潺潺，绿树茵茵。朱德漫步在山间小道上，仿佛置身于一幅山水画之中，脸上露出了微笑。

就这样，朱德硬是沿着陡峭崎岖的山道，一步一步地登到了万年寺。参观完万年寺后，又一步一步地返回原地。

1975年8月，朱德以89岁高龄，挂着拐杖，兴致勃勃地登上了北京郊区戒台寺附近的青山。这是他一生中最后一次登山。

那天，天气晴朗。朱德在工作人员的陪同下，来到了北京西郊的西山。他身着便装，脚蹬解放鞋，手里拿了一支拐杖，迈着稳健的步伐向山上走去。沿着小路一路走来，朱德十分自信，边走边向周围不断巡视。只有在比较难走的地方，他才用拐杖轻轻支撑一下。在大家看来，朱德就像是在散步哩！

是啊，北京的香山、玉泉山多次迎来了德高望重的朱德，这里的沟沟坎坎处处留下了他的足迹。这一次登戒台寺，他也和往常一样，渐渐地又把年轻人甩在了后面。他再一次胜利了，终于登上了山顶。

八月的西山，已经有些凉意了。朱德迎着送爽的秋风，在山顶上伫立了许久。

这位爱登山爬山的老人，自此以后，再没有能登过山。但是，他却把所有的山峰甩在了他的身后——他本身就是一座高大的山峰。

（王亚丽）

再赴海南岛

> 朱德说："海南岛是我们祖国的一块宝地，要抓紧开发，并优先发展热带经济作物。从战略上和长远规划上来看，海南岛必须做到粮食自给，但从目前开发阶段来看，国家必须在粮食、人力、物力等方面予以支援。"

朱德一直牵挂着海南岛的开发和发展，经常关注有关海南的报道。时隔五年后，于1963年再次来到"宝岛"海南，这年他已经是77岁高龄，这次视察，他格外重视海南热带作物的生产，再次到通什镇，看了这里的热带经济作物，对自治州的负责人说：在农业上，你们将来还是要以发展热带经济作物为主，因为许多热带经济作物，全国只有海南岛等少数地方能够种植。种粮食要靠提高单位面积产量。现在看来，进口粮食是可以的，要"以进养出"。

这次朱德专程到榆林港视察。这是个海军基地，朱德到的这天，晴空万里，湛蓝的海水拍打着礁石，三面环山的榆林港在阳光下显得格外俊秀。海军官兵们个个都显得那么兴奋，早早地就在码头、舰艇甲板上排成队列，准备迎接朱德的检阅。上午10时，朱德来到军港码头，向官兵们招手致意，随后以他特有的军人步伐登上舰艇看望官兵们，鼓励他们要守卫好祖国的宝岛，要练好本领准备杀敌。我们不希望战争，但是我们要预防战争。在官兵们恳求下，朱德欣然命笔为守岛部队题写了"保卫祖国社会主义建设"，对官兵们寄予了厚望。

这次朱德从南到北行走的是东线，途经兴隆农场小憩，主人拿出自己生产的咖啡请客人们品尝。

朱德十分感兴趣，同时他又提醒道："我喝咖啡不加糖。"

陪同人员不解地说："老总，咖啡不加糖是很苦的。"

朱德听后摇摇头，笑着说："不会喝咖啡的人才加糖呢，会喝的人不加糖，喝它的原味道。"

他的话把大家全给逗乐了。

朱德喝咖啡的习惯是1922年赴法国留学时养成的，当年正值第一次世界大战后，法国人民的生活异常艰苦，物质生活极其贫乏，糖是较奢侈的食品，价格较贵。每个留学生的生活费是有限的，于是，喝咖啡也就免去了加糖。天长日久，也就喝出了咖啡真正的味道。

喝罢咖啡，朱德连连称赞咖啡味道香浓，说："海南咖啡万里香。"

车到海南东部重镇嘉积（琼海县城）时，朱德见路旁有个果菜市场，他叫车子停下，说："这里好热闹啊，我们过去看看。"说着径直朝集市走去。朱德沿着一个个的果菜摊看过去，不时停下询问：香蕉多少钱一斤？椰子多少钱一个？又问摊贩生意好不好，一天能赚多少钱……态度和蔼可亲，就像一个敦厚的老农民。将要离开集市的时候，引起了一位买菜的老大爷的注意，他端详了片刻认出了朱德，兴奋地喊起来："朱老总！"人们呼啦一下围过来，并高呼："朱老总！老总您好！"朱德面带笑容同身旁的人们亲切握手。人越聚越多，随行人员有点着急，请朱德赶快离开集市。他说："不要紧，别这么紧张嘛！"又逗留了一阵，他才向大家挥手告别，慢慢走出集市。上了车，他对当地负责人说："对集市贸易应该加强领导，不可硬反，人民群众需要的东西反对不得。"

离开海南岛，朱德到广州休息。他的头脑中一直在思考海南的发展问题，在听取了广东负责人汇报工作后，他说：海南岛应该以发展热带经济作物为主，因为全国只有这一个地方最适宜热带经济作物的生长。开荒要造梯田。不能烧山开荒，树木一烧光，水土就会流失。

回北京后，朱德将在海南岛视察了解到的情况和自己对开发海南岛的意见，写成书面材料给邓小平：

（一）海南石碌铁矿正在扩建。铁矿的负责同志提出来，今后海南铁矿如果兼有出口铁矿任务的话，要及早确定下来，以便在扩建中进行统一安排。我认为，海南铁矿的铁砂是要准备大量出口的，现在就应当确定下来，早作打算。（二）海南岛已种植油棕33万亩，今年可能扩大到40万亩。但是，现在国内还没有这种榨油技术，也没有这种榨油设备。广东省的同志提出来，希望外贸部尽速帮助进口一部分小型榨油设备和技术资料。我想这种设备不会很复杂，可以进口样品，由国内仿造解决。此外，海南种植的热带经济作物很多，但劳动力少，照顾不了。广东省委的同志希望中央考虑，再多给海南一些化肥和

※ 朱德听取工作人员介绍养蜂。

拖拉机,并且再适当多安置一部分劳动力。我认为,这些问题是可以适当解决的。全国惟有这样一个宝岛可以大量发展热带经济作物,即使多下点本钱也是值得的。(三)桂林市是一个风景区,每年都有一些外宾和归国华侨去游历,可以收点外汇。许多文化遗迹也应当维护好。

几天之后,他再次写报告给毛泽东、刘少奇、周恩来和邓小平,反映外出视察的情况。

在谈到开发海南岛时,朱德提出:

海南岛是我们祖国的一块宝地,要抓紧开发,并优先发展热带经济作物。从战略上和长远规划上来看，海南岛必须做到粮食自给，但从目前开发阶段来看，国家必须在粮食、人力、物力等方面予以支援。要动员人民公社所属的生产队以及社员个人，广泛地种植热带经济作物。

在谈到对外贸易工作时，朱德又提出：

应当加强对外贸易方面的研究工作，为此，外贸部应建立一个外贸研究机构，负责对国际贸易和世界市场的有关问题进行系统的调查研究。

朱德这些积极建议，对在海南建立全国最大的热带经济作物的生产基地产生了重要的推动作用。1988年4月13日，经七届全国人大第一次会议审议通过，正式由以前隶属广东省的海南行政区改制为省，同时决定设立海南经济特区。这是海南经济发展史上的重要里程碑。

（庹平）

读诗谈诗

朱德和臧克家谈诗歌创作，朱德说，诗要表现战斗生活，为革命服务。不要写得太深奥，叫一般人看不懂。那样，就会失掉它的作用。

孙子上小学五年级的时候，语文老师有一次在课堂上讲毛泽东的词《西江月·井冈山》。下课后，老师把他叫去，对他说："不知道我对毛主席这首诗词的理解是否正确，你回家去问问爷爷。"回到家里，他见爷爷的工作很忙，没有提起这件事，只是随便对工作人员说了说。后来，这事还是让朱德知道了，马上把孙子叫去，问道："为什么不完成老师给你们布置的任务？"

孙子回答说："这点儿小事用不着麻烦您。"

朱德听了，十分严肃地说："毛主席的诗词是伟大的文学作品和历史文献，老师理解得好坏，关系到每一个学生学得好坏，也关系到毛泽东思想的传播，怎么能说是小事情呢？这是一件很重要的事情！"说着，朱德就从桌子上拿起一本《毛主席诗词》，翻到《西江月·井冈山》那一首，读了一遍，又读了一遍。然后就逐字逐句地给孙子讲解。他讲得是那样的认真，那样的细致，那样有感情。朱德还把毛主席当年在井冈山开展革命斗争的故事讲了一遍。

讲完后，朱德再三嘱咐孙子："你一定要把我对毛主席这首词的理解带给老师，好让老师能讲给同学们听。"

过了一些日子，朱德对此事仍不放心，特地把语文老师请到家里做客，并和这位老师共同交流对毛主席这首词的理解。

1963年的一个夏天，著名诗人臧克家正在家中写作。忽然，电话铃响了。臧克家拿起话筒，当他听清楚了电话的来处时，既感到快乐又感到紧张，平静的心情立时像一池春水，被一阵阵东风吹得波浪叠起。

电话的那头是朱德的秘书。"朱委员长约您来谈谈，好吗？"

臧克家问道："什么时间？"

"明早九时好吗？"

臧克家激动地回答："我准时到！"

挂上电话，臧克家思潮翻滚，想得很远，很远。他想到1926年在武汉，自己就开始听到朱老总的大名。那时，朱德是北伐革命军中有名的将领。后来，南昌起义、井冈山会师……关于朱总革命业绩的故事，他听到很多，对朱总衷心向往。解放以后，在大会的会场上，在群众的集会中，臧克家还多次见到朱总，距离虽然远远的，但心里觉得很贴近。一想到明天就要去会见仰慕了几十年的总司令，臧克家这一天的心情都没法平静下来。

第二天上午9时，臧克家坐车来到中南海。他后来回忆当时的心情时，这样写道："我的心，比车子跑得还快。"

进了客厅，臧克家的心情又紧张起来。可是，朱德那慈祥的神情，平易近人的态度，使他紧张的心情松弛了下来。

朱德对臧克家说，自己在公余之暇，喜欢读一点诗，也偶尔写一点。接着，朱德又谦逊地说：总写得不很满意。

他们谈到了诗歌创作的问题。朱德说，诗要表现战斗生活，为革命服务。不要写得太深奥，叫一般人看不懂。那样，就会失掉它的作用。诗应该通俗化，群众化，意思、语言，要朴素、明朗，叫人人看得懂，念出来，听得懂。这样，群众自然会喜爱它，诗也会不仅仅限于少数知识分子的范围。

朱德的话平平实实，像是在提出个人的看法，听取对方的意见。臧克家一面倾听，一面想：党中央的许多领导同志，都关心诗歌的发展。毛泽东等领导同志以自己的创作实

※ 1962年4月19日，朱德在诗歌座谈会上与臧克家（前排右）、刘白羽（前排中）交谈。

践，为我们树立了榜样，成为典范。现在有机会亲聆朱老总的教导，真是诗歌界的幸运。

"辛亥革命50周年了，"朱德把话题一转，"他们将出纪念集子，要我写点诗。"一谈起辛亥革命，朱德激动地站了起来，那纷纭的往事，一齐涌现在心头。他心情愉快地畅谈当年辛亥革命的情况：云南起义、生擒总督、靳云鹏怎样逃生、钟麟如何被击毙……

最后，朱德笑着把他为辛亥革命纪念册写的几首诗拿给臧克家看。后来臧克家回忆说："我严肃认真地拜读了。诗，朴素真挚，反映了革命历史，也表现出一个老革命家的真情实感（这些诗篇已选入《朱德诗选》）。这时候，我深深地以亲身经验印证：朱总的人，朱总的诗，关于朱总的种种赞美的传说，甚至关于跟随朱总工作的同志以及室内的布置，统一在崇高、朴素、平易、亲切这一总的印象之中。"

1962年4月，在陈毅的提议下，《诗刊》杂志社就诗歌创作问题在北京举行了一次规

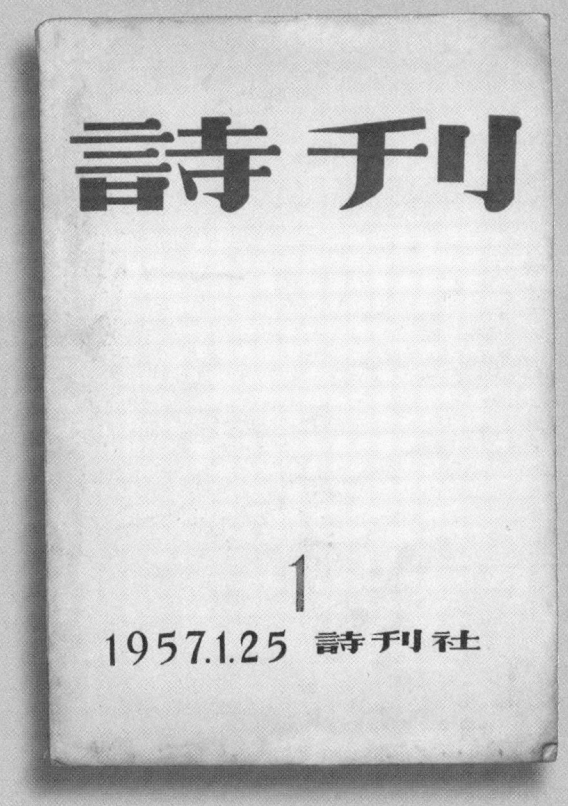

※《诗刊》创刊号。

模空前的座谈会。朱德和陈毅都到会发表了热情洋溢的讲话。朱德的讲话一如他的人格,"温温不作惊人语",却于质朴中寓意深刻。朱德说:

"我们的伟大事业,光荣的事业,将来的革命前途,我们都有责任把这些东西真实地反映出来,给人们看,给我们的后代人看。"他还就继承和创新的问题语重心长地指出:"中国几千年历史中,好东西确实不少,无论在文化上、经济上、政治上,都有我们自己的特点。我们这6亿多人能够团聚着生活下来,就总有自己的特点,自己的长处。有些人有追古复旧的想法,那是不对的。"

谈到个人写诗的情况,朱德说:自己时有所感,写上四句八句的,说诗不像诗。只是完成了表现的欲望。他还表示愿意和各位写诗的同志们常见面,多多交换意见。朱德风趣地说:"我经常要拜郭老为师,当个徒弟,他就是不收。"

会场爆发出一阵笑声。郭沫若站起来插话："元帅在上，老郭不敢谈诗。"

又是一阵快意的欢笑，像春风鼓浪。大家感到，朱老总态度谦逊，诙谐风趣，出语动人，他是那么崇高，又是这样平易，在他身上，元帅与诗人的气质融为一体。

陈毅紧接着发言，说："刚才总司令讲要把新旧（诗体）糅合起来，这也是我的主张。我写诗，就想在中国的旧体诗和新体诗中取其所长，弃其所短，使自己写的诗能有进步。"他高度评价了五四以来新诗的巨大成绩，强调诗歌创作要百花齐放，大胆创造，突破框框，充分发挥每个作家的个性。两位老帅的发言赢得了与会者的掌声，是为他们的见解，也是为他们身为党和国家领导人而以完全平等的姿态来关心诗歌创作的繁荣。

1963年，经邓小平主持的中央书记处批准，《朱德诗选》由人民文学出版社出版了。出版之前，朱德对陈毅、李一氓说："你们两个看看，修改修改。"陈毅接过朱德诗稿的清抄本，对李一氓说："你可不要乱动手，总司令是总司令，总司令的诗有总司令的诗的本色。"

朱敏回忆说："爹爹一生勤俭，也一生好学。爹爹一直比较喜爱写诗，在中南海里经常和陈毅、郭沫若等写诗的人交谈创作的体会。外出视察工作时也不忘和当地的老诗人一起谈诗作诗。爹爹为我们后代留下了数百首作品，其中有不少是上乘佳作。可是爹爹生前始终对自己写的诗不甚满意。说自己写诗不像诗，只是完成了表达的愿望，没有诗词的韵味……爹爹对诗词认真的态度和平易近人的作风让每一个和他接触的人深为感动。大家都愿意和爹爹谈诗，有的还将自己的习作拿来让爹爹审读指点。每逢这个时候，爹爹心情总是格外畅快。那爽朗的笑声和陶醉的神情，让人觉得爹爹在诗词的天地里年轻了许多。"

（王亚丽）

三个"勤俭"

1963年12月26日，朱德给女儿亲笔题词："努力学习马列主义毛泽东思想，坚决反对修正主义，发愤图强，自力更生，勤俭建国，勤俭持家，勤俭办一切事业，做一个又红又专的接班人。"这里面的三个"勤俭"体现了朱德自己的生活态度和对儿女们的要求。

朱德的生活非常俭朴，无论是在战争年代，还是在和平年代里，他始终保持着简朴的生活习惯，一贯倡导艰苦朴素、勤俭持家的好家风。

朱德常给孩子们说，他小时候生活十分艰苦，全家人终年劳累，辛辛苦苦种起来的稻谷全都交了租，纳了税，只好整年吃红薯南瓜、杂粮饭、豌豆饭，偶尔在高粱里掺上一些米和豆子。家里穷得连盐巴也吃不起，菜是白水煮的，桌上放一只碗，里面放一点又黑又脏的盐巴或溶化的盐水，夹一点菜，在盐巴上擦一擦或在盐水上蘸一蘸，用来下饭。那时劳动任务非常繁重，每天中午才能吃上一顿干的，还总是先让家里的男人吃饱，因为他们要下田干活，剩下的才是妇女的饭。过这样穷苦的生活，锻炼了他吃苦耐劳的意志，为他

※ 朱德与家人在北京合影。

参加革命斗争打下了基础，长征时吃树皮，啃草根，他也从来没有觉得苦。

朱敏和她的儿子们听了朱德这种辛酸的回忆，觉得新奇，一个个睁大了眼睛，一边倾听，一边在思索，就像涓涓清泉滴入了心田。从一个忍饥挨饿的佃农儿子到共和国元帅，他是一步步走过了一条多么漫长而艰辛的道路啊！孙子们逐渐懂得了劳动人民在旧社会的生活，竟是那么悲惨，而今天的生活真是幸福。如果不节约，不勤俭就太不应该了。今天，即使吃点苦，要同爷爷小时候比起来，又算得了什么呢？

1960年，国家经济生活困难时期，就是北京城里的学校，伙食也很差。粗粮很多，三天两头吃红薯面窝窝头。孙子们好不容易盼到星期六，高高兴兴地回家来，按照爷爷立下的规矩，都一律到大食堂去吃饭，还一再叮嘱他们不得超过自己的粮食定量。这个不准，那个不准，孙子们听了，很不痛快，在背后小声嘀咕着：一个星期，才回来一次，一家人团聚团聚，吃点好的，有什么不可以呢？孙子们的这些要求，要说也不过分，他们毕竟是个孩子呀！可是，朱德知道了，却认真起来，耐心地对他们说："你们在家里吃饭，对你们思想没有什么好处，和大家一起排队买饭，坐在一起吃，正是同大家接触的好机会。"他还说："你们呀，可不能有特殊化思想，应该向广大工农子女学习，生活要低标准，同他们生活在一起，打成一片。"

1962年春节，朱德把孩子们召集到家里，对他们说："平时你们有工作，现在借节假日团聚的机会，讲讲家史，让你们知道为什么穷人要革命。"他向孩子们讲述了自己苦难的童年，还特别重点讲述了自己拒绝大军阀杨森邀请他去当"师长"的一段事情，告诫孩子们革命不是为了做官，也不是为了个人的享受，更不是为了追逐个人的名和利。最后，朱德说，现在国家遭到了暂时的经济困难，大家的生活应当艰苦一些、朴素一点，要多想一想社会主义这个大家庭的困难。

1963年12月26日，朱德给朱敏亲笔题词："努力学习马列主义毛泽东思想，坚决反对修正主义，发愤图强，自力更生，勤俭建国，勤俭持家，勤俭办一切事业，做一个又红又专的接班人。"这里面的三个"勤俭"体现了朱德自己的生活态度和对儿女们的要求。

朱德从不允许孩子们乱花钱。孙子们上小学时添置必要的衣服用具，都要征得爷爷奶奶的同意，并一一记账。朱德还经常亲自检查这些开支。孙子们参加工作后，朱德也不轻易给他们买什么东西。

朱德有个侄儿叫朱传书，从小离开家乡，一直在朱德身边长大。朱传书中等技术学校毕业后被分配在北京一个工厂当工人。遵照伯父的教诲，传书住在工厂的集体宿舍里，

※ 朱德与孙子谈话。

与群众打成一片。后来，朱传书和一个农村姑娘结婚。朱德对这件事支持，鼓励他们说："这很好！"并且举了另一位首长的孩子结婚时只把原有的被子拆洗了一下，没有添置任何新东西的例子，教育他们不要铺张浪费，一切从简。

（王亚丽）

"学习日"和"劳动日"

节假日是家庭团聚的好日子。而在朱德家里，节假日却被赋予了另外一种新的含义——"学习日"和"劳动日"。每逢节假日，孩子们从四面八方回来，朱德都要求他们学习、劳动。

朱敏回忆说："按照一般习惯，每逢节假日是一家人团聚休息的时间，但在我们家，节假日永远是学习日。父亲说：'你们平时都有革命工作，凑到一起很不容易，要利用这个机会交流学习体会。'只要父亲在家，都是他亲自组织学习，从不间断。他还要求我们记学习笔记，说记笔记可以记得牢，帮助自己把点滴的体会、收获系统化，还可以提高写作能力。"

朱德十分重视教育孩子们学习毛泽东的著作。朱敏结婚时，朱德充满深情地对女儿、女婿说："你们独立生活了，今后在经济上我不再帮助你们了。但是马列和毛主席的著作，我还是给你们买。"1952年，朱德送给女婿的礼物就是刚刚出版的一套《毛泽东选集》三卷精装本。

1964年国庆节的上午，孙子们有的去参加游行，有的去参加天安门前的组字活动，有的去参加学校的庆祝活动。孩子们玩得都十分尽兴回到家里，都感到很累。他们想：爷爷那么大年纪了，今天在天安门城楼上，同毛主席、周总理等一起检阅游行队伍，站了整整一上午，下午的家庭学习会肯定不开了。中午休息了一会儿，爷爷就把他们叫了去。他们满以为爷爷会告诉他们晚上到哪儿去看演出，或者是去看焰火。没想到爷爷却说："今天是'十一'，不能忘记学习。咱们先学《人民日报》的社论，这篇文章很重要。"一听这话，孙子们都愣住了，你看看我，我瞧瞧你。小一点的噘起了嘴，大一点的就嚷嚷开了："大家都挺累的，应好好休息。社论，什么时候学不成呀！"朱德严肃地说："这话可不对了。农民种地不能误农时，工人做工不能拖延生产计划。我们学习，也是这个道理，不能把今天学的推到明天去。"然后，他话锋一转，风趣地问他们："你们既然挺累的，晚上就不去参加晚会了吧！"孙子们一听就跳了起来："参加！参加！"有的还问："晚上到哪儿？"朱德笑着说："你们想休息，是为了晚上去玩呀！学习和晚会哪个重要？"孙子们不吭声了。家庭学习会开始了。这一天，朱德和全家一起学习了《人民日报》社论，还进行了热烈的讨论。

1975年春节前夕，毛泽东发表了关于理论问题的重要指示。农历大年初一，吃过早饭，朱德把全家召集到一起，说："今天我们学习这篇文章。"然后又对儿媳说："力平，今天你当组长，我给你组织。"于是，大家一段一段地读了起来。朱德戴着老花镜，拿着红铅笔，聚精会神地边看边听，读到哪里，手中的红铅笔就点到哪里。下午，朱德又

※ 朱德和少年儿童在一起。

※ 朱德参观北京四季青人民幼儿园。

带着大家继续学习。学习完后，朱德才让孩子们出门去玩。

朱德经常对子女们说："要保持劳动人民的本色。"他十分重视培养孩子们的劳动美德。孙子们一上小学，朱德和康克清就要他们做一些力所能及的劳动。先是洗手帕，洗袜子，后来就是洗自己的衣服，整理自己的床铺，提高生活自理能力。上高小后放了假，朱德又特意让孙子们买来煤和米面，让他们自己生炉子煮饭吃。朱德说："这些都是生活的基本功，得学会。"

他把自己的小菜园当做教育子孙的小课堂，给每个孙子发一样工具，手把手地教他们干庄稼活。星期天一大早，朱德和康克清就把孙子们叫到跟前，拿来小锄头、水桶等工具，带他们到小菜园里，教他们劳动。孙子们第一次扛起锄头，觉得自己长大了许多，就像大人一样可以干活了，很高兴，又说又笑。朱德给他们作示范，告诉他们怎样刨坑，怎样点种，怎样施肥，怎样浇水。孙子们学着爷爷的样子，七手八脚忙起来。锄头握在朱德手里轻巧灵活，刨出来的坑，一样大小，一样深浅，坑与坑之间的距离又那样匀称。锄头到了孙子们手里，总觉得用起来不便当，刨的坑大小不一，深浅不均，距离有远有近，横竖不成行，像是满天星斗。干上一会儿，个个满头大汗。朱德见孙子们感到累，想休息一

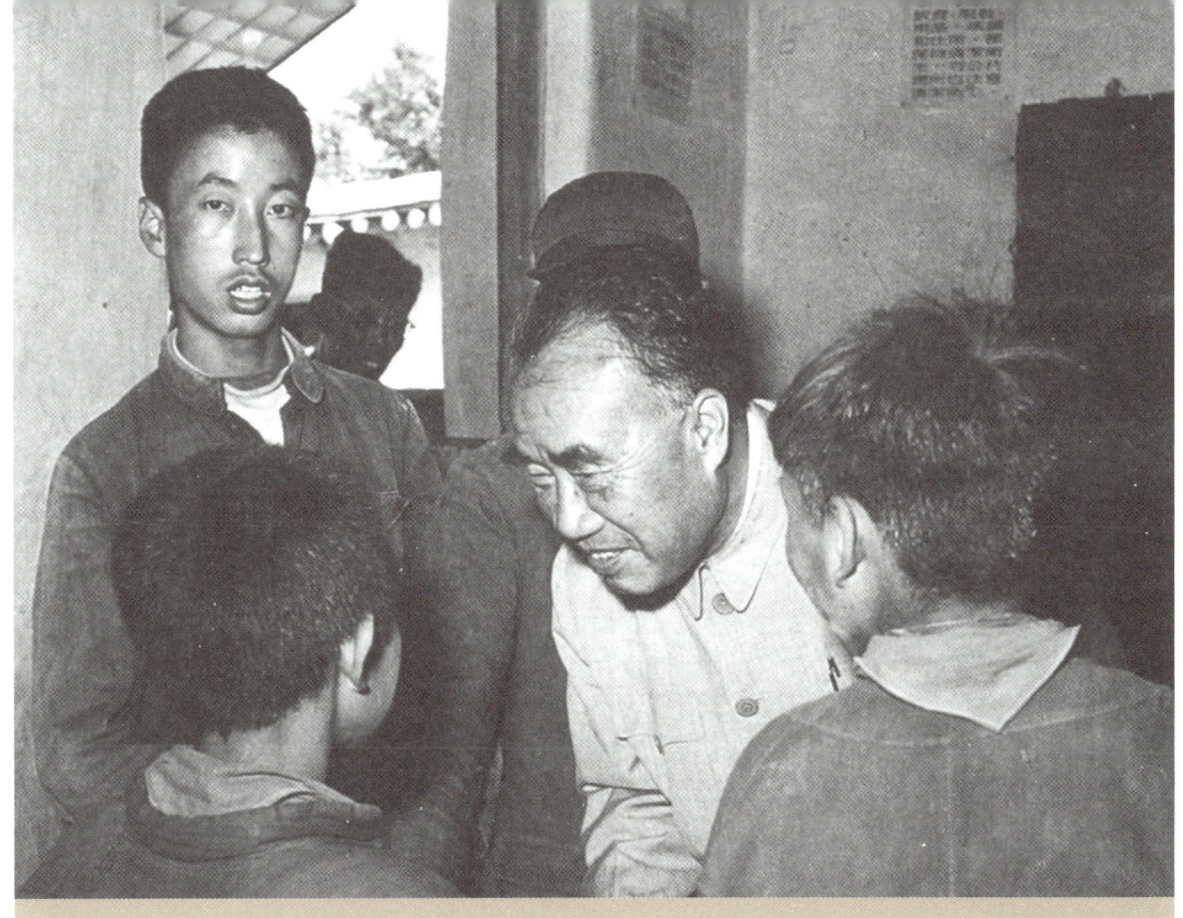

※ 1958年7月，朱德在青海西宁市郊区和农村小学生交谈。

下，就把他们叫到身边说："干活不要怕苦怕累，不养成劳动的习惯，怎样为人民服务呢？现在不劳动，就会脱离人民。工人、农民伯伯成年累月地这么干，你们要向工人、农民伯伯学习，热爱劳动！"他们听明白了道理，又愉快地参加劳动。

孙子们最喜欢跟爷爷到菜园子里摘菜。朱德种的莴笋、豆角、黄瓜、茄子，样样招人喜爱，特别是西红柿长得格外硕大。有一年，他种的冬瓜，长到70多斤。朱德为什么要自己种菜呢？难道党中央的副主席、共和国的元帅还没有菜吃吗？当然不是。他说："这样做，好处太多了，既不会丢掉劳动习惯，又可休息脑子，锻炼身体，还可以减轻人民的负担。参加劳动的好处这么多，何乐而不为呢？"朱德一生不脱离劳动，为子孙后代作出了榜样，在他们幼小的心灵里播下了热爱劳动的种子。

节假日，孩子们回家，朱德便让他们接替服务人员的工作，说："工作人员很辛苦，今天应该让他们休息，你们做些事，不能吃现成的。"于是，孩子们扫房的扫房，拖地的拖地，洗衣的洗衣，烧饭的烧饭，忙得不亦乐乎。

（王亚丽）

★★★ 第八编 ★★★

革命到底 忠贞不渝

第八编 08
革命到底 忠贞不渝

突然袭来的惊涛骇浪

朱德的秘书回忆说:"1966年冬的一天,我去给朱总送文件时,看到他仰靠在沙发上,紧闭双目。直到我走近前,他才睁开眼睛,好像是在对我说,又像是在自言自语地说:'看来这次要打倒一大批人了,连老的也保不住了。'"

"文化大革命"的风暴,发源于北京,很快就波及到全国各地。

古老、庄严而美丽的北京城,在呼啸的狂风和动乱的氛围里颤抖。天安门广场上,拥挤着从全国各地到北京来进行大串联的红卫兵。他们胸前挂着毛泽东像章,臂上佩带着袖章。东西长安街以及其他所有的大街两旁,贴满了两三米高的大字报和大标语。架着高音喇叭的汽车,穿梭似的在大街上来回奔驰。喇叭声中传出歇斯底里的喊叫,一会儿要打倒这个,一会儿要打倒那个。张贴在街道两旁的标语上,写着"横扫一切牛鬼蛇神"、"把无产阶级文化大革命进行到底"等口号。

朱德每天都看报纸。报上的每一条消息、每一篇文章里,几乎都离不开"走资派"、"批倒批臭"、"彻底砸烂"等火辣辣的字眼。看到这些,朱德的心情十分沉重。

工厂停工了,学校停课了,生产也没人抓了!面对这混乱的局面,正直的人们忧心

※ 朱德在中共中央于北京召开的扩大的中央工作会议（即七千人大会）上发言。

忡忡，不知道该怎么办才好。可是，街上的高音喇叭却还在播送着林彪、江青一伙的"指示"："天下大乱，越乱越好！""还要再乱，乱得要深、要透！""乱得不够的地方，要重新点火，挑起大乱！"……

"什么？还嫌乱得不够？他们究竟要干什么？"人们窃窃私语，冷眼观察着。

实际上，当这场史无前例的"文化大革命"将要开始的前夜，国内的政治生活中早已处处可以感觉到那种"山雨欲来风满楼"的紧张气氛了。1965年12月，在上海召开的中央紧急会议上，海军政治委员李作鹏、空军司令员吴法宪秉承林彪的旨意，发动突然袭击，制造伪证，诬陷中国人民解放军总参谋长罗瑞卿借林彪身体不好，逼林彪"让贤"。同时，还对罗瑞卿不赞成林彪关于"毛泽东思想是当代马克思列宁主义的顶峰"等提法进行批评。在这次会议上，朱德实事求是地表示同意罗瑞卿反对"顶峰论"的提法。朱德认为，马列主义、毛泽东思想还会发展，不能讲达到了顶峰，到了顶峰就意味着不再发展

※ 朱德主持第二届全国人大第四次会议闭幕式。

了。他没有料到，这次发言以后竟成为林彪、康生等人攻击他的重要口实。对于罗瑞卿的所谓"篡军反党问题"，朱德和刘少奇、周恩来、邓小平等人一样，事先毫无所知。显然，这是林彪一伙背着朱德、刘少奇、邓小平等人搞的。

朱德参加上海会议后不久，到了杭州。当时，康克清正在江西搞"四清"，便赶来看他。吃饭时，康克清发现朱德常常停住筷子，沉思、摇头。她不清楚发生了什么事情，但见他这个样子，心里很担心，就问道："老总啊，身体不舒服吗？"朱德摇头不语。

饭后，朱德把康克清叫到他的办公室，对她说："你就不要多问了。"然后，又自言自语地说："如果这样搞下去，面就宽了，要涉及到很多人，怎么得了呀！"康克清听了觉得很奇怪。后来，朱德的秘书告诉她：朱老总忧心忡忡，是因为罗瑞卿同志的"问题"。

※ 朱德出席中共中央在上海召开的政治局扩大会议。正面一排左起：陈云、朱德、周恩来、毛泽东、刘少奇、李富春、陈毅。

※ 朱德出席在北京举行的中共中央政治局常委扩大会议。按沙发顺序左起：陈毅、彭真、邓小平、陈云、朱德、刘少奇、毛泽东、周恩来、林彪。

1966年5月4日，中央政治局扩大会议在北京召开。会议以"反党集团"的吓人罪名对彭真、罗瑞卿、陆定一、杨尚昆进行了错误的批判。会议通过了毛泽东亲自主持制定的中共中央通知，对当时党和国家的状况作了完全错误的估计，提出："混进党、政府内、军队里和各种文化界的资产阶级代表人物，是一批反革命修正主义分子，一旦时机成熟，他们就会要夺取政权，由无产阶级专政变为资产阶级专政。这些人物，有些已被我们识破了，有些则还没有被识破，有些正在受到我们信用，被培养为我们的接班人，例如赫鲁晓夫那样的人物，他们现正睡在我们的身旁。"

朱德在小组会的发言中，强调要认真学习马列著作，学习唯物辩证法。他说："朝闻道，夕可死矣。我也有时间读书了，读毛主席指定的32本书，非读不可。准备花一二年的时间读完，连下来读就通了。毛主席也是接受了马克思列宁主义的理论……"

朱德的话还没说完，就被打断了。林彪重新提起他去年在上海会议上关于"顶峰"的发言，攻击他有野心，是借马克思主义来反对毛泽东。康生也攻击朱德"想超过毛主席"，"组织上入党了，思想上还没有入党，还是党外人士"。

这次会议决定由陈伯达、康生、江青、张春桥、姚文元、王力、关锋、戚本禹等组成中央文化革命小组取代以彭真为组长的文化革命小组，并掌握了中央的大部分权力。会后，朱德的话更少，心情也更沉重了。

沉默，就是无声的抗议，是不妥协的语言。

1966年8月，中共中央召开八届十二中全会。毛泽东写了《炮打司令部——我的一张大字报》。会议通过了《关于无产阶级文化大革命的决定》。一场由毛泽东亲自发动、席卷全国达十年之久的"文化大革命"从此开始了。

"文化大革命"会那样发展，是朱德原先所没有想到的。这一年，朱德已经80岁了。当他看到中央和地方许多党政领导干部被作为"反革命修正主义分子"、"黑帮分子"、"叛徒"、"走资派"，受到批斗、抄家，看到工厂农村的生产秩序受到冲击、整个社会陷入混乱时，他忧心如焚。

朱德在参加中央的会议时，多次坦陈自己的看法。他说："现在群众已经起来了，我有点怕出乱子，特别是怕生产上出乱子。"一位当时在朱德身边工作的秘书回忆说："1966年冬的一天，我去给朱总送文件时，看到他仰靠在沙发上，紧闭双目。直到我走近前，他才睁开眼睛，好像是在对我说，又像是在自言自语地说：'看来这次要打倒一大批人了，连老的也保不住了。'看他当时的表情，心事很重。"

"文化大革命"这场冲天大浪没有向已经81岁高龄的"红军之父"网开一面，而是无情地将他推进了历史的旋涡中。

为什么朱德会成为林彪、江青一伙打击的目标呢？一是因为朱德在党内外、军内外有着巨大的影响，如果能把他打倒了，那么，其余的将帅们还不是顺理成章地跟着一起倒？其二，朱德在很多会议上的发言，坦陈了他对时局的看法，林彪、江青一伙认为朱德是与他们唱对台戏，恨不得除之而后快。

（王亚丽）

同甘共苦的伴侣

"文化大革命"掀起的造反狂潮，使康克清忧虑万分。她回忆起三十多年来与朱德共同走过的坎坷道路。康克清谈到和朱德的关系时说："我们相互间的真正了解、相互体贴和爱情是在结婚以后逐渐发展起来的。"

朱德所面临的处境的确使康克清感到担忧。几十年来，尽管康克清也经历了不少坎坷，然而，这一次却不同。"无产阶级文化大革命"运动来势之猛，范围之广，的确出乎她的意料之外。

康克清，原名康桂秀，1911年的秋天出生在江西万安县一户贫苦渔民的家庭里。因为家里穷，她出生后不久，父亲就把她送给一户姓罗的农家做了望郎媳。

家庭的贫困，生活的艰辛，使穷人的孩子早早地承担起家务的重负。康克清也像其他穷孩子一样，很小的年纪就开始了繁重的家务劳动。

艰苦生活的磨砺，使康克清养成了一副从不向困难低头的倔强性格。

1928年9月，已经是17岁的康克清参加了万安游击队，跟随红军上了井冈山。

第一次见到朱德的情景，康克清在过去许多年以后依然记忆犹新：

在向井冈山进军途中，有一天，我们的队伍停在遂川附近，听到同志们兴高采烈地互相传话："朱军长来了。"以前，我还幼稚地以为"朱毛"是一个人，后来才知道是两个人，他们被传说得非常神奇，现在有机会亲眼见到他们，内心充满了好奇和敬仰。我在队伍中，顺着别人指的方向望去，只见一位中等个头，体格健壮，忠厚长者模样的人，正向我们走来。走近了，才看清楚他身穿灰里透白的军服，脚穿草鞋，一身风尘，

面带微笑，威武中透露着慈祥。朱军长给我的第一个印象，是他很平易，平易得像一个地地道道的农民。一个普通的红军战士和威名远扬的军长之间的距离，瞬间就缩短了。当时我并不理解，这正是他的特点，他的气质，他的伟大所在。更没有料到后来我会同他结成终身伴侣。

在井冈山，康克清认识了朱德，也认识了朱德当时的妻子伍若兰。

1929年2月，伍若兰在一次突围中不幸被俘。几天后，在赣州被国民党反动派杀害。

这一次突围，朱德也险些被敌人抓住。当时，朱德从房间里出来时，遇到了几个国民党兵，他们正在搜寻朱德。朱德急中生智，说自己是伙夫。他们看朱德的样子并不像什么大官，便把他放了过去。

这年3月上旬，朱德和毛泽东率领红四军打响了进入福建的第一仗，击毙敌旅长郭凤鸣，攻占了长汀县城，首战告捷。

朱德和康克清的结合，对于康克清来说，完全是出于一种偶然的因素。她后来回忆说：

一天早饭后，曾志对大家说："你们先去工作，我和康桂秀有点事要办。"

曾志问我："你对朱军长的印象如何？"

我说："军长就是军长。再说，这不是我们可以随便议论的。"

她说："红军官兵一致，民主平等，对谁都可以讲。你只管说说，没有什么关系。"

她一定要我讲，我只好说："他这军长很少有，不像白军那些当官的。虽是个大官，没有官架子，能和战士打成一片，能打仗，又有学问。"

曾志听了很有兴趣，不断地鼓励我："再想想，还有什么都说出来。"

她见我说不出什么，就帮助补充了几点，问我是不是这样。我完全同意她的看法，心中却不住地打鼓：她为什么要同我说这些？

曾志终于带着笑，问我："如果要你嫁他，你愿意吗？"

我心里一惊，说："别开玩笑，这怎么可能！"

※ 朱德和康克清在北京。

"不开玩笑，是真的。"她立刻一本正经地说："朱军长十分喜欢你，组织上希望你能同他结合。打从伍若兰牺牲，他精神上很痛苦。你和他结婚后，可以从生活上帮助他，给他最大的安慰。"

他是个好军长，好领导，但当我的丈夫可不行。伍若兰牺牲了，你们来找我，找错人了。我同朱军长差得太远。论年龄，我还不满17岁，他已是43岁的中年人。论水平，我思想幼稚，理论、文化知识都很差，现在也才粗通文字，他早已是个成熟的军事家、政治家。论地位，他是军长，我不过是个红军女战士。差距实在太大了。

尽管康克清托词婉转地拒绝了曾志的要求，但是，当她与朱德进行了一次深入的交谈之后，她被朱德的经历深深地打动了，也被朱德的人品所吸引，虽然她与朱德的真正接触只有很短的时间，但是，她还是答应了朱德的要求。

几天后，在一幢普通的民房里，没有花轿，没有鼓号，也没有披红挂绿的仪式，朱德和康克清举行了热闹而简朴的婚礼。

这一天，毛泽东和妻子贺子珍，还有陈毅、谭震林、吴仲廉、曾志等人都赶来为他们祝贺，大家在一起为朱德和康克清举办了一场热热闹闹的"革命的婚礼"。

结婚以后，朱德稍有空闲便帮助康克清学习文化。生长在贫苦家庭中的康克清，由于家中生活窘迫，又是女孩子，从没有读过书，直到上井冈山时还不识字。在朱德的辅导和影响下，倔强的康克清把学习文化看做是同打仗一样重要的事情，非要打赢不可。所以，无论是行军还是宿营，她从不放弃一切学习的机会。经过半年的努力，她为自己能够阅读《列宁主义基础》等书籍感到欣喜万分。在瑞金中央革命根据地工作时，康克清还上了红军大学。由于她勤奋、刻苦，学习成绩名列前茅，成为班里的优秀学生。以后长征到达延安，康克清又进入抗日军政大学学习，文化、政治水平进一步得到提高。

对于康克清所取得的进步，朱德自然非常高兴。他曾不无自豪地称赞康克清："是一个在部队的教育下成长起来的姑娘红军的标准产物。"

作为丈夫，朱德更关心的是如何使他的妻子尽快成长起来，为革命做更多的事情。所以，朱德从不让康克清专门为他料理生活，以便使她能有更多的时间从事自己所承担的工作，有更多的时间学习文化。

作为妻子，康克清则希望自己能够给朱德更多的关心和照顾。但是，残酷的战争和革命战士的责任感，使她不得不经常离开自己的丈夫，投身到繁忙的工作和学习中去。在瑞金时，康克清曾多次变换工作，从总部警卫团到交通队，从军委机要局到妇女义勇团、总部直属队。然而，她从无怨言，总是愉快地接受任务，在新的岗位上努力工作。

尽管如此，朱德和康克清的关系是融洽、和谐的。正像康克清后来说的："我们相互间的真正了解、相互体贴和爱情是在结婚以后逐渐发展起来的。"

在美国女记者尼姆·韦尔斯的眼中，朱德和康克清的婚姻是令人称颂、羡慕的。她说：

> 我曾和康克清，还有朱德、周恩来一道在总司令部里吃饭。康克清顽皮地敲着朱德的手臂，而这位红军总司令亦微笑地看着他这个年轻的爱妻，心里好像有说不出的高兴。她提起他时从不曾称呼他为自己的丈夫，而是用第三者的口吻，叫他"同志"。我笑望着他们两个，心想他们是多么罕有的一对，而且各自又有着多么惹人敬爱的个性啊！他们是这么诚实坦率，又是这么天真无邪！他们两个就像百炼之钢。

韦尔斯的一番话，实实在在地勾勒出朱德和康克清之间那种革命同志式的夫妻关系。在风风雨雨的艰难关头，康克清才真正体会到朱德那博大的胸怀和深邃的眼光。

1934年春，红军在第五次反"围剿"中，由于李德、博古在军事上"左"倾错误的指挥，连受重创，战斗减员严重，根据地一天天缩小，形势日趋恶化。

自从广昌失守后，康克清随朱德回到了瑞金。她发现，朱德虽然表面上还和过去一样有说有笑，但话语明显地减少了，仿佛有着说不出的苦衷和不安。对于朱德的正确意见，李德、博古他们根本听不进去，仍然是一意孤行。康克清看到，朱德常常是看着地图，无可奈何地摇着头。她感到，朱德显然是不赞成李德、博古他们的做法。

这年十月，红军在作战中接连失利，中央苏区根据地不断缩小，战斗减员日益严重。在这种十分不利的情况下，红军被迫进行战略转移，开始了艰苦卓绝的万里长征。

这时，康克清已是红军总部直属队的指导员，跟随总部一起行动。部队从江西经湖南，进入贵州、四川，一路上，不知道打了多少仗。她一直跟随在朱德的身边，与朱德共同承担着艰辛和风险。

当时担任红军总部参谋的黄鹄显后来在谈到朱德和康克清的关系时，回忆起这样一件事：

> 长征经过湖南时，有一天，向导带路带错了方向，朱总得知这一消息，很生气，就用棍子抽了向导一下，我们从未见朱总打过人，可在当时那种围追堵截的紧张情形下，稍有不慎，就会全军覆没。所以，谁都可以理解。
>
> 事后，在直属队召开的支部会上，康大姐首先对朱总提出了批评，说红军是老百姓的

队伍，应当执行三大纪律八项注意，不打人骂人。朱总是红军总司令，更应该带头执行。朱总听了康大姐的发言后，表示接受批评，并且作了检查。我们坐在一旁，看到他们夫妻在工作问题上那么认真、诚恳，都非常感动。

1935年6月，红一方面军和红四方面军在四川懋功会合后，分成左右两路继续北上，红军总部随左路军行动。途中，张国焘宣布"另立中央"，公开分裂党，分裂中央。

不久，张国焘拉拢朱德的企图未能得逞，便在大会、小会上煽动一些不明真相的人"斗争"朱德、刘伯承。一些受张国焘蒙蔽的战士把朱德的大青骡子给杀掉了，并且还到朱德的住处无理取闹。

康克清看到这些，心中倍加忧虑，她担心张国焘会加害于他们。当她向朱德提出这种担忧时，朱德总是轻蔑地报之一笑，劝她放宽心，不要害怕。

没过多久，康克清也受到了张国焘的监视，并要给她另行分配工作，企图将她从朱德身边调离。性情倔强、刚烈的康克清气愤不过，自己要北上去找党中央汇报。朱德耐心地劝她说，如果单独行动，正是张国焘所希望的，给他以口实，他就会借机陷害你。现在你和战士们在一起，他就不敢随便动手。

朱德的话使康克清茅塞顿开，她终于明白朱德为什么总是心平气和地开导那些受张国焘蒙蔽来滋事挑衅的四方面军战士，又为什么经常和战士们一起拉家常，摆龙门阵，给他们讲红军北上抗日的重要意义……

每临逆境，朱德总是显示出一种大将风度，以其宽大的胸怀，始终充满着革命的乐观主义，这一特点，给康克清留下难以忘怀的印象。

抗日战争爆发后，朱德率领八路军开赴抗日前线。不久，康克清也调到八路军总部政治部门工作。

1939年，正当朱德53岁生日之际，山西武乡县王家峪村八路军总部所在地，军民们纷纷前来祝贺。

康克清也同太行军民一样，加入到祝寿的队伍中，她给朱德写了一封洋溢着真挚情感的生日贺信，其中写道：

我和你相处十多年了，觉得你无时不以国家和革命为重，凡事不顾自己的利益。人们不能忍受的事你都能忍受，人们所不能干的事你去开辟……

在战争年代，康克清伴随着朱德，走过了艰难、坎坷的征程。全国解放以后，康克清到了全国妇联，也承担起一定的领导工作。

由于朱德的年岁大了，所以，每当朱德外出时，康克清作为一项工作，常常陪伴着他。从白山黑水，到天涯海角；从帕米尔高原，到西南边寨，朱德的足迹遍及祖国各地。

当然，在"文革"这样一个是非颠倒的岁月里，他们更是相濡以沫，同甘共苦，渡过了一个又一个不平静的日子。

（姚建平）

"打倒朱德"的黑风

1967年1月，朱德在中南海的住所，被铺天盖地贴满了"打倒朱德"、"朱德滚出中南海"等内容的大字报，地上也有用石灰刷的"炮轰朱德"、"朱德是黑司令"等大标语。朱德看了这些大字报后说："是我的，我承认；不是我的，谁写的谁负责。"

对于朱德在"文革"中的遭遇，朱德的夫人康克清曾经回忆说：

1966年1月中旬，春节期间，朱老总参加上海会议后辗转到达杭州。见面后，我发现他常常独自一人叹气，便关心地问：

"你有什么不好过？"

"没有什么。"他说得有气无力。

"不会没有什么吧！"

几十年的相处，我对他已十分了解，知道一定发生了什么使他不舒心的事，经我再三询问，他也不说。后来他烦了，喊了一声：

"不要问了！"

过了一会儿，老总的秘书悄悄对我说，这次上海会议批判罗瑞卿，说罗有篡军反党的野心，撤了他中央书记处书记、军委秘书长、公安部长等职务。以后我问老总是否为上海会议的事心情不畅，他叹了一口气说：

"肃反肃到我们党的内部核心。是真的？是假的？弄不清楚。罗瑞卿的那些事全都看得见，他办的每件事都报告过中央。经毛泽东同意的，说他篡军反党，无法让人相信。"

他在屋里低头沉思，来回踱步。过了一会儿又说："为什么要撤？这不是撤一个罗瑞卿的问题，像这样可靠的人都撤，打击面宽了，真假失去了标准，今后党内要不平安了。"

上海会议的情况我不清楚，但老总说的这几句话却给我留下了很深的印象。

我觉出了老总身上的细微变化。他在主持第三届全国人大常委会第三十次扩大会时，有这样一段讲话，要求大家认真读马、恩、列、斯的书。他说："我现在没有别的事情时，就天天读书。今书也读，古书也读。今书就是毛主席的著作，古书就是马、恩、列、斯的著作。我感到很有兴趣，也劝大家读一读。"

1966年5月，党中央政治局扩大会通过了"五一六"通知，设立"文化革命小组"，点起了十年动乱的"文革"之火。

在这次会上，林彪作了长篇发言，蛊惑人心地大叫党内有人要搞政变，搞颠覆。他还在会上批判彭真、罗瑞卿、陆定一、杨尚昆的同时，指名批评攻击党中央几位领导人，特别点了朱老总的名，把老总不赞同他所说的"毛泽东思想是马列主义的顶峰"，说成是反对毛泽东思想。

同时，康生散布朱老总是空头司令，是党外人士等流言蜚语。中央文革小组的主要成员和林彪在军内的亲信，也恶毒地说"朱德是黑司令"，"野心很大，想当领袖"，是"老机会主义者"……这年8月，在党的八届十一中全会上，广州军区司令员黄永胜等人，公开攻击朱老总。有林彪和中央文革成员戚本禹等人的支持和策划，一个打倒朱德、批斗朱德的狂潮开始兴起。

1967年1月，我们在中南海的住所，被铺天盖地贴满了"打倒朱德"、"朱德滚出中南海"等内容的大字报，地上也有用石灰刷的"炮轰朱德"、"朱德是黑司令"等大标语。朱老总看了这些大字报后说："是我的，我承认；不是我的，谁写的谁负责。"

月底，在戚本禹等人的指使下，中国人民大学的造反派在北京街头贴出了"打倒朱德"的大标语、大字报。在灯市西口的墙上，辟有"朱德罪行"专栏。群众组织联合成立了"批朱联络站"；他们还准备于2月10日在北京工人体育馆召开万人大会，批斗朱老总，并让我陪斗。只是由于毛主席、周总理的干预，这个大会未能开成。

事情并未因此而了结。林彪一伙进而篡改历史，妄图打倒朱老总，为他自己树碑立传，篡夺最高领导权制造舆论。他们大肆宣传是毛泽东、林彪在井冈山会师的。在他们的胁迫下，井冈山革命纪念馆在陈列物的说明中，竟把朱老总挑粮的扁担，也说成是林彪的扁担了。

※ 朱德在东北视察途中。

1968年10月,党的八届十二中扩大会议上,吴法宪当面诽谤、侮辱朱老总,向他提问:你在井冈山是怎样反对毛主席的?更有甚者,还有人制造了一起所谓"中国共产党(马列)案",诬陷朱老总是他们虚构的这个组织的"书记",林彪一伙下令到处追查,只是由于后来追查不出结果,而且已经露了马脚,这起假案才不了了之。当时朱老总对此淡然处之,不为所动。记得有一天我回到家里,看见他正在看一张传单,传单上写着所谓"中国共产党(马列)"的组成、人选等。朱老总边看边笑,我问他笑什么,他说,根本没有这回事,这是造谣嘛,让他们造去,将来一定会弄清楚的。

年事已高的朱老总那些年处在这种逆境下,心情抑郁,终日少语。当他看到那些造谣、诬陷几位老帅的大字报时,情不自禁地自言自语道:"心怀叵测,心怀叵测呀!"陷入更为愤懑的沉默中……

1969年的中共第九次代表大会上,朱老总依然当选为中央委员、政治局委员,可是他遭到不公正的围攻,被污蔑为"三反分子"。面对这些,他曾严正表明,40多年来,他一直和毛主席在一起,说他是反党、反社会主义、反毛泽东思想的三反分子,是不符合实际的。他一直坚信,只要毛泽东、周恩来在,事情总会搞清楚,坚信历史早晚会作出公正的结论。

(康克清)

忧虑与困惑

"文革"中的一系列事件,使朱德陷入了深深的困惑和不解之中。面对这纷乱的世界,他的心更加忧虑。他不理解,为什么党内斗争非要用"打倒"这个偏激的词?他多次反映过自己的不理解。

1967年1月,从上海到全国,掀起了一场由造反派"全面夺权"的狂潮。"打倒一切"和"全面内战",造成了比以前更加严重的社会灾难。11日,朱德在中央政治局扩大会议上说:"现在'文化大革命'运动搞到破坏生产的程度,忘记了'抓革命,促生产',这是新出现的问题,要注意解决。""我们制止武斗这么久了,可是有些人还在武斗,甚至还有砸烂机器、烧毁房屋的,这里面有反革命分子在捣乱,要注意。"这自然使朱德更被林彪、江青等视为眼中钉。

在江青的指使下,"中央文革小组"成员、当时担任中央办公厅负责人的戚本禹约集中央办公厅的造反派,鼓动他们在中南海里对刘少奇、邓小平、陶铸、朱德等人进行批斗。于是,这些造反派先后冲进刘少奇等人的家中对他们进行围攻、批斗,也包围了朱德的家。康克清回忆说:"一天上午,我回到家,中南海造反团的造反派们围在楼前,高呼'打倒''炮轰'的口号,把大字报、大标语贴到我们家里,墙上、地下,到处都是。还提出要把我们从中南海轰出去。当时,朱总还在玉泉山。他们一直闹到很晚才散去。"

※ 朱德和周恩来。

疯狂的恶浪已扑向朱德。熊熊的烈火已燃烧到他的身上。朱德在玉泉山接到康克清打来的电话，他不能再"孤陋寡闻"、按兵不动了。他连忙赶回中南海。汽车才进中南海西门，就远远地看见白花花的大字报刷得到处都是。他的心都揪了起来。这是中国的政权中心啊！哪里乱都不能乱到中南海里啊！等车开到家门口，他才发现脚下已是大标语铺路，两边是大字报夹道。

当朱德从玉泉山回到中南海的家中，就接到造反派的"勒令"，要他必须去看批判他的大字报，交待"反对毛主席的罪行"。周恩来的卫士高振普回忆说："造反派在中南海内贴出了攻击朱老总的大字报。周总理闻讯赶到朱老总的家，安慰他要保重身体，劝说老总到比较平静的玉泉山休息。在老总身边工作的同志告诉我，朱老总已去看了那张大字报，边看边用手中的拐杖敲打着地面，说那张大字报只有两个字是对的，那就是'朱德'，其他内容不知是从什么地方造出来的。"

过了几天，戚本禹又煽动中国人民大学的造反派，把批判朱德的斗争引向社会。一时间，攻击朱德的大字报、大标语纷纷出现在北京大街上。造反派还贴出海报，准备召开万人大会，公开批斗朱德。北京大学的造反派头子聂元梓得到这个消息后，立刻召集北大造反派开会。她说："清华大学揪出刘少奇，我们这次也要搞一个大的。"会后，她给康生打电话，探询中央文革的态度。康生回答："你们自己搞就搞成了。要说是我让你们搞的就搞不成了。"于是，聂元梓几次召集会议，组织班子撰写批判朱德的文章，登在《新北大战报》上，印了50万份，散发全国各地。

面对突然袭来的恶浪，朱德泰然自若地向康克清谈了自己的看法：第一，历史是公正的；第二，主席和恩来最了解我，有他们在，我担心什么。同时，他还劝慰康克清："你不要怕他们批斗，要每天到机关去，群众是通情达理的，和群众在一起，他们就不会天天斗你了。"

造反派要揪斗朱德的消息传到周恩来那里。周恩来及时向毛泽东做了汇报，并征求毛泽东的意见。毛泽东不允许这种做法，说："过去国民党要杀朱德拔毛，现在你们说他是黑司令，朱毛朱毛，司令黑了，我这个政委还红得了吗？朱德不能批斗，他是红司令！"周恩来在造反派准备开批斗会的前一天要秘书通知戚本禹，必须立即取消"批判朱德大会"。由于周恩来的干预，批斗大会没有开成。

这次事件后，戚本禹责备造反派们："你们以为你们自己很聪明，其实最傻了。要不要搞，你们自己考虑。"此后，他们又换了一种手法，由公开批斗改为打入"冷宫"，由激烈言词的攻击改为含沙射影，由身心折磨变为触及灵魂的精神折磨。

※ 朱德和前国民党政府行政院政务委员缪云台交谈。

1967年2月前后，谭震林、陈毅、叶剑英、李富春、李先念、徐向前、聂荣臻等政治局和军委的领导人，在不同的会议上对"文化大革命"的错误做法提出了强烈的批评，却被诬为"二月逆流"而受到压制和打击。自此以后直到党的九大召开，中央政治局会议不再举行，"中央文革小组"实际上取代了政治局的职权。

在"中央文革小组"的导演下，中华大地上演出了一幕幕历史为之恸哭的悲剧。国家主席刘少奇和中央书记处总书记邓小平被打倒，他们背上了中国头号、二号"走资派"的帽子。随后，中央书记处常务书记陶铸也突然被打倒，戴上"中国最大保皇派"的帽子。怀疑一切，否定一切，打倒一切，已成了各地造反派们的行动纲领。打天下的将帅们，除了林彪是革命派外，其余全被看做是混进革命队伍的异己分子。

"中央文革小组"所制造的一系列事件，使朱德陷入了深深的困惑和不解之中。面对这纷乱的世界，他的心更加忧虑。他不理解，为什么党内斗争非要用"打倒"这个偏激的词？他多次反映过自己的不理解。当然，这些不理解在那特殊的政治环境里，无疑被掌握造反大权的康生、陈伯达等人看做是不和谐的音符。

一向正直的朱德不管"中央文革小组"的人爱不爱听，把自己的想法说了出来："现在有一个问题，就是要把你也打成反革命，把他也打成反革命。我看，只要不是反革命，错误再严重，还是可以改正的。一打成反革命就没有路可走了，这个问题要解决。"

这些话，使陈伯达、康生、江青等人听了更觉得刺耳。

"文化大革命"不断地升级，林彪、江青等人对朱德的迫害也在不断地升级。朱德的忧虑也在不断增加，困惑也越来越多。

（王亚丽）

"历史就是历史"

"文革"时期，井冈山革命纪念馆陈列物的说明中，把朱德挑粮的扁担说成是林彪的。萧华私下向朱德说起这件事，朱德淡淡地说："历史就是历史，他们胡闹是不行的！"

"文革"期间，青云直上的林彪，急于树立自己的威信，为篡夺最高领导权制造舆论，不惜篡改历史，大肆宣传井冈山会师的主角是毛泽东和林彪。在他们胁迫下，井冈山革命纪念馆陈列物的说明中，竟把朱德挑粮的扁担说成是林彪的。一段时期，记载朱德革命斗争历史的南昌纪念馆也以"正在内部整修"为由停止对外开放。

当年，朱德率领南昌起义残余部队上了井冈山后，与战士穿同样的粗布衣，吃同样的伙食，并一起挑粮——"朱德的扁担"这一真实故事长久流传。正是靠这种精神感召，红军生活虽苦，大家都无怨言。陈毅前往上海向党中央汇报工作时，曾写下这样一段话——"群众及敌兵俘虏初见鼎鼎大名的红四军军长那样芒鞋草履，十分褴褛，莫不诧异。若不介绍，顶多估量他是一个伙夫头"。

"朱德的扁担"成为我军官兵一致、艰苦奋斗的象征，这个故事很多人都知道，不是

※ 朱德和郭沫若（左一）交谈。

依靠篡改历史就可以改变的。1970年，正当林彪权势如日中天的时期，萧华在私下拜访朱德时，十分气愤地谈起林彪的这一恶劣行径，朱德却淡淡地说："井冈山时期，林彪他不才是一个营长吗？怎么能说井冈山是他林彪与毛主席会师的呢！历史就是历史，他们胡闹是不行的！"

儿媳赵力平看到街上许多大字报充满了对自己公公的污蔑不实之词，回到家中，就当面问道："我们历来听到的，都是您率领南昌起义剩余的部队，到井冈山和毛主席会师，可现在大字报和传说，都变成了林彪和毛主席会师，这究竟是怎么回事呢？"

朱德听到儿媳如此激动的询问，他还是淡淡地说："历史就是历史嘛！是非自有公论，这些事情全国人民都知道，不是谁想改就可以改的！"

朱德说得没有错。历史是人民写出来的，人心自有公论。当时，首都卫生系统造反派跑到山西武乡县八路军总部旧址，想召开所谓"批判朱德、钱信忠（原卫生部长）大会"时，没等召集，便有数千人在当年老民兵、老抗属带领下，手举扁担、锄头愤然赶来，大家高呼："朱总司令和我们一个锅吃饭，怎么能打倒？钱部长好得很嘛！当初我们这儿大人小孩有病都是钱部长看的。"造反派们见状，吓得抱头鼠窜。这是动乱年代的一个小插曲。

"文化大革命"的大火不仅颠倒了历史，混淆了黑白，还把朱德多年来喜爱种养兰花的爱好给烧毁了。

朱德喜欢养育兰花，早在20岁左右从军云南时，就非常喜爱山坡上开着白色花朵的野兰花。50年代后期，朱德在中南海花圃里，常常一蹲就是半天。然而，"文化大革命"初期，红卫兵在批判朱德的同时，又给他上纲上线："养兰花是小资产阶级情调！"

老人无奈，只好忍痛把自己十几年来收集的几千盆兰花全部送给了北京中山公园。

花不能种，养兰花的苗圃就成了他的菜地。每天傍晚，到了以前去花圃的时间，他都要在菜地里挥动锄头，挥洒汗水，享受着劳动的喜悦。就像当年在井冈山与红四军战士一起下山挑粮一样，就像当年在延安参加大生产运动一样，朱德还是劳动人民本色。

（陈秋红）

留江渭清吃饭

"文革"期间，江渭清到北京朱德家中看望他。谈话后，已近午饭时间。江渭清怕留下吃饭会给朱德带来麻烦。朱德哈哈大笑，说："吃顿饭就会牵连到吗？"

"文革"中，连朱德这样的开国元勋都受到冲击，更何况各地的老干部了。周恩来在非常困难的环境中，设法取得毛泽东的同意，保护了一批老干部、民主人士和专家学者。时任江苏省委第一书记的江渭清被接到北京保护起来。江渭清到北京后，听到朱德也受到批判、攻击的消息，很为朱德担心，便给朱德家拨了个电话，接电话的是康克清。江渭清提出想去探望朱德，康克清答应了。

随后，江渭清来到了朱德的家中。一见面，朱德便亲切地询问江渭清的身体和安全情况。江渭清回忆说："说心里话，在当时那种处境下，听到他老人家的一番问候，我不禁热泪盈眶，紧紧握住他的手，不知该说什么好。"

朱德微笑着说："今天请你来，我们随便谈谈心。"江渭清听了，更加感动。

※ 朱德和身边工作人员打扑克。

坐下后，江渭清把心中的疑虑一股脑儿地倒了出来，向朱德叙述了江苏省"文革"运动的情况，又谈了自己的看法。朱德说："渭清同志啊，你要能忍耐。忍得一时之气，免得百日之忧，不忍不耐，小事成大啊！"

朱德的一番语重心长的教诲启发了江渭清。江渭清心想：朱老总作为党和国家的领导人，也受到造反派的冲击，而他却十分坦然，这种态度令人肃然起敬。

谈话后，已近中午吃饭时间。朱德留江渭清吃饭。江渭清担心地问道："我是江苏'最大的走资派'，会不会牵连到您？"

朱德哈哈大笑："你这样的老同志，我是了解的，吃顿饭就会牵连到吗？"

江渭清心中充满着感激之情，可还是怕连累到朱德。康克清在一旁说："老总啊，你决定吧。"

朱德斩钉截铁地说："没关系，他是主席、总理用专机接来的，怕什么？"

江渭清听了朱德的话，心里踏实了许多，十分感谢朱德对他的关心。

可是，形势在继续恶化。刘少奇、邓小平等中央领导和国务院的许多领导同志，被点名批斗、关押或靠边站了。接着，攻击彭德怀、贺龙、陈毅、徐向前、聂荣臻、叶剑英等老师的大字报也相继出现，甚至还有要打倒周恩来的大标语。

年事已高的朱德再也坐不住了。他拄着手杖，迎着刺骨的寒风，巡视在一排排大字报中间。面对着那些离奇的谣言和无中生有的捏造和中伤，他时而冷笑，时而愤懑。凭着他丰富的军事斗争和政治斗争经验，他看清了林彪、江青这一伙人究竟要干什么。

他自言自语地说："心怀叵测呀！"

动乱的局面给国家的政治生活、经济生活带来了严重的影响。许多地方相继发生了大规模的武斗，社会处在大动乱中。朱德听到有些地方武斗很凶，甚至有的部队也参加了武斗的消息后，很痛心。他说："用这种狂轰滥炸的方式解决矛盾，怎么行呢？"朱德的秘书回忆当时的情况说："这一段时间，朱总一直很沉闷，他想去找主席谈谈，可是，得到的答复是，主席很忙，没有时间。有一次，朱总要我陪他去找总理，可到了总理门前，他又犹豫了，最终还是没有进去。"是啊，总理作为国家的总理，什么都要管，每天工作二十几个小时，实在太忙太累了，怎么好再去增加他的负担呢？

的确，1967年的这一年，对于朱德来说，是在十分艰难的处境中度过的。他的文件被停发了，他的保健医生也被调离，他的行动也受到各种限制，只是由于毛泽东在一次会议上谈到朱德时表示：我要保他。朱德这才没有遭到残酷的人身迫害。

但是，有些人不敢接近朱德。个别曾在他那里工作过的人甚至写大字报和揭发材料来批判他。康克清被妇联的造反派弄去游街。他的子女被禁止进入中南海。他的儿媳赵力平回忆说："这时，中南海已不让我们进去了。一次，我们到北京，是妈妈（康克清）从妇联来接我们，然后在前门外的一家饭馆里一边吃饭，一边交谈。当时，我看到这种情况，心里很难过。"

一天，有人告诉朱德，街上出现了攻击和诬蔑他的大字报，说他是"大军阀"、"黑司令"、"毛主席身边的定时炸弹"。同时还带来一份"揪朱联络站"印发的传单，上面胡说什么朱德秘密成立了一个什么党，还在什么地方开过会，是这个党的"主席"。

朱德戴起老花镜，把传单从头到尾看了一遍，冷漠地笑了。

康克清问道："老总，你笑什么？"

朱德指着传单，鄙夷地说："根本没有这么回事，这是造谣嘛！让他们造去，将来一定会弄清楚的。"

不管那些别有用心的人怎样造谣诬陷，朱德都深信是非自有公论。敢于顶狂风、战恶浪。和朱德一起战斗了几十年的老战友陈毅同志站出来说话了："如果说我们的解放军是在'大军阀'的领导下打仗的，怎么能解释人民解放战争取得的伟大胜利？"

形势仍在急转直下！

1968年10月13日到31日，在北京召开了八届十二中全会扩大会议。出席会议的八届中央委员、候补委员只有59人。朱德参加了这次会议。当一些人在会上猛烈攻击所谓"二月逆流"问题时，朱德在小组会上依旧坦然地说："一切问题都要弄清楚，怎么处理，主席有一整套政策，批评从严，处理按主席路线。谭震林，还有这些老帅，是否真正反毛主席？"他的发言不时被吴法宪、张春桥等人打断。他们攻击朱德"一贯反对毛主席"、"有野心，想黄袍加身"。谢富治在10月17日的小组会上说："陈毅同志是朱德同志的参谋长。这些人都该受到批判。""刘邓、朱德、陈云都是搞修正主义，'二月逆流'这些人不死心，还要为他们服务！"

面对这种不正常的气氛，82岁的朱德始终泰然处之。他坚持自己的观点，不为高压所动，不为诬陷之词所屈服。

1969年4月1日，党的第九次全国代表大会开幕了。在这次大会上，林彪、江青集团的一批骨干和亲信，被选进了中央委员会，林彪还被选为中央委员会副主席，并且定为接班人。在新选出的中央政治局委员中，林彪、江青集团的亲信竟占了半数以上。而在这次大会期间，朱德等许多老同志，却遭到他们的多次围攻。

一天，朱德开会后回到家中，显得特别疲劳。康克清关切地问他的身体有什么不适。朱德突然问康克清是否知道李作鹏。康克清想了半天，说只记起曾在红军总部警卫班当过战士的李作鹏。随即，她问朱德为什么要提起这几个人。朱德叹着气，摇着头说："这几个人'左'得不可收拾哟！"

群丑登台了，他们大肆打击和迫害老一辈革命家。

有一天，林彪死党黄永胜的秘书，在电话上传达了"首长"的一道勒令："勒令：朱德、董必武、李富春、聂荣臻、陈毅、叶剑英、李先念、徐向前，必须老实交代反党罪行！"

朱德收到这个"勒令"，冷笑一声，说："不要理它！"

相信历史，相信是非自有公论，这，就是身处逆境中朱德的坚定信念。

（王亚丽）

下放从化

1969年10月，朱德被疏散到广东从化软禁起来。朱德不在意地笑着对康克清说："平常我们工作忙，难得有机会休息一下，将来回去可以更好地工作。在这里不也很好吗？不进城，也是一样生活。"对这段经历，康克清有如下回忆。

1969年10月，林彪发布一号命令，宣布军队进入紧急状态。朱老总觉察到这里有"鬼"。他曾对我说："现在毫无战争迹象。战争不是小孩子打架，凭空就能打起来的，打仗之前会有很多预兆、迹象。'醉翁之意不在酒'呵。"在"加强战备、疏散人口"的借口下，许多被视为有这样那样问题的人，都被疏散离京。朱老总被指定到广东从化。

这个决定宣布后，他要我跟他一起走，便于随时照料他，他也不放心我留在北京。可是，当时我的一切行动得听从全国妇联军代表的指挥，没有他们的允许，我是不能随意行动的。我向老总讲了为难之处，他无奈地说："那只好打电话给恩来，让恩来去跟他们说了。"朱老总的这个要求得到周总理的支持，在他的干预交涉下，我总算和朱老总一起到了广东从化。

10月20日，当飞机抵达广州白云机场后，广州军区负责人从机场直接"礼送"我们到从化，不让我们进入市区。

从化是个风景优美的疗养地区，有温泉，有疗养设施。这次来可不像往次，可以自由行动，做些调查。我们被通知，不准到附近工厂、农村，甚至散步也不能超过"桥头警戒线"，更不用说到广州市区了。我和朱老总实际上是被软禁了。聊可安慰的是，我与朱老总可以相依为伴，但我还是不习惯。记得我曾对老总说："在北京我是自由民，可以随便走动，现在我只能在限定的范围内活动，自己的家也回不去了。"我还满腹牢骚地对他讲：你还是全国人大常委会的委员长，他们现在却这样无法无天地对待你。

朱老总却不在意地笑笑，说："平常我们工作忙，难得有机会休息一下，将来回去可以更好地工作。在这里不也很好吗？不进城，也是一样生活。"

在那寂寞的日子里，除了警卫员，只有我同朱老总形影相随。孩子们远在各地，时间越长越是不习惯。我思念战友、同志、亲人，我思念北京，更思念那些与我们同样处在逆境中的老同志。不久，曾碧漪带着她两岁半的小孙女红红"疏散"到从化。我与她在江西苏区时就相识，此时此地来了一位老战友，还有一个天真无邪的孩子跑前跑后，为我和朱

※ 在从化市天湖景区，朱德当年亲笔题写"山舞银蛇"四个大字刻在瀑布旁的峭壁上。

老总的生活增添了不少乐趣。这时已是1970年的春天，我们三个大人常常带着小红，手提小竹篮，漫步在雨后的树林草丛中，采摘野菜、蘑菇。大约是出于对朱老总的照顾吧，我们的伙食不时还有些鱼、肉、蛋和海味。我和老总的伙食挺不错的。而曾碧漪那里很少有什么荤菜，每逢此时，我或是把小红红叫来与我们共享，或是分一份给他们。过了一段时间，允许我一个人可到广州走走，或采购一些日常生活用品。

在从化生活将近一年，1970年7月，我与朱老总被通知回到北京。毛主席出面要朱老总主持全国人民代表大会常务委员会讨论宪法。动身前，朱老总与我商量，到北京后不再回中南海住了。他说，那里的条件虽好，但也实在不方便。搬在外面住，孩子们可以常来常往。回北京后，我们搬到万寿路居住。

人大常委会的工作告一段落后，朱老总到北京市及郊区的工厂、农村视察工作，他最关心也最担心的还是工农业生产。而林彪、江青一伙却把扎扎实实抓生产的人诬为"唯生产力论"。朱老总常在家里向一些来看望他的同志们说："别听他们'革命'口号喊得比谁都响，但实际上他们是在破坏革命和生产。不劳动、不生产，能行吗？粮食是不会从天上掉下来的。"

（康克清）

一把椅子

朱德办公室的椅子，坐着不方便，工作人员要给他买新的。朱德不同意，他说："修理一下花钱少，要买新的花钱太多。"这把椅子一直用到朱德去世。

解放初几年，朱德住在中南海永福堂，只有三间老式平房。西头一间，是朱德的办公室、书房兼会客室，面积20多平方米。东头一间是他和康克清的卧室，面积也只有20多平方米。中间一间共十几平方米，被隔成两间，前间做过道兼饭厅，后间储藏东西。每逢节假日，儿辈和孙辈回来，便临时在地上铺上铺盖过夜。

由于朱德住的是老式平房，管理部门的同志早就提出要给他修理一下。朱德一直不同意，每次他都说："这房子很好嘛，有钱应当多给老百姓盖点新房子。"

后来，朱德一家搬到中南海西楼，西楼是一座三层楼房，里面的房间比较矮小。其中四五个房间被用做身边工作人员的办公室。属于朱德办公和居住的房间实际上并不多。孩子们周末和节日回来，还得三四个人挤一个房间。儿子和儿媳从外地回来探亲时，有时挤在小房间里，有时住不下，就在会客厅里搭地铺。在这座小楼里，留不出供朱德吃饭用的饭厅，平时他常去食堂吃饭，来了客人就打饭回家，在一进门的过道上放上饭桌，用做饭厅。

有一次，一位老同志从苏联参观回来，前来看望老总。他看了朱老总的居住状况后，感慨地说："总司令，我以为你住的是好漂亮的房子，原来你住的并不怎么样，苏联集体农庄主席住的房子比你的还漂亮哩！"

1970年，朱德住万寿路甲15号，他办公室用的一把椅子，后背太低，因年龄大坐着不方便。当时中直管理局副局长李维新提出要换一把新椅子，经几次动员，朱德都不同意买

※ 朱德在中南海西楼办公室。

新的，要求把椅子后面接上一块木板修一下继续用。他说："修理一下花钱少，要买新的花钱太多。"这把椅子一直用到他逝世。康克清同志对这把椅子也十分珍爱，直到1992年她去世时一直在使用。

1994年，李维新同志到朱德住的地方，看到这把椅子，心情激动地说："这件事情是我亲自经手办的，委员长就是不让买新的，处处为国家节省，这样的领袖太少了。"他看到饭厅里朱德吃饭用过的桌子，动情地说："这个桌子是五十年代的，很旧了，当时委员长也不让买新的，重新油了一下继续使用。"

朱德的卧室并不宽敞，里面的陈设也十分简单：一张旧棕绷床，一个旧床头柜，一个旧衣柜，一张木桌，一张旧沙发。这些家具都用了许多年。墙上挂着毛主席像和他自己亲手书写的诗词，此外没有任何其他装饰。那张旧沙发比较矮，朱德年纪大了，坐下去没什么问题，可是站起来却很费力。工作人员想给他换一个高一点的沙发。朱德不同意，他让工作人员用四根木头把沙发腿接起来，风趣地称这张沙发是"土洋结合"。

朱德用的卫生间又窄又小，洗澡盆却很高。到了晚年，他手脚不太灵便，又有病，洗澡时进出很不方便，容易出危险。工作人员反复商量，想把澡盆改装一下，放低一些，上面加个喷头，以便他老人家可以坐着淋浴。他们多次把这个建议向朱德提出，并且反复说明，改装一下，花两三个工，用不了多少钱。可是朱德坚决不同意，他说："国家用钱的地方多得很，我这里已经很好了嘛！再修，又要浪费钱财。"大家一直为此事操心，但一直都想不出好办法说服他。机会终于来了。1976年，朱德病重住进了医院。趁他不在家，工作人员悄悄地将他的澡盆改装了一下，还做好了在他出院后挨批评的思想准备。可是，这次他老人家再也没有从医院回来。那背着他悄悄改装后的澡盆，朱德一次也没用上……

（王亚丽）

除夕相聚

> 王震约了王稼祥、廖承志等去看望朱德。朱德看到劫后余生的老同志，心里十分高兴。

1971年的除夕，王震约了王稼祥、廖承志，带着各自的夫人来看望朱德。

自从"文化大革命"开始后，老同志的音信全无，朱德再也没有和他们见过面。他知道，这些和他共事多年的老战友也一定吃了不少苦头，只是因为林彪集团的垮台，他们的境遇才开始有了好的转机。

对于王震，老一点的人都习惯称他"王胡子"，他为人直率、豪爽，说话、办事，干脆利落。"文化大革命"之初，曾有人找到他，要他揭发朱德的"罪行"，让他骂个狗血淋头，并挥舞手杖，将来人赶走。后来，他自己也受到冲击，批斗、关押，吃了不少的苦头。

王震一见到朱德，便关切地问："朱老总，你这几年的身体还好吗？"

朱德看到劫后余生的老同志，心里甚是高兴，连连地说道："好，好，欢迎你们来看我。"

数年后的重新相聚，特别是他们看到了阴谋篡夺党和国家最高权力的林彪一伙人终于被钉在历史的耻辱柱上，大家的心情格外地轻松、愉快。

朱德听了王震他们叙述"文化大革命"以来各自的遭遇后，笑着说："林彪弄出来了，天又翻过来了，毛主席没有忘记你们大家，你们都是有功劳的好同志，很快就会给你们重新分配工作的。"

王震指着王稼祥说："我们只有几个小功劳，稼祥同志是在关键时刻立过大功的，又是杰出的理论家。"

王稼祥谦逊地摆摆手，说："哪里，哪里。"

朱德若有所思地对在场的人说："我们在一起干革命都有四五十年了，你们那时候都很年轻，只有二十多岁就身负重职了。我们在一起几十年，互相间都是很了解的。"朱德停顿了一下，又感慨地说："时间过得真快啊，如今我们的头发都白了。"

王震摸着自己的头发，笑着说："朱老总，你是红军的创始人，德高望重啊。"又说："你们看我的头发，比你们白的都快些。"

廖承志说："你是白发童颜啊！"

大家听了廖承志的调侃，都开心地笑了起来。

朱德又关切地说："夏天你们可以到北戴河去避暑了，去散散心。"他又对王稼祥说："稼祥，你在北戴河的房子还留着呢。大家不要有什么顾虑，尽管去就是了。"

（姚建平）

陈毅来访

陈毅受周恩来之托到北戴河看望朱德。朱德对陈毅说："我们这些人为革命干了一辈子，现在为了顾全大局，作出这样的容忍和个人的牺牲，在国际共产主义运动史上也是少有的。将来许多问题都会清楚的。"

有一件小事，康克清这样回忆道：

1971年夏天，我随朱老总去北戴河。一天，陈毅兴冲冲地跑来。经历这场"文革"灾难，老友们见了面分外高兴。陈老总当时虽仍处在红卫兵造反派们的围攻中，但依然谈笑风生。我问他："红卫兵贴了你那么多大字报和打倒你的大标语，你真的一点儿也不考虑吗？"他笑笑说：

※ 1958年2月5日，朱德和贺龙、陈毅、李先念等与中国公路运输工会第二次全国代表大会代表合影。

"怕个啥子哟，大不了就是我这一百五六十斤！我已经死过好多次，是马克思他老人家有眼，不接受我，现在我随时准备到他老人家那里去报到。可是叫我背叛真理，那是永远做不到的！"

他对我们说，这次是周总理叫我来看看你们的。总理想亲自来看望你们，但现在总理出国去了，叫我代表他向朱老总问好。希望你们多保重。听了陈老总的话，我很感动，一般感激之情油然而生。"总理啊总理，你对我们的深情厚谊，我永世难忘。"朱老总慢慢地一句一字地诉说着他的心声："我们这些人为革命干了一辈子，现在为了顾全大局，作出这样的容忍和个人的牺牲，在国际共产主义运动史上也是少有的。将来许多问题都会清楚的。"这后几句话他怕我们未听清，又重复了一遍。他们沉默良久，一切尽在不言中。

（康克清）

"历史是公正的"

"九一三"事件以后,谈起林彪,朱德说:"恶有恶报,天理难容。"

1971年9月13日,林彪因发动武装政变的阴谋败露,乘机仓皇外逃,摔死在蒙古的温都尔汗。第二天,在人民大会堂的会议室,朱德和军队的数十位高级将领知道了这个消息,大家先是一片沉寂,后来有人反应过来,大叫一声:"听见没有?林秃子摔死了!"朱德当时激动得许久说不出话来,用手杖指指天,又戳戳地,说:"老天有眼!老天有眼!"

林彪叛逃自绝于人民,这一事件大快人心,也使一些被他欺骗蒙蔽的人醒悟过来。原

※ 林彪坠机残骸。

来这个装得最"忠于"毛泽东的人，却是一个阴谋杀害毛泽东的野心家。朱德怀着激愤的心情，给党中央、毛泽东写了一封信，信中说："当我从文件中看到林彪及其一伙妄图谋害毛主席时，我感到异常愤慨。他们真是恶贯满盈，十恶不赦。林彪这颗埋藏在毛主席身边最危险的'定时炸弹'自我爆炸是一件好事。因为这使我们党更加纯洁、更加伟大了。"

林彪集团失败后，朱德的心情舒畅多了。朱敏回忆说："林彪刚叛逃时，对外是保密的。爹爹对我们也不说，只是那几天爹爹特别忙，常常半夜才回来，回来后还要和妈妈说半天话，一点都不显得疲倦。如果我们在他跟前再说起林副主席，他就摇头，说谈点别的，或者打断我们的话头，故意把话题岔开。等到第二年初，林彪叛逃事件才向外公布。我这才明白爹爹那时为什么不知疲倦，精神那么好。"

林彪事件的发生，对毛泽东不能不说是一个重大打击。他在陷入痛苦与失望的同时，也吸取了某些教训，开始起用一部分被林彪迫害的老干部。但是，他并没有从根本上认识到他所发动的"文化大革命"的错误，仍然让江青等人把持着党和国家的重要权力。正因为如此，江青一伙利用毛泽东的信任和支持，发号施令，继续他们篡党夺权、祸国殃民的罪恶行径。

中国的政治空气并没有完全恢复正常，"四人帮"的阴谋活动有增无减。历史依然是那么沉重，依然在曲折中行进。此时的朱德，仍然坚信人民的力量，仍然那么坚强，不停地抗争，奋斗。

"四人帮"一伙极力推行文化专制主义，除了他们树立起来的几个"样板戏"之外，其他文艺作品一概受到排斥和打击，致使文艺舞台秋风萧瑟，毫无生气。朱德对他们搞的这一套极为反感。就在"四人帮"一伙气焰嚣张，别有用心地组织对电影《创业》进行批判之时，朱德特意重新观赏了这部影片，边看边夸奖这是一部好电影。坐在一旁的女儿说："你还说好呢，人家却批判这部片子有问题。""有什么问题？"朱德不以为然地说："我看很好。'两论'起家，这是毛主席的思想，有什么问题？"话虽不多，但很有分量，很能令人信服。

电影《海霞》公演不久，"四人帮"又把矛头指向这部热情讴歌人民战争思想、反映守岛民兵战斗生活的新影片。以往朱德从不要求为自己专门放映电影，这次破例，他特意调来这部影片看了一遍。刚放映完，朱德就站起来，语气坚定地说："电影不错嘛，为什么要批判？"他对"四人帮"一伙的陈词滥调，连听也不愿意听。

1974年，正是"四人帮"猖獗的时刻，被林彪、江青一伙关押了7年多的萧华在毛泽东的干预下，走出了监狱。他回到家中，首先想到的是要去看望多年没有见面的朱德。

在西郊一处幽静的院落里，萧华见到了朱德。8年没见，他感到朱德老了许多，但那和善、慈祥的神态依然如故。当萧华谈起冤狱生活时，朱德意味深长地说："萧华呀，要振作精神，我们不能灰心呀！"朱德还说："共产党员受点委屈不算事儿。瑞金、井冈山、二万五千里长征，那么多困难，那么多挫折，我们都踏着熬过来了，现在这点磨难，能让我们丧失信心吗？"

朱德一席话，说得萧华心里热乎乎的。他知道，像朱德这样德高望重的开国元勋，人民军队的总司令在"文化大革命"浩劫中同样受到林彪一伙的迫害，人格受到莫大的污辱。但他仍然是胸襟坦荡，毫无怨言，对革命前途依然充满了信心。

"总司令，我明白了。"萧华还像当年称呼着朱德。"可是，林彪他们任意篡改历史，把井冈山会师说成是毛林会师，简直不知道世上有'羞耻'二字！"

"恶有恶报，天理难容。"朱德神情泰然，语调深沉而缓慢地说："井冈山会师，他林彪不过是一个营长，怎么能说是他和毛主席会师呢。历史就是历史，历史是公正的。"

说完，朱德不屑地摇了摇头，表示出对林彪一伙丑类的蔑视。

萧华赞成地点点头，又向朱德谈了自己对形势的看法。朱德听罢，微笑着勉励道："我们要相信党，相信毛主席。这几年，不过是历史的一个插曲，革命总是要经历曲折反复的，总是要向前发展的。"

接着，朱德又鼓励萧华抓紧时间学习，多读一些书，特别是有关哲学方面的书籍，为今后出来工作做准备。

萧华颇有苦衷地说："总司令，我的家被多次查抄，什么东西都给抄走了。""噢，"朱德走到书柜前，打开柜门，"没啥关系，你从我这里挑一些书吧！"

萧华激动地走到书柜前，挑选了几本马克思、列宁和毛泽东的哲学著作。

朱德语重心长地说："萧华呀，你要记住，凡是违背唯物辩证法的东西，别看他眼前兴时得很，但从长远的观点看，最后在历史上总是站不住脚的。要好好地学，它是我们识别真假马列的武器。"

这次谈话，正是在四届人大即将召开的前夜。当时，很多人都在关注着四届人大，老一辈革命家寄望于它，而"四人帮"则把它看做是夺权的一个时机。今后的局势如何发展？这个问题尖锐地摆在人们面前。朱德深信"历史是公正的"，深信历史是不断前进的，深信我们的党、我们的人民一定会取得胜利，这种信念，鼓舞了所有与他接触过的人们。

（王亚丽）

接见延安的劳动模范

1971年底,85岁高龄的朱德在接见延安的劳动模范杨步浩时,深有感触地说:"我很想念延安的父老乡亲们,明年你再来,来看看我。"

1971年年底,延安的劳动模范杨步浩风尘仆仆地来到北京。他此行的目的,一是代表父老乡亲看望病中的周恩来;一是看望朱德。

朱德热情地把杨步浩迎进客厅,招呼他在自己身旁坐下。老朋友在北京相见,显得更加亲密。

当年,为了粉碎国民党的经济封锁,毛泽东号召边区军民开展生产运动,以解决吃饭、穿衣的困难。朱德身为总司令,主动请缨,积极带头参加。他受中央委托,担负起领导陕甘宁边区部队大生产的重任。他亲自带人到南泥湾踏勘。很快,中共中央和中央军委各直属单位便陆续进入南泥湾开荒屯垦,掀起了大生产的高潮。

在大生产运动中,朱德以身作则,他纺的线粗细均匀;他种的菜产量高,品种多,质量也好。1943年冬,延安召开陕甘宁边区劳动英雄大会,朱德把自己种的冬瓜送到生产展览会上,人们看后交口称赞。有人为此还写了一首诗:

工余种菜又种花,统帅勤劳天下夸。
愿把此风扬四海,逢人先说大冬瓜。

当时,参加大会的延安县劳动模范杨步浩听说朱德工作繁忙,每年还要生产三石粮食上交,就主动提出要替代一石。来年收获的时候,杨步浩送来一石新麦,朱德热情地留他吃饭,临走时,还送给他一袋自己种的西红柿。

交谈中,杨步浩从提包里取出一袋黄澄澄的小米递到朱德的面前,说:"朱老总,这是乡亲们托我带给你的。自打你们离开延安以后,大伙儿很多年都没有见到你了,都很挂念你,要我代他们向你问好!"

朱德手捧着小米,虽然不多,却系着乡亲们的深情厚谊,他关切地询问杨步浩:"今年的收成怎么样?老乡们的生活有没有改善?"

"还好,还过得去。"杨步浩苦涩地笑着。

朱德从杨步浩的表情中看出似有难言之隐,他心情沉重地说:"延安人民过去为革命

※ 1959年6月11日，朱德视察大连工矿车辆厂时同旅大市特等劳动模范张富财交谈。

做出了巨大的贡献,可以说,没有延安人民的小米,就没有革命的胜利,也就没有今天的好日子。可是,如今延安解放已经二十多年了,乡亲们的生活还是很苦,我心里很难过,是我们的工作没有做好啊!"

片刻,朱德深有感触地说:"我很想念延安的父老乡亲们,明年你再来,来看看我。"

杨步浩说:"等冬天没活儿了,我一定再来看老总。"

临别时,朱德握住杨步浩的手,千叮咛,万嘱咐,要杨步浩回去一定代他向延安的父老乡亲们问好。

(姚建平)

"你是红司令啊!"

> 毛泽东对朱德说:"老总啊!你好吗?你是红司令啊!人家讲你是黑司令,我总是批评他们,我说你是红司令……"朱德听了心情激动,眼圈都红了。

1973年12月21日,毛主席同参加中共中央军委会议的人员谈话,朱老总也去参加了。回来时他兴奋地告诉我,毛主席对他说:"老总啊!你好吗?你是红司令啊!人家讲你是黑司令,我总是批评他们,我说你是红司令……"说的时候,朱老总心情激动,眼圈都有点红了。没有多久,1974年元月,我参加了江青他们在首都体育馆召开的批林批孔动员大会。江青在会上耀武扬威地点郭沫若同志的名,矛头指向周总理。我把所见所闻、所担忧的事都如实向朱老总谈了。我的一个突出印象是:江青的手已经伸向军队。朱老总听后,沉思片刻,然后宽慰我说:"你不要害怕,军队尽管出了几个败类,但绝大多数是好的,地方的大多数也是好的,群众也是好的。你想想,群众能同意受二茬罪吗?你到农村去问问农民,地主回来他们赞成不赞成?你到工厂去问问工人,资本家回来,他们赞成不赞成?你再去问问知识分子,当亡国奴,他们赞成不赞成?他们一定都不会赞成!"我听后如释重负。

(康克清)

对晚辈严格要求

> 朱德对子女们说:"干什么都是为人民服务。不管干什么,都要安心自己的工作,干哪一行,就要把哪一行搞好。"

朱德常常要求子女们好好工作,他说:"干什么都是为人民服务。不管干什么,都要安心自己的工作,干哪一行,就要把哪一行搞好。"他的第二个外孙分配到工厂工作,朱德很高兴地说:"当工人好啊,就是要当工人农民。不要想当'官',要当个好工人。"说着,朱德又回过头看看小外孙,亲切地问道:"你长大了去当农民,好不好?农业重要啊!你会做饭吗?现在就应该学会自己做饭,自己管理生活。"

朱德鼓励孙子们坚定不移地走与工农相结合的道路,在实践中增长知识。他经常告诉他们:下乡插队的,要虚心接受农民的再教育,做一个有社会主义觉悟的有文化的劳动者;进工厂的,要在厂里吃住,多和工人接触,接受工人阶级的再教育。节假日,当孙子们团聚在他身边,他看到孙子们个个穿工装,有的脸晒得黑黑的,高兴地说:"咱们家人多,干什么的都有。"

1967年夏,朱德的大外孙初中毕业了。朱德对他说:"你已经16岁,是个大人了,应当想想该走什么道路了,我的意见是你到黑龙江生产建设兵团去务农,知识青年应当和工农相结合,这很有好处。"在外公的鼓励下,大外孙愉快地来到黑龙江生产建设兵团。连队为了锻炼他吃苦耐劳的能力,特意分配他养猪。这是一件又脏又累的活。有一次,他挑猪食桶时力气不够,结果猪食洒了一身。他一生气,把猪食桶一扔,就给家里写了一封信,要求调回北京。

朱德得知此事后,马上亲笔给他写了封信,严肃地教育他:走与工农相结合的道路,是毛主席的教导,是考验青年人能否接好革命班的大问题。针对外孙在信中流露出来的思想,朱德指出:干什么工作都是为人民服务,养猪也是为人民服务,怕脏、怕苦不愿养猪,说明没有树立起为人民服务的思想。为人民服务就不要怕吃苦。劳动没有贵贱高低之分。想调回来是逃兵思想。接到外公的信,大外孙很受震动,克服了怕苦怕累怕脏的思想,利用一切机会到农民家里,和他们交流感情,工作上有了很大的进步。

这封信,朱德是寄给朱敏夫妇的,由他们再转寄给大外孙。在这封信的后面,还有写给朱敏夫妇的一段话:其他的孩子,你们都应当负责教育好,将来把他们送到社会上去参加锻炼。朱敏夫妇读着这封信,心中也同样受到教益。1970年,朱敏的爱人到江西上干校。回来休假时，朱德特意询问了当地的生产情况、庄稼的长势。当听说女婿在干校养猪时，朱德高兴地说："养猪好啊，国家需要猪，人也受到了锻炼。"末了，朱德哈哈一笑，风趣地对女婿说："你养猪，你的儿子也养猪，你们父子交流交流经验嘛，看谁养得好。"

1974年，朱琦因病去世。有关部门考虑到朱德已是88岁的老人了，几个外孙、孙子都在外地工作，身边应该有人照顾，于是决定把在青岛海军某部当兵的小孙子调回北京。小孙子调回北京后的第一个星期天，就去看望爷爷和奶奶。一进家门，爷爷就问他："你怎么回来了？是出差，还是开会？"小孙子知道爷爷要求严格，不敢说实话，只说自己是临时到北京海军某部帮忙。

两个月以后的一个星期天，小孙子又去看望爷爷。这回朱德猜出这里面有名堂，把他叫到自己的办公室，非常严肃地问他："你在海军帮忙多长时间了？怎么不走了？是不是调回北京了？"小孙子一看瞒不住了，只好红着脸说："我调到北京了。"还说这是组织上考虑到便于照顾爷爷。

朱德一听，就觉得这里面有点问题，很不高兴地说："我要的是革命接班人，不要孝子贤孙！哪里来的，还应该回哪里去！"

过了几天，朱德把海军领导请到家里，了解小孙子调动的经过。他亲切地对海军领导说："请你们还是把他调到部队基层去锻炼吧，年轻人应该到艰苦的地方去锻炼，不要留在大机关里。"海军领导说："您年纪大了，身边确实需要有人照顾。"朱德说："我虽然年纪大了，但有组织上的照顾，用不着他们在我的身边。"他还深入浅出地讲明其中的道理："一个人浮在上面时间久了只会做官做老爷。小孙子下到基层去，对党、对他自己都有好处。领导干部都把自己的子女留在北京，这不是在搞特殊化吗？那还有谁去保卫祖国的边疆和海防？"海军领导终于被朱德说服了："那就按您的意见办！"

两天后，到了农历腊月二十九日，小孙子回到家里，对爷爷说："爷爷，组织上决定调我去南京海军某部基层连队去工作。"朱德听后很高兴，亲切地说："应该走出机关，到基层去锻炼，这对你们成长大有好处。"

当时，小孙子想在北京过完节后再去部队报到。他对爷爷说："明天就是大年三十了，春节放假三天。我想和部队首长说说，过了春节再走。您看行吗？"朱德严肃而慈祥地对他说："不行。一个解放军战士，必须坚决服从命令，听从指挥，严格执行纪律。大年三十也要走。到部队和同志们一起过春节更有意思。"小孙子打消了在北京过春节的想法，说："好，我见妈妈一面就走。"

※ 朱德为朱琦、赵力平题字手迹。

努力学习马列主义毛泽东思想坚决反对修正主义发奋图强自力更生勤俭建国勤俭持家勤俭办一切事业做一个又红又专的接班人

朱德 一九六三年十二月二十六日

赵力平接到儿子打来的电话，约好大年三十上午从天津赶到北京。可是赵力平三十上午有会，没有按约定时间赶到北京。当她匆匆于下午赶到北京时，小孙子已在爷爷的谆谆教诲下，愉快地登上了南下的列车。

朱德老家有个侄孙，不太安心在农村工作，曾几次写信给朱德，请求朱德把他调到北京工作，朱德都拒绝了。后来，这个侄孙作为适龄青年参了军。一次，他从东北回老家探亲，途经北京时去看望了朱德。朱德对他说："你参军了，咱们是革命同志关系，而后才是其他关系。你要模范遵守部队纪律，好好学习，严格训练，努力进步。"几年后，这个侄孙临近复员时到北京请求朱德帮助在城里找个工作。朱德说："使不得。回原籍安置是政府的政策，我要带头执行，不能有半点特殊。你在部队入了党，共产党员更应该服从组织纪律，仪陇县天地广阔，需要你。你要愉快地回老家去，由地方组织安排，无论干啥都要干好。"这个侄孙听从了爷爷的教诲,高兴地回到家乡,当时政府安排他当了公社的放映员。

(王亚丽)

退回贝雕画

朱德到秦皇岛工艺美术厂视察。工人们为了感谢朱德对他们劳动的赞扬与关怀,送他一幅《山峡夜航》贝雕画。朱德知道了这件事,安排退了回去。

1974年8月的一天。

上午刚过,一辆黑色小轿车离开北戴河,缓缓开进秦皇岛市,来到工艺美术厂的院子,停在一排杨树下。

车门打开,走出一位女同志,工人看到是朱德委员长的夫人康克清,便亲切地呼唤着:"康大姐来了!"

一听说康大姐来了,工厂的领导都出来迎接。这时,只见康大姐从汽车里小心翼翼地搬出一幅贝雕画。大家都愣住了:这不是昨天送给朱委员长的那幅《山峡夜航》吗?怎么又拿回来了?

昨天,88岁高龄的朱德委员长来到工艺美术厂,他参观了生产车间,仔细询问了生产情况和工人们的生活情况。他再三鼓励大家:"工艺美术是个特殊的行业,生产的不是一般产品,是艺术品。所以,更要精益求精。你们要继承灿烂的民间艺术,创造出更多更美的艺术品。你们是从事着变废物为珍宝,化平凡为神奇的特殊生产。"

工人们衷心感谢朱德委员长对他们劳动的赞扬与关怀。为了表达心意,便特地挑选一幅最具有象征意义的贝雕画,赠送给朱委员长。挑来挑去,选中了《山峡夜航》。画中青山森森,江水滔滔,船灯闪烁,轻舟破浪而行。美丽的川江景色栩栩如生。工人们觉得这幅画最能恰当表达他们对朱德的关切和爱戴,它既反映了朱德家乡巴山蜀水的秀丽景色,又象征着老一辈革命家历尽千难万险,乘风破浪,永远向前。他们生怕朱德不收,就没敢惊动他老人家,只向陪同的同志说明了这是工人们的一点心意。然后,就悄悄地放在随行人员的车上带走了。

朱德到了北戴河后,知道了这件事,带着歉意对康克清说:"还是请你代我再去一趟

※ 朱德在河北视察秦皇岛市耀华玻璃厂。

秦皇岛吧!把工人们的深情厚谊留下,贝雕画退回去,一定要谢谢大家!"

康克清专程到秦皇岛,转达了朱德的心意,送还《山峡夜航》贝雕画。

工人们热情地围着康大姐,恳切地请求:"这是我们大家亲手制作的,也算是向委员长作汇报的。请您劝劝委员长收下,作个纪念吧!"

康大姐听了工人们感人的话语后,笑着传达朱德的意见,她说:"大家的心意,他已经收下了,特地让我来谢谢大家。可这幅贝雕绝对不能收。他说这是人民创造的财富,应该拿去换外汇,支援国家建设。共产党历来是不兴送礼的。我看还是尊重他的意见吧!"

最后,贝雕画《山峡夜航》退还给了工艺美术厂。工人们噙着眼泪送康大姐离开了工厂。

朱德一生廉洁奉公，一贯拒收礼品和馈赠。有一年秋天，他去山东视察，正值水果丰收。当地领导知道他喜欢吃美味可口的莱阳梨，就想给他带一些回北京吃，可又怕他不收。后来，装了两筐，在火车开动前搬上了车。

开车后，朱德发现了两筐梨，马上把秘书和警卫人员找来，批评说："我们是共产党，下来是工作的。不能学国民党，到下面去搜刮。今后记住，下来工作，不接受任何礼物。谁收了，就让谁原封送回去，还要受批评和处分。"

接着，他又叮咛："这两筐梨，一个也不能动，到了下一站，就把梨抬下车，派人送回去。"

退梨的事，又一次使他身边的工作人员受到教育。

出国访问和接待外宾，国际友人赠送的礼品，朱德一概看做是送给中国人民的，自己只是一个代表。出于礼仪关系，他接收下来也一律交公。如今，在中国人民革命军事博物馆展览厅里，就有许多朱德交出的国际友人送的珍贵礼品！

（刘学民）

"为啥子不让我去看彭老总？"

> 彭德怀临终前请求见朱德一面，可谁也不告诉朱德。彭德怀逝世后，朱德才知道彭德怀的临终心愿，他顿时老泪纵横，泣不成声。

1959年7月庐山会议上，彭德怀给毛泽东写了一封信，严肃中肯地批评"大跃进"和人民公社化运动，引起了毛泽东的盛怒。经过半个月的猛烈批斗，一纸《关于以彭德怀同志为首的反党集团的错误的决议》，撤销了彭德怀的国防部长职务。之后，从8月16日到9月12日，中央军委扩大会议在中南海怀仁堂召开，毛泽东亲自坐镇，斗争彭德怀的火力比庐山更强，目的是彻底肃清彭德怀在军内的影响。会后，倔强的彭德怀搬出了中南海永福堂住所，到京郊挂甲屯吴家花园居住，离群索居，开始了读书和务农的生活。

朱德在庐山会议召开前，就先到广东进行了调研，掌握了农村一些情况，对会议原定的纠"左"的主题很有信心。彭德怀给毛泽东写信后，会议主题发生了变化，但朱德还是按照他的想法发言。在许多人表态批斗彭德怀时，朱德还说："彭总在生活方面注意节约，艰苦卓绝，谁也比不过他。彭总关心经济建设，只要纠正错误，是可以把工作做得更

※ 朱德和彭德怀对弈，邓小平一旁观战。

好的。"毛泽东对朱德的发言很不满意，在政治局常委会上，批评朱德发言"未抓到痒处"。朱德被当成同情彭德怀反党分子的重要人物之一，人称其年老糊涂。朱德知道自己无法改变毛泽东的决定，只好沉默不语。

作为与彭德怀共事多年的老战友以及对国家现状的深刻了解，朱德能深切体会到彭德怀的痛苦。庐山会议后，朱德并不避嫌，他常常去玉泉山居住，为的是方便看望居住在附近的彭德怀。

朱德的来访给满腹冤屈和苦闷的彭德怀带来些许的安慰。他俩性格上有一致之处，一样的话少，可以半天不作一声。而且当时的政治环境，也使他们更加沉默寡言，下棋成为他们交流的方式。这对战场上的正副司令，一坐到棋盘面前，楚河汉界，将帅对垒，顿时就有了烽火岁月征战的快乐。据朱德的女儿朱敏回忆，他们两人吃对方棋子的风格都不一样。朱德吃子是先用自己的棋子将对方的棋子扫开，然后把对方的棋子拣出棋盘，排成一溜，像展示战利品一样，颇有大帅之风。而彭德怀则不同，他吃子的脾气同他一样豪爽，"砰"，把自己的棋子砸在对方棋子上面，然后从下面把棋子弹出来，把"俘虏"的棋子扔在一边，不失大将风度。两人通常是从上午鏖战到日落才收摊。

这样的日子一直持续到1965年，彭德怀到西南三线担任第三副总指挥之时。1966年12月24日，在江青、戚本禹的唆使下，彭德怀被北京大学生造反派揪回北京，从此丧失人身自由，过了8年铁窗生活。

1974年11月，彭德怀去世时，临终想见朱德一面，一次又一次地向看守请求，可谁也不告诉朱德。直到彭德怀逝世后，朱德才知道彭德怀的临终心愿，他顿时老泪纵横，泣不成声，对着空荡荡的房间大声叫嚷："你们为啥子不让我去看彭老总？要死的人，还能做啥子？还有啥子可怕的！"

（陈秋红）

"革命到底"

"革命到底"4个大字，表达了朱德为共产主义事业奋斗终生的坚强意志和决心，这是他一生的光辉写照。1975年3月，他又重新写下了这4个大字，与大家共勉。

1975年1月13日至17日，四届人大一次会议在北京举行。朱德主持了会议。周恩来带着重病之躯在会上作了《政府工作报告》，重申了发展我国国民经济的两步走设想，即第一步在1980年以前，建成一个独立的比较完整的工业体系和国民经济体系；第二步在本世纪内，全面实现农业、工业、国防和科学技术现代化，使我国国民经济走在世界的前列。从三届人大到四届人大，中间相隔10年，又重新提出实现四个现代化的宏伟目标。朱德的精神为之一振，心情格外激动。

在四届人大召开之前，江青等人则派王洪文也飞赴长沙，企图来个"恶人先告状"。但是，心忧天下的周恩来，带着重病之躯，赶在王洪文的前面，抢先一步飞到长沙，与毛泽东面谈四届人大后的政府人选问题。周恩来的长沙之行，使得毛泽东作出了起用邓小平的决定，这就是有名的"长沙决策"。四届人大决定了以周恩来、邓小平为核心的国务院领导人选，这使经受了多年"文化大革命"磨难的人民心中又燃起了新的希望之光。

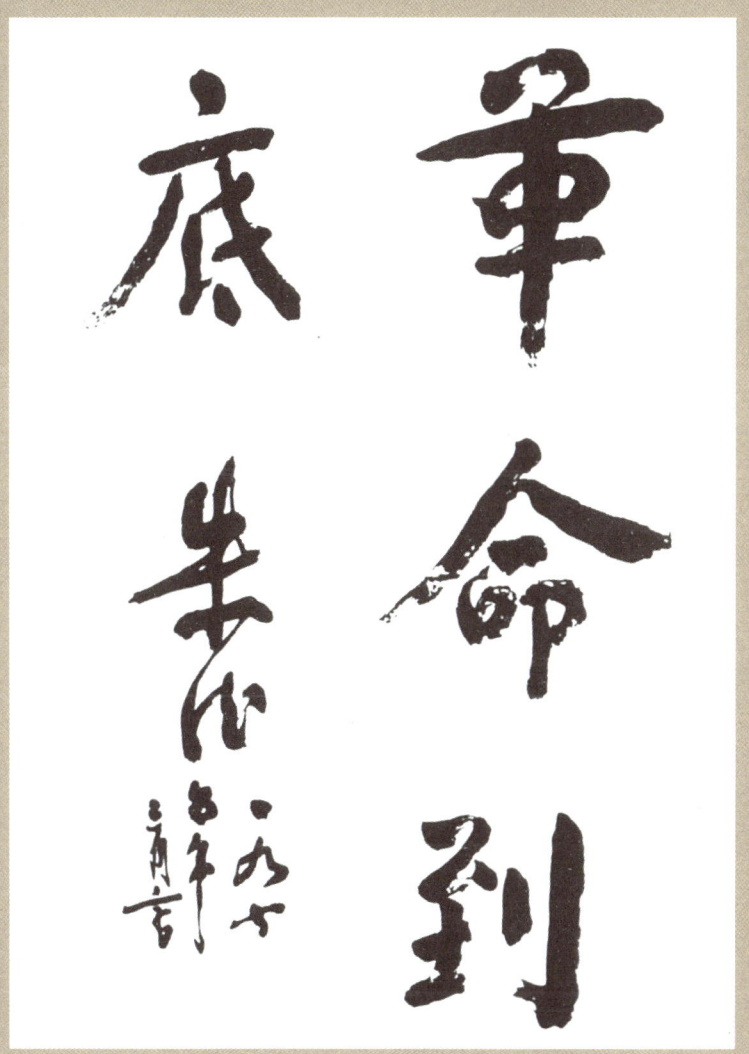

※ 朱德题字：革命到底。

朱德在这次会议上继续当选为人大常委会委员长。这时，他已是89岁的老人了。他在人大常委会第一次会议上说：在庄严的四届人大一次会议上，我们被选为人大常委会委员，党和人民委托我们贯彻执行宪法规定的职权，责任重大，任务很艰巨。我们一定要刻苦学习马克思列宁主义、毛泽东思想，勤勤恳恳地努力工作，完成党和人民赋予我们的光荣而艰巨的任务。

1975年3月6日，著名诗人李瑛来探望朱德。闲谈中，李瑛把当时"四人帮"一伙搞的所谓"黑画事件"向朱德汇报了。他很不满地提到所谓"黑画展览"，反映了许多画家遭受迫害的情况。

朱德听后，颇有感触地说："革命不容易啊！要向前看。你们这一代青年任重而道远，"言罢，朱德奋笔挥毫，写下了"做一个彻底的唯物主义者"11个大字。

这时，李瑛联想到黄胄的一幅题为"任重道远"的画，画的是负重的骆驼在沙漠里坚韧地行进。这幅寓意深邃的画，被诬为"黑画"，黄胄因此受到批判。想到这里，李瑛请朱德再写个"任重道远"的条幅。朱德沉思片刻，觉得还是写"革命到底"更好。于是，他换了一支大羊毫，蘸满了浓墨，一气呵成，写下了"革命到底"4个大字。写完后，朱德语气坚定地说："我们的党是一个伟大的党，是久经考验的。有这样伟大的党，这样好的人民，我们这个国家是有希望的！"

"革命到底"，表达了他为共产主义事业奋斗终生的坚强意志和决心，这是朱德一生的光辉写照。在1973年，他就曾多次写过这一内容的条幅，勉励自己的子女们要做到生命不息，战斗不止。时隔两年之后，他又重新写下了这4个大字，并与大家共勉，从中我们看到的，是老一辈无产阶级革命家的崇高品德和伟大的人格力量！1976年，朱德又写下了"革命到底"的条幅送给康克清，两人互相勉励。

是啊，"革命到底"，这是朱德的心声。他时刻关心着祖国的革命建设事业，时刻在尽自己的一份力量。

1974年8月的一天，朱德乘驱逐舰来到东海舰队某部的操演区，登上高耸的舰桥总指挥所，检阅海上舰艇的演习。他坐在一把高椅子上，昂首挺胸，双手举起望远镜，不时地调整视距，专心地观察前方辽阔的海域，检阅操演的舰艇。朱德那庄严威武的样子，令人肃然起敬。

162号潜水艇从指挥舰左舷高速驶过，舰首激起一米多高的浪花，像是一朵大白菊花。朱德全神贯注地看着，脸上露出喜悦的神情，大声地说："同志们好！"

一艘新型的潜水艇1710号急驶过来，进行各种技术表演。朱德问身边的陪同人员："这是我们自己造的吗？"旁边的人回答说："全都是我们自己制造的，没有一个零件是进口的。"朱德满意地说："谢谢同志们的努力！希望你们继续为建设强大的海军而奋斗！"

话音未落，另一艘新型的297号潜水艇高速驰向前来，舰首高高昂起，像一把利剑劈开万里海疆，水柱像瀑布似的向两侧飞溅。朱德兴致勃勃地在指挥台上观看，为海军建设取得的成绩感到由衷的高兴。

共和国第一元帅站在舰艇上，昂首迎着阵阵海风，心中升起了一股股豪情壮志和革命激情。将帅的生命在军营中，在操演场上，在士兵中。与战士们在一起，88岁高龄的共和国第一元帅显得是那么年轻，那么快意。

三个多小时的海上操演结束了。水兵们升起了旗帜，感谢首长的关怀。

这次视察，使朱德的心情感到前所未有的振奋。他，作为中国人民解放军的总司令，

※ 朱德视察青岛某海防炮兵阵地。

无时无刻不在关心着部队各个兵种的建设，无时无刻不想念着他视同亲子的士兵们。尤其是在"文化大革命"那样动荡的年代里，能够看到海军建设取得了巨大的成就，他的心里怎能不高兴呢？

他仍然是那么勤奋地为国事而操劳、忙碌。

从1975年到朱德逝世，这其间的一年半时间里，他承担了大量的外事活动，频繁地会见外国国家元首、政府首脑、议会领导人以及友好代表团，单单出席接受国书的仪式就达到40多次。

是啊，虽然"四人帮"仍在捣乱，但历史的车轮却不以他们的意志为转移，历史总是在一步一步地前进，尽管是那么地缓慢，尽管它的轨迹是那么曲折。

四届人大后，朱德的心情一度有所好转。还是和过去一样，朱德从早到晚都是一个

"忙"字。开会,看文件,找人谈话,接见外宾……工作一项接着一项,日程总是排得满满的。

孩子们看他老人家太累了,就劝他说:"您年纪大了,身体又不好,应该多注意身体。"朱德不爱听这样的话,反过来提醒他们要抓紧时间,多干工作。他的一个侄子从外地来看他,关切地说:"您都那么大岁数了,该休息的时候就休息一会儿。"朱德回答说:"休息?把党和人民委托给我的工作做好了,就是最好的休息。共产党员为了实现共产主义理想,只要一息尚存,就不容稍有松懈。你要我休息,我还要挂帅出征呢!"

(王亚丽)

天伦之乐

和所有的老人一样,晚年的朱德对儿孙们有一种依恋的心情。和孙子们在一起生活,成了他十年闲居生活中的慰藉和乐趣。

在这最后的十年间,共和国第一元帅所遭受的最大磨难,不是来自身体上的摧残,而是来自精神上的折磨。一般人碰到这种情况,很难顺利过关。然而,朱德却能在逆境中奋起,在苦难中寻找快乐,在失望中看到希望。

晚年的朱德,也有许多快乐的时光,也有高兴和畅意的时刻。

朱德因为"二月逆流"而被列为靠边站的对象,本来在十大元帅中,朱德的年龄最大,现在更有理由让他闲居在家。

闲居,对于经历了大风大浪的朱德来说是不好受的。他一辈子都在搏击风浪,不停地奋斗着。现在被勒令闲居在家,这不仅是身体的闲居,更难以忍受的是心灵的禁锢。朱德开始苦闷。他常常把自己关在房间里,终日静思无语。其实,他的心还在外面的世界里。因为,他是共和国的领袖啊,领袖怎能不关心群众,怎么能不关心国家大事呢?而此时,外面的世界却"天翻地覆",所发生的那些事,日夜撞击着他困惑而迷惘的心。苦闷久了,心里憋不住,总得有个发泄的渠道。于是,一向宽厚、性情温和的朱德开始发起脾气来。

碰到康克清在一旁念叨的话多了,朱德时而会生出无名之火。康克清知道朱德心情不好,见他怒目相对,用拐杖笃笃地敲敲地,就闪身躲开,独自委屈一阵子。不一会,又听

※ 朱德和周恩来在明十三陵对弈。

见朱德"克清、克清"地唤她，刚才那一肚子的闷气随着朱德的和颜悦色而烟消云散。

朱德在老一辈革命家中，年龄居长，是最早享受祖孙乐的领导人之一。然而，这个欢乐的代价却是他和亲生儿女多年离别才换来的。这是迟到的父爱啊！儿子和女儿，很小的时候就不在身边，等他们再回到父亲的身边时，他们已经是为人父母的人了。面对日夜挂念的孩子，朱德有说不出的愧疚。

随着儿女先后结婚生子，朱德这份迟到的父爱才有了倾注和补偿的机会。他把儿子和女儿的长子接进中南海，由他和康克清负责照顾。在朱德看来，儿子和女儿所生的孩子都是他的亲孙孙，没有内外之别。他让孙儿们都叫他爷爷。习惯于拿枪的开国元帅，突然膝下有了两个孩子的身影，这令他好生欢喜。沉寂多时的元帅府因此而变得生气勃勃。两个不太懂事的孙子终日与爷爷厮守在一起，给朱德孤独无助的晚年增添了许许多多的乐趣。哪怕是婴儿的一声啼哭，都会带给朱德一个温馨的宽慰，他的心中荡起一股股爱意。

然而，这种爱意，在"文化大革命"那特殊的年代里，竟然受到各种各样的限制。

一次，大外孙和同学在街上耍，忽然看见在游斗的车队里，奶奶挂着牌子，被造反派按着头。外孙瞪大着眼睛吃惊地看着这一幕。外孙好难过，跑回家告诉了朱德。朱德什么也没说，好像早已知道似的。当时外孙很生气：爷爷怎么不去把奶奶救回来？长大后，他才知道：那时，爷爷早已先于奶奶之前被列为批判的对象。

事情还不止于此。中南海已成了一堵不可逾越的围墙，把一家人隔开了。女儿朱敏想到中南海看望父亲和儿子也不可能。有一次，朱敏在传达室里，远远看见父亲步履蹒跚地领着外孙散步。又有一次，朱敏被挡在传达室外，只能打电话告诉妈妈。后来，康克清出来了。母女两人在传达室里相见。后来，她们嫌这种会面方式不自由，改为在西单商场门口见面。

在人民的心中，朱德是党和国家的领导人。但是，在家里，他是一位慈祥的家长。他对孩子的教育从来不摆大道理，也不命令式地强制他们做这个还是不能做那个。他总是在和风细雨中将做人的道理灌输给孩子们。这是朱德教育后辈们的一贯方式。

"润物细无声"的启蒙作用是巨大的。

朱敏生动地说："我的老大刘建和老二刘康是由爹爹和康克清妈妈抚养的，他们兄弟俩在中南海里时间长，和爷爷相处的时间多，特别从小在爷爷身边长大，对爷爷有一种天然的亲近。这一点上他们比我幸福得多，享受的爱比我多得多。"

"他们一出世就和爷爷在一起，爷爷在他们幼小心灵中是最亲的亲人，最慈祥最可爱的'伙伴'。至于爷爷是不是开国元勋，是不是国家领导人，那是红墙以外的事情，丝毫

※ 朱德和董必武、林枫等在沈阳东陵游览。

不影响他们在爷爷面前调皮打闹哭鼻子,然而我的爹爹像一个和善的调解员,经常对他们的'战斗'进行调解,直到两个小家伙破涕为笑,握手言和。"

当然,在教育孩子们时,他也有情绪激动的时候。每逢第一次告诉孩子们不要做什么,他总是和颜悦色。以后,如果孩子们没有照着办,或者只遵守了一段时间,朱德就会第二次进行教育工作。这时的态度,就比第一次要严厉得多了。

朱德规定,孙子们上学,一律不得用自己的车子接送。朱敏和孩子们都照着办了。过了一段时间,孙子们有点情绪了。他们毕竟还小,走那么远的路,有点累,常在爷爷面前嚷嚷着走得太累了,走不动了。司机也常听见孙子们的嚷嚷声。

有一天早晨,朱敏心想:反正爹爹早上也不出门,不用汽车,干脆让司机送送孩子吧。

哪知才送了一次,就让朱德知道了。这一次,朱德生气了,不是对孩子,而是对女儿。朱德严厉地对朱敏说:"小汽车是党和国家给我的工作用车,不是我的私有财产,除了我外出使用外，家里任何人都不能使用，连你妈妈上班都不能用我的汽车，更不要说才六七岁的孩子，上学就用轿车送轿车接，你知道这是培养他们什么思想？享乐思想！特权思想！"

朱德有个特点，情绪一激动，就喜欢用拐杖戳地。这时他边说边咚咚地戳着地："你说，人家老百姓的孩子有小汽车坐吗？人家孩子不小吗？人家孩子走路就不远吗？"

朱敏小声地辩解着："我怕孩子路上不安全……"其实她的心里也委屈。父亲的家规，她何尝不清楚，感受也很深。可她同时也是孩子的母亲，多少有点疼孩子。

朱德说："这个不用你操心！"

朱敏不敢再说什么，赶快从父亲跟前溜开了。

朱德就是这种人，他发完脾气，一会儿就过去了，从不赌气，更不记仇。家里人都知道朱德的这个特点，所以看见他生气就赶快走开。你一走开了，朱德也不会跟出来和你生气了。

朱德和康克清之间一直都很和气，从来没有吵过嘴。可是，"文化大革命"以后，情况就有点不同了。朱德可能被外界的风风雨雨、是是非非搞得心情不宁。他开始苦闷，开始爱发脾气。后来，身边的小孙子陆续离开了他，到农村"广阔天地大有作为"去了。

家里没有了孩子们的笑声，变得静多了。可是，朱德的心也空了。

和所有的老人一样，晚年的朱德对儿孙们有一种依恋的心情。他总想与孙子们多呆些时间，多聊聊天。他经常专注地看着孙子们，揣摩孙子们的心思。孙子们都还小，他很理解这么大年龄的小孩爱做什么，不爱做什么。对于孙子们喜欢干的事，他总是尽量支持。为此，朱德想了不少办法，创造各种条件，尽量满足孙子们的要求。

朱德和康克清对孙子们的要求都很严格，但两人的方式不一样，各有千秋，各有侧重。康克清从来不让孙子们跟着爷爷沾光，比如搭个车，参加什么宴会，或是去参观什么演出，等等。在这点上，朱德和康克清两人的态度是一致的。可是朱德还要看什么样的场合，具体问题具体分析。比如，如果演出节目有利于孙子们增长见识，开开眼界，他倒是乐于让孙子们参加的。

孙子们十七八岁了，正是求知欲旺盛的时期。而那个时期却是文化枯竭的时期，除了8个样板戏以外，再没有其他什么文化娱乐生活。有时候，朱德还会接到去参加对外活动的通知，因为他那时对外的头衔还是人大常委会委员长，所以他参加的活动以文化交流为多。如果碰到有外国文艺团体来华演出，朱德总是想带个孙子去看看。

康克清那时是全国妇联副主席，朱德的官职比她大。人大和妇联的工作往来很多。一般工作上的事情，朱德说什么，康克清不会反对。但是在家里，朱德就没有康克清的权力大了。朱德决定的家事，康克清有权否决，而且，康克清的意见往往起决定性的作用。

有一次，朱德要去观看一场文艺表演，对外孙说下午要带他一起去，外孙高兴极了。可是，没想到，奶奶对外孙说："今天爷爷去参加活动，你不要去。爷爷是去工作，我们亲属不能沾光。听到没有？"外孙求援似的望着正在吃饭的爷爷，希望爷爷能替他说几句话。可是，朱德好似什么也没发生过一样，一声不吭。外孙沮丧地离开了饭桌。他刚进自己的房间，爷爷的警卫员悄悄地跟进来说，你先出去溜几圈，好像外出玩了，等到7点半，你就躲进随车里，不和爷爷坐一个车，这样就不会被奶奶发现。外孙这时才恍然大悟：刚才爷爷不吭气，原来是胸有成竹啊！

外孙连蹦带跳地往外跑，玩了一会儿，估计时间差不多了，就钻进爷爷的随车里。等朱德上车的时候，康克清还真的站在车门旁边，察看孙子是不是躲在里面。随车跟在后面，外孙在低着头，车子从康克清眼前开过。汽车一出大门，外孙和司机都一齐大笑起来。

到了体育场，朱德拍拍外孙，祖孙俩联手把精明的奶奶蒙了，好像打了个大胜仗。

回家的路上，外孙和爷爷坐在一个汽车里。爷爷问他对演出有什么感受。外孙这时才明白爷爷为什么包庇他违抗奶奶的指示，原来是想让他多长些见识，多学一些东西。

朱德包庇孙子们，而孙子们有时也配合着朱德，掩护、支持朱德的行动。

朱德在孩子们的眼里还有一个特殊的外号——大肚子爷爷。"大肚子"有两层含义，其一是朱德待人宽厚，肚量大；其二是，朱德患糖尿病多年，胃口大，老是觉得吃不饱。

朱德进入晚年以后，医生对他的饮食控制得更加严格，每顿饭都定时定量，那些过瘾的大鱼大肉都不让他吃。因为医生有这个规定，所以康克清就一丝不苟地看管着朱德，不让他吃得过多过荤。

有一次，廖承志夫妇来家里看望朱德和康克清。廖承志生性豪爽，走到哪里，哪里就有笑声。

朱德和廖承志交情很深。长征途中，张国焘要杀廖承志，朱德想办法救下了他。

那时，廖承志和朱德一样，都患有没有口福的糖尿病，他也是被医生看管着，在家里又被夫人监督着，和最爱吃的猪肉无缘。

他们谈了一会，康克清见时间不早了，就挽留他们夫妇一同吃午饭。廖承志一听，胖胖的脸上洋溢着开心的笑容。他借机提出一个在家里不能提出的要求：要吃一顿回锅肉！他的夫人一听，当即表示反对，说吃什么都可以，就是不能吃猪肉。

一直没有表态的朱德，这时开口说话了："克清，你就满足廖公这个小小要求吧！"

于是，康克清叫厨师炒了一盘香喷喷的回锅肉。

菜刚端上桌，康克清就指着大孙子说："我们家也有一个吃肉的。"言外之意是朱德不能加入吃肉的行列，先打一个招呼。

朱德自然明白康克清的意思，他咂咂嘴没有答话，把视线从回锅肉上移开。可是身边的廖公看见回锅肉就像看见了稀世珍宝，高兴地手舞足蹈，一边吃一边快乐地叫："今天开戒，好吃，真好吃！"他的夫人在一边悄悄地推他："不能多吃。"

廖承志有朱德在身边，胆子壮了许多，越吃越香。连意志坚定的朱德也不由得停下了筷子，看着廖承志津津有味地吃饭的样子。

朱德求援似的望着身边的孙子。孙子心领神会。趁奶奶不注意时，孙子迅速地夹起一块肉往爷爷嘴里一塞。朱德配合得非常合拍，快速地吃下了肚。

等康克清发觉时，朱德已经品尝了回锅肉的美味，心满意足地继续埋头吃他的饭。

全桌人都被朱德和孙子滑稽的举动逗得乐不可支了。康克清苦笑着对朱德说："你今天沾了廖公的光了。"廖承志连忙摆摆手说："不对不对，今天是我沾了老总的光了。我要感谢老总啊！"

就这样，朱德和廖承志互相掩护，在严格的夫人面前开了一次戒。而朱德又和孙子俩互相联手，一同把精明的奶奶再次蒙了一次。

（王亚丽）

做操、散步

> 做操，是朱德晚年主要的体育活动。他说：做完早操，我就感到浑身舒畅，工作起来精力充沛。朱德还坚持每天散步。早上和晚饭后，总要到外面去走，在住所周围走上几里路，即使刮风、下雨、落雪，也不例外。

全国解放后，朱德肩负着繁重的党、政、军领导工作。但他仍然坚持锻炼身体。他喜好各种体育运动，如体操、爬山、散步、游泳等等。

做操，是朱德晚年主要的体育运动。

朱德每天生活很有规律。早上起床后，就在户外做操。他根据自己的身体状况、医疗

※ 朱德在住地做自编健身操。

原则和多年实践，自编了一套适合自己身体情况的体操。这套体操的程序是：先进行头部活动，然后连续做转体，接下来做腰部活动，再做两腿活动，最后是深呼吸。如此一遍下来，使身体各主要部位和关节都得到锻炼。一套操做完，约需要十分钟。晚上睡觉前再做一遍。天天如此，从不间断。天气好时就到室外做，刮风下雨时就在屋檐下做。有病不能出屋子，就把窗子打开，站在窗前做。

朱德经常对身边的工作人员说：做完早操，我就感到浑身舒畅，工作起来精力充沛；晚上做完操，我睡觉就更香甜，第二天工作起来精神也更足了。

朱德自编的这套体操，最精彩的部分是最后的深呼吸。这时，他双腿微叉，眼皮微微下垂，面部肃穆，收敛心神，胸脯微微扩张，舒缓吸气，然后嘴唇一撮，身体开始下蹲。同时，嘴里响起口哨声。那哨声不大，直吹直响，由高到低，渐渐消失。在这个长哨中，

※ 朱德在打台球。

不慌不忙地完成一次下蹲，立起身的同时，做深呼吸，站稳时，屏住气。接着，口哨又带着高山流水之势吹响，重新开始第二次下蹲。如此反复，五声长哨过后，朱德停止运动，已经有些气喘，脸也放出红光来。

有一次，朱德把这套操的最后部分冠以"口哨运动法"，介绍给董必武同志。董老的活动方式主要是散步和书法，他看后嘿嘿一笑，幽默地说："我看戏可以，演戏不行。"真是各有各的爱好，各有各的情趣。

朱德还坚持每天散步。早上和晚饭后，总要到外面去走走，在住所周围走上几里路，即使刮风、下雨、落雪，也不例外。他说：古人说过"安步当车"，散步走得太慢就和坐车差不多了，活动量不够。散步太快了不好。不快不慢，可以一边走一边思考问题。1955年以前，朱德散步时带着拐杖，后来就把拐杖甩掉了。对此，他不无诙谐地说："手里有拐杖，总想着依靠一下，这会妨碍'独立自主'。什么也不拿，'独立自主'的力量才会增强。"

1974年初，朱德已是88岁高龄了。他每天还能在住处周围走3圈，每圈两里，共六里。有时走得全身冒汗，仍顽强坚持下来。直到他去世前10天，也就是最后一次住院的前一天，他还坚持散步。他的信念是"能多走一天，就能为革命多工作一天。"

朱德的体育运动有两大特点：其一，他热爱体育，但并不苛求条件，而是以最简朴的方式，求得最好的锻炼效果。其二，寓体育于生活是朱德体育锻炼的又一大特点。他在中南海居住时，住在二楼，每顿饭都要走出家门到另一座楼的餐厅就餐。每年夏天到北戴河也是住在二楼，到另一幢房子去用餐。在他70岁以后，工作人员为照顾他生活方便，准备把卧室、办公室布置在一楼，这样他出入可方便些。当工作人员向他报告这一考虑时，他没有同意，而是风趣地说："住在楼上，楼下吃饭，上上下下，强迫锻炼。"

（王亚丽）

老骥伏枥，壮心不已

> 1976年元旦，毛泽东的两首词公开发表。朱德怀着对毛泽东深厚的感情，挥毫写下诗二首，抒发自己内心的感情。

1976年1、2月间，朱德反复吟咏了毛泽东元旦发表的两首词《水调歌头·重上井冈山》和《念奴娇·鸟儿问答》，怀着兴奋的心情，写下了两首五言长诗，激励全党"风雷兴未艾，快马再加鞭。""真心搞马列，地覆又天翻。"一股雄浑豪壮之气，跃然纸上。真是"老骥伏枥，志在千里，烈士暮年，壮心不已"。

早在1927年10月，毛泽东率领秋收起义的中国革命军进入井冈山，创立了中国第一个农村革命根据地，并在那里坚持了一年零三个月的"工农武装割据"斗争。1928年4月，朱德率领南昌起义余部进入井冈山，与毛泽东胜利会师。1929年1月，毛泽东同朱德、陈毅等率领红四军主力向赣南、闽西进军，自此与井冈山阔别达30多年之久。

1965年春，在我国社会主义革命和社会主义建设取得伟大成就的凯歌声中，毛泽东巡视大江南北，5月下旬再次来到井冈山。其时距初上井冈山已经有38年了。这次，毛泽东5月22日上山，5月29日离开，前后共游览观察了8天。他先后到了黄洋界、茨坪，察看了解了井冈山地区的水利、公路建设和人民生活情况，会见了老红军、烈士家属、机关干部和各界群众。井冈山地区的崭新面貌，体现了我国社会主义建设的大好形势。毛泽东抚今思昔，感慨万千，于5月25日写下了脍炙人口的《水调歌头·重上井冈山》：

久有凌云志，重上井冈山，千里来寻故地，旧貌变新颜。到处莺歌燕舞，更有潺潺流水，高路入云端，过了黄洋界，险处不须看。　　风雷动，旌旗奋，是人寰。三十八年过去，弹指一挥间。可上九天揽月，可下五洋捉鳖，谈笑凯歌还。世上无难事，只要肯登攀。

显然，重上井冈山，绝不是一次普通的登山临水，而是诗人理想、抱负的寄托与重温。

在《念奴娇·鸟儿问答》（1965年秋）中，毛泽东写道：

鲲鹏展翅，九万里，翻动扶摇羊角。背负青天朝下看，都是人间城郭。炮火连天，弹痕遍地，吓倒蓬间雀。怎么得了，哎呀我要飞跃。　　借问君去何方？雀儿答道：有仙山琼阁。不见前年秋月朗，订了三家条约。还有吃的，土豆烧熟了，再加牛肉。不须放屁，试看天地翻覆。

1976年元旦，毛泽东的这两首词公开发表，极大地鼓舞了全国人民。朱德怀着对毛泽东深厚的感情，挥毫写诗二首，抒发自己内心的感情。

朱德在《喜读毛主席词二首》的小引里写道："毛主席词二首发表，聆读再三，欣然不寐。吟咏有感，草成二首。《诗刊》索句，因以付之。"

其中一首写道：

昔上井冈山，革命得摇篮。
千流归大海，奔腾涌巨澜。
罗霄大旗举，红透半边天。
路线成众志，工农有政权。
无产者必胜，领袖砥柱坚。
几度危难急，赖之转为安。
布下星星火，南北东西燃。

※ 朱德在全国政协书画室题词。

而今势更旺，能不忆当年。
风雷兴未艾，快马再加鞭。
全党团结紧，险峰敢登攀。

在这一首诗里，朱德饱含革命激情地回顾了井冈山的革命斗争，描绘了中国革命的光辉历程，展现出一幅无比壮丽的历史画卷。朱德把回忆过去和展望未来有机地结合起来，把革命现实和革命理想有机地结合起来，使得诗的蕴涵丰富，感情豪迈，气势磅礴，而且笔力雄健。起首四句，一个"昔"字暗承毛泽东"重上井冈山"的"重"字。毛泽东的词写的是他重上井冈山后看到的眼前现实，而朱德这首诗却是从对过去的回忆写起。这首诗抒发了老一辈无产阶级革命家老骥伏枥，斗志昂扬的崇高精神，读之令人感奋。"千流归大海，奔腾涌巨澜"，"风雷兴未艾，快马再加鞭"，这些常用在人民口头上的成语，活用在诗里，不仅明白易懂，而且意境深远。"全党团结紧，险峰敢登攀。"朱德是在勉励人们，无产阶级的革命事业正在突飞猛进地向前发展，要加快社会主义建设的步伐。当然，在前进的征途中还会遇到许许多多的艰难险阻，只要全党和全国人民紧密地团结在党中央周围，就能经得起任何艰难的考验，什么样的险阻也能越过。

朱德以充满对共产主义事业必胜的坚定信念和将革命进行到底的崇高精神，挥笔写下的这两首壮丽诗篇，刊登在1976年《诗刊》第二、三期合刊上。邓颖超曾建议在《人民日报》上转载，却遭到当时把持着舆论大权的姚文元的无理拒绝。粉碎"四人帮"后，《人民日报》于1976年12月26日作了转载。

四届人大后不久，周恩来总理病情加重。邓小平受毛泽东的委托，主持党中央和国务院的日常工作，对工业、农业、科技、国防、教育、文化等各个方面进行全面整顿。在短短九个月里，形势有了明显好转。对于邓小平的成就，朱德十分欣慰。他称赞说：在毛主席的领导下，由邓小平同志主持中央的日常领导工作，很好。

1975年底，原辽宁省委书记周桓去看望朱德。朱德对周桓说："现在形势很好，组织上顺过来了，思想上还未顺过来。"接着，朱德又说：现在虽然有人还在捣乱，要抢班是不行的，林彪不是垮了嘛！他们要打倒我，这不是我个人的事，我是党树起来的。

然而，由于"四人帮"的阻挠和破坏，全国局势再度陷入混乱。朱德有一次同江西省委常委刘俊秀谈话，针对江青一伙的倒行逆施，愤慨地说："别听他们'革命'口号喊得比谁都响，实际上就是他们在破坏革命，破坏生产。不讲劳动，不搞生产，能行吗？粮食不会从天上掉下来，没有粮食，让他们去喝西北风！"

（王亚丽）

最后一个军礼

周恩来逝世，90岁高龄的朱德参加了全部吊唁活动。在撕心裂肺的哀乐声中，朱德左手扶着手杖，举起颤抖的右手，努力站得笔直，向静卧在鲜花和翠柏丛中的周恩来，行了一个庄严的最后告别的军礼。

朱德与周恩来最后一次见面是在1975年7月11日，这是在周恩来病情不断恶化、第三

※ 1976年1月11日下午，百万群众冒着凛冽寒风，久久地伫立在长安街两旁，目送灵车缓缓西行，哭别周总理。

次手术之后。"文化大革命"以来，朱德很少见到周恩来，只有在参加会议或者出席一些重大活动时才能见面，但是，几句简短的问候，他仍然能够感受到周恩来的关心。

周恩来住院后，朱德几次想去看望，却因怕影响其治疗而未能成行。周恩来也不想让朱德见到自己被病痛折磨的样子。7月11日，周恩来身体稍微好一些，起床后边做运动，边对身边的卫士说："你去打电话，问一下朱老总的身体怎么样？他现在有没有时间？看朱老总能不能来？"

下午5点50分时，朱德来了，周恩来脱下病号服，换上干净的服装，在客厅里等候，两位老人的手紧紧地握在了一起。

1976年1月8日，周恩来去世，噩耗传来，朱德坐在沙发上沉默不语，眼泪不知不觉地流了下来。家人记得，这是老总多年来的第一次掉泪。

周恩来是朱德的入党介绍人。1922年，朱德见到当时的党中央总书记陈独秀，提出加入中国共产党的要求。一个旧军队的高级将领想入党，这使陈独秀大为惊讶，尽管鼓励朱德追求进步，但最终没有同意他入党。同年秋，朱德乘船赴欧洲，到德国学习战术，并研究社会主义理论。在那里，他见到了周恩来，两人一见如故，从此结下了深厚的友谊。翌年，经周恩来介绍，朱德加入了中国共产党。1926年，朱德回国后，利用旧关系到川军、滇军中动员参加北伐战争，并秘密开展党的活动。1927年，周恩来组织南昌起义时，朱德率领滇军教导团一部参加。起义军南征潮汕失败，面临解散时，他在危境中振臂一呼，率领起义军余部近千人进入粤北、湘南，组织湘南暴动，于1928年4月，走上井冈山与毛泽东会合，建立了红四军并任军长，成为全国第一支主力红军的最高军事指挥员。

"文化大革命"初期，也是朱德最为艰难的时期，朱德总是安慰家人说："只要主席在，总理在，就没有关系，他们最了解我……社会最终还是要安定的。"

1969年10月，林彪发布一号命令，宣布军队进入紧急状态，朱德被指定疏散到广东从化。83岁高龄的他，需要康克清一起陪同前往，便于随时照料。但当时康克清也作为"走资派"在全国妇联接受批判，一切行动都得听从全国妇联军代表的指挥，朱德无奈，只好打电话给周恩来。在周恩来的交涉下，康克清总算和朱德一起到了广东从化。

古巴驻华代办加西亚参观南昌起义纪念馆受阻后，反映到外交部，周恩来迅速将有关简报报告了毛泽东。1971年4月23日晚，周恩来会见加西亚时，向他介绍了南昌起义和朱毛井冈山会师的历史情况，并高度评价朱德对人民军队、对革命事业的贡献，特意指出：朱德是"红司令"！此时林彪还是党内法定的接班人。

种种事例，不胜枚举。朱德十分清楚，处于政治旋涡中的周恩来面对如此艰难复杂的局面，需要付出相当大的精力和智慧，才能维持共和国国家机器的正常运转。

朱德说，周总理为国家、为人民鞠躬尽瘁，死而后已，是个真正的彻底的无产阶级革命家。他反复对朱敏说："你们知道总理的革命历史吗？"

女儿懂事地点了点头。

周恩来治丧委员会的同志特地来看望朱德，考虑他年事已高，身体不好，劝他不要外出活动，注意节哀，并建议他只参加一次周恩来的吊唁仪式。可朱德说什么也要参加全部吊唁活动。90岁高龄的他来到了北京医院，在撕心裂肺的哀乐声中，他左手扶着手杖，举起颤抖的右手，努力站得笔直，向静卧在鲜花和翠柏丛中的周恩来，行了一个庄严的最后告别的军礼。

千言万语和无穷悲痛都融化在共和国第一元帅这一崇高的军礼当中。

1976年7月6日，朱德以90岁高龄去世。毛泽东痛哭："朱毛，朱毛，我是你身上的毛啊！"

（陈秋红）

看望成仿吾

> 朱德看了成仿吾新近翻译的《共产党宣言》，不顾年老体弱，专程去看望成仿吾。对他说："这是根本性的工作，做好这一工作有世界意义。"

1976年5月21日早晨，朱德一起床就交代秘书，说是要去看望成仿吾。

"您老人家这么大年纪了，还是把他接来谈谈吧？"秘书未加思索地回答道。

"为什么要让人家来看我呢？他的年纪和我差不多，还是我去看他吧！"朱德坚持着自己的意见。

成仿吾意外地接到朱德的秘书打来的电话，说是朱老总上午要来看望他。成仿吾赶紧对朱德的秘书说：朱老总年岁大了，行动不方便，还是我去吧。朱德的秘书回复，朱老总坚持要去，请他在家等候。

九时许，朱德准时来到中央党校成仿吾的住处。

寒暄过后，话题转到成仿吾新近翻译的《共产党宣言》上来。

"你送给我的书，我已经看过。大字号本我可以自己看，小字号就让秘书念给我听。"朱德翻开大字号本的《共产党宣言》，上面画了不少红杠杠。

"水平有限，译出来的文字不知朱总能否读懂？"成仿吾谦逊地说。

"好懂，很好。如果不好懂，我是不会一口气看下来的。"朱德微笑着回答道。

"这是去年初，中央批准我们搞的。原译本是我于1938年根据德文本译的，后来曾经有人根据俄文本修改过。这次我和我的几名助手根据1848年出版的德文原本重新进行了比较严格的校正。"成仿吾扼要地介绍了《共产党宣言》新译本的工作情况。

"这样的办法好，应该多培养一些接班人。这个工作十分重要，我就把这里当成一个点，以后经常来。"朱德用手杖轻轻地在地上点了几下，赞许道。

当成仿吾讲到新译本的一些词义的翻译情况时，朱德称赞说："这个译本好，没有倒装句。为了弄通马克思主义，应当有好译本。"

接着，朱德又强调说："这是根本性的工作，做好这一工作有世界意义。因为这部经典著作讲的都是一些根本问题，如阶级斗争问题、民族与国家问题、家庭与妇女问题等等。现在许多问题讲来讲去，总是要请教马克思、恩格斯，总得看《共产党宣言》是如何讲的……"

成仿吾看朱德讲的时间不短了，就岔开话题，关切地询问起朱德的身体状况。

朱德笑了笑，说："中央对我照顾得很好，消化情况也不错，每天我还坚持在凉水里泡一泡。"

可是，成仿吾怎么能想到，就在他们谈话的一个多月后，朱老总竟不幸辞世。从延安时期算起，他结识朱老总已经近四十年了。他不仅敬佩朱老总的军事指挥才能，更敬佩朱老总为人师表的高尚品德。

（姚建平）

"他的德行与日月同辉"

> 在朱德百年诞辰纪念大会上，党中央高度评价了朱德的一生，称："他功盖千秋，更令人怀念的是，朱德同志既是伟大的统帅，又是普通士兵，堪称楷模，他的德行与日月同辉。"

1976年6月21日上午，朱德按时来到人民大会堂。今天的日程安排是会见澳大利亚联邦总理马尔科姆·弗雷泽。

会见的时间到了，不知什么原因，仍未得到外交部的通知，朱德只好在休息室等候。后来才被告知，会见的时间推迟了。

1975年11月，在竞选中获胜的弗雷泽，在担任总理后便选择了中国作为重要的访问对象。

尽管会见的时间短暂，但是，朱德的名字在弗雷泽总理的脑海中留下深刻的印象。他在朱德逝世后致电中国领导人的唁文中提到："对于他的逝世，我个人感到格外难过，因为仅仅两周以前，在我访华期间，他热情地接见了我。由于朱德对建设新中国做出了重要贡献，他将为人们长久怀念。"

朱德万万没有想到，这一次会见弗雷泽总理竟是他最后一次参加外事活动。由于在放有冷气的休息室里等候了近一个小时，回到家中便感到身体不适。后经医生诊断，是患了感冒。

到了25日晚饭后，又出现了腹泻。本来，第二天朱德还有外事活动，他也执意要参加了外事活动后再去看病。但是，在康克清和保健医生的劝说下，朱德只好住进北京医院就诊。

※ 朱德会见澳大利亚总理马尔科姆·弗雷泽。这是朱德最后一次会见外宾。

当朱德的病情稍有缓解的时候，突然传来毛泽东病危正在紧急抢救的消息。朱德为此十分不安，他嘱咐身边的医生立即到毛泽东那里去。医生告诉他，已经派人去了，他这才放心下来。

叶剑英特别关注朱德的病情，几乎每天都要让他的女儿打电话到医院，询问治疗情况。邓颖超、聂荣臻等一些老同志纷纷来到医院探视朱德。

在医院里，朱德仍然关心着国家的命运和前途。当国务院副总理李先念来看望他时，他鼓励李先念说：一定要坚持工作，把生产搞上去。

他在生命即将走到尽头的时候，没有忘记自己还是一个共产党员，他嘱咐康克清将他生前积蓄的两万余元作为党费交给组织。

6月底，即将从解放军第一军医大学毕业的朱新华正在基层实习。突然接到学校的通知，要她立即返回广州。

回到学校，校领导也没有告诉她什么情况，只是说马上回北京。她心中甚感诧异，到底发生了什么事情？

当她走出北京机场，来接她的汽车直接把她拉到北京医院。这时，她才意识到问题的严重。

在护士的引导下，她疾步向病房走去。

她站在朱德的病榻前，望着爷爷那布满"老人斑"的面容，心中生出阵阵酸楚……

她没有忘记，1970年她来到广东，伴随在爷爷身边的那段日子里，爷爷经常教育她将来走上社会，要做一个对社会有用的人。后来，她入伍穿上了军装，爷爷又嘱咐她好好当兵，努力做一名毛主席的好战士。

而今，朱新华在部队已经入党、提干，没有辜负爷爷的期望。然而，让她感到遗憾的是，她再也听不到爷爷的笑声了。

进入7月，朱德的病情再次加重，而且伴有其他病症，多种疾病侵袭着朱德。

7月5日这一天，李先念、聂荣臻、王震、邓颖超、蔡畅等人来到病房看望朱德。此刻，朱德努力地睁开眼睛，望着这些曾经和他患难与共的老同志，他的心里一定十分激动，然而，他已经无法用语言表达出来了。他十分吃力地要抬起手臂和他们握手，却终于没有抬起来。在场的人看到这种情景，都难过地流下了眼泪。很快，朱德便进入了昏迷状态……

一直伴随在朱德身边的康克清，看到朱德的病情日益严重，似乎已经预感到朱德将不久于人世，她多么希望朱德能在生前留下要说的话。然而，这时的朱德已经处于昏迷状

※ 1976年7月6日下午三时一分，朱德在北京逝世。

※ 1976年7月8日，首都人民含泪向朱德遗体告别。

态，无法再表达自己的意思了。

1976年7月6日下午3时1分，医生们的最后努力没有能够挽救朱德的生命，显示屏上的曲线逐渐地拉成了直线，朱德的心脏永远停止了跳动。

这一天，华国锋来到毛泽东的住处，向他报告了朱德逝世的消息。

刚刚从生命垂危中被抢救过来的毛泽东，静卧在病床上，听完华国锋的报告，他用微弱、嘶哑的声音问道："朱老总得的什么病？怎么这么快就……"

华国锋扼要地向毛泽东报告了朱德的病情，并且报告了朱德治丧委员会的工作日程。

毛泽东听罢，黯然神伤。他嘱咐华国锋一定要妥善料理朱德的后事。

十年以后，即1986年12月1日，中共中央在人民大会堂隆重举行朱德百年诞辰纪念大会，中共中央总书记胡耀邦代表中共中央致词，他高度评价了朱德的一生，他说：

朱德同志的一生，对中国革命和建设事业的建树是多方面的。他运用马克思主义的普遍真理解决中国的实际问题，对于毛泽东思想特别是毛泽东军事思想的形成和发展做出了杰出的贡献。

他功盖千秋，更令人怀念的是，朱德同志既是伟大的统帅，又是普通士兵，堪称楷模，他的德行与日月同辉。

朱德同志光辉的一生，是同中国革命的艰难历程和伟大胜利融合在一起的。

四十年前，在他六十诞辰时，毛泽东同志称他为"人民的光荣"。其他中央领导同志也给他以高度评价。对这些称誉，朱德同志是当之无愧的。

朱德同志是伟大的，又是平凡的。他一生思想的高尚，人格的伟大，给全党、全国人民留下了亲切难忘的印象。他将传颂千古。对新一代年轻的领导者的成长，更是一笔十分宝贵的精神财富。

（姚建平）

※ 1976年7月11日，康克清和家属在朱德追悼会上。

※ 1976年7月11日，"朱德同志追悼会"在北京人民大会堂隆重举行。

※ 首都各界群众在劳动人民文化宫沉痛吊唁朱德。

中国人民伟大的

※ 1986年12月1日，纪念朱德诞辰100周年大会在北京人民大会堂隆重召开。

※ 在革命战争时期出版的部分朱德著作。

※ 1993年12月10日，中央军委在人民大会堂举行《朱德传》出版发行暨纪念朱德诞辰107周年座谈会。江泽民、李鹏、朱镕基、刘华清、荣毅仁等党、政、军领导人出席。江泽民在会上作重要讲话。

※《朱德选集》的各种文本。

※ 朱德同志故居纪念馆。邓小平题写馆名。

※ 1986年12月4日，朱德的家乡——四川仪陇人民集会纪念朱德诞辰100周年。

※ 群众参观朱德生平事迹展览。

附　录

第一编　年少有志　奋发图强

《家世》、《母亲》选自刘学民《朱德上井冈》，广东人民出版社1998年10月版。

《老织匠的故事》选自姚建平、刘本良《伟人之初：朱德》，浙江人民出版社1991年6月版。

《这是一个吃人的世界》选自余炽、余纪《朱德的故事》，重庆出版社1984年5月版。

《入私塾读书》选自刘学民《朱德上井冈》。

《不屈的孩子》、《三岔河口》、《"明修栈道，暗度陈仓"》选自余炽、余纪《朱德的故事》。

《年关催租逼债》、《"先生，永远是我的老师"》选自刘学民《朱德上井冈》。

《水》选自余炽、余纪《朱德的故事》。

《科举之路》、《读书救国》、《当体育教习》、《与保守势力的斗争》、《投笔从戎》、《千里跋涉赴云南》选自刘学民《朱德上井冈》。

第二编　投笔从戎　参加革命

《考入讲武堂》、《"模范二朱"》选自刘学民《朱德上井冈》。

《深厚的友谊》选自姚建平、刘本良《伟人之初：朱德》。

《担任司务长》、《打秋操》、《重九起义，有勇有谋》、《小庙受命》、《纳溪大战，出奇制胜》、《护国之役的先锋队》、《逃亡和追捕》、《天无绝人之路》、《路遇"袍哥"》、《抉择》、《第一次游览上海和北京》、《晋见孙中山》、《与陈独秀会面》、《难忘的航行》、《入党》、《独特的学习方法》、《与国民党右派学生作斗争》、《"朱将军"名扬柏林城》选自刘学民《朱德上井冈》。

《在莫斯科学习》选自金冲及主编《朱德传》，中央文献出版社1993年8月版。

《回国参加革命》、《"九五惨案"》、《争取杨森易帜》选自姚建平、刘本良《伟人之初：朱德》。

《质问朱培德》、《向中央汇报》选自刘学民《朱德上井冈》。

第三编　南昌暴动　创建红军

《南昌暴动立头功》选自刘学民《朱德上井冈》。

《会昌之战》，汤静涛著，选自《朱德人生画卷》，中共党史出版社1996年10月版。

《保留革命火种》，林益著，选自《朱德人生画卷》。

《在百侯演讲》，罗斯城著，原载《广东党史》2004年第5期。

《留得青山在，不怕没柴烧》，汤静涛著；《与滇军范石生"合作"》，栗钢著；《湘南暴动》，黄成文著；《朱毛井冈山会师》，刘学民著。选自《朱德人生画卷》。

《三占永新城》选自刘学民《朱德上井冈》。

《朱德的扁担》选自董志英《朱德轶事》，河北人民出版社1990年6月版。

《鏖战赣南》选自刘学民《朱德历险纪实》，中共中央党校出版社1996年11月版。

《"红山红水红满天"》选自庹平《朱德与中共党史重大事件》，中央文献出版社2001年9月版。

《大破宁都》、《攻占上杭》选自刘学民《朱德历险纪实》。

《与毛泽东的争论》、《"过去的那些我收回"》选自庹平《朱德与中共党史重大事件》。

《巧取中川》选自刘学民《朱德历险纪实》。

《"老伙夫"》、《一条绑带》、《欢度端午节》、《"我就是朱德"》、《一双草鞋》选自董志英《朱德轶事》。

《白区红区两重天》选自庹平《朱德与中共党史重大事件》。

《挑炸药》选自董志英《朱德轶事》。

《总结反"围剿"斗争的经验》选自庹平《朱德与中共党史重大事件》。

《借道长征》、《化险为夷》选自刘学民《朱德历险纪实》。

《"丰盛"的午餐》、《临大节而不辱》选自董志英《朱德轶事》。

《你这个"中央"不是"中央"》、《"国焘同志你莫要溜边边呀！"》选自庹平《朱德与中共党史重大事件》。

《"没有棒身体，草地过不去"》、《特别展览会》、《"都是阶级兄弟，何必讲客气"》、《对周素园的关怀》选自董志英《朱德轶事》。

《空城计》选自刘学民《朱德历险纪实》。

《草地晚餐》选自董志英《朱德轶事》。

第四编 运筹帷幄 领导抗日

《挥师出征》选自刘学民《朱德历险纪实》。

《打破日本"皇军"不可战胜的神话》选自庹平《朱德与中共党史重大事件》。

《寄语家乡父老》，张继禄、文勇著，《和卫立煌促膝长谈》，王少钰著。选自《朱德人生画卷》。

《"为国捐躯"之谜》、《响堂铺伏击战》、《面对日军的"九路围攻"》选自刘学民《朱德历险纪实》。

《团结卫立煌抗战》，王少钰著，选自《朱德人生画卷》。

《对杨得志的嘱咐》，选自张文杰、郭辉《八路军抗战纪实》，人民出版社2005年7月版。

《惜别恩师》选自胡玥《朱德与抗日战争》，中央文献出版社2005年7月版。

《跃马太行建奇功》，张雪琴著，原载《党史文汇》2005年第6期。

《节衣缩食，开荒劳动》、《关心百姓疾苦》，巨文辉著，选自《朱德人生画卷》。

《指挥反顽斗争》，张雪琴著，原载《党史文汇》2005年第6期。

《特殊的生日》、《出太行》选自胡玥《朱德与抗日战争》。

《授计七贤庄》选自刘学民《朱德历险纪实》。

《与华侨的交往》，任贵祥著，选自《朱德人生画卷》。

《屯田军垦，开辟南泥湾》、《"宝贵意见"》、《领导军事高级干部的整风学习》、《点名批评王明》、《参加延安文艺座谈会》选自庹平《朱德与中共党史重大事件》。

《讲解〈论持久战〉》，沈学明著，选自于俊道、张鹏《老一代革命家的读书生活》，中央文献出版社2001年5月版。

《与文艺家的交往》、《支持文艺活动》、《创作抗战诗歌》，孙国林著，原载《党史文汇》2005年第6期。

《"南泥湾政策"》选自庹平《朱德与中共党史重大事件》。

《一座墓碑和一段佳话》、《"他简朴得像个农民"》、《"我曾期望与您联合作战"》，姚建平著，选自《朱德人生画卷》。

《纪念柯棣华大夫》、《给远方女儿的信》选自胡玥《朱德与抗日战争》。

第五编 坚持斗争 走向胜利

《针锋相对的斗争》、《提出向东北发展的战略》选自庹平《朱德与中共党史重大事件》。

《与张澜的师生情》、《祝寿》、《与陈毅的诗交》、《"志坚如铁"》、《美国制造的卡宾枪》选自王亚丽《生活中的朱德》，解放军出版社1999年9月版。

《"我就要这个小土布的"》选自董志英《朱德轶事》。

《关注军工生产》，姜铁军著，选自《在大决战的日子里》，中国青年出版社1986年10月版。

《确定"打大歼灭战"的战略思想》、《亲临前线指导石家庄战役》选自庹平《朱德与中共党史重大事件》。

《与敌同行》选自刘学民《朱德历险纪实》。

《下决心钓一两条大鱼》选自庹平《朱德与中共党史重大事件》。

《可亲的解放军"老战士"》，陈随源著，选自《朱德人生画卷》。

《提出攻打长春的建议》、《分析战局发展趋势》选自庹平《朱德与中共党史重大事件》。

《赔鸭子》、《"我就在这里吃面条"》选自董志英《朱德轶事》。

《对儿子的教诲》、《鞋的故事》、《与陈明仁的交情》选自王亚丽《生活中的朱德》。

第六编 艰苦奋斗 开国创业

《第一任纪委书记》、《"要时刻警惕和约束自己"》选自庹平《朱德与中共党史重大事件》。

《为军队建设指明方向》、《多军兵种建设》，庹平著，原载《湘潮》2005年第2期。

《"朝鲜人民在等着你们"》，常乔章著，选自《朱德人生画卷》。

《一张借据》选自王亚丽《生活中的朱德》。

《处处以身作则》选自庹平《朱德与中共党史重大事件》。

《踏遍钢城情未了》，首钢总公司党史办公室撰写，选自《朱德人生画卷》。

《不留情面》选自庹平《朱德与中共党史重大事件》。

《"植树节"的倡导者》、《军中两老帅》选自王亚丽《生活中的朱德》。

《强调发展手工业》选自庹平《朱德与中共党史重大事件》。

《"钢铁工业是一切工业的骨干"》，许晓敏著，选自《朱德人生画卷》。

《重视武器装备现代化》，庹平著，原载《湘潮》2005年第2期。

《鼓励女儿到农村锻炼》、《大风大浪练意志》选自王亚丽《生活中的朱德》。

《精心指导手工业生产》选自庹平《朱德与中共党史重大事件》。

《不吃对虾》、《工资·开支·积蓄》选自王亚丽《生活中的朱德》。

《出访东欧五国》，廖盖隆著，选自《朱德人生画卷》。

《崇尚简朴》选自王亚丽《生活中的朱德》。

《与董必武的诗交》，罗元生著，原载《党史博览》2005年第5期。

《"你要有信心，努力争取进步"》选自董志英《朱德轶事》。

《情系兰花》、《"差一分也是不及格"》、《"不要搞特殊化！"》选自王亚丽《生活中的朱德》。

《革命到老，学习到老》，顾英奇著，选自吕星斗《朱德和他的事业》，中共党史资料出版社1993年7月版。

第七编 调查研究 曲折探索

《关心北京工艺美术业》，李由、路淑慧著，《邕城的偶遇》，安明著。选自《朱德人生画卷》。

《"要积极开发海南岛"》选自庹平《朱德与中共党史重大事件》。

《重返故地昆明城》、《在四川游览》、《"粗茶淡饭最相宜"》选自王亚丽《生活中的朱德》。

《真情依旧》选自董志英《朱德轶事》。

《与王葆真的往来》选自王亚丽《生活中的朱德》。

《深入实际，调查研究》，杨超著，选自《朱德和他的事业》。

《站得高，看得远》，刘学民著，选自《朱德人生画卷》。

《情系新中国石油工业》，戴良佐著，原载《新疆党史》2004年第2期。

《视察东北三省》、《在庐山会议上》选自庹平《朱德与中共党史重大事件》。

《名重不骄，待人平等》，顾英奇著，选自《朱德和他的事业》。

《师生情谊重如山》、《保健医生的规定》、《"高山不可怕"》、《普通的伙食标准》、《"我们的责任"》、《"内行的菜农"》、《给后人留下一片绿荫》选自王亚丽《生活中的朱德》。

《视察三明市》，吴挺、高珍华著，原载《福建党史月刊》2005年第5期。

《在宝鸡军工厂》，李洛发著，《"我回家看看"》熊敏、晏蔚青著，选自《朱德人生画卷》。

《视察武夷山》，刘云刚著，原载《福建党史月刊》2004年第11期。

《"元帅柏"巧遇元帅》、《登峨眉山》选自王亚丽《生活中的朱德》。

《再赴海南岛》选自庹平《朱德与中共党史重大事件》。

《读诗谈诗》、《三个"勤俭"》、《"学习日"和"劳动日"》选自王亚丽《生活中的朱德》。

第八编 革命到底 忠贞不渝

《突然袭来的惊涛骇浪》选自王亚丽《生活中的朱德》。

《同甘共苦的伴侣》选自姚建平《朱德的最后岁月》，中共中央党校出版社2002年1月版。

《"打倒朱德"的黑风》，康克清著，选自《共和国重大决策和事件述实》，人民出版社2005年1月版。

《忧虑与困惑》选自王亚丽《生活中的朱德》。

《"历史就是历史"》，陈秋红著，原载《福建党史月刊》2004年第7期。

《留江渭清吃饭》选自王亚丽《生活中的朱德》。

《下放从化》，康克清著，选自《共和国重大决策和事件述实》。

《一把椅子》选自王亚丽《生活中的朱德》。

《除夕相聚》选自姚建平《朱德的最后岁月》。

《陈毅来访》，康克清著，选自《共和国重大决策和事件述实》。

《"历史是公正的"》选自王亚丽《生活中的朱德》。

《接见延安的劳动模范》选自姚建平《朱德的最后岁月》。

《"你是红司令啊！"》，康克清著，选自《共和国重大决策和事件述实》。

《对晚辈严格要求》选自王亚丽《生活中的朱德》。

《退回贝雕画》，刘学民著，选自《朱德人生画卷》。

《"为啥子不让我去看彭老总？"》，陈秋红著，原载《福建党史月刊》2004年第7期。

《"革命到底"》、《天伦之乐》、《做操、散步》、《老骥伏枥，壮心不已》选自王亚丽《生活中的朱德》。

《最后一个军礼》，陈秋红著，原载《福建党史月刊》2004年第7期。

《看望成仿吾》、《"他的德行与日月同辉"》选自姚建平《朱德的最后岁月》。

后 记

朱德同志是伟大的马克思主义者,伟大的无产阶级革命家、政治家、军事家,中国人民解放军的主要缔造者之一,中华人民共和国的开国元勋,是以毛泽东同志为核心的党的第一代中央领导集体的重要成员。

毛泽东同志称赞朱德同志是"人民的光荣"。这是党和人民对朱德同志的最高评价。

在朱德同志诞辰110周年纪念座谈会上,江泽民同志指出:"二十世纪中国革命的史册上,群星璀璨,朱德同志是其中一颗巨星。"

2006年,在朱德诞辰120周年纪念大会上,胡锦涛同志说:"朱德同志的一生是光辉的一生,波澜壮阔的一生。"的确,作为经历了近代中国旧民主主义革命、新民主主义革命、社会主义革命和社会主义建设几个历史阶段的一位历史伟人,朱德同志在近七十年的革命生涯中,建立了不朽功勋。从少年刻苦求学、投笔从戎,参加同盟会,到反对袁世凯复辟帝制,去德国留学、加入共产党;从参与领导南昌起义、发动湘南起义、与毛泽东在井冈山会师,到与毛泽东、周恩来一起,指挥红军粉碎国民党的几次"围剿",以及在长征路上同张国焘进行坚决的斗争;从率领八路军开赴华北抗日前线、开辟华北敌后战场,到协助毛泽东运筹帷幄,决战千里,彻底打垮国民党蒋介石的反动统治……在那些烽火硝烟的岁月里,朱德同志身经百战,出生入死,为中国人民解放军的缔造、为中国革命的成功立下了丰功伟绩。新中国成立后,朱德同志不顾年事已高,深入各地调查研究,为国家的发展、军队的建设及人民的幸福费尽了心血,作出了重要贡献。作为一位名扬世界的伟人,朱德同志所体现出的崇高的道德风范和优秀品质,如立场坚定、意志坚强、实事求是、顾全大局、严于律己、宽以待人、谦虚谨慎、艰苦奋斗,等等,更是令人由衷的敬佩。他的这些品格和作风影响和教育了一代又一代年轻人,是我们党和国家的宝贵精神财富。

为纪念中国共产党诞生90周年,缅怀老一辈无产阶级革命家的丰功伟绩,铭记朱德同志的崇高品质和光辉典范,我们从大量公开出版的图书及报刊上,精选出一部分反映朱德生平业绩、思想及道德风范的专著及文章,按时间顺序予以编排。收入本书的文章有的是亲属、或与朱德有过交往的当事人的回忆，如康克清、廖盖隆等，有的是多年研究朱德的专家学者撰写的专著和文章，其中有金冲及、刘学民、姚建平、庹平等。收入本书的这些著作及文章，比较客观、生动地反映了朱德的伟大功绩及人格魅力。

需要指出的是，本书的编辑得到了许多作者的支持和帮助。但有些作者目前尚未取得联系，希望这些作者及时与我们沟通。部分照片选自中共中央文献研究室和新华通讯社编辑的《朱德》画册。

在编辑中，我们基本上保持了文章的原貌，只是对个别文章重新拟定了标题，或做了些删节；有些文章也因编排体例及文章风格所限，没有选入，敬请谅解。由于自身水平有限，书中难免存在一些不当之处。希望读者及时提出宝贵的意见和建议。

编　者

2011年5月

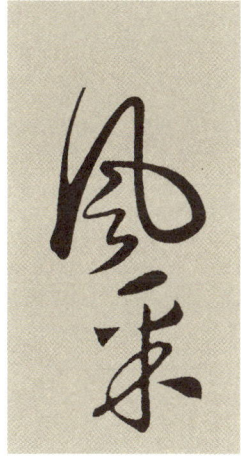

精美、珍贵、经典的历史照片再现了

总司令、共和国第一元帅——朱德

光辉的人生片断

※ 1949年9月21日，中国人民政治协商会议第一届全体会议在北平召开。朱德入场时出示代表证。

※ 1951年9月18日，朱德和聂荣臻在北京。

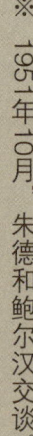

※ 1951年10月，朱德和鲍尔汉交谈。

※ 1952年5月，朱德代表毛泽东接受缅甸华侨归国观光团献旗。

※ 1952年3月8日，朱德在第一批女航空员起飞典礼上。

※ 1953年5月1日，朱德在天安门城楼上。

※ 1952年8月1日,朱德和周恩来、贺龙等在全军第一届运动会上观看跳伞表演。

※ 50年代初,朱德和粟裕在一起。

※ 1953年1月14日，朱德出席中央人民政府委员会第21次会议。正面左起：林伯渠、李济深、毛泽东、朱德、刘少奇、高岗、赖传珠。

※ 1953年5月18日，朱德和（右起）贺龙、习仲勋、罗瑞卿在北京北海体育场观看篮球赛。

※ 1954年，朱德和宋庆龄交谈。

※ 1954年1月1日，朱德在中央人民政府元旦团拜会上讲话。右一何香凝，左一沈雁冰，左二沈钧儒。

※ 1955年，朱德和叶剑英在中南海。

※ 1955年9月27日，朱德接受毛泽东授予的勋章。

※ 1955年9月，朱德和刘少奇、周恩来在庆祝中国人民解放军授衔、授勋酒会上。

※ 1956年6月14日，朱德和毛泽东、周恩来、陈云、邓小平等接见出席全国科学规划委员会扩大会议的代表。

※ 1956年9月11日，朱德和邓小平、彭真等到机场迎接阿根廷共产党代表团团长阿尔瓦雷斯。

※ 1956年9月，朱德和龙云交谈。

1957年5月2日，朱德陪同苏联最高苏维埃主席团主席伏罗希洛夫在北京游览玉泉山。右一陈毅。

※ 1957年8月28日，朱德到机场迎接越南民主共和国主席胡志明。

※ 1957年12月4日,朱德接见出席中国基督教三自爱国运动委员会常务委员会扩大的第十次会议的全体代表。

※ 1958年4月,朱德参观南京市工业展览会。

※ 1958年5月1日，朱德和刘少奇、周恩来、彭真、董必武、林伯渠、李济深等在天安门城楼上。

※ 1958年7月，朱德在兰州视察新建的自来水厂。

※ 1958年10月28日，朱德和中国人民志愿军战士在一起。

※ 1959年5月18日，朱德在北京视察建设中的人民大会堂。

※ 1959年10月1日，朱德、毛泽东等党和国家领导人同元帅、将军们在天安门城楼上合影。

※ 1960年，朱德在办公室。

※ 1960年11月5日，朱德和周恩来在北京机场。

※ 1961年9月30日,朱德和康克清陪同尼泊尔王国马亨德拉国王和王后游览北海公园。

※ 1962年1月21日,朱德接见中国天主教总主教皮漱石。右一习仲勋。

※ 1962年，朱德和刘少奇在天安门城楼上。

※ 1964年10月5日,朱德和刘少奇、周恩来等出席中柬两国联合公报签字仪式。这是朱德接受西哈努克亲王赠送一级柬埔寨王家勋章。

※ 1965年4月21日,朱德在昆明机场迎接到云南访问的朝鲜民主主义人民共和国首相金日成。

照片作者（以姓氏笔划为序）：

丁　峻　　于澄建　　王　平　　王英恒　　王绍业　　王建民
王胜杰　　王景英　　王鹤滨　　牛畏予　　巴苏华　　田　明
田　野　　白　炎　　石少华　　成大林　　吕厚民　　朱于湖
刘元林　　刘东鳌　　刘长忠　　刘庆瑞　　齐观山　　齐铁砚
祁宝龙　　孙振宇　　李一方　　李治元　　李基禄　　杜修贤
苏　静　　闵福全　　陈友群　　陈正青　　陈娟美　　吴元柳
吴化学　　吴森辉　　杨振亚　　张　彬　　张丰祺　　张家骅
张桂玉　　邹健东　　苗　明　　孟庆彪　　郑　华　　郑景康
侯　波　　赵连升　　欧启明　　郝常耕　　胥志成　　袁　苓
原　甦　　原一萍　　夏道陵　　高　风　　高　粮　　高耿文
唐理奎　　郭　仁　　郭占英　　栾仲丹　　铁　矛　　钱嗣杰
徐肖冰　　徐诚炽　　曹兴华　　维·叶戈罗夫　　雪　印
彭　红　　董　青　　赖朴吾　　崔宝林　　舒　野　　谢丰泉
程　默　　楚　英　　照　耀　　潘　英

油画作者： 陈衍宁　　何孔德　　张文源

说　　明： 部分图片因年代已久远，无法查实其摄影者，有关事宜请与作者联系。
　　　　　　部分图片未署名，因原资料未记载摄影者姓名。